U0330737

揭秘大都市交通
东京篇

郭继孚　王婷　等著

中国建筑工业出版社

审图号：GS京（2024）0381号

图书在版编目（CIP）数据

揭秘大都市交通. 东京篇／郭继孚等著. —北京：中国建筑工业出版社，2024.3

ISBN 978-7-112-29646-0

Ⅰ.①揭… Ⅱ.①郭… Ⅲ.①城市交通—介绍—东京 Ⅳ.①U12

中国国家版本馆CIP数据核字（2024）第054831号

责任编辑：李玲洁
责任校对：王烨

揭秘大都市交通　东京篇

郭继孚　王婷　等著

*

中国建筑工业出版社出版、发行（北京海淀三里河路9号）
各地新华书店、建筑书店经销
北京锋尚制版有限公司制版
北京中科印刷有限公司印刷

*

开本：787毫米×1092毫米　1/16　印张：30¼　字数：605千字
2024年7月第一版　2024年7月第一次印刷
定价：**98.00**元
ISBN 978-7-112-29646-0
　　（42709）

版权所有　翻印必究
如有内容及印装质量问题，请与本社读者服务中心联系
电话：（010）58337283　QQ：2885381756
（地址：北京海淀三里河路9号中国建筑工业出版社604室　邮政编码：100037）

揭秘大都市交通
东京篇

编 委 会

主　　编：郭继孚

副主编：王　婷

编　　委：贾思琦　刘奕彤　王　晴　黄克同

支持单位：北京交通发展研究院

序

我国正处于中国式现代化建设的新发展阶段，城镇化即将进入70%人口居住在城市的时代。城市交通是城市全体居民生存和发展的基本需要，组织城市高效、安全、低耗、可持续运行，在城市高质量建设和发展中承担着重要角色。建设现代化城市，经济持续发展，人民安居乐业，文化得到传承，城乡一体化发展，民主法制得到充分发扬，让城市更加宜居、宜业、安全，是国家现代化水平的标志。在这样的背景下，我们需要拥有更加广阔的视野、进行更多深度的思考，进行认知的更新。城市交通问题历来是各国城市所共同面临的挑战，在不同发展阶段有不同的问题要对待，对国际城市发展经验的研究必不可少。在一定程度上，今天我国的众多城市正在经历发达国家城市曾经经历的发展过程，也面临着许多类似的问题，国际城市的经验能够为我国城市交通的发展提供有益的借鉴和参考。

东京作为日本的首都，被公认为世界城市之一，以其高效、便捷的城市交通系统，创造了"交通繁忙而不紊乱"的东京模式。在近代以来的发展过程中，由于日本的先发地位，早于我国城市经历了快速城镇化带来的"大城市病"问题，其治理经验对于中国城市今天的发展也非常重要。众多的专家学者已经对于东京的城市交通系统有着相当深入的研究与剖析，主要集中于轨道交通、站城一体化开发等领域。实际上，东京值得借鉴的远不止于此，但目前鲜少有书籍从都市圈范围对东京的交通治理经验进行追根溯源、全面系统的挖掘与介绍，这也就是本书最为突出的价值所在。本书的主要特点有三：

一是从历史维度看交通演变。当前，我国超大城市的交通面临着诸多挑战，如拥堵的道路、拥挤的轨道、难觅的停车位、漫长的通勤时间，这些问题都成为社会热议的话题。有趣的是，回顾历史，在20世纪50、60年代，东京也曾面临着快速城市化和机动化带来的类似城市交通问题，东京以强大的决心和创新精神寻找解决方案，并坚持不懈地推进。从历史的长河中看，东京交通的改善绝非一蹴而就，无论是轨道交通的更新改造、对乱停车的治理，还是慢行交通环境的改善，都经历了半个多世纪的漫长而艰辛的治理过程，才使交通面貌焕然一新。我们应该从东京的经验中汲取智慧，深刻认识到城市交通治理是一项长期而艰巨的任务，需要保持战略定力，持之以恒、久久为功，才能够实现城市交通状况的真正变革。

二是从都市圈层面看交通发展。当前，我国正处在城镇化的中后期，近五年城镇化率年均提高0.93个百分点，每年都会有超过1000万的农村居民进入城镇。未来，我国城镇化率还有很大提升空间，农业转移人口市民化加快推进，城市群、都市圈成为城镇化发展格局的主体形态。纵观东京的城市化进程，轨道交通在东京都市圈的形成和发展中都发挥了极其重要的推动作用。可以说，如果没有强大的轨道交通网络，世界人口最多的都市圈——东京的繁华和高效将无从谈起；而没有东京都市圈这样的繁华，也就不会产生巨大的交通需求，从而驱动着东京轨道交通系统的持续更新和完善。同时也应注意到，东京虽被誉为"轨道上的都市圈"，但其都市圈外围地区的出行仍主要依靠小汽车、地区公共电汽车以及出租车、网约车等辅助。东京都市圈交通系统的高效运转除了发达的轨道交通网络外，更离不开各种交通方式各定其位、各尽其能、各得其所。本书以都市圈的视角，从宏观层面解构东京都市圈整体以及各个圈层交通的发展演变与特征，为我国超大城市、都市圈的交通发展与治理提供宝贵参考。

三是从系统角度看交通治理。本书内容系统全面，透过大量翔实的资料与数据，回顾与解读了东京都市圈城市交通治理的历程和经验。不是只"就交通论交通"，而是更加关注交通与城市发展的互动；不是只关注特定出行方式，而是从轨道交通、地面公交、停车治理、慢行交通、道路网络到无障碍交通等多个方面进行了全面覆盖；不是只关注工程技术，而是更加注重挖掘背后的战略规划、政策制定、法律法规和制度机制等因素对交通治理的重要影响。这种全方位的解读可以帮助读者更好地理解城市交通治理的复杂性：城市交通面临的问题往往不仅是某一个环节的问题，而是规划、建设、运营、管理、维护等全过程贯通的问题；不仅是交通系统内部的问题，而是城市与交通协调发展的关系问题；不仅是单纯工程技术问题，而是涉及多学科的复杂公共治理问题。

我们历来强调，城市交通学科是城市科学的重要组成和支撑。城市交通问题不仅涉及交通工程，还涵盖社会学、经济学以及法律制度和公共政策，需要多学科思维、系统论方法研究。城市交通问题历来是国际城市共同面对的问题，既有各国共同特征，更要符合自己的国情。本书从都市圈层面审视、借鉴东京交通的治理经验，对于我国超大城市的交通治理具有重要参考价值。同时应当提出：城市与交通的发展具有普适性的规律，但也都受到行政建制、财税制度与法律制度的影响，不同城市之间也存在着巨大的差异。

一是，市的行政建制。我国的设市城市政府与西方国家最大的差别在于，其管辖范围在城市建成地区以外还包括一定地域范围的农村地区，以及附带一定数量的县级行政单元。我国城市行政区划具有地域范围大的基本特点，对比国际城市行政建制，它已经不是"一个城市"，而是若干大中小城市的集合体。例如，日本的东京都是日本一级行政区，相当于中国的省（自治区、直辖市、特别行政区），虽然在行政级别上相当于我国北京、上海、天津、重庆等直辖市，但其面积仅为2194.03km²。东京都市圈涵盖了东京都、神奈川县、埼玉县和千叶县，面积为1.36万km²，与北京市市域面积（1.64万km²）相当。我国城市政府兼有城市与区域管理事权，也具有城乡统筹的任务，是混合型政府。因此，我国的城市交通问题也不应局限于城市建成区，还应当关注市域城镇体系建设和统筹城乡协调发展，重视都市圈交通和推动以城市群为主体的大中小城市协调发展。

二是，在行政职能和财税制度方面。日本的行政职能由中央政府和作为地方政府的都道府县、区市町村三层结构来分担。除外交与防卫外，几乎所有的行政事务都由中央及地方政府共同负担经费，中央对地方都道府县和区市町村两级财政均有直接补助关系。而在我国，城市交通在事权划分中属于地方事权，中央政府主要负责涉及公路、水路、铁路、民航、邮政的宏观层面的管理和监督，也承担一些跨省域项目建设管理事权。因此对于不同国际城市交通治理的经验与教训，不能全盘照搬，也不可盲目否定，应该始终以全面、深刻和辩证的视角看待。

综合起来讲，我们要以国际视野学习东京都市圈的交通治理历程，借鉴城市交通治理将工程技术与社会问题综合起来考虑对策和措施的经验。虽然受到行政建制、财政体制与法律制度的影响，但我们要强调城市与交通的发展具有内在普适性的规律，这是我们要借鉴的关键。由此，才能够推动具有中国特色的城市交通发展的道路，达成"与世界相交，与时代相通"的宏伟愿景。

总而言之，本书是目前国内第一本全面系统介绍东京都市圈交通治理经验的图书，是一本极具价值和实用性的作品。其特点是突出了历史性与系统性，关注了交通与城市发展的互动，透过大量翔实的资料与数据，通过十个章节对东京都市圈城市交通治理的历程和经验进行了回顾与解读。本书不仅以其系统、全面的研究视角与内容为交通领域的从业者提供了丰富的专业知识与资源，为解决当前城市交通问题提供重要的参考，还力图以通俗易懂的语言，为对城市交通感兴趣的广大读者带来新的启发和洞见。同时也期待本书可以让更多人开始关注城市交通、参与共治城市交通，共同为我国城市交通的未来贡献更多的智慧和力量！

汪光焘

原建设部部长

2024年2月

自　序

　　中国快速城镇化带来人口大量涌入城市，近年来，"大城市病"在全国各大城市蔓延，成为中国城市可持续发展亟待解决的首要挑战。"大城市病"一般是指一个城市因规模过大而出现的人口拥挤、住房紧张、交通堵塞、环境污染等问题，在大城市特别是超大城市的表现尤为突出。其中，城市交通拥堵问题尤为突出且久未解决，成为"大城市病"的典型特征。

　　城市交通拥堵是世界性难题。从世界大城市发展历史进程来看，它们几乎无一例外都曾经历过、现在也依然备受交通拥堵问题的困扰。例如，纽约在20世纪20、30年代的时候就有几十万辆车，街道拥挤不堪。更多的国际城市是在第二次世界大战之后经济复苏时期，交通拥堵严重。东京、伦敦、巴黎等城市在20世纪70、80年代都经历过严重的交通拥堵。相对而言，中国大城市的交通拥堵应该说才刚刚开始。根据第七次全国人口普查，我国城区常住人口1000万人以上的超大城市共有7个；截至2023年底，成都、北京、重庆、上海、苏州5个城市的汽车保有量超过500万辆。部分城市的交通呈现区域化和常态化拥堵的态势，这是否已经达到了城市交通承载的极限？

　　全球的城市化进程往往伴随着产业和人口向优势区域集中，这是客观的经济规律。东京都市圈（"一都三县"，即东京都、埼玉县、千叶县、神奈川县）面积为1.4万km^2，与北京市市域面积相当（北京市市域面积为1.64万km^2，2022年常住人口为2184.3万人，机动车保有量为712.8万辆）。20世纪60年代，东京都市圈有将近2000万的人口，机动车不足200万辆，当时也面临着严重的道路拥堵、轨道拥挤等问题。2020年，东京都市圈有人口3691万人、机动车1623万辆，对比半个世纪前，人口增长了近1倍，机动车增长了7倍，交通非但没有挤到崩溃、堵到崩盘，道路交通反而变得通畅了，轨道交通的拥挤也得到了大幅度缓解。东京是如何做到这一点的？它的交通治理经验值得我们深入分析和借鉴。

本书不完全致力于学术性的技术研究，而是力图在专业、严谨的基础上，用通俗易懂的语言，通过历史故事和真实案例的挖掘，向读者讲述东京近百年来的城市交通发展脉络及治理历程。我们将以历史的视角，深入探索自20世纪50、60年代以来的东京城市交通发展，并揭开东京都市圈城市交通治理的"神秘面纱"。通过这些故事和案例，我们希望帮助读者更好地理解城市交通治理的复杂性和挑战性。同时，这些经验也将为我国超大、特大城市的交通治理提供参考。本书共分为10章，第1章基本情况面面观，介绍东京都市圈人口、经济、社会等基本情况；第2章城市演变与交通变迁，从历史的视角，回顾东京不同历史时期城市和交通的演变历程，探寻交通是如何支撑东京都市圈的形成和发展的；第3章日新月异的出行特征，尝试从出行需求、出行结构、出行时耗以及出行服务水平四个方面，整体描绘出东京都市圈出行特征的演变历程；第4章轨道上的都市圈、第5章不可或缺的公共巴士、第6章停车"由乱到治"的秘诀、第7章自行车的"前世今生"、第8章"中等生"道路网、第9章遥遥领先的无障碍交通分别介绍东京都市圈轨道交通、地面公共巴士、停车治理、慢行交通、道路网和无障碍交通的发展历程及经验；第10章畅想未来交通，介绍面向2040年的东京交通发展战略规划和畅想。

通过总结东京都市圈的交通治理历程和经验，我们发现"大城市病"有解，核心在于转变发展方式；大城市交通拥堵问题也并非不可救药，关键在治对路子。

1. 人多、车多不必然导致拥堵，关键要转变交通发展方式

人多、车多就会交通拥堵，这似乎是个常识。然而，大家对这样一个常识却经常产生错误的理解。东京都市圈的人口在由2000万人增至3691万人的过程中，轨道交通的大发展是支撑东京都市圈人口激增而交通却得以改善的最根本因素。20世纪60年代，东京都市圈的轨道交通客运量约1000万人次/d，增加到当前近4000万人次/d，相当于现在北京轨道交通日客运量的4倍。当前，东京都市圈轨道交通部分线路高峰小时的断面客流量超过15万人/h，是北京地铁线路最大小时断面客流量的2~3倍！可以说，大容量、高效率的轨道交通是支撑城市容量提升的关键因素。

东京经验证明，轨道交通的规划建设并非一劳永逸，虽然东京都市圈的轨道网（除地铁外）早在1940年之前就完成了其基本骨架建设，但仍随着城市空间结构、人口产业分布变化等不断更新调整，时至今日仍在不断优化完善。特别是从20世纪60年代开始，日本国铁和私铁公司在政府支持下先后实施了以"强化轨道运输能力、缓解乘车拥挤"为目标的线网更新和改造：一是实现了市郊轨道与地铁直通运行；二是对车辆和站台进行了改造，比如部分线路将原有的6节编组和8节编组增加至10节编组（北京地铁多为6节编组）并延长站台，将部分车辆的4车门增加为6车门，以及将固定座席改为活动座席等；三是对国铁及私铁进行双复线（四线）甚至三复线（六线）改造，可开行多种速度等级的列车。经过30～50年的改造更新，东京都市圈轨道交通行驶速度、运输能力都得到了较大提高。

同时，东京都市圈对小汽车的有效治理，也是缓解交通拥堵的关键手段。在机动车快速增长的过程中，东京的道路建设相对较为缓慢，规划的环路至今还没有建成，主要是以停车治理为抓手，对小汽车保有和使用需求进行了调控。1962年日本出台了《车库法》，规定买车必须要有车位，还花了十几年时间开展了一项"扫马路运动"，提倡不许乱停车。有位购车、严格的停车执法和高昂的停车费用多措并举，车位价格反映区域土地稀缺程度，有效降低了城市中心区小汽车保有和使用需求。从机动车数量上看，1970—2020年，东京都市圈的机动车保有总量大幅度增加，由369.9万辆增至1623万辆。但从机动车保有的区域分布上看，人口密集的城市中心区人均机动车保有量不是增加了，而是减少了，增加的机动车大部分在城市外围低密度地区，其城市核心区（都心6区）人均机动车保有量仅为北京核心区（东城、西城）的一半左右！从出行结构的区域分布上看，2018年东京都市圈汽车出行比例为27%，轨道交通出行比例33%，但其中心区东京都23区轨道交通出行比例高达51%，汽车出行比例仅为8%，远低于北京、上海等市中心区的汽车出行比例。换句话说，市中心的人们在出行时，主要依靠的是发达的轨道交通，而不是汽车！

东京都市圈的案例，不是想要说明超大城市发展到多大都没有问题，也不是说城市越大越好，而是想要汲取其宝贵的发展经验：即使城市人口增加、车辆增加，只要城市交通模式与城市规模、形态相适应，交通拥堵问题并非不可解！

2．高强度开发不必然导致拥堵，关键是大运量交通方式与高强度开发"强强联手"

大部分城市的交通拥堵主要发生在高强度开发的市中心，我们常常认为是高强度开发导致了交通拥堵等"城市病"问题。但实际上，世界大城市的市中心不乏高强度开发的区域，如日本东京站所在的大丸有（大手町、丸之内、有乐町）地区，在面积1.2km²内聚集着4300家企业，就业人数达28万余人，就业岗位密度高达23万个/km²，规划阶段平均容积率均达到了10以上。这一开发强度大大高于我国多数城市的CBD地区，又是如何实现高强度开发与交通畅通"二者兼得"的?

围绕综合交通枢纽进行高强度开发正是东京城市交通发展的一大特点。东京的都心和副都心绝大部分都是围绕已有的综合交通枢纽进行规划和建设，日本东京站、新宿站等重要综合交通枢纽周边建筑容积率都超过10，且融合商业、办公、休闲娱乐等多种功能，这些地区也成为东京目前经济最为繁荣、土地价值最高的地区。在高强度开发的背景下，便利、高效的公共交通服务成为重要支撑。以大丸有地区的东京站为例，其建筑主体共8层，设有30个站台，保障了约14条轨道交通线路在此停靠。依靠着大运量的东京站支撑，到达大丸有地区的出行中，有83%乘坐轨道交通到达，而乘汽车到达的比例仅占4%。

东京的综合枢纽将公共汽车站、出租汽车站、地下停车场以及商店、银行、商业街等布置在同一建筑物内，用地下通道连为一体。如东京站通过充分利用地下空间，实现了交通与建筑群的一体化，在2km²面积内分布了100多个出入口；新宿站在半径长达900m的范围内设置了四通八达的地下通道，243个出入口与周边的建筑与道路进行大范围连通，使乘客可以畅通无阻地从周边区域集散。这种设计增加了轨道交通乘客出行的可达性，刮风下雨都不受影响，大家当然愿意乘坐轨道出行。相比而言，国内高强度开发区域的地铁站大多仅几个出入口，多数客流抵达车站需要出站后再露天步行至目的地。

东京的枢纽需要承载大量的进出站客流，如2018年新宿站凭借日均上下车359万人次的数据，创下吉尼斯世界纪录；2022年东京站的日均上下车人数约为116万人。但是这些枢纽完全不像是我们想象中的交通瓶颈、路网堵点和秩序黑点，怎么做到的? 原因在于其强大的疏解能力并不依赖小汽车。据统计，东京站巨量的进出站客流中，95.84%的人通过步行疏解，这部分人群通过步行即可到达单位、学校、商场等目的地，平均步行时间仅需要9min。其他接驳方式中，公共巴士占3.59%。步行、自行车、公共巴士等方式占总出站量的99.66%!

东京的经验说明，城市开发强度高不一定就必然带来交通拥堵，关键是要将大运量交通工具与城市高强度开发结合起来，结合得好，可以提高城市容量，减少拥堵。从东京的经验看，这种"站城一体化"模式的实现也不是一蹴而就的，城市更新是实现"站城一体化"的重要的历史机遇。经过近100年的发展，东京的城市建设与轨道交通发展结合的形式逐渐从单一的"车站周边建筑"发展到复合的"站城一体化"。如今，以轨道交通为导向的"站城一体化"开发理念已深入贯彻于东京轨道交通投资、规划、设计、建设、运营等各个环节，其成功的经验离不开从法律层面为"站城一体化"开发保驾护航、建立以容积率奖励为主导的激励政策、创新土地政策和更新模式、加大财税支持力度、轨道交通和城市发展一体推进的管理体制等。

3．停车问题解决了，城市交通问题就解决了一半

谈及我国城市的停车问题，往往将建设停车场、加大停车位供给作为破解停车问题的主要突破口。但停车的根本问题是对有限城市空间资源的无序滥用！一个停车位大约需要占用30m²的土地，停放一辆车与人均的住房面积相当！资源消耗大的背后，更惊人的是免费停车普遍存在。可以说，当前我国停车治理陷入了"怪圈"，需求不断膨胀，供给缺乏动力，缺口持续扩大，市民持续不满意。从国际经验看，重视停车治理，不仅是为了解决各大城市面临的"停车难、停车乱"问题，更是引导机动化进程和缓解交通拥堵最有效、使用最广泛的措施。

日本经济从20世纪50年代中期进入高速发展的阶段。个人收入的提高刺激了消费，小汽车实现大众化，一举进入"汽车时代"，机动车保有量大幅度增加。与北京类似，东京都市圈在机动化快速发展时期同样出现了畸形的人车关系问题。1970年，东京都市圈的机动车保有量为369.9万辆，人口密度较高的东京都，机动车保有量达到202.52万辆，占比54.7%，千人机动车保有量高于外围三县。机动车的高速增长和高密度聚集同样也引发了交通拥堵、停车乱等一系列问题。在此关键时期，东京实施了"有位购车"政策、高昂的停车收费、严格停车执法等一系列以停车为抓手的综合治理措施，经历了一个很漫长的停车治理过程，不仅实现了停车秩序的"由乱到治"，也实现了对机动车保有和使用的精细化调控。

日本是目前国际上唯一实施"有位购车"政策的国家，1962年颁布的《车库法》规定汽车保有者必须确保车辆有位停放，不得将道路作为车库来使用，未取得合法车库的机动车无法登记上牌和上路行驶。每个车库都有自己9位数字编号的"身份证"，张贴在车身规定位置，巡警可根据编号核验其是否重复登记在多辆车名下以及其使用情况。"有位购车"政策有效保证了"一车一位"，实现了土地资源对停车供给和需求的约束作用，东京机动车得以在停车资源的限制下与土地资源保持良性互动，保有量始终在其停车位能够承载的范围之内。

高昂的停车价格也是东京的一大"特色"。东京对停车价格上限没有要求，企业通过市场供需关系自由调节。东京的停车价格呈明显的差异化分布，东京都23区的停车价格从中央四区向外逐渐降低，在供需关系最为紧张的中心区，停车价格非常昂贵，停车价格在一定程度上反映了土地价值和车位的供需关系。越靠近轨道交通车站的地方，停车价格越高，如涩谷站300m范围

内的停车价格达到2400日元/h，约合人民币119元/h。

东京对违法停车行为的处罚力度大，甚至会用刑事手段打击，完善的停车法律和严格的执法起到了巨大的威慑作用。如《车库法》规定，将道路作为车库使用，将处三月以下有期徒刑或20万日元以下罚款，计3分；车辆在道路上同一个地方连续驻车12h以上（计2分），或夜间在道路上同一地方连续驻车8h以上（计2分），处20万日元以下罚款；其他违法停车的情形，根据日本《道路交通法》，依据情节严重程度记1～3分，处1万～1.8万日元罚金；三年内累计超过6分驾照将被暂扣，累计超过15分就会被吊销驾照。日本还采用私营企业协助执法的方式加大执法力度。法律规定可将"放置车辆"（驾驶员离开车辆无法立即驾驶、移动的违法停车）确认的相关业务委托给私营企业，加大力度打击违法停车行为。

东京的经验表明，利用好停车治理这把"金钥匙"，杜绝免费停车、实现市场定价，不仅能减少"停车难、停车乱"现象，更能有效缓解交通拥堵，合理引导城市的机动化进程。多年来，东京通过严格的停车治理，加之轨道等公共交通网的不断完善，实现了机动车保有和使用的向外疏解。1970—2020年，东京都市圈机动车保有量由369.9万辆增至1623万辆，但增加的车辆主要集中在外围三县，东京都千人机动车保有量远低于外围地区，东京都机动车保有量占都市圈的比例从54.7%下降到了27.2%。目前，人口密集的中心区机动车保有量低，使用强度小，居民出行主要依靠发达的轨道交通，交通拥堵明显缓解。

4. 重视慢行交通的发展，绿色出行回归是必然趋势

我国曾是"自行车王国"，路上的"骑行大军"非常壮观。但随着机动化进程发展，小汽车数量激增，"车本位"的思想使城市逐渐忽视了自行车这种方式，自行车出行比例一路下滑，出行环境日益恶化。日本同样是自行车大国，据统计，每100个日本人当中约有54个人拥有自行车，这个数字在东京是60。从20世纪60年代发展至今，东京的自行车在行车安全、车辆停放和路权保障方面也都曾面临过种种问题与困境。但如今，自行车不仅在东京紧张的道路资源中成功谋得了"一席之地"，其停放管理也探索出了一套妥善高效的、值得借鉴的模式，自行车交通安全也建立了相应的保障体系，这背后离不开政府的大力支持。

一方面，在基础设施上，东京政府采取了一系列的自行车空间整备措施，让自行车从没有专用路权到通行空间不断扩大，逐步保障了自行车的路权。另一方面，政府深入企业、学校、社会组织等，积极向其宣传和普及自行车行车规则、安全意识，保障自行车安全有序出行。另外，东京作为轨道上的城市，自行车是接驳轨道交通的重要交通方式之一。1975—2015年，自行车接驳轨道交通的分担率由4%增长至17%，成为除步行外最主要的轨道交通接驳方式。早期轨道周边激增的自行车停放数量，也导致了轨道车站周边一片停放乱象，由此东京开启了几十年的治理之路。通过资金补助制度支持自行车停车场建设，自行车停车场规模迅速增长，收容能力有了巨大提升。同时配合精细化的管理，对自行车停车进行收费以及通过多方协作共治严格清理"放置自行车"（自行车停在自行车停车场以外的地方，骑行者离开车辆使其处于无法立即启动的状态）问题，使得轨道周边自行车停车治理取得了明显的效果。近年来，以人为中心的、高品质的道路空间打造已经成为日本道路管理的重要方向。为了提高城市的吸引力，激发街道活力，让每个人都能够安全、舒心地出行，日本从国家层面出台了多项政策推动构建"舒适、让人想走路"的道路空间，并持续推进公共空间、建筑与道路空间相结合的规划设计及管理。

"慢行不慢"，慢行是短距离的高效快捷出行方式。同时，慢行交通也并不仅仅是一种交通出行方式，更是一种不可或缺的生活方式。发展慢行交通是缓解交通拥堵、提升城市活力与保障个人健康的多赢选择。东京的经验表明，应从路权保障、配套设施和优化环境等方面入手，促进步行和自行车在中短距离出行中发挥应有的作用。同时，慢行系统品质提升不应止步于出行环境改善和路权的重新分配，而是要营造出对人更加友好的城市公共空间和城市界面，实现街道空间与各类城市公共空间的融合贯通。

5．应对人口老龄化趋势，高度重视并系统推动无障碍出行环境建设

从20世纪80年代开始，经过近四十年的发展，我国无障碍出行环境得到大幅提升。但目前无障碍设施利用率不高，还有相当多的残疾人、老年人等群体"出不了门""上不了路""乘不了车""进不了楼"的问题依然突出。但在东京，同样的人群不仅经常出现在街头上、建筑中、交通设施中，甚至不需要人陪同，可以独立、顺畅地自己出行。不可逆的老龄化趋势、逐渐壮大的残障人群数量、奥运会的举办等，都是助推东京进行无障碍与通用设计环境建设的重要因素。东京无障碍与通用设计概念发展至今，已经形成了较为完善的无障碍基础设施建设、人性化的无障碍服务体系、全面化标准化的无障碍信息体系，以及循序渐进的区域无障碍建设推进方式。

《无障碍新法》是日本现行的主要无障碍相关法律，主要着力推进公共交通、建筑和公共设施领域的无障碍建设，要求各地方在以车站为中心的区域和老年人、有障群体使用设施集中的区域优先实现区域无障碍环境的打

造。此外，《无障碍新法》还规定要着力推进无障碍建设的"软环境"，即加强居民参与；提高"软服务"，即加强服务能力；同时还要实现无障碍信息的提供以及国民无障碍意识的提高。东京的区域无障碍环境建设，是在国家层面法律法规指导下，向地方和重点区域层层递推，可以说是"以点带面"。如通过划定重点区域进行优先发展，加快推进区域内的无障碍发展。选取对居民日常生活和游客出行影响最大的区域作为重点区域，通常为以公共交通枢纽或重要的建筑、设施为圆心的区域，在这些重点区域内实现站点、建筑和道路等的无障碍通行，从而逐步打造区域性的、系统性的无障碍环境。除了"遥遥领先"的硬件设施，东京还非常注重无障碍服务能力的提升，如东京都明确强调公共交通的运营者需要定期接受一定时长的无障碍相关培训，学习在面对有障乘客时应如何提供适当的服务。在出行信息指引上，东京各种类型的交通方式在听觉和触觉上都进行了无障碍环境建设的推进，对于相关出行信息的展示和传递也做到了细致和无障碍，让有障群体和陪同其出行的人都能够非常轻松地获取详细的无障碍设施相关信息。

由东京的无障碍与通用设计建设历程可以看出，其发展经历了从关注特殊群体到惠及全体人群，从注重单独领域、基础设施到系统性建设的过程。东京的经验表明，无障碍出行环境需要进行系统性的构建：单体无障碍交通设施的建设并不能完全解决无障碍出行的问题，只要没有形成无障碍设施在区域内的连通，出行障碍就依旧存在；同时，无障碍基础设施建设固然重要，但还需要相关服务与配套的支撑。交通从业人员的无障碍服务水平、信息的无障碍传达同样是实现无障碍出行的重要因素。

6．健全完善城市交通法规体系，在法治轨道上推进城市交通治理体系和治理能力现代化

法律、法规的制定和完善是交通政策得以实施的重要保证，也是日本政府开展城市交通治理的重要措施和手段。

以停车治理为例，日本出台并持续修订了《驻车场法》《道路交通法》和《车库法》等法律法规，覆盖了停车建设、运营、管理等各个环节，做到了临时停车、长时间停车、限时停车等不同停车行为都可以有法可依、违法必究。在"站城一体化"开发方面，日本同样形成了完善的法律法规的保障。例如《土地区划整理法》为日本的土地区划整理各环节的合法运作提供了法律依据；《都市再开发法》使利益复杂且建筑密集的街区进行再开发变得可能，特别是轨道交通车站前的街区；《大都市地区宅地开发和铁道整备一体推进特别措施法》(《宅铁法》)实现了轨道交通项目的建设和运营分离，在将建设主

体和运营主体的投资风险、运营风险进行分散的同时，使它们可以分别直接通过城市开发项目的收益来填补轨道交通的投资；《都市再生特别措施法》提出将需要紧急且重点推动城市更新的区域（多为轨道交通站点周边区域）设置为都市再生紧急整备地区，可享受法律、财政、金融、税制等方面的支持措施。再如在自行车管理方面，《自行车法》规定了国家和地方政府对自行车停车场建设、整备、征地等方面的资金补贴措施和相关的利好政策，调动了建设自行车停车场的积极性；《道路交通法》制定了详细的自行车交通规则；《道路构造令》明确了自行车通行空间。在无障碍环境建设方面，日本作为较早开始无障碍建设的国家之一，国家层面的无障碍相关法律法规与标准等进行了数十年的发展完善，如今已经形成了条文详尽、实用性强、针对精准的体系。交通无障碍建设也从指导层面上升至了法律层面，并且涵盖范围和面向人群不断扩大，为无障碍出行环境的建设提供了坚实的基础。这些法律法规成为东京制定和实施城市交通发展规划、落实城市交通发展政策、实施城市交通相关补贴及资金资助的重要依据，形成了城市交通的法制化治理体系，其经验值得我国借鉴。

总的来说，东京都市圈的交通发展和治理既有其特殊的历史背景及社会环境，也有其他各国、各地区的普遍规律性，其累积了很多经验，提供了非常多真实的案例，值得我们进行深入探讨、分析和借鉴。特别是在城镇化与都市圈发展层面，中国和日本在各历史维度中面临着诸多相似的问题。党的二十大报告指出："中国式现代化是人口规模巨大的现代化""坚持人民城市人民建、人民城市为人民，提高城市规划、建设、治理水平，加快转变超大特大城市发展方式"。新型城镇化背景下，以大城市为核心的都市圈和城市群是中国城市化下半场的主旋律。东京都市圈的经验表明，建设有世界级影响力的城市和城市群，必须要转变交通发展方式，提升城市综合承载力和竞争力。建设以人民为中心的城市，让交通服务城市里的人而不是车，是当前我国大城市交通治理的关键点。应当正确引导人们对美好生活的追求和向往，汽车可以有，也可以用，但是应因势利导、因地制宜，降低高密度城市中心区小汽车使用强度和拥有水平是大城市几乎绕不过去的选择。城市发展到一定阶段，必然面临功能疏解、城市更新，功能疏解要和功能提升有机结合，功能疏解不能是简单地"搬家"，否则可能是城市拥堵（城市病）的"搬家"。在此过程中，转变交通发展方式才是正确的选择，城市中心区疏解人，同时更应该疏解车，并发展多层次、一体化的公共交通等绿色交通系统，鼓励绿色出行、绿色发展。

最后，深切期望本书能够为政府部门决策、社会公众参与城市交通治理、科研院所和学者们的研究工作提供有益的参考，也敬请读者对书中的不足之处予以指正。

郭继孚

北京交通发展研究院院长

2023年12月

目　录

第2章　城市演变与交通变迁

第3章　日新月异的出行特征

第4章　轨道上的都市圈

第5章　不可或缺的公共巴士

第6章 停车"由乱到治"的秘诀

第7章 自行车的"前世今生"

第8章 "中等生"道路网

第9章 遥遥领先的无障碍交通

第1章
基本情况面面观

　　东京作为日本的首都，既是日本政治、经济、文化与交流的中心，也是与纽约、伦敦、巴黎等齐名的世界城市，其辐射早已跨越本土波及全球。东京都市圈占全日本国土面积的3.6%，却汇集了全日本30%的人口，不仅是日本最大的人口聚集地，也是世界人口最多的大都市圈。作为日本甚至世界最发达的地区之一，东京都市圈提供了日本30.4%的就业岗位数和1/3以上的GDP，其创造的GDP甚至超过了俄罗斯、加拿大、韩国等国家，做到了真正的"富可敌国"。此外，东京还在众多世界榜单中名列前茅，如在欧洲综合杂志"*Monocle*"2021年"世界宜居城市排名"中名列第五，在世界著名咨询公司科尔尼发布的"全球城市指数"中连续九年排名第四，在日本智库森纪念财团都市战略研究所发布的2021年"全球城市实力指数"中排名第三等。

　　交通的发展与城市、社会、经济息息相关。因此，作为本书的开篇章节，将带领读者了解东京都市圈的基本情况，从地理空间到经济发展，从人口岗位到土地利用，从行政结构到财政制度等，全方位介绍东京都市圈，让读者更好地了解交通发展与东京都市圈的紧密关系。

1.1 所谓"东京"，到底有多大?

　　东京，是大家再熟悉不过的知名国际大都市，然而"东京"二字实际上没有我们想得那么简单——它既可以是"东京市区"，又可以是"东京都"，还可以代表"东京圈""首都圈"……关于"东京"的概念种类繁多，指代范围各有不同，各种新闻报道、城市排名中使用的口径也不尽相同。"东京"的常用概念，其范围由大到小为：首都圈→东京圈/东京都市圈→东京都→东京都区部。不同区域的关系示意如图1-1所示，本节将由大至小逐一介绍这些区域。

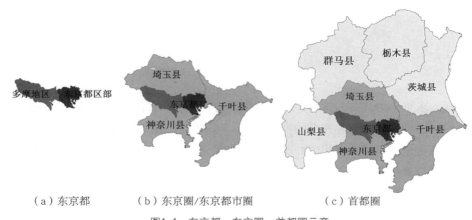

| （a）东京都 | （b）东京圈/东京都市圈 | （c）首都圈 |

图1-1　东京都、东京圈、首都圈示意

▶▶ 范围最广：首都圈

　　首都圈的概念最早可以追溯到20世纪50年代中期。根据1956年日本颁布的《首都圈整备法》[①]第2条第1款，首都圈是"将东京都地区和政令指定的周边地区合为一体的广大地区"。日本《首都圈整备法施行令》第1条规定了"政令指定的周边地区"为埼玉县、千叶县、神奈川县、茨城县、栃木县、群马县和山梨县地区，因此，法律上定义的"首都圈"即"一都七县"区域（图1-2）。日本国土交通省发布的《首都圈整备计划》和《关于首都圈整备的年度报告》中，首都圈同样是指"一都七县"区域，其面积为36898.49km²，人口为4446.34万人（2020年）。

---

① 本书所有法律均为日本法律。

图1-2 "一都七县"区域示意　　　　　　图1-3 "一都三县"区域示意

▶▶ 歧义最多：东京圈/东京都市圈

东京圈、东京都市圈区域的指代是歧义最多的。东京圈在日本《多极分散型国土形成促进法》第22条第1项中被定义为"在东京都、埼玉县、千叶县、神奈川县及茨城县地区中，政令指定的东京都区部以及在社会和经济上与其合成一体的广大周边区域"。

日本国土交通省发布的《首都圈整备计划》和《关于首都圈整备的年度报告》中，定义东京圈为"一都三县"，即东京都、神奈川县、埼玉县和千叶县（图1-3）。该区域面积为13565.46km²，人口为3691.42万人（2020年）。日本政府和学界采用的东京圈、东京都市圈区域范围一般有基于行政区划、基于通勤率等指标或距东京都区部中心的距离等几种划分方式。其中，基于行政区划的定义最为简单，主要有"一都三县"和"一都三县+茨城县南部"两种说法。其中"一都三县"的定义最为常见，经常被各种统计口径采用。本书中所说的东京圈/东京都市圈若无特殊说明均指"一都三县"地区。

▶▶ 最常用：东京都

东京都是日本一级行政区，也是日本唯一以"都"命名的行政区（图1-4）。行政区域包括由东京都区部（23个特别行政区）、多摩地区（26个市、3个町和1个村）组成的狭长陆地部分，以及分布在东京湾南部海域的伊豆群岛和小笠原群岛（2个町和7个村）。东京都面积为2194.03km²，人口为1404.76万人（2020年）。

▶▶ 最核心：东京都区部

东京都区部是指日本东京都辖下的23个特别行政区（图1-5），一般称之为东京都23区、东京特别区部等。如今的东京都区部相当于1936—1943年期间东京市的辖区范围。东京都区部面积为627.53km²，人口为973.33万人（2020年）。

关于更核心的区域"东京都心",没有明确统一的定义。媒体、政府、房地产界常将千代田区、中央区与港区称为"都心3区",加上地价较高的新宿区、涩谷区,一般称为"都心5区"。

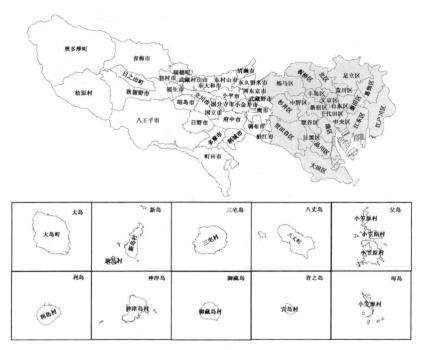

图1-4 东京都示意

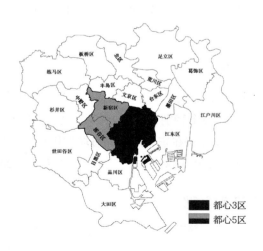

图1-5 东京都区部示意

揭秘大都市交通 东京篇

专栏
从东京府到东京都的演变历史

如今我们看到的东京都，早在日本历史上并没有这么大的范围，伴随着城市的不断发展其范围也在变化。东京府是现今日本东京都的前身，为过去曾经存在的一级行政区，存续期间为1868—1943年。1943年废除东京市和东京府，成立东京都。

1871年，东京府实行大区小区制，被划分为6大区97小区；1873年，由于相邻地区的编入，成为11大区103小区（图1-6）

图1-6　1873年的东京府示意

1878年，日本政府制定《郡区町村编制法》，废除了大区小区制，在东京府内划分15区6郡。同时，伊豆诸岛被编入东京府（图1-7）

图1-7　1878年的东京府示意

1880年，小笠原群岛被编入东京府。1889年东京府内15区的范围设立东京市（图1-8）

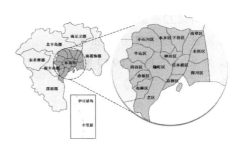

图1-8　1889年的东京府示意

1893年，原属于神奈川县的3郡（西多摩郡、南多摩郡、北多摩郡）并入东京府，形成了今天东京都的轮廓（图1-9）

图1-9　1893年的东京府示意

1896年，东多摩郡和南丰岛郡合并，成为丰多摩郡（图1-10）

图1-10　1896年的东京府示意

1932东京市将周边5个郡纳入，并设置其为20个区，由此合计35个区的东京市就此诞生。1936年将北多摩郡砧村、千岁村编入世田谷区，至此东京市的范围相当于现在的东京都23区（图1-11）

图1-11　1936年的东京市示意

1943年废除东京市和东京府，成立东京都。1947年将原东京市35个区进行重组，新设22个区。同年，将练马区从板桥区分离出来，成为第23个区。1947年日本《地方自治法》发布后，东京都23区成为"特别区"（图1-12）

图1-12　1947年的东京都23区示意

1.2 空间结构和职能分工是怎样的?

▶ 多层次的空间结构

东京都市圈形成了 "一核+七心+业务核都市①" 的城市空间结构。其中,"一核"是指东京都心,"七心"是指7个副都心,即池袋、新宿、涩谷、上野·浅草、锦丝町·龟户、大崎、临海 (图1-13)。副都心基本位于JR山手环线上,在距离东京都区部中心10km左右的空间范围内。

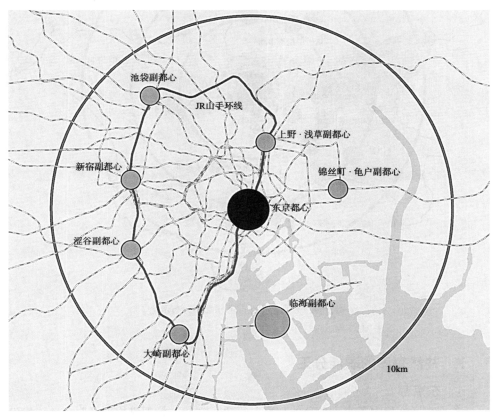

图1-13 东京都副都心分布示意

---

① 日本《多极分散型国土形成促进法》第22条:为了缓解东京都区部人口、政治、经济、文化等职能的过度集中,需要将这些职能分散到东京圈,培育东京都区部以外的广大地区的核心城市 (即业务核都市),国土交通大臣必须制定基本方针以促进业务核都市企业、事业所集聚。

业务核都市是围绕东京都周围设立的具有一定产业功能与社会服务功能的核心据点城市。日本政府先后确立了22个业务核都市（14个地域），规划的主要城市职能包括行政、教育、研发、商务、旅游、会展、工业等（图1-14）。这些业务核都市基本都分布于东京都市圈内距离区部中心30~50km的空间范围内，许多业务核都市在发展中逐渐形成特色功能。

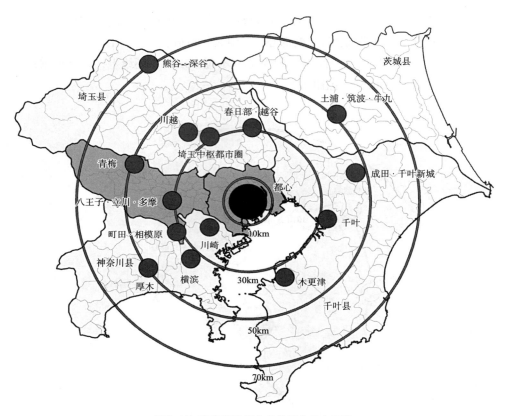

图1-14　东京都市圈业务核都市分布示意

▶▶ 井然有序的职能分工

1. 东京都

东京都区部集中了绝大部分的政府、行政、文化、管理机构以及服务业、批发业、金融业、印刷业等部门，发挥政治和行政、经济、金融、信息、科教文化等中枢职能，拥有羽田国际机场。

东京都多摩地区承接东京都区部部分功能（主要是大学、研究开发机构和高科技产业方面）的转移，现已发展成为东京都高科技产业、研究开发机构、商业、大学的集聚之地。其中，八王子市是大学城，研发职能得到强化；立川市在接受部分国家行政职能的转移后，商务和商业职能得到强化；青梅市发挥生产制造职能，研发职能也逐步加强。

2．神奈川县

神奈川县工业发达，是日本四大工业基地之一。随着东京都区部各种职能的转移，神奈川县更好地发挥了作为工业集聚地和国际港湾的职能，同时加强了研发、商业、国际交流、居住等职能。其中，横滨市是东京都市圈内第二大城市，拥有日本最重要的对外贸易港——横滨港，加上企业总部、国家行政机关的聚集，推动了国际化、信息化进程，国际交流职能也逐步增强；川崎市主要承担生产制造和研发职能，川崎港主要为大型企业提供原料和成品运输服务；厚木市则在研发、高技术产业和教育职能方面较集中。

3．埼玉县

埼玉县交通网络密集，是日本东部最重要的交通枢纽之一。埼玉县主要接纳了东京都区部部分政府职能的转移，已成为政府机构、居住、生活、商务职能的集聚之地。其中，埼玉市承接了东京都部的行政、业务等各种功能。

4．千叶县

千叶县是日本重要的工业县之一，发挥了国际空港、海港、商务、国际交流等作用。其中，千叶市拥有日本最大的原料输入港，并且已经形成以国际商务为主的业务职能，幕张新都心以国际性会议及展示会场为核心，集商业、办公、娱乐为一体；木更津市拥有旅游和贸易性质的海港，同时商务、研发职能也逐步加强；成田市拥有成田国际机场，该机场是东京都市圈乃至整个日本的重要机场之一，物流、临空产业以及商业在该区域获得了集聚。

1.3 经济发展，具体是什么水平？

▶▶ "富可敌国"的东京都市圈

2019年，东京都市圈GDP为195.8兆日元（表1-1），约占日本GDP的35%，足以说明东京都市圈的经济实力及在日本的分量。其中东京都GDP为115.7兆日元，约占东京都市圈GDP的59%。如将东京都市圈的GDP与世界各国的GDP作比较，东京都市圈的GDP总量超过了俄罗斯、加拿大、韩国等国，可以说是"富可敌国"。可想而知，东京都市圈的经济有多么发达。

2019年东京都市圈GDP、国民收入情况　　　　表1-1

地区	GDP（兆日元）	国民收入（兆日元）	人均收入（万日元）
东京都	115.7	80.6	576
神奈川县	35.2	29.5	320
埼玉县	23.6	22.3	304
千叶县	21.3	19.2	306
东京都市圈	195.8	151.6	411

随着日本经济的服务化和国际化，东京都市圈的地位和重要性不断增强。日本的大型企业总部、外资企业等高度集中于东京都市圈，特别是东京都：

○《财富》杂志世界500强公司中有38家总部位于东京都（2019年）；

○ 日本75%的外资企业将总部设在东京都，这一数据在东京都市圈为86%（2019年）；

○ 日本上市公司总部中，东京都以1823家占据了全日本一半以上的份额（2015年）；

○ 日本资本金10亿日元以上的企业中，位于东京都的占50.6%，位于东京都市圈的占59.3%（2016年）；

○ 日本1000人以上的企业中，位于东京都的占比高达52.1%，其中信息通信类企业7成以上都集中在东京都（2016年）。

▶▶ 多元化的产业构成

2019年，第三产业占东京都市圈GDP的比重达83.3%，高于全日本平均水平（图1-15）。

东京都市圈的产业组织形式具有明显的地域分布特征。从不同行业的GDP占比

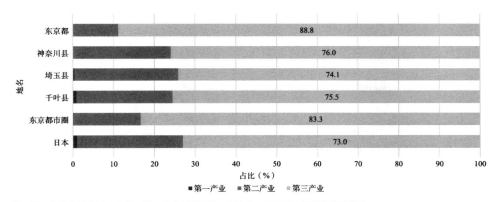

注：第一产业包括农林水产业，第二产业包括采矿、制造业、建筑业，其他为第三产业。

图1-15　2019年东京都市圈三大产业GDP占比

看，东京都和外围三县的行业构成差别较大。东京都GDP占比较高的行业是批发零售业、房地产业、专业及技术服务业、信息通信业、金融保险业，而外围三县制造业GDP占比较高（图1-16）。

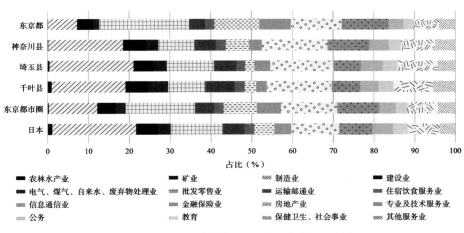

图1-16　2019年东京都市圈不同细分行业GDP占比

1. 东京都

2021年，东京都事业所[①]数量为63.6万家，占全日本的12%，从业人员数为1009万人，占全日本的16.2%。在全日本47个一级行政区中，东京都事业所和从业人员规模排名第一。

---

① 根据日本经济普查，事业所是指进行经济活动的场所，原则上具备以下条件：占据一定的场所，在单一的经营主体下进行经济活动；拥有员工和设备，持续进行物品的生产、销售、服务的提供。

第三产业占东京都 GDP 的 88.8%，其中批发零售业的比例最高，达 22.0%；其次是占比 12.4% 的房地产业、占比 11.6% 的专业及技术服务业、占比 11.1% 的信息通信业。从东京都不同行业 GDP 占比与全国平均水平对比看，信息通信业、金融保险业、批发零售业、专业及技术服务业等明显超过全国平均水平（图 1-17）。

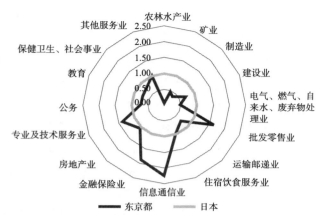

注：图上数字为该行业占东京都 GDP 的比重与该行业占全国 GDP 的比重之比。

图 1-17　2019 年东京都不同行业 GDP 占比与全国平均水平对比

　　信息通信业是非常典型的"城市型知识服务产业"，是所有产业中向东京都集聚程度最高的产业。2021 年，东京都信息通信业领域的事业所数量近 2.9 万家，从业人员规模达 108.6 万人，分别占全国信息通信业的 37.2% 和 54.6%。在地理区位上，信息通信产业呈现强烈的向心聚集特征。在东京都，信息通信产业高度集中于千代田区、中央区、港区、新宿区、涩谷区，占东京都信息通信业事业所和从业人员的 56% 和 67%。

　　东京都是日本的金融中心，几乎所有城市银行、大型保险公司、大规模证券公司、信用银行的总部都设置在东京都。2021 年，东京都的金融保险业事业所数占全日本总数的 14.4%，从业人员占全日本的 29.0%。从产业空间地理区位来看，金融保险业也呈现强烈的向心指向性，仅千代田区、中央区、港区、新宿区、涩谷区 5 个区就占了东京都金融保险业事业所总数的 51%、从业人员总数的 69%。

　　学术研究、专业及技术服务业同样有很强的大城市指向性。2021 年，东京都共有 5.1 万家事业所从事学术研究和专业及技术服务业，从业人员总数为 63.1 万人，分别占全日本的 19.9% 和 28.5%。在产业空间地理区位上同样高度集中，千代田区、中央区、港区、新宿区、涩谷区 5 个区占了东京都学术研究、专业及技术服务业事业所总数的 48%、从业人员总数的 64%。门类繁多的各种知识密集型产业在有限的空间内相互接触、相互交流、相互融合、相互碰撞，在提高生产率的同时，不断地孕育着创新的种子，给城市注入新的活力，进而带动全产业、腹地的繁荣发展。

　　东京都拥有全国最大规模的批发零售业。无论在事业所数量、从业人员数量还是商品销售额方面，东京都均居全日本首位，分别占全日本批发零售业的 11.5%、17.0% 和 33.5%（2021 年），是日本最重要的商品流通中心。从产业空间地理区位来看，东京都的批发零售业同样主要集中于区部。尤其是批发业，仅千代田区、中央区和港区就占了东京都批发业事业所总数的28%、从业人员总数的47%。零售业方面，中央区、新宿区和涩谷区等繁华的购物中心、百货商店、电子产品零售店和各种专卖店高度集中。这些批发、零售业高度集中的区域，每年吸引大量国内外游客，成为日本深具魅力的旅游资源。

2．神奈川县

2021年，神奈川县事业所总数为29万家，占全日本的5.5%，从业人员总数为377万人，占全日本的6.0%。这两项指标均居全日本第四位，仅次于东京都、大阪府和爱知县。

神奈川县是日本的制造业大县，也是京滨工业带的重要组成部分。神奈川县分行业的GDP构成中，制造业占比最大，2019年为18.4%（图1-16）。神奈川县制造品的出货额在全日本排名第四、附加值排名第五，仅次于爱知县、大阪府、静冈县和兵库县。在制造业中，从业人员最多的是运输机械设备制造、食品制造、生产机械设备制造、电气机械设备制造和金属制品制造等。日产汽车、富士施乐、索尼、武田药品工业等世界级大型企业在神奈川县开设公司，更有众多研发机构坐落于此（图1-18）。

图1-18　神奈川县的产业及代表企业

神奈川县充分发挥紧邻东京都的优势，通过产业园区的形式，大力吸引产业研发机构，推动实现产业升级。2021年，神奈川县共有1.6万家事业所从事学术研究和专业及技术服务业，从业人员总数为18万人，分别占全日本的6.1%和8.1%。其中，学术研发机构有567家，数量位居全日本第二位，仅次于东京都。学术研发机构约有54770名工作人员，该人数甚至超越东京都位居全国第一。

3. 埼玉县

2021年，埼玉县事业所总数为23.5万家，从业人员总数为279万人，两项指标均位居全日本第五位，分别占全日本的4.4%和4.5%。

埼玉县是总部设在东京都的大型企业的生产基地，主要生产汽车、电气产品、机械和食品等。埼玉县分行业的GDP构成中，制造业占比最大，2019年为20.6%（图1-16）。制造业中从业人员最多的是食品制造、运输机械设备制造、金属制品制造、印刷业、塑料制品制造等。其中，食品制造业出货额在全日本排名第二、附加值在全日本排名第一。

4. 千叶县

2021年，千叶县事业所总数为18.8万家，占全日本的3.5%，从业人员总数为233.3万人，占全日本的3.7%。事业所和从业人员数量均位居全日本第九位。

千叶县地形平坦，气候温暖，是日本主要的农业县之一。2019年，千叶县农业GDP在全日本排名第四，梨、花生和萝卜等产量位列全日本前茅。此外，该县周围同时拥有内湾性和外洋性的海域，形成了产量丰富的各式渔场。千叶县也是日本重要的工业县之一。千叶县分行业的GDP构成中，制造业占比最大，2019年为18.2%（图1-16）。制造业中，从业人员最多的是食品制造、金属制品制造、化学工业、钢铁业、生产机械设备制造等。京叶临海地区主要集聚着精制石油、石油化学、钢铁等原材料产业，为各行各业提供不可或缺的原材料和能源。该县的酿造业也非常繁荣，特别是酱油生产在日本有着悠久的历史，是日本最大的酱油生产地。

1.4 人口和就业岗位到底有多少？

▶▶ 强大的人口集聚态势

1. 世界上人口规模最大的都市圈

按城市人口规模，东京都市圈目前是世界上人口规模最大的都市圈。根据日本最新人口普查数据，2020年东京都市圈人口为3691.42万人（表1-2），以3.6%的国土面积承载了全日本29.3%的人口。

2020年东京都市圈人口　　　　　　　　　　　　　　　　　表1-2

地区	面积（km²）	人口（万人）	人口密度（人/km²）	人口占比（%）
东京都	2194.03	1404.76	6403	38.1
神奈川县	2416.11	923.73	3823	19.9
埼玉县	3797.75	734.48	1934	17.0
千叶县	5157.57	628.45	1218	25.0
东京都市圈	13565.46	3691.42	2721	100

自20世纪50年代以来，日本人口不断向东京、大阪、名古屋及周边地区的三大都市圈集中，20世纪70年代中期人口流动进一步呈现向东京都市圈单极集中的趋势（图1-19）。近年来，由于老龄化和少子化趋势加剧，全日本人口在2008

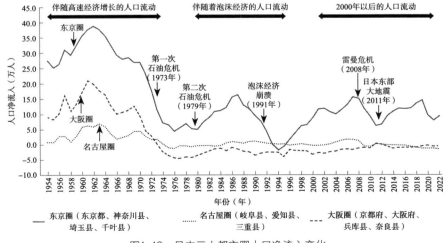

图1-19　日本三大都市圈人口净流入变化

年达到峰值后逐年下降。尽管日本总人口已经连续十余年呈减少态势，但人口向东京都市圈集中的趋势却依然持续，成为日本人口困境下的"一枝独秀"，这与其在全日本所处的中心地位是分不开的。

2．人口分布"连片式连绵扩散"

2020年东京都市圈人口密度为2721人/km²，都市圈范围内人口密度整体呈现中心高、外围低的特征（图1-20）。其中东京都达到6403人/km²，人口密度远高于神奈川县、埼玉县和千叶县（表1-3）。

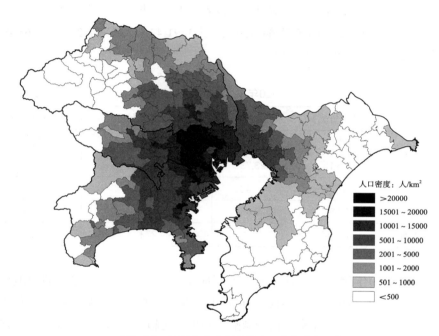

图1-20　2020年东京都市圈人口密度分布示意

2020年东京都市圈各地区人口　　　　　　　　表1-3

地区	面积（km²）	人口（万人）	人口密度（人/km²）
东京都	2194.03	1404.76	6403
东京都区部	627.53	973.33	15511
神奈川县	2416.11	923.73	3823
横滨市	437.71	377.75	8630
川崎市	143.01	153.83	10756
埼玉县	3797.75	734.48	1934
埼玉市	217.43	132.40	6089
千叶县	5157.57	628.45	1219
千叶市	271.78	97.50	3587

从东京都内部看，东京都区部人口占东京都人口的69.3%，平均人口密度为15511人/km^2。其中文京区、台东区、中野区、丰岛区、荒川区人口密度超过20000人/km^2。都心3区由于住宅用地少、商业用地多，居住人口反而相对较少，特别是作为日本大型企业总部、中央行政机关聚集地的千代田区，人口密度仅为5719人/km^2（表1-4）。

2020年东京都23区人口　　　　　　　　　　　　表1-4

地区	面积（km^2）	人口（万人）	人口密度（人/km^2）
东京都区部	627.53①	973.34	15511
1. 千代田区	11.66	6.67	5719
2. 中央区	10.21	16.92	16570
3. 港区	20.37	26.05	12788
4. 新宿区	18.22	34.94	19176
5. 文京区	11.29	24.01	21264
6. 台东区	10.11	21.14	20914
7. 墨田区	13.77	27.21	19759
8. 江东区	42.99	52.43	12196
9. 品川区	22.84	42.25	18498
10. 目黑区	14.67	28.81	19638
11. 大田区	61.86	74.81	12093
12. 世田谷区	58.05	94.37	16256
13. 涩谷区	15.11	24.39	16141
14. 中野区	15.59	34.49	22122
15. 杉并区	34.06	59.11	17355
16. 丰岛区	13.01	30.16	23182
17. 北区	20.61	35.52	17235
18. 荒川区	10.16	21.75	21405
19. 板桥区	32.22	58.45	18140
20. 练马区	48.08	75.26	15653
21. 足立区	53.25	69.50	13053
22. 葛饰区	34.80	45.31	13020
23. 江户川区	49.90	69.79	13987

注：①东京都区部面积包括23个区（共622.83km^2）以及荒川河口、中央防波堤外侧填埋处理场、新海面处理场（共4.70km^2）

3．昼夜间人口相差悬殊

在日本统计中，常住人口被称为夜间人口，而在同一地区生活、工作、学习的人则称为昼间人口（昼间人口=夜间人口-昼间流出人口+昼间流入人口），它代表了通常活跃在该地区白天的人口数量。2020年东京都市圈昼间人口为3704.17万人，其中东京都昼间人口为1675.16万人，远高于神奈川县、埼玉县和千叶县。东京都昼夜人口比为119.2%，是人口净流入地区，而周边的三县昼夜人口比均低于100%，是人口净流出地区（表1-5）。

地区	夜间人口 （万人）	流出人口 （万人）	流入人口 （万人）	昼间人口 （万人）	昼夜人口比 （%）
东京都	1404.76	65.91	336.31	1675.16	119.2
神奈川县	923.73	133.68	40.52	830.57	89.9
埼玉县	734.48	123.34	32.34	643.48	87.6
千叶县	628.45	96.79	23.30	554.96	88.3
东京都市圈	3691.42	419.71	432.47	3704.17	100.3

2020年东京都市圈昼夜间人口　　　　表1-5

随着东京都区部土地价格变高、商业职能增加、居住环境下降，职住分离现象显著，因此出现昼间人口主要集中在东京都区部（图1-21），夜间人口主要分布在外围的现象。与夜间人口相比，昼间人口向心集聚特征更加显著，越往中心区域昼夜人口越是相差悬殊。都心3区昼间人口高度集中，其中千代田区昼间人口是夜间人口的17.5倍。

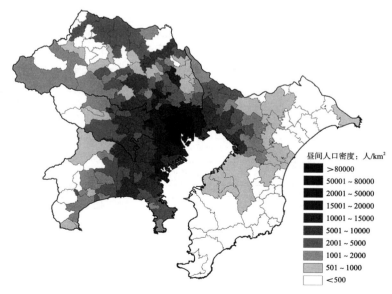

昼间人口密度：人/km²

- ■ >80000
- ■ 50001~80000
- ■ 20001~50000
- ■ 15001~20000
- ■ 10001~15000
- ■ 5001~10000
- ■ 2001~5000
- ■ 1001~2000
- ■ 501~1000
- □ <500

图1-21　2020年东京都市圈昼间人口密度分布示意

4．人口老龄化程度低于全国水平

日本是全球最早进入老龄化、也是老龄化程度最严重的国家之一。根据联合国标准，当一个地区65岁及以上老年人占总人口的7%时，该地区即视为进入"老龄化社会"；占比超过14%时，则进入"老龄社会"；占比达20%时，则进入"超老龄社会"。2020年，日本65岁及以上的老年人口占总人口的28.6%（表1-6），按照联合国标准，日本已经进入超老龄社会。

2020年东京都市圈人口年龄结构   表1-6

地区	小于15岁占比（%）	15～64岁占比（%）	65岁及以上占比（%）
东京都	11.2	66.1	22.7
神奈川县	11.8	62.7	25.6
埼玉县	11.9	61.1	27.0
千叶县	11.7	60.7	27.6
东京都市圈	11.6	63.3	25.1
日本	11.9	59.5	28.6

东京都市圈凭借人口的持续净流入使得人口保持相对年轻。东京都市圈65岁及以上老年人口占比达25.1%，人口老龄化程度低于全日本平均水平（表1-6）。从东京都市圈内部看，东京都老龄化率低于埼玉县、千叶县和神奈川县。

▶▶ 密集的就业岗位

1．就业岗位占日本全国的30.4%

根据2021年日本经济普查，东京都市圈就业岗位为1898.6万个，占日本全国就业岗位的30.4%。东京都市圈范围内，东京都就业岗位为1009.38万个，占整个都市圈的53.2%（表1-7）。

2021年东京都市圈就业岗位   表1-7

地区	面积（km²）	岗位（万个）	岗位密度（个/km²）	岗位占比（%）
东京都	2194.03	1009.38	4601	53.2
神奈川县	2416.11	376.95	1560	19.8
埼玉县	3797.75	278.98	735	14.7
千叶县	5157.57	233.29	452	12.3
东京都市圈	13565.46	1898.60	1400	100

2. 岗位分布"孤岛式高密度集聚"

2021年东京都市圈岗位密度为1400个/km²，其中东京都达到4601个/km²，岗位密度远高于神奈川县、埼玉县和千叶县（表1-8）。

2021年东京都市圈各地区就业岗位   表1-8

地区	面积（km²）	岗位（万个）	岗位密度（个/km²）
东京都	2194.03	1009.38	4601
东京都区部	627.53	849.31	13534
神奈川县	2416.11	376.95	1560
横滨市	437.71	161.87	3698
川崎市	143.01	57.80	4043
埼玉县	3797.75	278.98	735
埼玉市	217.43	55.90	2571
千叶县	5157.57	233.29	452
千叶市	271.78	44.94	1654

从就业岗位的分布看，就业岗位向心集聚特征非常突出（图1-22），职住空间关系十分不平衡。如果说东京都市圈的人口密度分布由中心到外围"连片式连绵扩散"的话，岗位密度则呈现"孤岛式高密度集聚"特征（图1-23）。东京都区部特别是都心3区，岗位密度远高于其他地区。就业岗位集聚的千代田区，岗位密度高达102840个/km²（表1-9），远高于其人口密度（5719人/km²）。

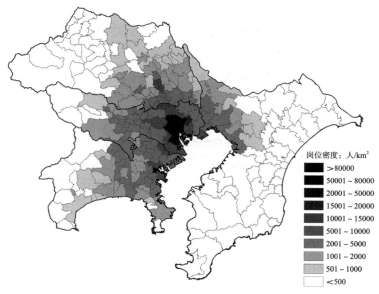

图1-22 2021年东京都市圈就业岗位密度分布示意

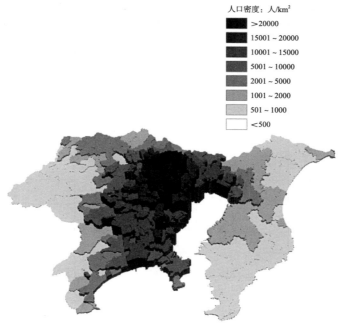

（a）人口密度

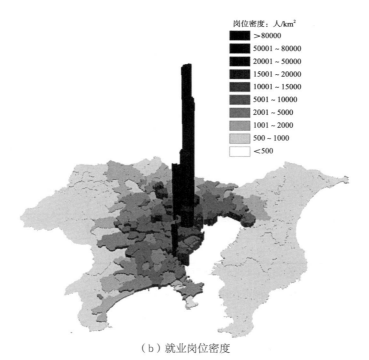

（b）就业岗位密度

图1-23　东京都市圈人口密度（2020年）和就业岗位密度（2021年）对比示意

2021年东京都区部就业岗位

表1-9

地区	面积（km²）	岗位（万个）	岗位密度（个/km²）
东京都区部	627.53[①]	849.31[②]	13534
1. 千代田区	11.66	119.91	102840
2. 中央区	10.21	78.27	76664
3. 港区	20.37	113.45	55695
4. 新宿区	18.22	71.86	39441
5. 文京区	11.29	22.21	19670
6. 台东区	10.11	24.11	23849
7. 墨田区	13.77	16.84	12229
8. 江东区	42.99	41.24	9593
9. 品川区	22.84	43.34	18977
10. 目黑区	14.67	14.04	9568
11. 大田区	61.86	37.14	6005
12. 世田谷区	58.05	29.27	5042
13. 涩谷区	15.11	58.95	39013
14. 中野区	15.59	12.91	8282
15. 杉并区	34.06	16.70	4903
16. 丰岛区	13.01	27.81	21375
17. 北区	20.61	13.73	6660
18. 荒川区	10.16	8.10	7972
19. 板桥区	32.22	20.70	6425
20. 练马区	48.08	19.75	4108
21. 足立区	53.25	23.55	4422
22. 葛饰区	34.80	14.14	4064
23. 江户川区	49.90	20.02	4013

注：①东京都区部面积包括23个区（共622.83km²）的面积以及荒川河口、中央防波堤外侧填埋处理场、新海面处理场
　　（共4.70km²）的面积；
　　②东京都区部就业岗位包括23个区的岗位（共848.05万个）和边界未定地区的岗位（共1.26万个）。

1.5 东京都市圈是怎样利用土地的？

▶▶ 制度：土地所有私有制

日本的土地制度是私有制，法律上承认个人或私人可以占有土地，但并不意味着全部土地都为私人所有。在日本，除私有土地外，国家和都道府县、区市町村等地方政府也占有土地。私有土地是主体，日本私有土地占比43.7%，东京都市圈私有土地占比59.4%（图1-24）。

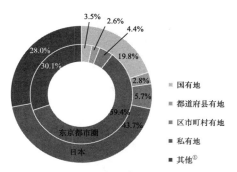

图1-24 2022年日本和东京都市圈的土地所有构成

▶▶ 特点：区域间截然不同的土地利用

东京都市圈的农用地、森林、原野、水面河川水路等自然资源用地占到了土地面积的一半左右。其中，东京都区部和外围地区的土地利用有着不同的风貌（图1-25、图1-26）。东京都区部的土地利用以宅地（建筑用地，包括了公共设施用地、商业用地、住宅用地、工业用地、农业设施用地等）为主，而在东京都多摩和岛屿地区、神奈川县、埼玉县、千叶县，森林是土地利用的主体（图1-27）。

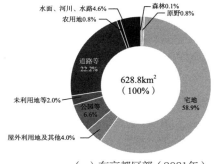

（a）东京都区部（2021年）

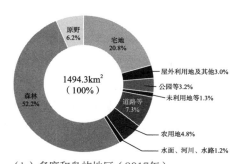

（b）多摩和岛屿地区（2017年）

图1-25 东京都的土地利用构成

---

① 其他包括：1）登记记录的面积与实际测量面积之间的差额；2）由于非征税地（宗教法人专供土地，学校法人等教育用地，自然公园、保护林等）的原因，未列入固定资产价格记录的面积；3）水路等及道路的面积。

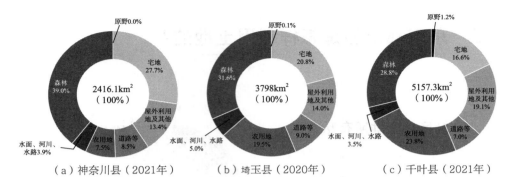

（a）神奈川县（2021年）　　　　（b）埼玉县（2020年）　　　　（c）千叶县（2021年）

图1-26　神奈川县、埼玉县、千叶县的土地利用构成

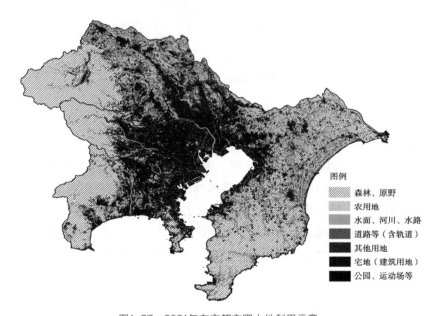

图1-27　2021年东京都市圈土地利用示意

以下重点介绍东京都区部的土地利用情况。

1．土地利用以宅地（建筑用地）为主

东京都区部土地利用以宅地（建筑用地）为主，宅地（建筑用地）占到了58.9%，其次是道路等（含轨道、港口等），占比22.2%（表1-10）。

2021年东京都区部的土地利用　　　　　　表1-10

分类	面积（km²）	占比（%）
宅地（建筑用地）	370.62	58.94
屋外利用地及其他	24.96	3.97

分类	面积（km²）	占比（%）
公园等	41.36	6.58
未利用地等	13.03	2.07
道路等（含轨道、港口等）	139.42	22.17
农用地	4.84	0.77
水面河川水路	29.31	4.66
森林	0.32	0.06
原野	4.90	0.78
合计	628.76	100

从宅地（建筑用地）构成来看，2021年东京都区部的宅地（建筑用地）以住宅用地[①]为主，占比60.7%，公共设施用地占比15.6%、商业用地占比15.5%、工业用地占比8.2%。东京都区部内部不同地区用地构成差别较大，反映了不同区域功能特征上的差异（图1-28）。

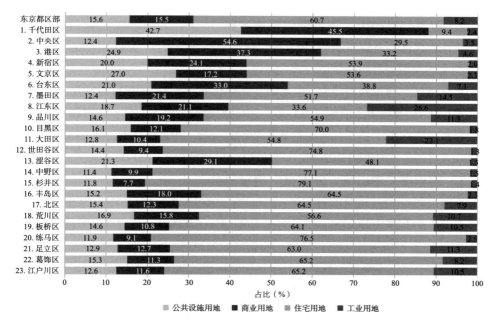

图1-28　2021年东京都区部宅地构成

---

① 东京都土地利用分类中，住宅用地主要包括独立住宅和集体住宅；公共设施用地主要包括政府机关、教育文化、福利医疗、水电供给处理；商业用地主要包括办公建筑物、专用商业设施、商住两用、住宿和娱乐、体育场馆；工业用地主要包括专用工厂、住宅合用工厂、仓储和运输设施。

（1）公共设施用地方面，千代田区高达42.7%，文京区和港区紧随其后；

（2）商业用地方面，千代田区、中央区、港区、台东区占比较高；

（3）住宅用地方面，杉并区最高，达79.1%，其次是中野区、练马区、世田谷区、目黑区，处于区部中心的千代田区、中央区和港区住宅用地占比较低；

（4）工业用地方面，江东区占比最高，其次是大田区和墨田区。

从住宅用地的构成来看，东京都保留着大量独立住宅的居住形态（图1-29），这与我国大城市有很大不同。日本的住宅用地分为两种，一种是集体住宅用地，集体住宅指的是多家业主集中在同一个小区，或者同一栋楼房之中，有共同使用的走廊、楼梯、绿地等；另一种是独立住宅用地，独立住宅（又称"一户建"）则指的是独门独户。即使是在寸土寸金的东京都

图1-29　东京都区部的独立住宅

区部，独立住宅用地也占到了住宅用地的一半以上。2021年东京都区部住宅用地中，独立住宅用地占53.6%，集体住宅用地占46.4%。越靠近外围，独立住宅用地的占比一般越高；而在千代田区、中央区、港区等区部中心，独立住宅用地占比较低。

2. 建筑密度较大，但是楼层普遍不高

东京都区部所有建筑物约170万栋，建筑物栋数净密度[①]为45.8栋/hm²，每栋建筑平均占地面积为218.6m²。

东京都区部建筑密度较大，但是楼层普遍不高，建筑平均层数为2.6层，仅31.2%为中高层（4层及以上）建筑（图1-30）。中高层建筑主要为办公、住宿和娱乐设施，集中分布在都心3区，如千代田区建筑平均层数为6层，中高层建筑比例为86.6%，其大手町、丸之内区域的建筑平均层数分别达到18.6层和14.0层（图1-31）。

3. 容积率"中心高、外围低"特征显著

东京都区部全部建筑的容积率为116.3%、净容积率[②]为196.5%。其中中央区容积率最高，容积率为295.7%，净容积率为680.4%；其次是千代田区，平均容积率为292.9%，净容积率为502.4%。港区、新宿区、文京区、台东区、墨田区、江东区、品川区、涩谷区、丰岛区、荒川区等净容积率均超过200%（图1-32）。

作为功能集聚的据点地区，其容积率显著高于其他区域。其中大手町容积率最高，平均容积率为786.6%，净容积率为1298.6%。其次是丸之内、京桥、八重洲、日本桥地区，净容积率都超过了1000%（图1-33）。

---

① 建筑物栋数净密度为建筑物栋数与宅地面积的比值。

② 根据日本《东京的土地利用》中的定义：容积率为建筑物总建筑面积与土地利用面积之比，以百分数（%）表示；净容积率为建筑物总建筑面积与宅地（建筑用地）面积之比，以百分数（%）表示。

图1-30　2021年东京都区部中高层建筑比例示意

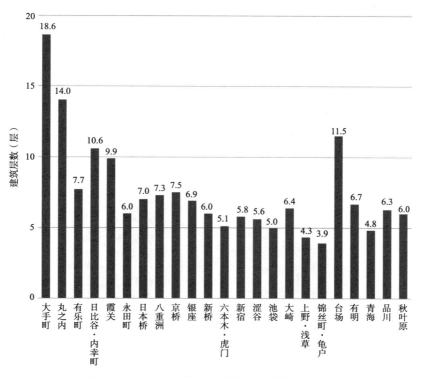

图1-31　2021年东京都区部功能据点建筑物平均层数

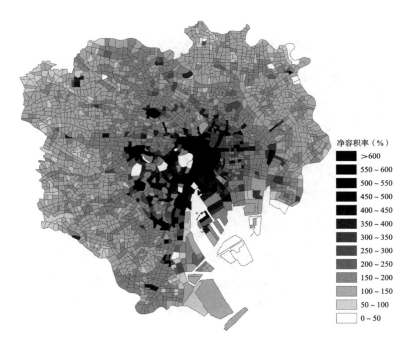

净容积率（%）
■ >600
■ 550～600
■ 500～550
■ 450～500
■ 400～450
■ 350～400
■ 300～350
■ 250～300
■ 200～250
■ 150～200
■ 100～150
■ 50～100
□ 0～50

图1-32　2021年东京都区部净容积率示意

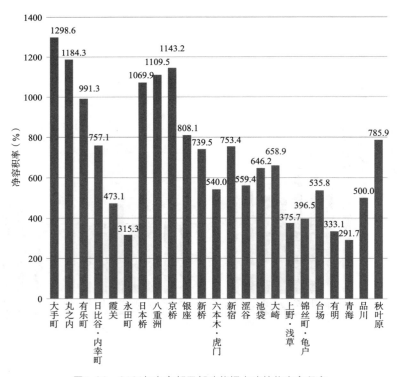

图1-33　2021年东京都区部功能据点建筑物净容积率

1.6 在行政和财政上如何管理城市?

▶▶ 日本地方自治制度

日本的地方自治制度由都道府县与区市町村的双层结构构成。两者是对等的地方行政机构,相互分担、相互合作,办理地方行政事务。

都道府县是包括市町村的广域地方行政机构,负责广域行政事务。日本共有47个都道府县,东京都也是其中之一。市町村是与居民直接相关的基础地方行政机构,负责与居民生活密切相关的事务,市、町、村之间并无本质区别。此外,除都道府县及市町村等普通地方行政机构外,还有为特定目的设置的特别区(东京都23区)等特别地方行政机构。在特别区所在的区域,鉴于其人口高度集中、市区接连成片等情况,特别设置了不同于一般府县与市町村关系的"都区制度"。

为确保大城市行政的一体化、统一性,同时由与居民最接近的自治体处理与居民生活密切相关的行政事务,"都区制度"正是对这两项居民自治需求进行综合平衡后产生的制度。具体包括:在设置特别区的区域,为确保行政的一体化、统一性,由东京都负责由"市"所负担部分的行政事务(自来水、下水道、消防等事务);同时,对福祉、教育、住房等与居民生活密切相关的事务由特别区独立处理。

东京都根据法令对东京都与特别区之间的财政进行调整。由于东京都在23区承担部分本属"市"政府的事务处理,为了在东京都与区之间分配该费用的税源,由东京都一并征收本来应属于市町村税的市町村民税(法人)、固定资产税、特别土地保有税,然后按照一定比例分配给各区。此外,特别区之间的财政调整也是为了避免造成各区之间因税收差异形成财力不均而实施的制度,各区标准财政所需金额超出标准财政收入额时,该财源不足部分将作为交付金由东京都给予补贴。

▶▶ 地方政府的财政结构

日本的行政职能由中央政府和作为地方政府的都道府县、区市町村三层结构来分担。除外交与防卫外,几乎所有的行政事务都由中央政府及地方政府共同负担经费,此外,多数国家层面的政策通过地方政府得到具体实施。

从中央政府与地方政府财政支出决算的净额看,地方政府的财政支出规模约为国家的1.4倍（2013年），行政事务中地方政府担负的作用更大。从租税的实质分配情况来看，在征收阶段，国税占59.2%，地方税占40.8%，但最终分配情况为国家占35.7%，地方占64.3%（2013年）。这是由于约40%的国税通过地方交付税、地方转让税及地方特例交付金的制度分配给了各地方政府。

第 2 章
城市演变与交通变迁

　　在近百余年间，东京都市圈经历了飞跃式发展，成为世界上最大的都市圈。通常来看，城市化和机动化是影响城市和城市交通形态的两大因素。百余年来，东京都市圈经历了三次城市化浪潮，每次都源于产业结构的变化。特别是第二次城市化与日本经济的高速增长、机动化的快速发展同步，从而引发了交通拥堵、环境恶化、房价飞涨等一系列大城市病。在此过程中，伴随着城市快速扩张、人口不断增加、土地利用由平面向地上和地下空间延伸，城市交通也在不断变革和发展。无论是有轨电车的铺设、铁道的兴建，还是地铁和高速道路的出现，交通的不断进化和改善都为东京都市圈的繁荣做出了巨大贡献。东京都市圈的交通发展和城市演变形成了相互支撑和彼此促进的关系，特别是轨道交通在不同历史时期均起到了引领城市发展的重要作用。

　　本章将从历史的视角回顾东京不同历史时期城市和交通的演变历程，探寻交通在东京都市圈形成和发展中所扮演的关键角色。让我们一同穿越时光，探索东京都市圈的历史演变和交通发展的精彩故事吧！

2.1 1868—1920年：从"江户"到东京

1868年东京府成立，东京成为日本事实上的首都。日本自明治维新以后，东京的工业化和城市化进程不断推进，人口不断增长。特别是第一次世界大战带动了日本工业生产的增长，城市化区域逐步扩展。这一时期也是铁道铺设的高峰期，国铁干线铁道的骨架形成，但主要用途是运输货物和运送前往寺庙参拜的游客，并非像现在这样主要服务于通勤和通学。城市内，交通的"主宰者"经历了人力车—公共马车—马车铁道—有轨电车的更迭。

▶▶ 帝都"东京"的诞生

东京的历史可以追溯到400多年前。1603年德川家康在这里建立德川幕府，东京由此开始了它的繁盛时期。当时，东京还被称为"江户"，是日本政治与文化中心，并在18世纪中期就已经发展成为人口超过100万人的大城市。1868年，日本开始了明治维新，同年，日本皇室从京都迁到"江户"，并将"江户"改名为东京，"江户府"改名为东京府，东京成为名副其实的日本首都。

自明治时期（1868—1912年）以来，工业化和城市化不断推进，雇佣学徒、小商贩、小手工业者和工人等就业群体随之扩大，促进了年轻劳动力流入城市。这一时期，作为东京府核心的东京市①人口稳步增加，1900年东京市人口约150万人。东京的人口主要集中在东京市内，郊区化尚未出现。

受第一次世界大战（1914—1918年）的影响，由于日本远离欧洲战场，通过出口产品，工业和经济都得到了极大发展，特别是轻工业中的纺织、造纸、棉布等的生产增加。日本商船的运输量增加，海运行业的发展也带动了工业的发展，电力、煤、炼钢工业迅速增长。随着工业生产的快速增长，新的工厂向大井、品川、蒲田方向转移，逐渐形成现今京滨工业带的雏形。东京的城市化区域逐步向东京市外围扩展，特别是随着京滨工业带的兴起，神奈川县沿海地区人口增加显著。

---

① 东京府是日本曾经存在的一级行政区，是现今东京都的前身，存续期间为1868—1943年。东京市最初成立时的管辖范围（15区），相当于现东京都23区的千代田区、中央区、港区、文京区、台东区全区和新宿区、墨田区、江东区局部区域。东京都的行政区划演变历史详见第1章。

▶▶ 早于城市化的铁道铺设

铁道的铺设先于快速城市化的发展。1872年，日本第一条蒸汽机车线路在新桥和横滨之间开通（现JR东海道线，图2-1），长途旅行的时耗大大缩短。

图2-1　浮世绘中描绘的日本第一条铁道

之后，铁道建设计划因资金困难而停滞不前，日本政府开始鼓励私人资本投资，主要建设干线铁道。1881年日本第一家私营铁道公司日本铁道会社成立。该公司在1883年开通上野—熊谷（现JR高崎线）的铁道后，线路不断延伸，凭借生丝和煤炭的运输大获成功，带动了私营铁道建设的热潮。1885年日本铁道赤羽—品川（品川线，现JR山手线的起源）、1889年甲武铁道新宿—立川（现JR中央线）、1889年水户铁道水户—小山（现JR常磐线）、1891年日本铁道上野—青森（现JR东北本线）、1894年总武铁道市川—佐仓区（现JR总武线）等线路相继开通。到19世纪末，连接东京和其他城市的现JR干线铁道的骨架就已经形成了（图2-2）。当时，东京的四个车站——新桥、饭田町、上野和两国桥成为热闹的终点站，但汇集这些车站的线路都是蒸汽铁道。

1904年，甲武铁道饭田町—中野之间的线路电气化，此后铁道的电气化迅速发展。1909年，品川—赤羽间、池袋—田端间也开始运行电车。此后，电车运行区间的延长和作为中央车站的东京站的建设同步进行。1906年日本《铁道国有化法》出台，明确规定"干线为国营铁道，局部地区运输为私营铁道"。日本政府对主要的干线私营铁道进行了收购，形成了国有干线、私营支线的局面。同时，日本政府为了鼓励设计简单的私营铁道，还出台了《轻轨法》（1910年4月颁布）和《轻轨补贴法》（1911年3月颁布）。私营铁道投资开始转向城市以及都市圈内部的中短距离的铁道建设之上，积极铺设了用于区域内货物、旅客运输和前往寺庙参拜的铁道，形成了玉川电气铁道、王子电气轨道、京成电气轨道、京王电气轨道、东上铁道和武藏野铁道等私铁线路骨架（图2-3）。

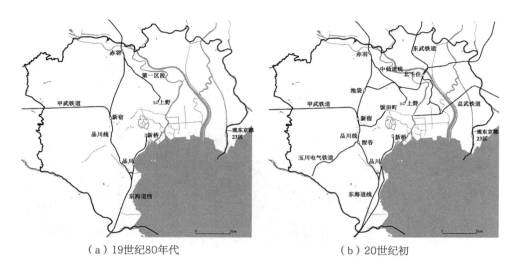

（a）19世纪80年代 　　　　　　　　　　　　　　（b）20世纪初

图2-2　19世纪80年代和20世纪初的铁道网示意

图2-3　20世纪10年代铁道网的扩张示意

　　总体来看，19世纪末—20世纪初是铺设铁道的高峰期，铺设这些铁道主要是为了运输货物和运送前往寺庙参拜的游客，并非像现在这样以通勤、上下学为主要目的。

▶▶ "车马行人"的东京

这一时期城市内的主要交通工具经历了从人力车到公共马车、再到马车铁道（图2-4）、最后到有轨电车的转变。1871年，东京市内的一部分道路上允许使用马车。最初，马车只供政府官员和贵族等有钱人使用，后来公共马车作为一种公共交通工具被引入，成为东京市及其周边地区的一种出行方式。1882年，约2.5km长的东京马车铁道在新桥—日本桥之间开业，并在开始运营后迎来了一段繁荣时期（图2-5）。但由于卫生方面存在问题，随着有轨电车（路面电车）的出现，马车铁道逐渐衰落。

图2-4 马车铁道实景

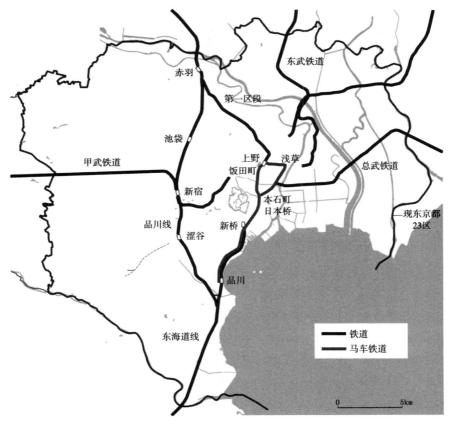

图2-5 1980年代马车铁道线路图

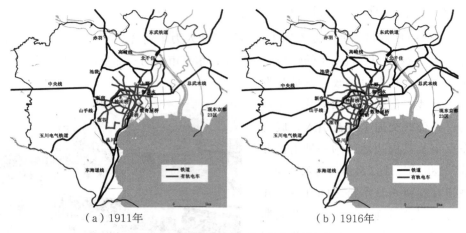

（a）1911年　　　　　　　　　　　　（b）1916年

图2-6　1911年和1916年的有轨电车网示意

1903年，连接品川—新桥间的马车铁道线路改为有轨电车，东京第一条有轨电车正式开业，并于第二年完成了全部路线的电气化。1911年，东京市收购了经营有轨电车的民间公司，诞生了东京市电，此时，东京有轨电车总长度约为190km，车辆1054辆，此后有轨电车网络不断扩充（图2-6）。在第一次世界

图2-7　拥挤的有轨电车

大战时期，伴随着经济的繁荣、快速工业化和东京的人口集中，交通需求增大，有轨电车客运量急剧增加。1911—1918年，有轨电车年客运量由1.38亿人增至3.37亿人。当时，有轨电车拥挤情况非常严重（图2-7），经常出现早晚上下班高峰时挤不上车而被迫等待30min甚至1h的现象。

▶▶ 东京市区的城市改造

在尝试近代城市规划实践之前，日本城市的普遍特征是：建筑多为木制结构且密集排布、道路狭窄、基础设施极不完善且卫生状况糟糕。日本自明治维新以后，日本政府逐步进行了城市改造工作，试图使首都东京的面貌焕然一新。东京陆续实施了《银座炼瓦街计划》（1872年）、《官厅集中计划》（1886年）、《东京市区改正设计》（1889年）等，城市改造也推动了道路等交通基础设施的完善。如《银座炼瓦街计划》要求建筑物的高度要对应道路的宽度，拓宽了银座的道路并实现人车分离，道路两旁开始栽种行道树并安装了气派的煤气路灯等（图2-8），银座炼瓦街成为当时日本文明开化的象征街道。

此后，为应对传染病的流行、火灾的发生、公共马车和马车铁道的出现等诸多挑战，东京开始意识到有计划地系统制定城市规划的重要性。1888年颁布的《东京市区改正条例》被视为日本近代城市规划开始出现制度雏形的标志。1889年日本政府出台了《东京市区改正设计》（旧设计），提出包括修建或拓宽316条街道、改造运河、将主要铁道从新桥终点站延伸至上野，以及建设东

图2-8　车道和人行道分开的道路
（1877年）

京站、大量桥梁、公园、市场、火葬场和墓地等。东京市区改造计划持续了30年，由于项目数量巨大、财政支持不足的原因，后续对该计划进行了修订。1903年《东京市区改正设计》（新设计）宣布了优先项目，原规划中大部分次要道路的改造被放弃，将主要精力集中于建设运营有轨电车线路的主要干道上。到1918年，完成了123条、总长约170km的道路建设改造（图2-9）。在此期间，道路拓宽与铺设有轨电车轨道相结合，由有轨电车公司承担了一半工程费用（即所谓的"电铁缴纳金"），扩充了财源。道路的拓宽为有轨电车的运营创造了良好的基础，有轨电车逐渐成为市内交通的主力。

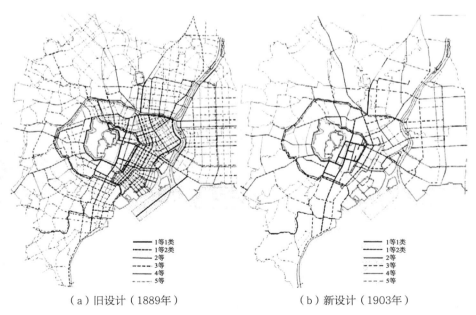

——— 1等1类	——— 1等1类
------- 1等2类	------- 1等2类
——— 2等	——— 2等
------- 3等	------- 3等
——— 4等	——— 4等
------- 5等	------- 5等

（a）旧设计（1889年）　　　　　　　　　　（b）新设计（1903年）

图2-9　《东京市区改正设计》旧设计和新设计的道路规划示意

2.2　1920—1945年：郊外开发及城市扩张

　　1923年的关东大地震加速了人口郊区化的进程，私铁扩张迅速，以通勤为主要目的的运输逐步发展起来，特别是私铁公司把新线路铺设、新车站的设置和大规模城郊住宅小区开发绑定在一起，对城市形态产生了巨大的影响。第二次世界大战前，以山手线相连、从山手线向外呈放射状扩张的市郊铁路网络骨架已形成。这一时期，支撑城市化的市内交通方式的主力是有轨电车，同时地铁建设开始起步。此时机动化时代尚未来临，1920年日本全国机动车不足1万辆，东京都仅有3695辆机动车，到1940年东京都机动车不足6万辆，这也为公共交通发展提供了契机。

▶▶ "城郊"居住潮流加速

　　20世纪初，在东京市内，市区改造和伴随而来的有轨电车轨道的铺设扩大了东京市民的日常活动圈，有轨电车的交汇处出现了繁荣的商业街，城市的土地利用出现了变化。这一时期，被称为工薪族的中产阶层人数开始增长，以丸之内办公街为代表的市中心开始形成（图2-10），就业和居住场所开始分离。随着1914年东京站开业、山手线呈环状运行、中央线等铁道区间的扩大、铁道电气化等交通系统的发展，出现了"都心"和"郊外"之间的通勤现象。

图2-10　1911年竣工的丸之内第一座办公楼

　　城郊居住潮流在1920年以后开始加速。特别是1923年日本关东大地震之后，东京市中心被震后的大火夷为平地，房屋损毁的居民到郊外购买住宅的行为加速了郊区化的进程。1920年，东京市中心人口约217万人，城郊约118万人（东京市中心＋城郊，大致相当于如今的东京都23区）。到1925年，市区和郊区的人口数量发生了逆转，到了1930年，城郊达到了近250万人，而东京市中心人口下降至200万人。市民从老城区搬到绿茵茂盛的城郊居住并去市中心上班，逐渐成为一种时尚，城市郊区化发展的趋势非常明显。市中心虽然人口减少了，但商业办公功能不断加强，其作为经济中心的地位愈发提高。

1920—1940年，从东京都市圈范围看，东京都市圈人口由768万人增至1274万人，其中东京都人口增幅较大，从370万人增至735万人，周边三县神奈川县、埼玉县和千叶县人口略有增长（图2-11）。

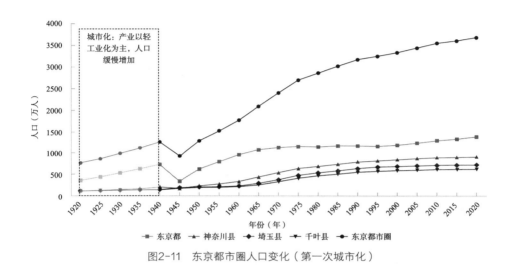

图2-11　东京都市圈人口变化（第一次城市化）

▶▶ 私铁的郊外开发

关东大地震后，东京的城郊地区快速发展，以通勤为主体的运输也随之发展起来。以需求增加和经济复苏为契机，私铁的扩张更加迅速，再次迎来发展热潮，池上电铁、目黑蒲田电铁、东京横滨电铁、小田原急行电铁、西武铁道（新宿线）、帝都电铁（井之头线）等相继开业，如今的私铁网在这一时期形成了雏形（图2-12）。

这一时期，私铁发展的关键是同时开发郊区的住宅区，以容

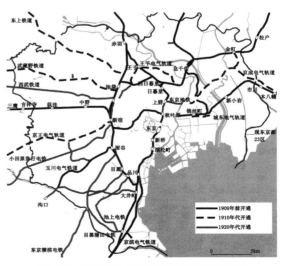

图2-12　20世纪20年代铁道的郊外延伸示意

纳不断增长的人口以及地震后从东京市中心迁出的人口。私铁发展和郊区一体化开发，一方面是为了培育每天通勤使用轨道交通的客流，另一方面是因为土地开发的利润通常大于票款的收入。因此私铁公司把新线路铺设、新车站的设置和大规模城郊住宅小区开发有计划、有目的地绑定在了一起。如田园都市株式会社（东急电铁的前身）对洗足区（1922年，位于现目黑区）、田园调布（1923年，位于现大田区）等的开发（图2-13），东武铁道对常磐台（位于现板桥区）地区的开发等。这个时期开发的部分住宅，现在也作为东京的高档住宅区而闻名。

图2-13 田园调布的开发（拍摄于1934年）

1925年，山手线的整个环线开始运营。郊区住宅和东京市中心通过国铁和私铁、有轨电车和山手线连接起来，新宿、涩谷和池袋等终点站作为大量人流进出的节点，也迅速发展成新的商业和商务功能区。伴随郊区住宅的开发，东京的市区范围迅速扩大。这样的郊区城市化的结果是，之前范围为15区的东京市在1932年扩展为35区（1936年将北多摩郡砧村、千岁村编入世田谷区，范围相当于现在的东京都23区，东京都的行政区划演变历史详见第1章），面积约为原来的6倍。

这些郊外开发项目最大的长期影响是在郊区土地开发和私铁建设之间建立了强有力的联系，与新建车站相关联的铁道沿线的土地开发而非客运量，为这些公司带来了核心收入。这些通勤铁道也对城市形态产生了巨大的影响，推动了大都市的分散增长，并促进了基于轨道交通的大都市区的形成。以山手线相连、从山手线向外呈放射状扩张的市郊铁路为特征的结构就这样在第二次世界大战前形成了。

▶▶ 市内交通网络的扩充

支撑这一时期城市化的市内主力交通方式是有轨电车。关东大地震后，虽然有轨电车损毁严重，但仅仅用时9个月就完全恢复了线路。同时，公共汽车也作为应急交通工具发展起来。1924年，2条线路共44辆公共汽车开始在涩谷—东京站、巢鸭—东京站运行，这也是东京街道上行驶最早的公共汽车。由于公共汽车数量的增加，有轨电车的乘客人数经历了暂时的减少，1934年减少到之前高峰时的6成左右。此后，由于经济的活跃，有轨电车的乘客人数又开始增加。1940年，有轨电车线路长度达到179km，乘客人数达到一年5.08亿人；1943年有轨电车的乘客人数更是达到了历史最高值，为一年7.08亿人（图2-14）。

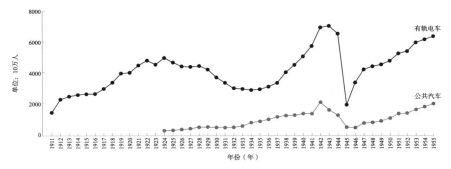

图2-14 有轨电车和公共汽车乘客数（1911—1955年）

这一时期，地铁建设也开始起步。1920年东京地铁株式会社成立，1927年银座线首段（浅草站—上野站，长2.2km）开通运营（图2-15），成为亚洲首条地铁线路。1934年上野—新桥区间开通，1939年新桥—涩谷区间开通。作为关东大地震灾后重建事业的一环，东京市也计划建设市营地铁，1925年取

图2-15 地铁银座线开业

得了4条线路（65.7km）的建设批复。但是由于资金紧张，1934年东京市将一部分线路转让给了东京高速铁道株式会社建设。1938年，东京高速铁道株式会社开通了虎之门—涩谷区间，第二年开通了涩谷—新桥区间，并与东京地铁株式会社开始了直通运营。

▶▶ 控制城市无序扩张

由于现代化带来的城市化进程加速，建成区范围急剧扩张，城市的无序发展已经严重影响了经济活动的进行。为了引导道路等城市基础设施和土地利用达到理想的水平，1919年日本颁布了《都市计划法》和《市街地建筑物法》，建立了最初的城市规划体系。这两部法律引进了新的规划方法与技术，最重要的是土地区划整理制度、用途地域制度与建筑线制度，标志着日本向现代城市规划管理的迈进。1923年，关东大地震对东京产生了毁灭性的破坏，日本政府即刻开启了"帝都复兴事业"，对受灾市区积极整备，主要进行了街道、桥梁、河川、运河、公园以及土地区划整理等项目的建设。

地震复兴项目的实施一波三折，于1930年基本完成。在此期间，东京的工业实力显著恢复，工厂的位置也变得更加偏远。20世纪30年代左右，以东京为中心的

20～50km范围内（现多摩地区）的府中、武藏野、昭岛、东大和等区域工厂聚集显著，工业区与住宅区一起成为促进城市扩张的因素。这一时期，发达国家面临的共同挑战是如何控制大都市的无序扩张。1924年，在荷兰阿姆斯特丹召开的国际城市规划会议上，提出了以绿化带、卫星城为基础的大都市圈规划，这对日本的城市规划者产生了重大影响。1936年日本出台的《关东国土计划》和1939年的《东京绿地计划》（图2-16），将"环状绿化带"作为防止大都市无序扩张的"绿地"纳入城市规划中。

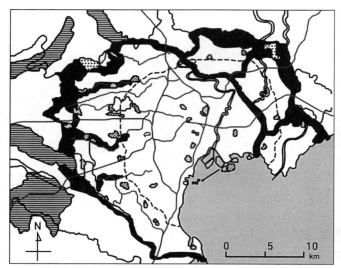

	环状绿化带
	运动公园
	普通公园
	自然公园
	游览道路
	风景区
	环状道路7号线

0　　5　　10
km

图2-16 《东京绿地计划》区域示意

2.3　1945—1975年：经济高速增长与都市圈的形成

第二次世界大战后，经历了近10年的战后复兴，日本经济从1955年起进入高速成长期，人口和产业加速向东京都市圈集中，不仅东京都人口持续增加，附近三县（神奈川县、埼玉县、千叶县）也吸引了大量的人口，城市急剧扩张。与此同时，个人收入的提高刺激了消费，小汽车实现大众化，一举进入汽车时代。这一时期，道路拥堵和通勤轨道的拥挤成为严重的城市问题，城市交通发展迎来重要变革：依托轨道交通发展城市副都心和开展大规模新城建设；有轨电车线路被废止，地铁迎来大规模建设时期；国铁发展的战略重点转变为都市圈市郊通勤服务，国铁和私铁通过双复线改造等大大增强了线路的运输能力，并与地铁开始直通运营，支撑了通勤出行需求的显著增长；首都高速道路加快建设，东京开始进入高速道路时代。

▶▶ 战后重建与复兴

第二次世界大战对东京的城市和经济带来沉重的打击，多次空袭让东京在关东大地震后不到20年再次遭受重创，城市基本变成废墟，人口骤减，1945年东京都区部人口为278万人，不到1940年人口的一半。

面对战争后的城市重建需求，1945年12月，日本政府出台了《战灾地区复兴计划基本方针》，制定了战后城市复兴方案。1946年，东京相继出台了《东京战灾复兴都市计划》，这个规划与战前的《东京绿地计划》的绿带思想是相通的，采用环状同心圆与卫星城市相结合的空间布局，并用绿化带将市中心与外围地区分离，提出东京都区部规划人口为350万人。但是到1947年，随着战争中被疏散的人口重返东京，东京都区部人口规模急剧膨胀，突破了350万人的人口目标，到1955年东京都区部人口已恢复至战前水平（图2-17）。

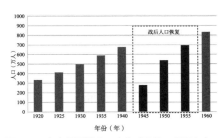

图2-17　东京都区部人口变化（1920—1960年）

从1950年开始，日本经济开始逐渐复苏，城市重建步伐加快，产业结构开始发生变化，出现了大规模制造业的空间集聚，大量的农村人口开始涌入城市，政府机关、公司总部和商业服务机构等在东京聚集。这一时期，东京的经济发展开始呈现以资本密集型制造业为主导的产业结构特征。

▶▶ 快速城市化开启

1. 人口激增与大规模郊区化

从1955年开始，日本国民总产值超过战前，日本经济由战后复兴期进入高速成长期。1956年日本政府发表的《经济白皮书》称："现在已不再是战后了，我们正面临着和过去不同的新情况……今后则是以现代化为中心的经济增长时期"。1960年12月，日本提出"国民收入倍增计划"，目标是实现"10年内国民生产总值及人均国民收入增长1倍"。伴随着经济的高速增长，大量的人口从地方向战后重建效果显著的大城市涌入，尤其是东京、大阪、名古屋三大都市圈的人口更是急剧膨胀（图2-18）。

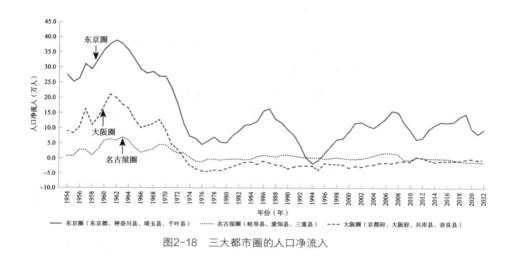

图2-18　三大都市圈的人口净流入

从东京圈（东京都、神奈川县、埼玉县和千叶县）来看，在1955—1965年的10年间，人口年均净流入33万人，总人口由1542万人增加到2102万人，年均增长56万人。其中，不仅东京都人口持续增加，神奈川县、埼玉县和千叶县也吸引了大量的人口（图2-19）。东京都人口由804万人增至1087万人，增长率约为35%，而同期周边神奈川县、埼玉县、千叶县的人口增长率分别约为52%、33%、23%。

日本战后城市化的一个特征是人口大规模郊区化。自1965年起，东京都市圈的郊区化进程开始明显。1965—1975年，东京都市圈的人口由2102万人增加到2704万人，但东京都区部开始出现人口减少的趋势，人口由889万人下降至865万人（图2-20）。这一时期，东京都人口增长速度也明显低于周边三县。1965—1975年，东京都人口增长率约为7%，而同期周边神奈川县、埼玉县、千叶县的人口增长率分别约为44%、60%、54%。

虽然东京都区部人口自1965年之后开始下降，但昼间人口仍保持增长态势（图2-21），说明居住在郊区的人仍要返回中心区上班，东京都区部的昼夜人口比显

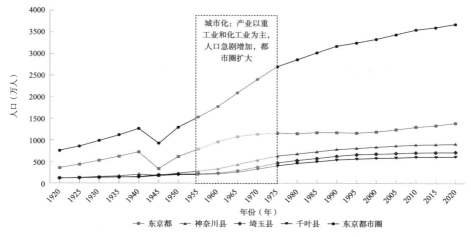

图2-19　东京都市圈人口变化（第二次城市化）

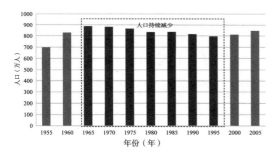

图2-20　东京都区部人口变化（1955—2005年）

图2-21　东京都区部昼间人口和昼夜人口
比变化（1960—1995年）

著增大，职住失衡加剧。

在人口结构变化的同时，土地利用结构也在发生变化，东京都市圈建设用地数量的增长和空间范围的扩大很快，郊区发展沿着轨道线路逐步展开，形成了急剧的城市扩张。第二次世界大战后，东京都市圈人口集中地区（DID）[①]迅速扩大（图2-22）。1960年，东京都区部和京滨工业带地区基本实现了城市化，都市圈其余地区城市化区程度较低。此后，城市化区域由东京都区部逐渐扩展到外围广大地区，特别是1965年之后，东京都多摩地区、神奈川县、埼玉县和千叶县城市化进程较快。

---

① 根据日本总务省统计局的定义，人口集中区（Densely Inhabited District，简称DID）指人口密度在4000人/km^{2}以上、且人口总数超过5000人的相邻区域。

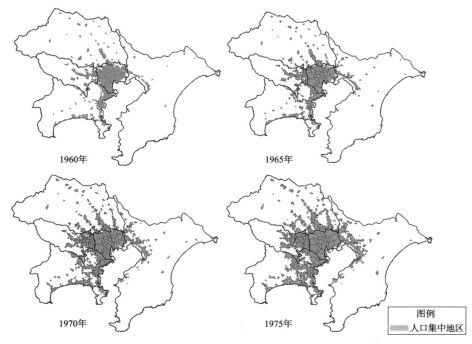

1960年 1965年

1970年 1975年

图例
人口集中地区

图2-22　东京都市圈人口集中地区（DID）分布（1960—1975年）示意

2. 编制首都圈规划

在人口和产业集聚、城市面积扩大的背景下，东京都的生活圈范围不断扩大，超出了城市的行政边界。为此，日本构建了以中央政府为主导、地方政府相协作的自上而下的首都圈治理架构。1956年，日本制定了《首都圈整备法》，并成立首都圈整备委员会，负责首都圈规划工作。日本依据该法共制定了五次首都圈基本计划，这些规划也反映出日本政府、社会和规划界对于城市发展的一些基本问题认识的演变。

1958年日本发布了《第一次首都圈基本计划》（1958—1975年）。首都圈的规划范围为以东京站为中心、半径100km范围内的区域，将全域划分为既成市街地、近郊地带及其周边地区（图2-23），预期1975年首都圈人口为2660万人。规划借鉴了大伦敦规划中绿带加外围卫星城镇的组织模式，提出：①在既成市街地周围设立幅宽约

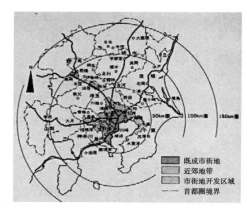

图2-23　日本《第一次首都圈基本计划》
（1958—1975年）地域分区示意

图例
既成市街地
近郊地带
市街地开发区域
——首都圈境界

为10km的近郊地带（绿化带），抑制既成市街地的扩张；②在近郊地带外围的市街地开发区域开发一定数量的卫星城，将其发展为工业城市，以吸收增加的人口和产业；③在东京都区部，限制工厂、大学等的新增。

在制定首都圈基本计划的同时，日本《既成市街地宅地整备计划》（1958年7月）首次明确提出了将新宿、涩谷和池袋地区作为副都心进行再开发。此外，还颁布了《首都圈市街地开发区域整备法》（1958年8月），以开发和整备卫星城；1959年3月颁布了《首都圈既成市街地工业限制法》，旨在限制新工厂和大学的建设，防止产业和人口过度集中在市中心。

日本《第一次首都圈基本计划》出台后，随着经济的快速增长，首都圈人口和工业也高度集中，特别是市中心50km范围内的人口大幅增加。在《第一次首都圈基本计划》中，近郊地区被规划为绿化带，以控制建成区的扩张，但遭到了土地所有人等利益相关者的强烈反对。此外，超预期的人口增长也导致了城市无序扩张现象，绿带被郊区住宅区大量侵占，政府不得不重新审视城市绿带的设想。在这种情况下，首都圈整备委员会放弃了绿带的概念，1965年日本对《首都圈整备法》进行了修订，主要的修订内容是：废除之前的"近郊地带"，重新设置"近郊整备地带"，该区域要防止既成市街地周边的无序开发，谋求有计划的市街地整备和绿地保护；以前的"市街地开发区域"改称为"都市开发区域"，除了工业、居住功能之外，还将培育研究学园、流通中心等功能（图2-24）。

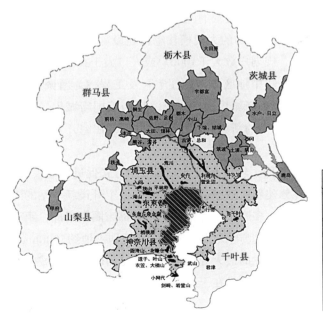

政策区域	区域特点
既成市街地	既要保持和促进城市功能，又要防止工业和人口过度集中
近郊整备地带	在既成市街地的近郊，为了防止无序开发，有计划地进行市街地的整备
都市开发区域	为了谋求首都圈内的产业及人口的合理配置，作为工业城市、居住城市等发展的区域
近郊绿地保护区	近郊整备地带中的绿地保护区域

图2-24　日本《首都圈整备法》的政策区域示意

在此背景下，1968年日本出台了《第二次首都圈基本计划》（1968—1975年），其目标设定和管制方式都发生很大改变，体现了规划思路由限制转向引导大城市发展的转变。《第二次首都圈基本计划》规划范围为东京都、埼玉县、千叶县、神奈川县、茨城县、栃木县、群马县、山梨县"一都七县"全域，预期到1975年人口为3310万人，目标是应对日本经济高速增长带来的各种功能和人口向东京集中的形势，将首都圈构筑成为广区域复合体（图2-25）。

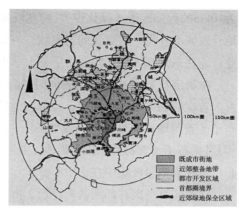

图2-25　日本《第二次首都圈基本计划》
（1968—1975年）示意

整备方向是：①既成市街地将承担中枢功能，并作为国家的政治、经济和文化中心以及国际活动中心；②在市中心50km半径范围内，建立"近郊整备地带"，取代原来的绿带，在该区域有计划地进行城市开发，以应对城市化的强劲趋势，并与绿色空间相协调；③在周边的"都市开发区域"，将继续推进卫星城的发展。为了改变首都圈的区域结构，该计划特别关注大型项目，如高速道路网、高速轨道网、大规模住宅区和大规模水资源的开发。

3．大规模新城开发

由于东京都市圈人口的不断涌入，住房短缺的问题越来越严重。从20世纪50年代开始，以向城市中产阶级提供住房为目的的大规模住宅区建设得到了积极推进。日本国土交通省把建于1955年以后、规划户数大于1000户或人口大于3000人、开发面积大于16hm²，且建设时位于人口集中地区以外的住宅开发工程称为新城建设。日本的新城建设虽然受英国田园城市和新城思想的影响，但与英国新城倡导"工作和生活自给自足"的理念不同，日本的新城在这一时期更侧重住宅开发，多为"卧城"。

日本在新城建设过程中，有效利用了轨道交通这一高效的方式促进新城发展。与战前时期一样，私营轨道公司在修建新轨道线或在现有轨道线上开设新车站的同时开发住宅区的情况比比皆是。例如，多摩田园都市位于东京都市圈西南部，距离都心15～35km，由东京急行电铁（现东急电铁）主导开发，规划占地约5000hm²，居住人口约40万人，是日本民营主体开发的最大规模新城。多摩田园都市的城市开发与东急田园都市线的建设完全一体化，目的在于追求新城整体效益和土地利用价值的最大化。

住宅区的开发不仅由私人开发商和轨道运营商进行，也由公共部门进行，如成立于1955年的日本住宅公团。为解决大规模住宅开发的土地征用问题，日本于1963年颁布了《新住宅市街地开发法》，随后在距离东京都中心30～40km的范围内建设了多摩新城、千叶新城和港北新城等，这些新城的开发均由政府机构主导。由于这些新城所在地区交通不便，需要完善交通设施，特别是提供足够便利的通勤轨道，否则入住需求将很小。以规划占地3016hm²、人口30万人的多摩新城为例，虽然从一开始就规划了小田急电铁和京王帝都电铁的延长线，但由于开发初期人口较少，轨道收入较低，私营轨道基于自身效益考虑导致轨道交通建设步伐缓慢，未能在第一批居民入住前开通。因此，日本政府建立了为这些新城建设通勤轨道的公共补贴制度，以及由住房开发商承担部分轨道建设费用（即返还轨道建设带来的部分开发利润）的制度，京王相模原线和小田急多摩线于1974年通车，新城人口增长速度开始加快，目前约有22万居民。由此可见，住房开发和通勤轨道建设必须在时间和资金方面统筹进行。

4．城市再开发

20世纪60年代起，日本经济高速发展，人口大量向城市集中，亟需提高土地的利用效率。这一时期日本颁布了新的城市发展相关法律政策，如《都市计划法》（1968年）、《都市再开发法》（1969年）、"特定街区制度"（1961年）和"综合设计制度"（1970年）等，这使高效利用城市内的有限土地成为可能。

作为地震频发的国家，日本曾经明令禁止建设高度超过31m的大楼（百尺规制）。1961年，日本对《建筑基准法》进行了修订，引入了"特定街区制度"，1963年采用"容积地区制"取代了之前的31m绝对高度限制。此后，高度超过31m的建筑不断拔地而起，东京城市发展进入了超高层[①]时代。

"特定街区制度"即根据公共开放空间等建设对城市环境的贡献度，放宽对建筑容积率和高度等的最高限制。这些制度改革是由支持超高层建筑的技术进步所推动的，但同时，另一个重要因素是这一时期日本经济的发展对高层建筑的需求日益增大。霞关大厦（高度147m）于1968年竣工，这是日本最早的超高层建筑（图2-26）。

新宿副都心是以淀桥水处理厂地块（约34hm²）为中心、占地约56hm²的城市再开发项目，标志着超高层和

图2-26　1968年竣工的霞关大厦

---

① 在日本，高度在31～60m是高层建筑，超过60m是超高层建筑。

高容积率时代的全面开启。1960年，为响应1958年提出的新宿副都心开发政策，成立了新宿副都心开发公社，并与东京都政府共同进行规划。1965年，规定新宿副都心容积率可达到1000%，是当时规划的容积率最高的地区。1971年京王广场酒店（高179m）竣工，此后超高层建筑相继完成，日本进入了真正的超高层时代（图2-27）。超高层建筑必将导致高峰期人流量激增，新宿副都心在规划设计之初就确定了未来交通方式以公共交通特别是轨道交通为主，并构建与新宿站直接连通的步行体系，以应对高密度城市的巨大交通压力。

1962年2月

1973年10月

1984年3月

2005年2月

图2-27　西新宿地区开发历程

　　自经济高速增长时期以来，东京一直在推进大规模的城市再开发项目，在建成区创造高质量的城市空间。1969年，日本出台《都市再开发法》，以"谋求城市土地的合理健全的高度利用和城市功能的更新，并为公共福利作出贡献"为目标。《都市再开发法》规范的内容均以拆除重建为对象，主要解决的是城市更新当中不动产权利转换的问题，为市区重建改造提供了整体政策指引，并规定了采取权利转换和收购方式获取土地的"市街地再开发事业"（图2-28）。在"市街地再开发事业"的推进模式中，城市公共设施建设必须与再开发同时进行，保证区域公共设计及环境品质的提升。虽然因城市公共设施用地的增加，开发建设项目用地会减少，但通过容积率奖励等城市更新激励机制，项目的容积率上限通常会大大提高，开发的剩余面积可转让给第三方以获得再开发项目建设资金，从而实现城市利益、土地权益人、民间资本利益共赢。随着《都市再开发法》的出台，对利益复杂且建筑密集的街区进行再开发变为可能，特别是轨道交通车站前的街区。

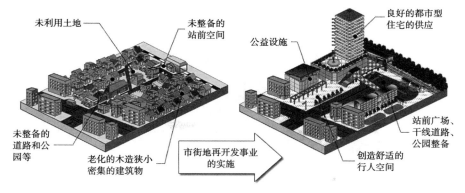

图2-28 市街地再开发事业实施示意

▶ 汽车时代的来临

1. 机动化快速发展

1955—1970年，日本经济高速发展，个人收入的提高刺激了消费，小汽车实现大众化，一举进入汽车时代，机动车保有量大幅度增加。仅东京都的机动车保有量就从1954年的约20万辆增加到1959年的49万辆，1967年更是增加到154万辆，8年间增加了约2倍。从都市圈层面看，到1975年，东京都市圈机动车的保有量已达574万辆（图2-29）。这一时期，东京经历了令人难以忍受的交通大拥堵（图2-30、图2-31）。

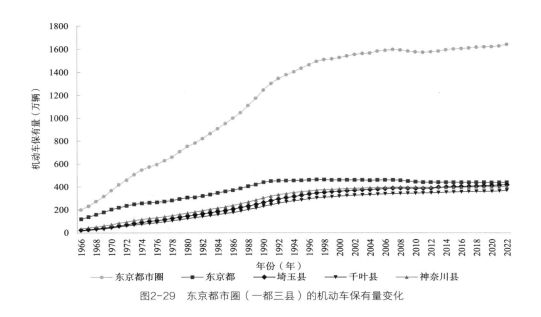

图2-29 东京都市圈（一都三县）的机动车保有量变化

图2-30　拥堵的东京银座青海大道（1956年）　　图2-31　玉川大道世田谷池尻拥堵的车队
（1969年）

　　1968年，为缓解东京中心区的交通拥堵，东京警视厅成立了由22辆摩托车和4辆巡逻车组成的高峰期交通机动调整队，进行拥堵信息收集。在拥堵度为5（拥堵长度达900m，或堵车车辆达150辆以上）时，为防止事故发生，甚至出动直升机进行高空指导。据关东地方建设局1971年的秋季调查发现，东京都内200km国道的平均车速为20km/h，早晚高峰时段的平均车速只有9km/h。

　　不仅如此，交通拥堵还引起了一系列连锁反应，最为致命的就是交通事故显著增加。当时的新闻报刊自1961年起以"交通战争"为主题连载了18期特辑，引起社会广泛关注。

2．违法停车治理

　　这一时期相对滞后的道路建设、停车设施供给与激增的车辆形成巨大的冲击和矛盾，道路上塞满了小汽车。加之已养成了免费占道的停车习惯，违法占道停车屡禁不止（图2-32、图2-33），造成了严重的道路拥堵。1952年约有1800辆小汽车违法停放在丸之内地区，由于道路上停满了小汽车，上班的人很难将车开到写字楼下，很多人不得不在道路中央停车下车，诱发了许多交通事故。

图2-32　东京丸之内三岔路口的乱停车状况　　图2-33　20世纪50年代银座附近的停车情况
（1952年）

政府随即认识到了停车问题的严重性，并开始对停车进行综合治理：1957年日本《驻车场法》颁布，规范停车设施建设，鼓励社会资本进入市场，带动各个城市建设大规模停车场。日本公共停车位从1958年的6000余个增长至1975年的近60万个。1960年日本出台《道路交通法》，规定了停车收费的管理办法和违法停车的处罚措施，形成了市场化的停车收费制度，停车价格通过市场供需关系自由调节。1962年日本出台《车库法》，开始实行"有位购车"政策，即法律规定只有提交车库书面证明，才可为车辆登记上牌，同时严令禁止将道路作为车库使用、长时间占道停车的违法行为。法律实施后，道路违法停车现象在一定程度上得到了遏制，由停车引发的安全事故也逐渐减少。

东京都正是通过一系列以停车为抓手的综合治理措施，对机动车保有和使用进行了精细化调控，合理引导了城市的机动化进程。"有位购车"制度更是有效保证了"一车一位"，实现了城市土地资源与机动车保有的良性互动。

▶▶ 轨道交通的变革

1. 地铁的大规模建设

20世纪50年代以前，山手线以内区域的轨道交通只有有轨电车和一条地铁线路，多数乘客需要在山手线站点换乘有轨电车等地面交通工具才能抵达山手线内的工作、娱乐场所。第二次世界大战后，日本城市化与机动化的浪潮同时到来，通过修订《道路交通法》，汽车被允许在轨道用地内通行，此后有轨电车就陷入了道路交通的拥堵之中（图2-34）。由于运营状况恶化，有轨电车线路在20世纪60、70年代被废止，从此山手线内的交通逐渐转为由地铁主导。

作为代替有轨电车的交通方式，地铁迎来了大规模建设时期。东京地铁在20世

图2-34　1963年东京有轨电车与拥堵的机动车流

纪60年代从7条线路扩充到80年代的10条线路（图2-35）。地铁的建设提升了市中心的通勤运输能力，并通过与市郊铁路直通运营提高了便利性。

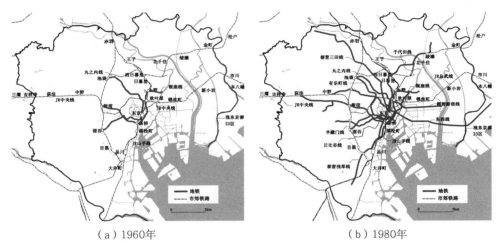

（a）1960年　　　　　　　　　　　（b）1980年

图2-35　20世纪60—80年代的地铁网络示意

2．国铁和私铁的升级改造

从1955—1965年的10年间，东京房租（租金）上涨了约6倍，大大超过了工资的增长速度。住宅用地的地价高涨，使得工作场所与居住地进一步分离，从多摩地区等其他地区到东京都区部的通勤、通学人群在10年间增加了83万人，国铁、私铁早晚上下班时间段的乘客人数也远远超过了定员人数，其混乱的情况甚至被称为"通勤地狱"（图2-36）。1965年，日本国铁最繁忙轨道路线的混杂率①接近300%，

图2-36　上下班途中拥挤的轨道交通

---

① 混杂率是指轨道实际运输人数与轨道设计运输能力的比值，反映车厢拥挤程度，数值越小表示车厢内拥挤程度越低，其数值约为我国满载率的1.7倍。当混杂率为150%（满载率约为88%）时，乘客肩碰肩，但仍有空间阅读展开的报纸；当混杂率约为180%（满载率约为105%）时，车厢内身体碰身体，只能阅读折叠的报纸；当混杂率约为200%（满载率约为117%）时，车厢内身体碰身体，乘客感到压迫感，只能阅读小尺寸读物；当混杂率约为250%（满载率约为147%）时，车厢内压迫感极强，身体随车厢晃动而左右摆动。

达到了所有主要线路的极限，其中横须贺线（东海道线的一部分）的混杂率最高，达到了307%。在新宿、池袋和涩谷等车站，为了应对拥挤的乘客，大量兼职学生在上下班时间被动员起来，将乘客"推"进车门。

　　为了应对日益增长的通勤、上学及运输需求，轨道网络持续新增，更加重要的是国铁和私铁在运输能力方面的增强。国铁方面，20世纪60年代中期，日本国铁领导层的变动使其发展战略重点转变为为都市圈市郊通勤服务。随后，国铁开展了"通勤五方面作战"战略（1965—1982年），对东海道线、中央线、东北线、常磐线、总武线5个方向的主干线路进行通勤化改造（图2-37），以缓解拥挤问题。通过客货分离、快慢分离、多复线化等措施大大增强了线路的运输能力，此外，还通过列车编组扩大、发车间隔缩小等措施进一步扩大运输能力，支撑了这一时期显著增加的城郊居民通勤通学需求。"通勤五方面作战"实施后，轨道线路的混杂率也大幅下降（图2-38）。

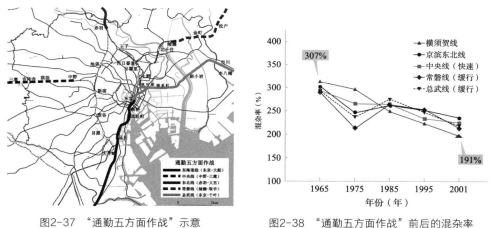

图2-37　"通勤五方面作战"示意　　　　　图2-38　"通勤五方面作战"前后的混杂率

　　为了增强客运能力，私铁也于这一时期相继进行了双复线化、连续立体交叉工程和与地铁直通运营等升级改造。如：东武铁道在1962年与地铁日比谷线实现直通运营，1973年北千住和竹之冢之间实现高架双复线化；小田急电铁在1978年与地铁千代田线实现直通运营，1997年喜多见与和泉多摩川之间实现双复线化；京王电铁的京王新线（笹塚—新宿）于1978年开通，1980年与地铁新宿线实现直通运营；京成电铁在1960年与地铁浅草线实现直通运营，1968年京成、都营地铁和京急之间开始直通运营。

▶▶ 姗姗来迟的道路建设

　　东京都的道路建设要滞后于机动化的快速发展，很多道路不仅整备不充分，而且道路宽度也很窄。进入经济高速成长期后，由于地价持续上涨，大规模道路和高速道路的建设进展缓慢。1957—1967年，东京都区部的道路率（公共道路面积与土地面积的比率）仅从10.2%增长到11.6%，宽度小于4.5m的道路占所有道路的62.3%。

1955年左右，日本经济飞速发展，私家车数量急剧增加导致频繁的大堵车，道路交通拥堵的形势越来越严峻。日本政府为了适应机动化进程，解决道路拥堵问题，提高道路交通系统的运行效率，决定开始建设都市高速道路网。

同时，东京都政府借助1964年举办东京奥运会的契机，动用国家资金对东京城市基础设施进行了重大改建。在道路建设方面，选定了与奥运相关的道路优先进行整备。1959年6月，为建设并管理首都圈内的都市高速道路，成立了首都高速道路公团。1962年，京桥—芝浦间4.5km长的首都高速道路开通（图2-39）。奥运前夕，5条路线、长约32km的首都高速道路建成通车。自此东京都开始进入高速道路时代。

图2-39　1962年首都高速道路京桥—芝浦区间开通

考虑到在市中心采用"从无到有"建设高速道路的方式会带来巨大的土地征收与拆迁压力，所以高速道路的线路尽可能利用河川以及运河的空间来兴建，但也因此毁坏了市中心的许多运河——大部分的旧运河河网被填平，有的变成了高速道路隧道，而剩下的大部分被高架高速道路覆盖。即使是日本桥这一传统的历史建筑也因需要建设高速道路而被牺牲，其上方被高速道路所覆盖（图2-40）。

20世纪70年代后，道路建设的重点转移到都市圈层面，开始

图2-40　日本桥和首都高速道路

投入到"三环九放射"①（于1963年提出，后经多轮修订）道路网的建设中。这一时期，从市中心向外延伸的9条放射状高速道路的建设不断推进，但在放射状高速道路建设取得进展的同时，环形道路的建设却相对滞后（图2-41），导致大量车辆涌入市中心，造成市中心严重拥堵。

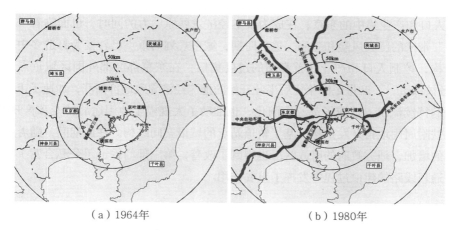

（a）1964年　　　　　　　　　　（b）1980年

图2-41　1964年和1980年"三环九放射"道路整备情况示意

---

① 三环为：首都高速中央环状线C2、东京外侧环状道路C3、首都中央联络机动车道C4。九放射为：东北道、常磐道、东关东道、馆山道、湾岸道路、第三京滨道路、东名高速道路、中央道、关越道。

2.4　1975—1995年：“东京一极集中”与迈向世界城市

　　人口和产业集中的东京，在成为日本经济发展原动力的同时，也面临着“一极集中”带来的巨大风险和弊病。这一时期，城市规划的重点已转变为打造多中心城市结构，控制人口和产业在首都圈的过度集聚，在东京都区部外围区域重点培育“业务核都市”[①]。20世纪80年代后半叶开始的泡沫经济导致地价高涨，加速了市中心人口的持续流出，造成了都心空洞化，也推动了大规模土地用途的转变和再开发，对国铁附属用地再开发重塑了基于轨道站点的城市空间结构。在此期间，随着企业税收的增加，地方政府的财政状况也得到了改善，第三部门铁道（公私合营）在轨道交通新线路的建设过程中发挥了重要作用。

▶▶ 控制“东京一极集中”

1.“东京一极集中”现象

　　1974年的石油冲击和1979年的第二次石油冲击导致日本经济暂时停滞，但随后又恢复了增长（图2-42），从1980年代后期开始进入了一个被称为“泡沫经济”的时代。

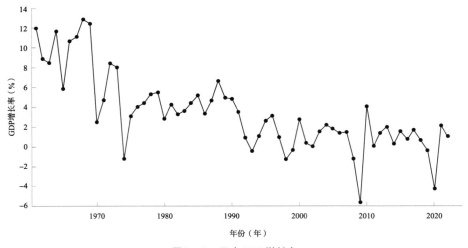

图2-42　日本GDP增长率

[①] “业务”一词在日语中有工作、职能之意，但其具体含义非常广泛，可以指代商务、行政、商业、教育、文化、交通、工业等多种功能。“业务核都市”，即以一种或若干种“业务”为核心职能的城市。

与此同时，日本经济在20世纪70年代末和80年代初发生了巨大变化，增长部门从原有的重工业和化学工业转变为新的精密机械、电子、汽车和金融行业。1986年，日本建立了东京离岸金融市场，推动了东京国际金融中心的形成，金融业迅速发展，制造业开始向周边的城市转移，服务业进一步向东京集聚。此时，第三产业成为经济的核心产业，推动了经济的增长。

20世纪80年代，东京作为日本经济增长的主要引擎，对日本的城市化产生了深远的影响。从20世纪80年代至90年代初，受经济服务化、国际化的推动，以金融、证券业为主，以大型企业总部为中心的中枢管理职能、多种高级商务服务业向东京都市圈集中，而泡沫经济也加速了人口、资金和产业向东京的集中。这一时期，三大都市圈人口流入态势逐渐分化，大阪圈人口长期处于净流出状态，名古屋圈人口基本稳定，迁入与迁出保持相对平衡，而东京都市圈则依旧保持人口净流入态势（图2-43）。在1975—1995年的20年间，东京都市圈人口年均净流入约8万人，总人口由2704万人增加到3258万人（图2-44）。

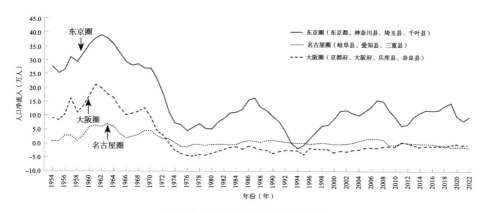

图2-43　三大都市圈的人口净流入

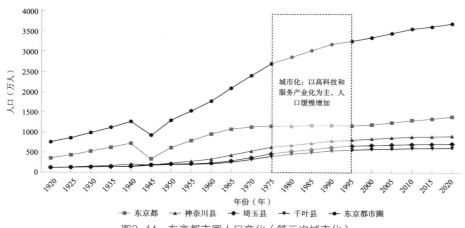

图2-44　东京都市圈人口变化（第三次城市化）

自1985年签订《广场协议》^①以来，日本企业加快了对外直接投资的步伐，日本大型企业的全面国际化推动了东京的世界都市化，东京也从国内的中枢管理职能中心升级为全球管理控制中心。到1990年，日本所有的公司中有一半在东京设有总部或主要的分支机构。同时，东京扩大了其对于大阪的经济领先地位，甚至吸引了许多大阪著名公司的总部。

所有这些进程都促成了所谓的"东京一极集中"现象。人口和产业集中的东京，在成为日本经济发展的原动力的同时，为日本国际地位的提高和发展作出了很大的贡献，但也面临巨大的风险和弊病：人口过密造成的恶劣住房条件、拥堵的道路和拥挤的通勤高峰等；地震或洪水等自然灾害、大规模传染病、恐怖主义或战争等重大冲突风险带来的损失将加大；东京都市圈以外地区的衰退，地方城市由于年轻人的减少而导致产业衰退和医疗、福利体系的崩溃等。

2. 多中心城市结构

为了防止商务、商业等城市职能向东京都区部的进一步集聚，这一时期城市规划的重点是打造多中心城市结构，控制人口和产业在首都圈的过度集聚，有意识地在东京都区部外围区域重点培育"业务核都市"。

1973年日本发布的《新全国综合发展计划》（1969年制定）综合检查工作中期报告指出："今天，超大城市的各种活动都建立在极限平衡的基础上，发生一点灾害或事故就会造成各种功能的瘫痪，特别是东京圈功能的瘫痪可能会导致日本全国范围内的重大问题""必须控制人口和产业的过度集聚，必须发展地方城市和农村、山村和渔村，提高地方吸收和容纳人口和产业的能力。如果不大力推进超大城市生产职能和中枢管理职能的选择性分散，人口和产业的集聚可能会持续下去，超大城市的居住条件可能会进一步恶化。为了避免出现这种情况，今后必须更加大力地推进人口和产业的分散化"。

日本《第二次首都圈基本计划》将中枢管理职能定位为应在首都圈中心共同承担的职能，而《第三次首都圈基本计划》（1976—1985年）提出了控制中枢管理职能集聚和分散的方向："尽可能控制大学和其他机构在首都圈的集中，并将其从东京都区部分散到既成市街地以外的地区"，以及"积极促进工业从东京首都圈分散，避免其在首都圈大幅扩张"。此外，为应对持续的城市扩张，提出了相应的目标：通过培育若干具有中心地位的核都市，形成多极构造的都市复合体。

1985年，日本国土厅公布了《首都改造计划》。该计划以1977年制定的《第三次国家综合开发计划》为基础，其基本方针是纠正依赖东京都心的单极结构，

---

① 1985年9月22日，美国、日本、联邦德国、英国和法国的财政部部长以及中央银行行长，在美国纽约广场饭店举行会议并达成的一揽子协议。《广场协议》的经济背景是解决美国因美元定值过高而导致的巨额贸易逆差问题。

形成"多核多圈型"的区域结构，并在此基础上重新构筑东京都市圈。1986年公布的《第四次首都圈基本计划》（1986—2000年）提出了发展"业务核都市"的理念，提出这些城市应成为东京都区部以外的广阔区域的中心，以解决东京都市圈的住房、职住失衡等大城市问题（图2-45）。1988年日本出台的《多极分散型国土形成促进法》将"业务核都市"制度化，并制定支持措施促进"业务核都市"的培育。

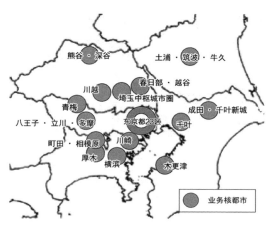

业务核都市	批准/同意日期	主要的核心设施
千叶	1991年3月19日	幕张展览中心 幕张科技花园
木更津	1992年3月30日	和草DNA研究所
埼玉中枢城市圈	1992年4月15日	埼玉超级竞技场
土浦·筑波·牛久	1993年2月1日	筑波Gapio
横滨	1993年2月1日	横滨Pacifico酒店 横滨地标塔 横滨皇后广场 日产体育场
八王子·立川·多摩	1995年8月1日	八王子学院城市中心 FARE立川中心广场
川崎	1997年3月31日	Solid广场 MUZA Kawasaki 神奈川科学公园
厚木	1997年3月31日	厚木卫星商务园
熊谷·深谷	2003年11月19日	科技绿地中心
成田·千叶新城	2004年3月23日	成田机场旅客航站楼
町田·相模原	2004年3月30日	相模原产业据点创造中心
春日部·越谷	2006年3月16日	东部地区振兴据点设施
川越	2008年3月19日	镜山遗迹地活用设施 埼玉县农业大学
青梅	2009年4月15日	吉川英治纪念馆

图2-45 "业务核都市"分布示意

日本《第四次首都圈基本计划》与之前各次规划最大的不同是提出了国家行政机关和国家科研机构的转移方案。为纠正东京都区部人口及行政、经济、文化等相关功能的过度集中，根据《关于国家机关等的迁移》（1988年1月内阁会议决定）及以此为基础的《关于国家行政机关等的迁移》（1988年7月内阁会议决定），推动了国家行政机关（主要是地方分支机构等）及特殊法人的主要事务所从东京都区部向外迁移（图2-46）。

在东京都，这一时期，集中抑制、促进功能分散的规划方向也逐渐变强。为了改善"都心—极集中型"的城市结构，1982年东京都制定了《东京都长期计划——21世纪东京》，提出将业务功能分散到副都心和多摩之"心"，"以多心型城市结构"为目标，实现职住平衡。在区部，除了以往的新宿、涩谷、池袋之外，上野·浅草、锦丝町·龟户、大崎被定位为新的副都心；在多摩地区，八王子、立川、町田等被定位为多摩之"心"。此外，1986年制定的第二版《东京都长期计划——21世纪东京》，提出建设"临海副都心"，多摩之"心"增加了青梅和多摩新城（图2-47）。

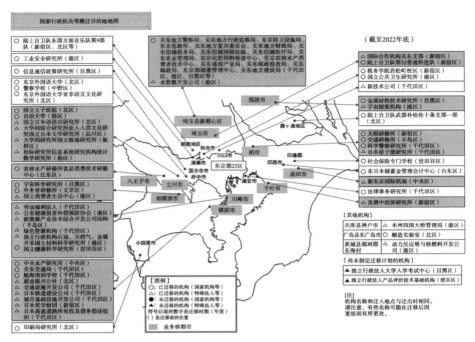

图2-46 国家机构等迁移情况（截至2022年底）示意

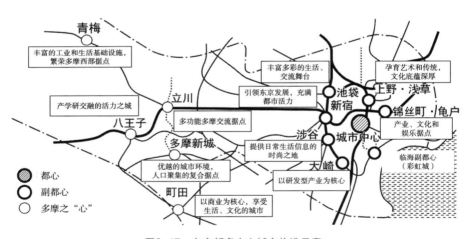

图2-47 东京都多中心城市构造示意

3. "都心空洞化"

20世纪80年代后半叶开始的泡沫经济导致地价高涨，加速了市中心地区从住宅区到办公区土地利用的转换，市中心的人口持续流出。

东京都区部的人口以1965年的889.3万人为高峰，到1995年为止，30年间减少了约10%。仅限于都心3区（千代田区、中央区、港区）的话，1955—1995年的40年间人口减少了约56%（图2-48）。人口流出造成的"都心空洞化"，导致了市中心地区的社区和日用品商店等的衰退以及中小学等设施闲置化等社会问题。

虽然这一时期东京都区部人口持续减少，但昼间人口总体变化不大，昼夜人口比仍然呈现增长趋势，职住失衡状况加剧（图2-49）。

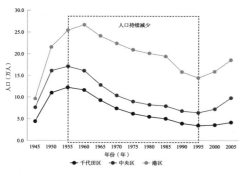

图2-48　都心3区人口变化（1945—2005年）

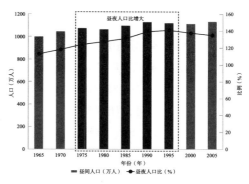

图2-49　东京都区部昼间人口和昼夜人口比变化（1965—2005年）

▶ 大规模土地用途转换

1980年左右，日本产业结构的变化导致了大量闲置地的出现。在制造业方面，由于人工成本逐渐上涨、《广场协议》导致日元升值等，许多大型企业将工厂转移到海外，工业项目数量骤减，旧地皮上出现了大量的大规模闲置地。同时，都市圈对建设工厂的限制也是造成大片空地闲置的原因。在海上运输业方面，集装箱化、船舶大型化进程加速，由于不再需要位于浅水区的小型码头以及运货的空间，在港湾地区也产生了大规模的闲置地。在轨道用地方面，1987年日本国有铁道被实施"分拆和民营化"，为了偿还国铁积累的债务，日本处理了约9238hm²的土地，由此出现了如调车场旧址之类的大规模闲置地。由于国铁旧址通常位于交通系统的重要区域，这些用地对东京的城市发展产生了重大影响。

1985年《广场协议》签署之后，为抑制由于日元升值出现的经济停滞现象，日本中央银行提出大规模的金融缓和政策，结果导致剩余的投机资金流入房地产行业，引起地价异常攀升，泡沫经济由此形成。特别是随着地价上升，东京都市圈的资产收益显著，大量资金开始集中流入东京都市圈，房地产开发需求急速攀升，以此为契机，东京都市圈在开发闲置用地或使用率低的土地方面取得了巨大进展。

在开发制度方面，1988年创设了"再开发地区计划"制度。这项制度配合以往的城市规划制度，旨在加速推动具有一定规模的未利用或利用率低的土地用途转变。在灵活利用民间资本的同时，不断完善道路、公园等城市基础设施，实现有计划地将优秀的城市开发项目吸引至土地未被利用或利用率低的地方，例如轨道、工厂的旧址和临海地区等。

这一时期各种各样的城市开发项目诞生。原国铁用地开发项目，如汐留货物站旧址改建为汐留SO-STE（图2-50）、品川东站口的货物工厂旧址改建为品川城际大厦、大宫调车场旧址改建为埼玉新都心、新宿货运站旧址改建为高岛屋时代广场等；工厂旧址开发项目，如大崎站周边工厂旧址改建为ThinkPark、大川端造船厂旧址改建为大川端河岸城21等；港湾开发项目，如晴海托里顿广场、竹芝、丰洲、临海副都心等。这一时期，东京都区部内除了都心和副都心，也诞生了许多新据点，如品川、大崎、汐留、晴海、丰洲等。

（a）改造前　　　　　（b）改造后

图2-50　汐留货物站旧址改造前和改造后

▶▶ "公私合营"推进轨道建设

20世纪80年代末的泡沫经济时期，由于东京都内的地价和建设成本高涨，导致居住离就业地越来越偏远，甚至出现了"新干线通勤"现象。一方面，泡沫经济导致轨道建设成本飙升，私铁公司难以进行新线路的建设。此外，1987年日本国铁公司被拆分并私有化，JR的新线建设暂时搁置。另一方面，都市圈内还存在公共交通不便的地区，同时对新轨道线的需求也很强烈，包括引导临海副都心发展的轨道开发以及横跨"一都三县"的筑波快线等。在此背景下，"第三部门"铁道，即由沿线的地方政府及企业或中央政府等共同出资所成立的铁道公司，在这些新线路的建设过程中发挥了重要作用（表2-1）。

东京都市圈"第三部门"铁道运营的部分轨道线路　　　　　表2-1

序号	地区	运营主体	线路（首次开通年份）
1	东京都	东京都交通局	日暮里·舍人线（2008）
2		东京都交通局	都营12号线/大江户线（1991）
3		百合鸥株式会社	东京临海新交通临海线（1995）
4		东京临海高速铁道	临海线（1996）
5		多摩都市单轨电车	多摩都市单轨电车线（1998）

序号	地区	运营主体	线路（首次开通年份）
6	东京都	首都圈新都市铁道	筑波快线/常磐新线（2005）
7	埼玉县	埼玉新都市交通	伊奈线（1983）
8		埼玉高速铁道	埼玉高速铁道线（2001）
9	千叶县	夷隅铁道	夷隅线（1988）
10		千叶都市单轨电车	1号线（1995） 2号线（1991）
11	神奈川县	横滨海滨线	金泽海滨线（1989）
12		横滨高速铁道	港未来21线（2004）

　　以东京都为例，1988年，以东京都都厅大楼迁移至新宿为契机，为了进行东京都区部环状线都营地铁12号线的建设，设立东京都地铁建设株式会社，由其负责出资资本金的2/3，并进行多种资金筹措。另外，1986年成立了多摩都市单轨电车株式会社，1988年成立了东京临海新交通株式会社，1991年成立了东京临海高速铁道株式会社和首都圈新都市铁道株式会社，这些"第三部门"铁道分别负责开展多摩都市单轨电车、百合鸥线、临海线、筑波快线等的建设（图2-51）。此外，东京都地铁建设株式会社还负责开展日暮里·舍人线的建设。"第三部门"铁道中东京都政府处于主导地位，具有许多优势，包括民间资金和借款等广泛的资金筹措、多样化的人力资源以及与道路管理者更有效的协商和协调等，这些都促进了轨道交通新线的建设。

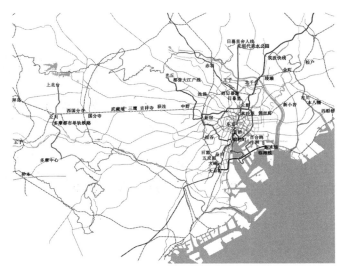

图2-51　20世纪90年代以来东京都"第三部门"铁道建设的轨道线示意

2.5 1995年至今：都市再生与国际竞争力增强

第二次世界大战后的日本一直将缓解"东京一极集中"问题作为国土政策的重点，但事实上这一问题至今也未能得到彻底解决。自20世纪90年代以来，日本经济一直处于低迷状态。进入21世纪，全球城市间的竞争日益加剧，在信息化、少子老龄化、国际化等新的社会经济局势下，为了重振经济，日本政府开始致力于提高城市的吸引力和国际竞争力，谋求都市再生成为重要的课题。

▶▶ 疏解还是聚集？

1．人口"都心回归"

20世纪90年代以来，日本泡沫经济崩溃，大量房地产商和证券投资机构纷纷破产，银行大面积抛售土地不良债权，东京的地价持续下跌。此外，泡沫经济破灭后经济低迷，许多大型企业进行经营调整，为改善财务状况出售闲置用地，这些闲置用地的利用推动了市中心的住宅特别是公寓的供给。根据1998年4月—2000年10月的首都圈公寓用地状况的调查，东京都区部约2/3的公寓以前的用途是工厂、仓库、公司宿舍、停车场、展示场等。

在此背景下，1995年之后，东京都区部人口由多年的负增长转变为正增长（图2-52），都心3区（千代田区、中央区和港区）的人口也开始增加（图2-53），昼夜人口比降低，职住失衡状况有所缓解（图2-54）。人口"都心回归"的直接原因是地价和公寓价格下降，另一个原因是，东京市中心提供了安全可靠的环境，丰富的历史、文化和艺术享受机会，以及提供优质服务的商业设施，这些都创造了一种新的生活方式。

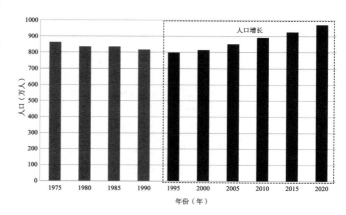

图2-52　东京都区部人口变化（1975—2020年）

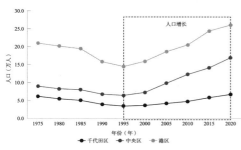

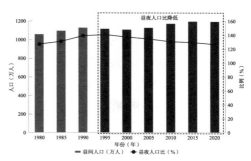

图2-53　都心3区人口变化（1975—2020年）　　　　图2-54　东京都区部昼间人口和昼夜人口比
　　　　　　　　　　　　　　　　　　　　　　　　　　　　　　变化（1980—2020年）

2．环状大都市结构

　　20世纪90年代以来，泡沫经济破裂后，日本经济发展趋向停滞，东京都市圈人口继续增长但增速明显放缓。放眼国际社会，由于全球城市间的竞争日渐激烈，东京的地位明显降低。

　　为激发地方经济活力，日本开始推行地方分权改革，中央政府将部分规划事权下放到地方政府。长期以来，中央政府主导编制的首都圈规划一直以分散化、多中心为主导思想，《第五次首都圈基本计划》（1999—2015年）旨在将首都圈的结构从依赖东京都区部的单极结构转变为"分散的网络结构"，即首都圈各地区形成以据点城市为中心的高度自治区域，相互分担职能并相互开展合作与交流。尽管从东京都市圈的范围看，东京都区部过度集中的功能得到了疏解。但从日本全国范围来看，向首都圈特别是东京都市圈"一极集中"反而出现了强化的趋势：1990年之后，资本金10亿日元以上的企业中，位于东京圈的企业数量在全日本的占比有上升的倾向，而位于大阪圈的企业数量在全日本的占比正在减少（图2-55）；资本金10亿日元以上的企业数量在东京圈持续增加，但在大阪圈则有减少的倾向（图2-56）。

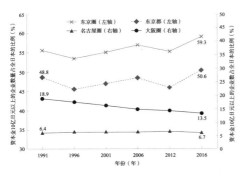
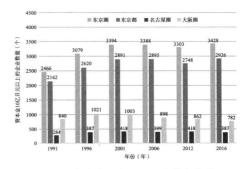

图2-55　资本金10亿日元以上企业数量在　　　　图2-56　资本金10亿日元以上的企业数量
　　　　　全日本的占比

为了抑制"东京一极集中"，日本中央政府曾经提出过迁都的构想。在迁都问题争论得如火如荼的时候，东京都政府强烈反对迁都。当时东京都知事的理念是，为了国家和城市的繁荣与安全，日本和东京都应继续成为能在国际社会中发挥强大影响力的全球参与者，日本在21世纪应选择的道路不应是花费巨资迁移首都功能，而是激发以东京为中心的超大城市的潜在力量，从而振兴日本。

2000年，东京都制定了一项长期规划，即《东京构想2000》，将"环状大都市结构"作为发展目标（图2-57），并于次年制定了《首都圈大都市构想》，提出"日本的社会经济正处于重大转型期，经济高速增长的时代已经结束，

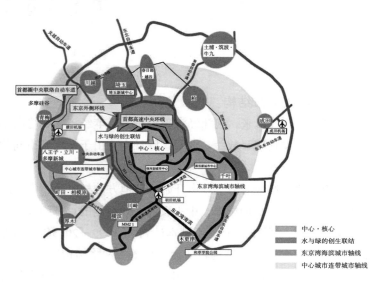

图2-57　环状大都市结构示意

预计人口也将减少。为了提高国际竞争力，改善大都市市民的生活质量，在充实和强化促进国内外交流的交通基础设施的同时，通过推进七都县市（埼玉县、千叶县、东京都、神奈川县、横滨市、川崎市、千叶市）的广域合作，充分利用约3300万人集聚的优势，提高首都圈乃至日本全国整体的活力，谋求与环境和谐共存的、富有魅力的首都圈大都市的再生"。

在此基础上，2001年，东京都发布了《东京新城市发展愿景》。这个城市发展愿景有两个要点：一是，提出"环状大都市结构"的城市结构，特别提出在中心/核心城市更新区，改变以往将都心的业务功能分散到副都心的思路，提出都心与副都心功能共享，在整个区域营造国际商务发展环境；二是，提出在推动开展"政策引导型城市发展"中，私营部门的作用尤为重要。为了在充分发挥地方特色的同时实现高质量的城市发展，必须促进包括居民、非营利组织（NPO）和企业等私营部门的参与和合作。东京都于2003年制定了《为了新城市建设的都市开发诸制度活用方针》，从而推动"政策引导型城市发展"。都市开发诸制度包括再开发促进区、高度利用地区、特定街区、综合设计等，对于为增加公共空间等作出公共贡献的建筑开发项目，通过放宽容积率等日本《建筑基准法》规定的限制，引导改善城市环境。

3．构筑对流型首都圈

随着经济全球化的深化，"东京一极集中"的结构，反而有利于提升首都圈在世界城市中的国际地位。利用《第二次国土形成计划》中提出的"对流"概念，在2016年3月内阁通过的《首都圈广域地方计划》[①]中，日本政府调整了"东京一极集中"的纠正方式，从过去"抑制东京圈发展"转变为"构筑对流型首都圈"。

《首都圈广域地方计划》指出，首都圈既要强化国际竞争力，又要降低"东京一极集中"的风险，为纠正"东京一极集中"的问题，不应该采取抑制东京都市圈发展的方式，而是要提升东京都市圈与其他地域各自的魅力，实现共同成长："在日本经济扩张时期，纠正'东京一极集中'的一个措施是抑制东京圈的发展，并引导功能外溢到东京圈以外的地区，如通过限制工厂建设的法规，引导到东京圈以外设立工厂等，在一定程度上是有效的。因为即使东京圈受到抑制，日本经济的增长潜力仍然大于东京地区的增长潜力。然而，日本经济已经从高速增长期步入成熟期，单纯的抑制增长方式也可能导致日本经济整体增长受到影响。此外，东京圈目前的支柱产业是第三产业，特别是金融、信息、设计和会展等行业，与新加坡、中国上海和香港等世界级城市一直处于国际竞争之中，限制东京圈的发展可能会导致这些功能从日本国内流向国外的世界级城市。在国际竞争环境日趋严峻的状况下，为维持日本的国际竞争力，加强并充分利用东京圈的国际竞争力比抑制东京圈的发展更加重要。因此，为纠正'东京一极集中'的问题，不应该采取抑制东京圈发展的方式，而是要提升东京圈与其他地域各自的魅力，实现共同成长。为发挥首都圈对日本经济的牵引作用，必须谋求首都圈的发展"。

"对流"是对传统集聚、扩散理念的突破，强调双向互动性（图2-58）。《首都圈广域地方计划》提出"如果能够在新的聚集区和现有的聚集区之间，以多方位、多层次的方式双向扩散新的人流、物流和信息流，形成区域对流，就有可能在进一步强化东京圈功能的同时分散风险，提高整个都市圈的国际竞争力"。规划也指出交通网络是影响"对流"形成的重要因素。如放射状的发展会导致东京地区人流、物流等的向心集中，带来严重的拥挤和拥堵问题。因此，为了缓解拥挤和拥堵，重点强调了网络的环形发展，高速道路网和轨道网也要从"放射"状向"放射+环形"转变。

2016年制定的《首都圈整备计划》也提出要"既保持东京竞争优势，又要减轻一极集中弊端"，指出"日本要想在未来日益激烈的国际竞争中生存下来，就必须从

---

① 2005年日本国土计划法体系修订，将《国土综合开发法》变更为《国土形成计划法》，新创设了广域地方计划制度；同时，《首都圈整备法》也被修正，《首都圈基本计划》和《首都圈整备计划》合并。目前日本中央政府对首都圈的规划包括《首都圈广域地方计划》和《首都圈整备计划》，其中《首都圈整备计划》以《首都圈广域地方计划》为依据。

硬件和软件两方面提升东京的城市功能，使其成为具有强大驱动力的世界级城市。东京的'都市再生'不仅有助于提高国际竞争力，还有助于提高城市的基本防灾能力，这将形成良性循环，为提高首都圈乃至整个日本的国际竞争力发挥主导作用"。

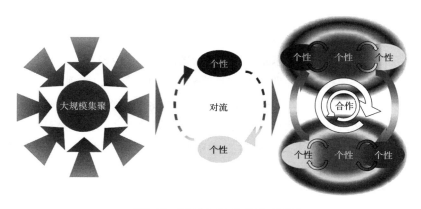

图2-58 "集聚"和"对流"的概念

▶▶ "都市再生"成为国家战略

1.《都市再生特别措施法》出台

进入21世纪，随着经济和社会的成熟以及人口高峰的到来，日本正在从城市不断扩大的"城市化社会"向以城市为共享场所开展产业、文化等活动的"城市型社会"转变。一方面，过去急剧的城市化产生了大量的问题，如长时间通勤、交通堵塞、绿色和开放空间不足等；另一方面，城市也面临着新的挑战，如对信息化、少子老龄化、国际化等近年来社会经济局势的变化应对延迟。在这样的状况下，日本政府认为要将注意力从忙于应对城市扩张转向城市内部，振兴那些居住人口多和开展各种经济活动的城市，使其在21世纪充满魅力和活力，因此谋求都市再生成为重要的课题。另外，都市再生还能有效地促进经济结构改革，同时也有助于通过土地的流通来解决泡沫经济破裂后存在的不良债权问题。

为此，在1999年内阁成立的经济战略审议会上，日本政府提出为了振兴日本经济，将都市再生和土地流通作为国家重要战略，《日本经济振兴战略》将"实施都市再生"列为未来政策的重要项目。以此为基础，2000年在东京都市圈及京阪神地区召开了都市再生推进恳谈会，就都市再生的基本观点和具体项目等提出了建议。

在此背景下，都市再生的重要性已得到广泛认可。2002年日本颁布《都市再生特别措施法》，规定了都市再生的基本政策、地域整备方针，设立了都市再生紧急整备协会。根据该法，在内阁设立以首相（内阁总理大臣）为部长、相关大臣为部员的都市再生本部，实现了都市再生的制度化（图2-59）。

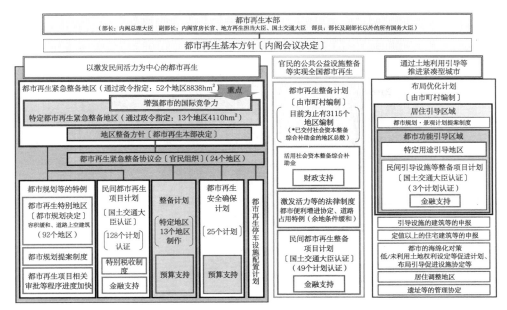

图2-59 日本都市再生相关制度框架

2. 设置都市再生紧急整备地区

根据日本《都市再生特别措施法》，实施都市再生的区域划定为都市再生紧急整备地区。在都市再生紧急整备地区，为强化城市的国际竞争力，将需要紧急且迅速实施更新的区域划定为特定都市再生紧急整备地区。截至2021年，日本全国共设置51个都市再生紧急整备地区，面积9305hm²；共设置15个特定都市再生紧急整备地区，面积4336hm²。日本的都市再生紧急整备地区大都围绕重要轨道交通站点及周边地区进行设置。东京都以此为契机，将东京站、新宿站、涩谷站、池袋站、大崎站、品川站、秋叶原站等区域确定为都市再生紧急整备地区（图2-60），支持站点周边进行大规模更新改造。

都市再生紧急整备地区可享受规划政策、财政、金融、税制等方面的支持措施。如在规划政策上，为了促进都市再生和土地的高度利用，可由都道府县及政令指定都市在都市再生紧急整备地区内确定都市再生特别地区，不拘泥于现有法规的限制，制定自由度高的规划，放宽容积率、高度、用途等限制。如日本桥二丁目地区实现了容积率由700%、800%到1990%的成倍提升。

2005—2015年，都市再生紧急整备地区的人口、家庭分别增长了44%、46%，2002—2016年，该地区地价增长了52%，均高于周边地区和全日本平均水平（图2-61）。

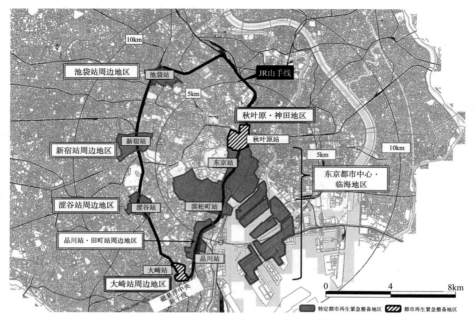

图2-60 2020年东京都都市再生紧急整备地区示意

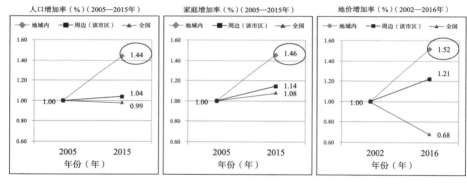

图2-61 都市再生紧急整备地区的实施效果

3. "紧凑型+网络化" 城市建设

为了应对人口急剧减少和老龄化的趋势，2014年修订的《都市再生特别措施法》增加了城市布局合理化规划的相关内容，提出通过城市布局合理化规划，将医疗、福利、商业、公共交通等多种城市功能引导至集约型规划的地区，将居住引导至公共交通沿线，推进城市规划与公共交通一体化发展，通过引入居住和生活功能以及重组当地交通，推进"紧凑型+网络化"城市建设（图2-62）。通过"功能的紧凑"实现集中，通过"网络"进行连接。城市紧凑化是通过集聚居住和城市功能来实现密度经济，在改善生活便利性的同时，通过提高服务业的生产率来刺激地区经济，实现地区消费和投资的良性循环。

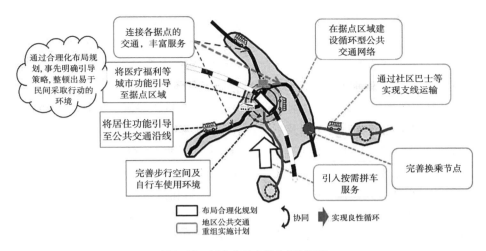

图2-62　城市布局合理化规划示意

▶▶ 环路建设加速

这一时期，作为支撑"环状大都市结构"的交通基础设施，东京大力发展了三条环路（图2-63），即首都高速中央环状线（中央环状线）、东京外侧环状道路（外环道）和首都圈中央联络机动车道（圈央道）。

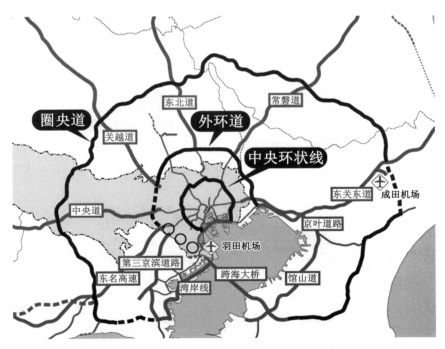

图2-63　三条环路示意（截至2018年6月2日）

首都高速中央环状线（中央环状线）是三条环线中最内侧的一条，距离都心约8km，连接新宿、涩谷和池袋等副都心区域，总长约47km，2015年已全线贯通。中央环状线与放射状的首都高速道路相结合，分流了集中在都心环状线上的过往车辆。

东京外侧环状道路（外环道）位于首都圈三条环线的中间，全长85km，距离都心15km，连接着东京都心、副都心和周边地区（世田谷区、练马区、和光市、川口市、美里市、市川市等）以及京滨、京叶工业带等，现已开通50km。

东京外侧环状道路的关越道—东名高速区间，全长约16km，通过住宅等密集的练马区、杉并区、武藏野市、三鹰市、调布市、狛江市、世田谷区等。1966年计划采用全线高架方式建设，但由于沿线居民以噪声和污染严重为由强烈反对而长期搁置。为确保深层地下空间的有效利用和涉及公共利益的相关工程顺利实施，日本政府于2000年公布了《大深度地下公共使用特别措施法》。该法的实施地区为三大都市圈（首都圈、近畿圈、中部圈）的一部分区域，适用对象为道路、河川、轨道、通信、给水排水等公共事业。由于"大深度地下空间"利用制度的创立，大深度地下空间的利用权的处理被制度化（图2-64）。2003年，政府提出将关越道—东名高速区间改为建设大深度地下高速道路，即在地表40m以下开展建设，从而使长期搁置的项目取得了进展（图2-65）。

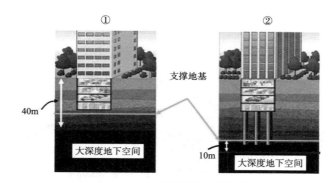

图2-64 "大深度地下空间"的定义

图2-65 关越道—东名高速区间地下40m建造隧道

首都圈中央联络机动车道（圈央道）位于首都圈三条环线的最外侧，全长约300km，距离都心40～60km，连接着首都圈近郊的主要城市（如横滨、厚木、相模原、八王子、川越、筑波、成田、木更津等）以及成田机场和横滨港等国际客运和物流设施，其中约270km已开通。

▶▶ 持续完善的轨道交通网络

在这一时期，"第三部门"铁道负责的新线路陆续开通，充实了东京的轨道交通网络。如都营地铁大江户线（环状线）于2000年12月开通运行，作为东京都区部的第二条环状轨道，对提高轨道交通的便利性和促进沿线城市开发作出了巨大贡献；常磐新线（筑波快线）秋叶原—筑波区间于2005年8月开始运营。该线路的最大的特点是，根据日本《关于大都市地区宅地开发和铁道整备一体推进特别措施法》（《宅铁法》）规定，同时推进轨道整备和沿线土地供应；东京临海高速铁道（临海线）于2002年12月全线开通。该线路与东京临海新交通临海线（百合鸥线）一起组成了到达临海副都心的交通线路，连接了新木场站和大崎站，并与JR埼京线实现直通运营，临海副都心的交通便利性显著提高。

近年来，改进轨道交通服务质量而非数量扩张的重要性与日俱增。在2000年交通政策审议会第18号报告中，提出了缓解拥挤、提高速度、应对城市结构变化和功能重组、增强机场和新干线等的交通联络、无缝换乘、无障碍化等发展方向，近年来开展的工作主要包括以下几方面。

（1）缓解轨道拥挤。1998年，东京都市圈31个主要区间在高峰时段的平均混杂率为183%，但通过采取建设新线、双复线化和加长列车等缓解拥挤的更新改造措施，在2014年平均混杂率降低到165%（图2-66）。此外，高峰时段平均混杂率超过

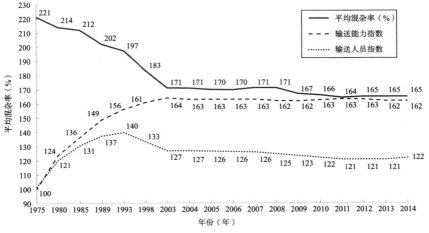

图2-66　高峰时段31个主要区间的平均混杂率变化趋势

180%的区间在1998年有23个，但在2014年大幅减少到14个。

（2）提升速度。通过开设新线、双复线化、直通运营、设置特快专列等方式提升速度。例如筑波快线、成田Sky Access、上野东京线的更新改造，小田急小田原线、东武伊势崎线、西武池袋线的复线化改造，湘南新宿线、副都心线的直通运营等。

（3）应对城市结构变化和功能重组。在东京都心（大手町、丸之内等）、副都心（新宿、涩谷、池袋、临海副都心等）、新据点（品川等）、郊区据点（埼玉新城市中心、幕张新城、港未来21等），新线建设和车站设施改善与城市发展协调进行。一方面，由于车站周边城市建设取得显著进展，车站客流量增加，需要对车站进行扩容改造；另一方面，在郊区，由于劳动适龄人口减少、出生率下降等原因，上下班通勤需求下降，郊区也出现了轨道需求下降、运行列车数量减少的情况，需要根据社会人口结构变化和社会需求进行更新改造开发。

（4）强化直达机场、新干线等的轨道交通功能。近年来，羽田机场和成田机场在改善机场交通方面作出了各种努力，运输能力、速度和换乘便利性都得到了提高。例如，在1998年，品川—羽田机场（现羽田机场国内线航站楼站）之间所需的时间最快为25min，但通过京急莆田站的改造，2012年缩短为14min。在成田机场，1992年日暮里—成田机场2号航站楼之间的最快行驶时间为52min，之后由于成田Sky Access的开通，在2010年达到最快36min。另外以新干线车站为例，随着2015年上野东京线的开通，从东北线、高崎线、常磐线到东京站、品川站所需时间缩短，减少了换乘次数，缩短了换乘时间，提高了便利性。

（5）推进无缝换乘衔接。2013年，东京地铁副都心线、东武东上线、西武池袋线、东急东横线和港未来21线实现了相互直通运营。此外，同一家公司的不同线路也实现了直通运营。2001年湘南新宿线开通后，东北线、横须贺线、东海道线实现了直通运营；2015年上野东京线开通后，实现了东北线、常磐线、东海道线的直通运营。到2015年，多个运营商之间直通运营的线路长度达880km，如果包括同一运营商直通运营的线路，则为1831km，占东京都市圈轨道交通线路总长度的75%（图2-67）。随着直通运营区间的增加，提高了乘客出行的便利性，有效减少了换乘次数并缓解了在检票口和站台的拥挤。在服务无缝化方面也取得了进展，如引进和普及Suica、PASMO等交通IC卡的使用，统一都营地铁和东京地铁服务，统一多个轨道运营商的车站信息标志等。此外，从全程出行无缝衔接的角度，考虑到换乘其他方式的便利性，对车站广场进行了改造，并更新了运行时刻表。

（6）实现车站无障碍化。减少车站台阶数量的工作取得了稳步推进。在东京都市圈，截至2014年底，89%的日均客流量在3000人次以上的车站已消除了台阶，每天平均乘客数超过5000人次的车站电梯和自动扶梯的安装率达到99%。在保证安全运营、安装站台安全门方面，截至2015年9月，322个车站安装了站台安全门。在轨道车辆方面，截至2014年底，已有78%的列车实现了无障碍化。

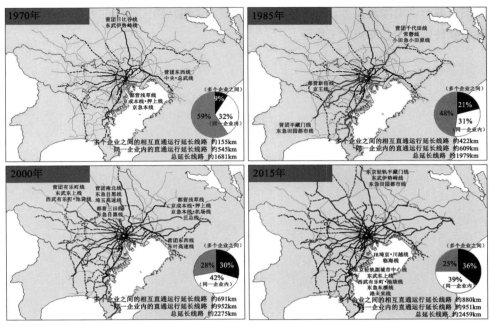

注：实线表示多个企业之间的直通运营区间，虚线表示同一企业的直通运营区间。

图2-67　东京都市圈轨道交通直通运营情况示意

东京都市圈的轨道交通经过持续的更新改造，已达到世界一流水平的网络密度和服务水平。但近年来也面临各类问题，主要包括访日外国游客数量增加、在与其他国家城市间竞争加剧的同时越来越需要加强城市的国际竞争力、出生率下降和人口老龄化，以及地震等灾害的风险不断增加等。2014年国土交通大臣要求交通政策审议会就东京都市圈未来的轨道发展提出建议，2016年交通政策审议会发布答复报告，并提出了未来东京都市圈轨道交通的发展目标：①形成有助于强化国际竞争力的都市轨道网络，包括加强与航空和新干线的联系，加强与特定都市再生紧急整备地区等国际竞争力强化据点的协同开发；②形成有助于丰富国民生活的都市轨道网络，包括缓解轨道交通拥挤、提升速度（通过双复线改造提高运输能力等）、推动无缝换乘衔接（直通运营、改善换乘站、完善信息标识、与其他交通方式的无缝衔接）等；③形成与城市发展协同的可持续都市轨道网络，包括开展通用设计①、对轨

---

① 最早由美国建筑师罗纳德·梅斯在1985年提出并开始发展，其对通用设计的定义至今仍在国际社会通用，即"尽可能为所有人使用，无需进行调整或专门设计的产品和环境设计"。

道沿线城市功能进行系统引导和集聚、开展生态设计等；④提升车站空间质量，建设"下一代车站"，包括加强车站管理、进一步推广无障碍通道、营造舒适和宽敞的车站空间等；⑤形成可靠安全的都市轨道网络，包括轨道延误的可视化、推动运营商采取行动消除延误等；⑥加强灾害应对能力，包括防灾措施的可视化以及从硬件、软件两方面开展防灾工作等。

第3章
日新月异的出行特征

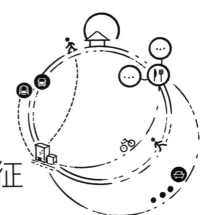

　　东京都市圈随着日本经济社会的发展日新月异。作为世界级都市圈，这里每年都迎来无数的人潮涌动，产生的出行需求对交通系统提出了很高要求。为应对这一挑战，东京都市圈内交通系统不断迭代更新、逐步完善，形成了以轨道交通为主导的出行结构，出行服务水平持续优化提高，交通运行有条不紊、复杂却高效，是世界超大型城市交通的典范。

　　自20世纪60年代以来，伴随着城市化、机动化进程，东京都市圈居民的出行需求经历了怎样的变化？作为轨道上的都市圈，轨道出行在都市圈内扮演着什么样的角色？汽车的角色又是什么？都市圈内不同区域的出行特征有何不同？几十年以来，东京都市圈居民的出行效率和体验有无提升？带着这些问题，本章将结合历次《东京都市圈居民出行调查》和其他多源数据，尝试从出行需求、出行结构、出行时耗以及出行服务水平四个方面，为读者整体描绘出东京都市圈出行特征的演变历程。

3.1 出行需求：由激增到平稳

总体看，随着人口的增长，东京都市圈内居民的出行需求经历了20世纪60年代的激增，到80年代的平稳增长，再到近十余年的回落的过程。

作为日本的首都和亚洲最大的都市之一，东京是日本的经济、政治、文化中心，对人口有着巨大的吸引力，人们期望在这里工作、上学、娱乐、购物和旅行，因而创造了大量的出行需求。人口的增加为出行需求的增长提供了基础，影响着东京都市圈内出行总量的变化。

1968年的东京都市圈出行调查显示，当时的总人口为2131万人（图3-1）。在后续20年间，人口保持高速增长，这样的增长是出行需求激增的主要原因。1968—1988年，东京都市圈的出行需求快速增加，其中1968—1978年出行总量由4861万人次[①]/d增长至6700万人次/d，增长37.8%；1978—1988年增长至7425万人次/d，增长10.8%。

1988—2008年，东京都市圈的人口总量和出行总量均进入平稳增长时期，增速减弱。出行需求保持了相似的趋势，出行总量由1988年的7425万人次/d增加至2008年的8489万人次/d，增长率为14.3%，与人口的增速接近。

2008—2018年，东京都市圈的人口总量保持增长，而出行总量却出现了回落。2018年与2008年相比，东京都市圈内人口增长至3690万人，增长6.6%。但增长的人口没有带来出行需求的增长，出行总量降低至7373万人次/d，降幅达13.1%。因为这一时期互联网逐渐普及，居家也可以满足工作和生活的需求，导致了出行总量的减少。这

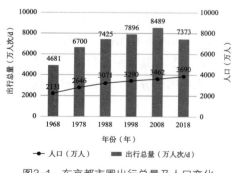

图3-1　东京都市圈出行总量及人口变化

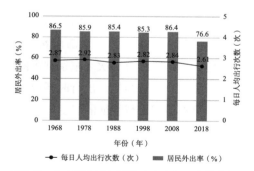

图3-2　东京都市圈居民外出率和每日人均出行次数变化

[①] 1人次出行指1个人出于某一目的（如上班或购物），从起点到终点单向移动的过程。例如，A从家步行到地铁站乘地铁，再转乘公共巴士抵达公司上班，记为1人次出行。

一特征同样反映在居民外出率①和每日人均出行次数②中。1968—2008年间，居民外出率（图3-2）始终保持在85%以上，每日人均出行次数在2.8次左右浮动。而在2018年的调查中，这两项指标均出现了明显的下降，居民外出率降至76.6%，每日人均出行次数降至2.61次。

专栏
东京都市圈居民出行调查

　　定期开展的地区居民出行抽样调查，是了解一个地区出行特征演变的重要方式之一。《东京都市圈居民出行调查》（以下简称《出行调查》）是一项由东京都市圈交通计划协议会组织、针对东京都市圈内居民的日常出行调查，是东京都市圈内最为权威的出行调查之一。

　　调查采用问卷的形式，以天为单位，抽样调查了东京都市圈5岁及以上居民的日常出行情况。出行调查每10年开展一次，通过对比历年调查的结果，可以从长时间尺度上解读东京都市圈出行特征的变化。与"一都三县"的范围略有不同，出行调查的区域设定为东京都区部中心向外约80km范围内的市、町、村，总面积约为15000km²。迄今6次出行调查的范围（图3-3）有所变化，但是都覆盖了东京都市圈的核心区域，可以反映出东京都市圈出行需求的变化。特别是第2～6次出行调查，调查区域基本确定并保持稳定，仅有小幅度的变化。

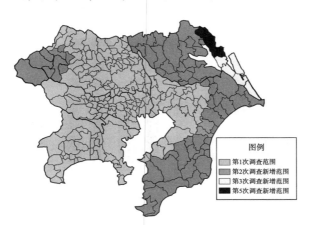

图例
第1次调查范围
第2次调查新增范围
第3次调查新增范围
第5次调查新增范围

图3-3　历次《东京都市圈居民出行调查》范围变化示意

---

① 居民外出率：指调查日（周二至周四的1个工作日）外出人数占调查总人数的比例。
② 每日人均出行次数：指外出的人平均1人1日的出行次数。

▶▶ 各目的出行量增减不一

不同目的的出行在东京都市圈内的变化趋势不尽相同，其中较为明显的特征是通勤出行①的占比稳定上升，私事出行总体呈增长趋势，而业务出行需求加速萎缩（图3-4）。

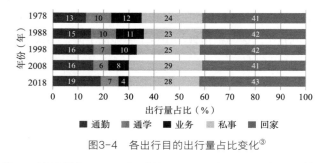

图3-4　各出行目的出行量占比变化③

通勤出行的占比从1978年的13%持续增长至2018年时的19%；私事出行的占比总体呈现上升的趋势，由1978年的24%波动上升至2018年的28%；业务出行的占比由1978年的12%下降至2018年的4%。

出行量（图3-5）中，业务出行量持续减少，2008—2018年加速下降；私事出行量在1988—2008年增速最快，而2008—2018年下降；通学出行②受东京都市圈15岁以下人口（图3-6）持续减少的影响，出行量呈持续下降趋势。

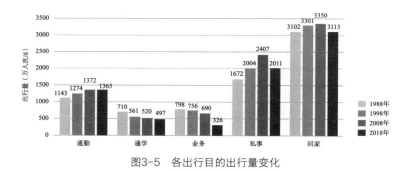

图3-5　各出行目的出行量变化

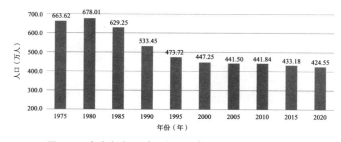

图3-6　东京都市圈（一都三县）15岁以下人口变化

---

① 通勤出行：指从家出发，目的地为工作地点的出行；私事出行：指与工作、上学无关的因个人私事需要产生的出行，目的包括购物、娱乐活动（如就餐、社交等）、休闲活动（如观光、游览等）、医疗活动（如就医、康复、日托等）、接送人等；业务出行：指因为工作业务需要而产生的去往其他工作场所的出行，涉及的工作业务通常包括销售、投递、进货、采购、商讨、会议、商谈等。
② 通学出行：指从家出发，目的地为学校的出行。
③ 图上数据来自日本国土交通省，由于统计数据四舍五入等原因，各出行量占比的加合并非为100%，此类图片全书同理。

▶▶ 交通量向中心集聚

东京都市圈内的出行分布呈现向都心3区（千代田区、中央区和港区）聚集，并沿着轨道和道路线网向外延伸的特点，体现出较为显著的中心聚集性。从区域间轨道交通量看，呈现出明显的向东京都区部聚集的趋势（图3-7）。

※ 仅标记15万人次以上出行量
及各区域最大数量的区域间出行量

单位：万人次

图3-7　2018年东京都市圈区域间轨道出行量示意

东京都市圈出行吸引强度[①]分布（图3-8）中，东京都区部中心区域强度最高，普遍在4万人次/km²以上，尤其是都心3区，千代田区、中央区和港区分别为13.6万人次/km²、10.6万人次/km²和7.9万人次/km²（图3-9）。在东京都区部外围，出行吸引强度高的区域呈现沿轨道线网集中的趋势，表现为放射状向外延伸。

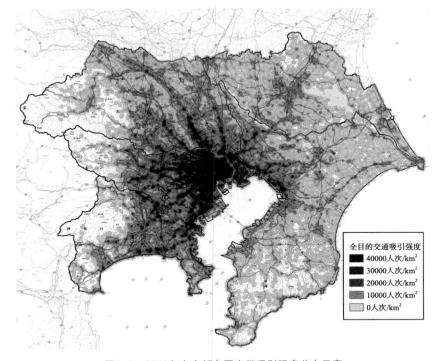

全目的交通吸引强度
- ■ 40000人次/km²
- ■ 30000人次/km²
- ■ 20000人次/km²
- ■ 10000人次/km²
- □ 0人次/km²

图3-8　2018年东京都市圈出行吸引强度分布示意

---

① 出行吸引强度：单位面积内的出行吸引量，即出行吸引量与区域面积的比值。

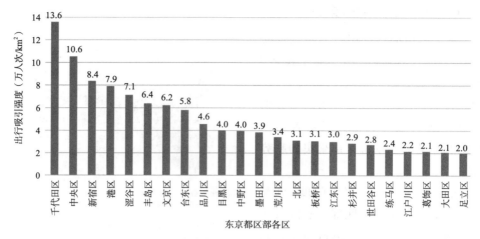

图3-9　2018年东京都区部各区出行吸引强度柱状图

与办公场所相关的通勤和业务出行呈现更高程度的中心聚集性。通勤和业务出行高度集中在距东京都市圈中心10km范围内，尤其是都心和副都心区域（图3-10）。除东京都市圈中心10km范围外，各业务核都市通勤和业务出行吸引强度较高，如川崎市、横滨市、千叶市、八王子市、立川市等。

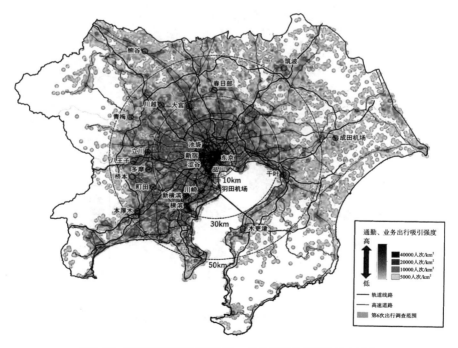

图3-10　2018年东京都市圈通勤、业务出行吸引强度分布示意

私事出行吸引强度（图3-11）同样体现出向东京都市圈中心聚集的特性。私事出行吸引强度高的区域集中在东京都市圈中心10km半径范围内，呈现出沿轨道线网集聚的特性，且分布范围较通勤和业务出行更广。

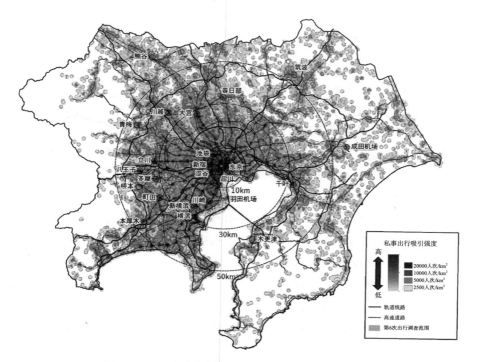

图3-11　2018年东京都市圈私事出行吸引强度分布示意

3.2 出行结构：逐渐由轨道主导

▶▶ "轨道升，汽车降"趋势显著

东京都市圈内出行结构演变的最主要特征可以概括为：大力发展轨道交通出行，逐步控制汽车出行增长。

轨道交通在东京都市圈的出行中一直扮演着重要的角色，并且其重要性随着轨道线路网完善、设施升级改造而逐渐增加。轨道[1]的出行分担率[2]自1978年开始不断增加，从23%持续增长至33%。换句话说，如今东京都市圈居民每3次出行中，就平均有1次是乘坐轨道交通。自2008年起，轨道交通已经超越汽车[3]，成为东京都市圈内出行分担率最高的出行方式。

东京都市圈内另一大出行方式是汽车出行，总体趋势为在经历高速发展后，汽车的出行分担率开始下降。20世纪60年代，东京都市圈制造业飞速发展、收入快速提升，居民的汽车保有量激增。根据出行调查统计（图3-12），1968年，东京都市圈每千人拥有139辆汽车，此后这一数值增长飞快；1978年时，每千人拥有201辆汽车；10年后的1988年，千人汽车保有量就翻了一番，达到402辆。汽车保有量的增长使得汽车的出行分担率有了显著提高，从1968年的17%增长至1998年的33%，几乎实现倍增。此后20年，汽车出行分担率增速放缓并逐渐趋于稳定，到2018年回落到27%。

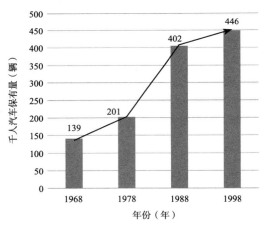

图3-12　东京都市圈千人汽车保有量变化

其他出行方式（图3-13）中，公共巴士[4]出行分担率降低，从1968年的7%下降至2018年的3%，其中1998年最低下降至2%，并稳定在2%~3%。自行车[5]出行

---

① 轨道：《出行调查》中的"轨道"包括JR、私铁、单轨、有轨电车、新交通等。
② 出行分担率：指在某一确定区域内，一种出行方式的出行量占该区域所有出行量的百分比。
③ 汽车：《出行调查》中的"汽车"包括乘用车、租赁及共享汽车、私人巴士、包车、轻型载货车辆、出租车等。
④ 公共巴士：《出行调查》中的"公共巴士"包括线路巴士、社区巴士、高速巴士等。
⑤ 自行车：《出行调查》中的"自行车"包括私人及租赁自行车。

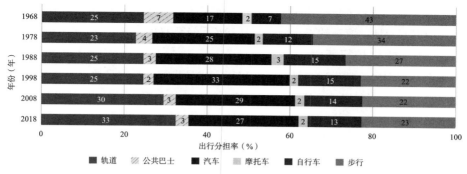

图3-13　东京都市圈出行结构演变

分担率由1968年的7%增长至2018年的13%。摩托车出行一直不占据重要位置，稳定在3%以下。此外，步行[①]的出行分担率在50年间总体呈下降趋势，从43%下降至22%左右，并保持稳定。

▶▶ 出行目的影响交通方式

1. 轨道最受通勤者欢迎

在通勤出行（图3-14）中，轨道交通一直占据着最重要的位置，而且重要性在持续增加。1968年，轨道交通在通勤中的出行分担率达到52%，是最普遍的选择；公共巴士、汽车、自行车及摩托车、步行共同承担着另一半的通勤需求，其中步行和汽车的出行分担率略高。

1968—1998年是汽车蓬勃发展的时期，汽车的出行分担率很快从1968年的13%增长至1998年的32%，而轨道的出行分担率有所下降，稳定至46%。期间公共巴士的出行分担率逐渐萎缩，下降至2%，并保持至2018年。自行车的出行分担率变化不大，而步行的出行分担率呈下降趋势，下降至7%。

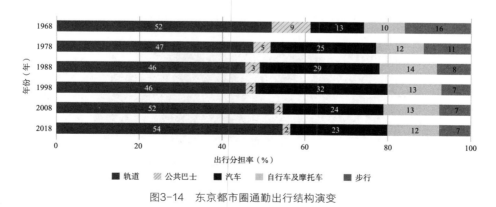

图3-14　东京都市圈通勤出行结构演变

---

① 步行：《出行调查》中的"步行"包括步行和老年电动轮椅。

2008年后，更多人选择轨道通勤，轨道的出行分担率回升至超过半数，增长至54%。与之相应地，汽车的出行分担率从32%下降至23%。

2．半数学生步行通学

东京都市圈内，学生通学最普遍的出行方式是步行，其次是轨道（图3-15）。步行通学的出行分担率超过或接近半数，但有下降趋势，而轨道的出行分担率呈现持续上升趋势。

步行和轨道主导通学出行的趋势自1968年时就已奠定，步行的出行分担率达61%，轨道达25%，而公共巴士、汽车、自行车及摩托车的出行分担率都只有个位数。此后，轨道、汽车和自行车及摩托车的出行分担率上升，轨道的出行分担率在2018年达到32%，汽车的出行分担率稳定在6%左右，自行车及摩托车的出行分担率则稳定在10%左右。步行的出行分担率从1978年起呈下降趋势，由63%下降至49%并保持稳定。步行仍是学生通学最主要的出行方式。

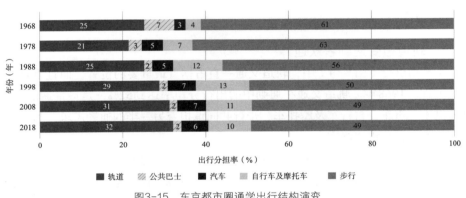

图3-15　东京都市圈通学出行结构演变

3．业务出行倚重汽车

业务出行（图3-16）对汽车的需求一直很高，出行分担率始终超过50%。在1968

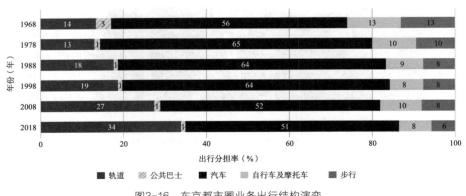

图3-16　东京都市圈业务出行结构演变

　　　　　　　　　　　　　　　　　　　　揭秘大都市交通　东京篇

年汽车尚未大范围普及之时，业务出行中汽车的出行分担率就已经达到56%。轨道、自行车及摩托车、步行的出行分担率分别为14%、13%和13%，承担剩余近一半的业务出行。公共巴士对业务出行贡献很小，出行分担率为3%，并在此后持续保持在1%。

随着汽车保有量的上升，1978—1998年，汽车的业务出行分担率超过60%，最高达65%。轨道的出行分担率有小幅上升，从13%上升至19%。自行车及摩托车和步行的出行分担率均有所减少。

21世纪起，轨道的业务出行分担率迎来较大幅度的增长，从1998年的19%增长至2018年的34%。而选择汽车的业务出行人数有所下降，出行分担率从1998年的64%减少至2018年的51%，但汽车仍是最主要的业务出行方式。

4．私事出行方式多样

私事出行（图3-17）有多种主要出行方式，以汽车和步行为主、轨道和自行车及摩托车为辅。1968年时，私事出行中步行占多数，出行分担率达63%，轨道、公共巴士、汽车、自行车及摩托车的出行分担率相对较低。1978年后，汽车和自行车及摩托车的出行分担率显著增加，特别是自行车及摩托车，出行分担率从1968年的6%快速增至1988年的24%。1998年后，自行车及摩托车的出行分担率降至21%以下，2018年达16%。汽车的出行分担率随着汽车保有量的上升在1998年达到34%，后稳定在32%左右。步行的出行分担率总体呈下降趋势，由42%波动降至30%。轨道的出行分担率相对稳定，在近两次出行调查中有所上升，由13%升至18%。

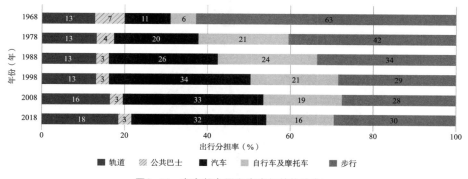

图3-17　东京都市圈私事出行结构演变

5．轨道在各出行目的中都愈发重要

综合分析各目的下的出行结构，轨道的出行分担率在1968—1978年下降，并在1978—2018年持续增加，除私事出行外，在各出行目的中的出行分担率都在30%以上，已经成为东京都市圈内最为重要的出行方式。

1968年时，汽车在除业务出行的其他出行中都不属于主要方式。而后，伴随东京都市圈的机动化发展，汽车保有量在迅速增长后趋于平稳，汽车的出行分担率呈现先快速增长后降低的趋势。

步行在通学、私事和回家出行①中都扮演了很重要的角色，总体呈现出随着轨道和汽车分担率的提高而逐渐降低的趋势。自行车及摩托车作为重要的中短途出行方式，在私事和回家出行中分担率较高，在通勤、通学出行中也约占10%。公共巴士在各目的出行中分担率一直较低，总体呈现下降趋势。

▶▶ "汽车主外，轨道主内"

东京都市圈内出行结构（图3-18）在中心区域与外围区域的特征不同。中心区域由轨道交通主导，随着距中心区域距离的增加，轨道的出行分担率呈梯度降低趋势。在都市圈外围地区则体现出由汽车主导的特点。

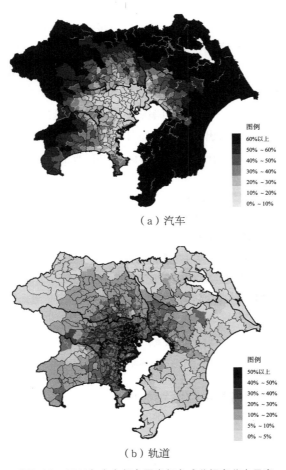

图例
60%以上
50% ~ 60%
40% ~ 50%
30% ~ 40%
20% ~ 30%
10% ~ 20%
0% ~ 10%

（a）汽车

图例
50%以上
40% ~ 50%
30% ~ 40%
20% ~ 30%
10% ~ 20%
5% ~ 10%
0% ~ 5%

（b）轨道

图3-18　2018年东京都市圈出行方式分担率分布示意

---

① 回家出行特征不具有显著性，故不单独分析。

以2018年为例，轨道出行分担率（图3-19）最高的区域是东京都区部，达51%，承担了超过半数的出行，显著高于周围地区。除东京都区部外，紧邻的东京都多摩地区以及业务核都市川崎市和横滨市的轨道出行分担率处于第二梯队，出行分担率为30%、39%和37%。轨道分担率第三梯队地区包括埼玉县南部、千叶县西北部、千叶市和神奈川县其他地区，出行分担率为20%～30%。而在东京都市圈外围的千叶县西南部、千叶县东部、茨城县南部和埼玉县北部，轨道并不作为主要的出行方式，出行分担率为6%～15%，它们组成了轨道出行分担率的第四梯队。

汽车出行分担率（图3-20）也呈现出基于区域梯度分布的特征，但与轨道出行分担率趋势相反，越靠近中心区域汽车出行分担率越低。东京都市圈内，汽车出行分担率最高的第一梯度区域分布在都市圈外围，为千叶县西南部、千叶县东部、茨城县南部和埼玉县北部，出行分担率都在50%以上，最高达到74%（千叶县东部）。在这些地区，汽车是最重要的出行方式。第二梯队包括埼玉县南部、千叶县西北部、千叶市和神奈川县除川崎市及横滨市的其他地区。这些地区汽车的出行分担率为31%～36%，汽车是主要出行方式。越接近东京都区部，汽车的出行分担率就越低，东京都多摩地区、川崎市和横滨市的汽车出行分担率为14%～23%，组成第三梯队。而在东京都区部，汽车的出行分担率仅占8%，不是主要的出行方式。

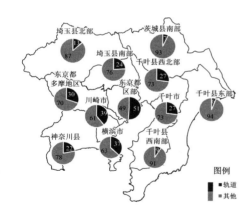

图3-19　2018年东京都市圈轨道出行分担率分布示意（%）

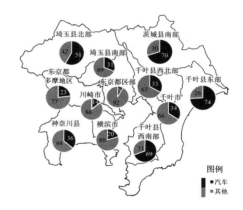

图3-20　2018年东京都市圈汽车出行分担率分布示意（%）

从时间维度看出行结构分布情况的演变（图3-21），自1988年开始，东京都市圈内各地区都呈现出相同的趋势：轨道的出行分担率在大部分地区持续增加、重要性不断提升，反映了轨道出行近30年在都市圈内的不断发展。汽车的出行分担率在都市圈中心区域呈现下降趋势，而在外围地区则保持增加趋势，汽车在外围地区的重要性显著高于其他出行方式。步行和自行车的出行分担率总体呈现轻微下降、相对稳定的趋势。

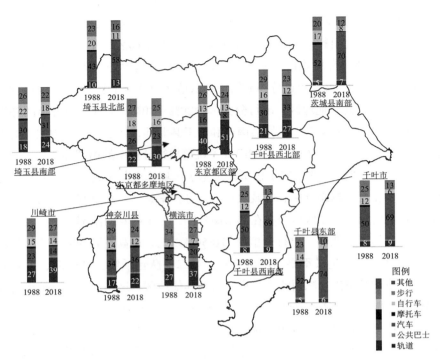

图3-21　东京都市圈各区域出行结构演变示意

▶▶ 轨道出行的好搭档：慢行交通

　　轨道末端的接驳出行，是指在一次轨道出行中，轨道部分开始前或完成后，与出发地或目的地之间的出行。在2015年日本国土交通省第12次大都市交通调查[①]报告中，对持定期票[②]的通勤、通学人群乘坐轨道交通的末端接驳出行方式、时耗和二者关系的演变进行统计。通过这些统计结果（图3-22）可以窥见以东京都为中心的首都圈[③]轨道末端接驳出行方式的发展。

　　首都圈通勤、通学人群的轨道末端接驳

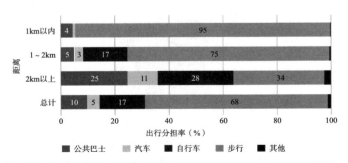

图3-22　2015年首都圈各距离末端接驳出行结构（定期票乘客）

① 自1960年起，国土交通省每5年开展一次大都市交通调查，目前共开展13次。
② 定期票：指轨道交通定期票，与国内的月票相似，定期票包括通勤定期票和通学定期票。
③ 首都圈为满足以下两个条件的圈域：1）乘坐轨道到达东京站的时间在2h以内的区市町村；2）到东京都区部的通勤、通学人数占比3%以上且总人口超过500人的市区町村。

出行以步行、自行车为主，并且步行占据大多数。2015年的首都圈的轨道末端出行中，有68%通过步行完成，17%由自行车承担，公共巴士的出行分担率为10%，汽车为5%。根据末端接驳出行距离的长度，通勤、通学人群选择的交通方式不尽相同。

从时间维度分析不同轨道交通末端接驳方式的演变（图3-23），可以看出步行的出行分担率先降后升，自行车的出行分担率先升后降，公共巴士的出行分担率则持续下降。1975年时，末端接驳方式以步行（71%）和公共巴士（23%）为主，自行车出行还不普遍，出行分担率仅为4%。到2000年时，承担较长距离接驳的公共巴士出行分担率下降至14%。步行的出行分担率降至59%，而自行车的出行分担率则增加至21%，两种出行方式共承担80%的末端接驳出行。2000—2015年，使用自行车和步行接驳的出行分担率持续增加至85%。其中步行的出行分担率增长明显，由59%增加至68%。

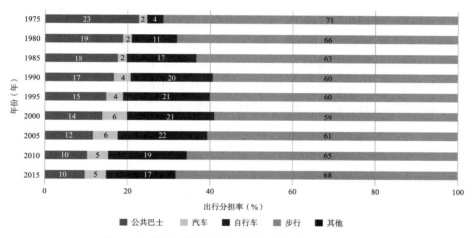

图3-23　首都圈轨道末端出行结构演变（定期票乘客）

3.3 出行时耗：建成区和交通网扩大导致时耗增加

▶▶ 平均出行时耗总体增长

东京都市圈平均出行时耗总体呈上升趋势。1988年的出行调查统计显示平均出行时耗为30.6min。此后，出行平均时耗持续增加，2018年增加至38.1min（图3-24）。

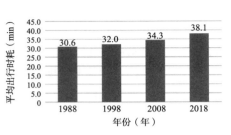

图3-24　东京都市圈平均出行时耗演变

▶▶ 通勤和业务平均出行时耗长

与平均出行时耗的变化规律相似，不同出行目的的平均出行时耗（图3-25）总体呈上升趋势。不同出行目的中，业务的平均出行时耗最长，增速最快，2018年达52.6min。即使业务出行需求有所下降，出行时耗仍保持增加态势。通勤的平均出行时耗自1988年起，始终保持在40min以上，是各次调查中平均出行时耗最长的一类。通学的平均出行时耗由1988年的28.7min上升至2018年的34.7min。私事的平均出行时耗在各次出行调查中均最低，1988年为18.3min，2018年增长至28.7min。

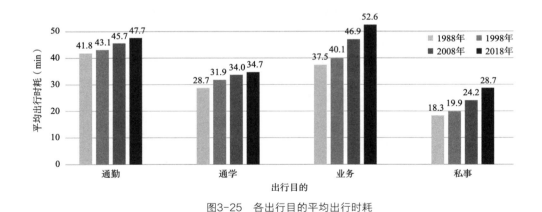

图3-25　各出行目的平均出行时耗

▶▶ 轨道平均出行时耗最长

轨道平均出行时耗持续增加，汽车平均出行时耗较为平稳，而其他方式的平均出行时耗都呈现上升趋势（图3-26）。轨道平均出行时耗自1988年以来持续增加，从61.9min增加至65.7min，在所有方式中平均出行时耗最长。汽车的平均出行时耗最大值为2018年的31.3min，最小值为2008年的28.4min。自行车和步行的平均出行时耗较低，2018年分别为18.0min和16.8min。

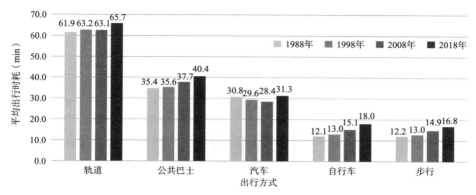

图3-26　各方式平均出行时耗

▶▶ 建成区扩大，平均出行时耗增加

居民平均出行时耗的增加与都市圈建成面积扩大和交通线网覆盖面积增加相关。从1976—2016年东京都市圈土地利用的变化（图3-27）可见，建设用地从东京都区部向周边地区扩大，农田及其他农用地在减少。东京都、神奈川县及埼玉县的建筑用地范围和密度增加明显。扩大的建成区导致人口分布更广，使得各类方式的出行距离及平均出行时耗增加。

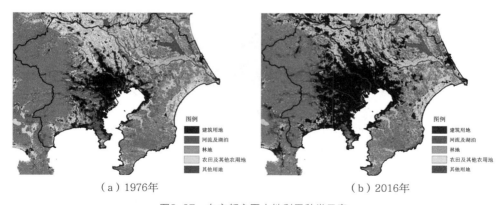

（a）1976年　　　　　　　　　　　（b）2016年

图3-27　东京都市圈土地利用种类示意

对比1960年和2015年的轨道和高速道路网络（图3-28）可发现，东京都市圈内交通网络的里程显著增加、服务范围明显扩大。轨道网络在都市圈核心

区及外围地区增加了线路的密度，使轨道网络的连通性增强。东京都在1962年时开通了第一段京桥至芝浦高速道路后，高速道路网络规模持续扩大。高速道路环线连接了更多的远郊区域，对出行范围的扩展也起到了一定的促进作用。

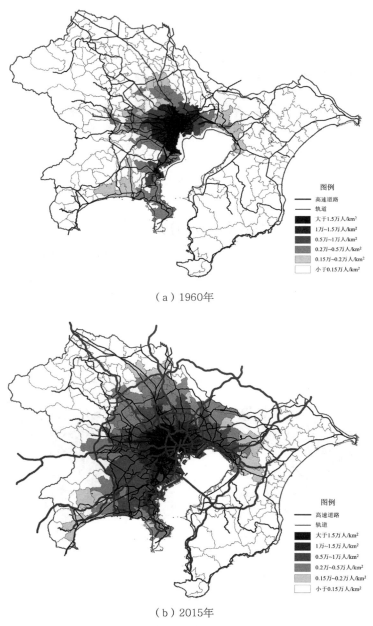

（a）1960年

（b）2015年

图3-28 东京都市圈轨道、高速道路网络及人口密度示意

　　　　　　　　　　　　　　　　　　　揭秘大都市交通　东京篇

3.4 出行服务水平：持续优化提高

东京都市圈内交通系统的服务水平呈现逐渐优化提高的趋势，能够更好地服务都市圈内居民的日常出行。这从轨道交通和道路交通关键指标的提升中可见一斑。

▶ 轨道服务水平显著提高

轨道交通的运输能力提升明显，在轨道运输人数总体增加的趋势下，实现了轨道混杂率下降（图3-29），使乘客乘坐轨道交通的体验有明显提升。1975—1998年，东京都市圈轨道交通的运输能力迅速提升，轨道主要拥挤的31个区间高峰小时运输能力从59.7万人增长至96万人，增幅达60.8%。运载能力的提升大大降低了轨道车辆内乘客的拥挤程度。轨道混杂率逐年下降，轨道主要拥挤的31个区间高峰小时混杂率从1975年的221%下降至2019年的163%并保持稳定，轨道交通服务水平总体提升明显。

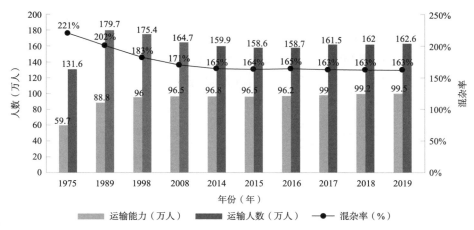

图3-29　东京都市圈轨道运输能力、运输人数、混杂率的演变（31个主要拥挤区间）

▶ 道路安全性明显改善

道路交通指标可以反映出道路的服务水平。东京都作为东京都市圈内人口最集中的区域，其道路交通负荷较大，道路交通整体呈现平均车速相对较低、交通安全性显著提高的特征。

自1980年起，东京都区部的普通国道在高峰时段（7:00—9:00，17:00—19:00）

的平均车速呈现波动变化的趋势（图3-30），总体通行速度较慢。1980—2015年，东京都区部高峰时段平均车速最高达21.4km/h，最低为11.6km/h，低于全日本平均水平。

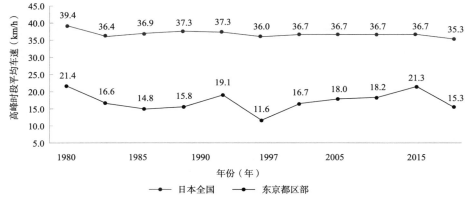

图3-30　东京都区部高峰时段普通国道平均车速

东京都在交通安全方面提升明显，交通事故数和交通事故死亡人数均显著降低（图3-31）。在机动化发展初期，交通事故曾出现爆发式增长，最多时一年发生15万余起事故，死亡千余人。此后，东京都交通事故数出现波动，交通事故死亡人数较多，直到2000年后开始大幅改善。2000年后，东京都各类交通事故数从超9万起/年降至2019年的2.5万起/年左右。交通事故死亡人数持续下降，从2000年的413人逐渐降低到2022年的132人，降低了68%，道路交通安全性显著提升。

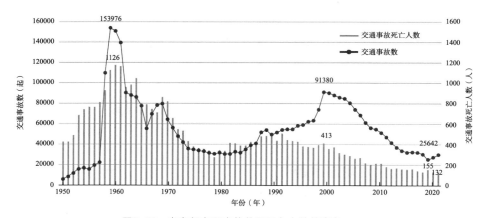

图3-31　东京都交通事故数及死亡人数的演变

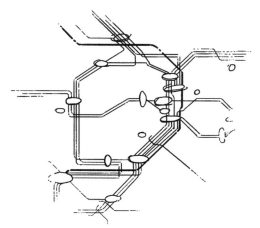

第4章
轨道上的都市圈

　　东京都市圈是名副其实"轨道上的都市圈"，也是轨道交通引领都市圈发展的典范，其轨道交通的网络密度和服务水平已达到世界一流水平。面对20世纪50—60年代以来东京都市圈人口激增、出行需求大幅上涨的社会背景，轨道交通历经了半个多世纪的更新改造，不仅完成了运输能力和效率的提升，更实现了与城市空间结构以及人口产业分布的合理适配。如今，东京都市圈形成了涵盖地铁、市郊铁路、新干线等的多层次轨道交通体系，各类轨道各定其位、各尽所能，日均超过4000万人的客流量，支撑了都市圈工作、商务、生活、娱乐等人流的高效活动。如此"运力强、效率高"的轨道交通系统到底是如何实现的呢？

　　本章将系统介绍东京都市圈庞大的轨道交通系统，包括线网规模、发展历程、线网更新改造措施、站城一体化开发经验等，探寻"轨道上的都市圈"形成的历史脉络以及带来的经验与启示。

4.1 庞大的轨道交通系统

▶▶ 多层次轨道交通各定其位

东京都市圈轨道交通系统由地铁、JR、私铁、新干线和其他轨道交通（有轨电车等）构成，截至2022年底，东京都市圈范围内共有轨道线路129条、轨道站点1557个，线网总规模约3465.03km。

东京都市圈轨道交通功能多样、分工明确。地铁运营里程362.84km（含横滨市营地铁），主要服务山手线内及附近核心区域，同时还涉及东京都区部组成的中心区；在东京都市圈内，JR运营里程为1404.53km，主要承担东京都市圈中的远距离通勤服务和长途客运运输；私铁运营里程为1246.12km，主要承担JR线未覆盖的城郊地区与东京都区部间联系的功能；新干线运营里程为215.04km，是从东京站延伸至日本全国的干线铁道，高效连接各大都市圈的核心城市；其他轨道交通运营里程为236.50km，其在服务滨海地区、登山观光旅游及弥补区域公共交通不足等方面发挥了重要作用（表4-1）。可见，轨道线网遍布整个都市圈，东京都市圈也因此被称为"轨道上的都市圈"。

东京都市圈轨道交通系统 表4-1

类型	主要功能	主要运营主体	运营里程（km）	平均站间距（km）
地铁	由地方交通局等运营、服务于东京都区部和横滨市的地铁	东京地铁、都营地铁、横滨市营地铁	362.84	1.09
JR	由日本铁道JR（Japan Railways）成员公司运营的普通轨道线路（不包括新干线），服务于都市圈远距离通勤和长途客运	JR东日本、JR东海	1404.53	2.53
私铁	由私营铁道公司运营的轨道线路，主要承担JR线未覆盖的城郊地区与东京都区部间联系的功能	东武铁道、西武铁道、东急电铁等	1246.12	1.35
新干线	由日本铁道JR（Japan Railways）成员公司运营的高速干线铁道系统，连接各大都市圈的核心城市	JR东日本、JR东海	215.04	21.35
其他	除上述以外，无人驾驶轨道交通系统、有轨电车以及"第三部门"铁道运营的轨道交通线路，在服务滨海地区、登山观光旅游及弥补区域公共交通不足等方面发挥了重要作用	千叶都市单轨电车、东京临海高速铁道等	236.50	1.18
合计			3465.03	—

从都市圈的不同圈层看，人口密度越高的地区，轨道线网越发达（图4-1）。在人口最为密集的JR山手线环线内（面积为62.56km²，人口密度为3.02万人/km²）遍布地铁线路，基本不存在其他轨道线路，线网密度高达3.88km/km²。东京都区部轨道线网密度为1.16km/km²，以地铁、部分JR和私铁线路为主。东京都主要分布有JR和私铁线路，轨道线网密度为0.69km/km²。在整个东京都市圈范围内（面积为13565.46km²，人口密度为0.27万人/km²）轨道交通运营里程约3465.03km，轨道线网密度为0.26km/km²（表4-2）。

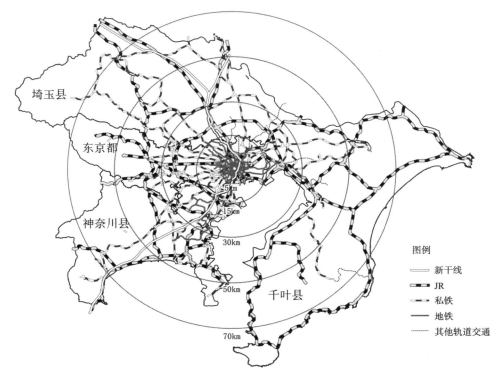

图4-1　2022年东京都市圈轨道交通线网分布示意

不同区域轨道类型及轨网密度　　　　　　　　　　表4-2

圈层	面积（km²）	人口密度（万人/km²）	主要轨道类型及里程（km）	轨道线网密度（km/km²）
山手线环线	62.56	3.02	地铁：242.68	3.88
东京都区部	627.53	1.55	地铁+JR+私铁：728.16	1.16
东京都	2194.03	0.64	JR+私铁：1524.62	0.69
东京都市圈	13565.46	0.27	JR+私铁+新干线：3465.03	0.26

注：1. 人口密度根据日本总务省统计局的国势调查数据计算而来，时间为2020年10月；
　　2. 不同区域的轨道里程根据日本国土交通省数据情报网站提供的GIS数据计算得出。

1．地铁

东京都市圈的地铁主要由东京地铁、都营地铁和横滨市营地铁运营的15条线路组成。

东京地铁与都营地铁主要服务于东京都区部，分别由东京地铁株式会社和东京都交通局管理运营。东京地铁与都营地铁共有13条线路，线路总长为308.50km（表4-3）。其中，东京地铁共有9条线路，都营地铁共有4条线路。这13条线均可与JR山手线接驳换乘，并与JR、私铁共同汇集而成了著名的轨道交通枢纽，比如我们熟知的涩谷站、新宿站等。

2022年东京地铁和都营地铁线路情况一览 表4-3

序号	主体	系统名	线路	里程（km）	站点数（个）
1	东京地铁株式会社	东京地铁	银座线	14.30	19
2			丸之内线（本线）	24.59	25
			丸之内线（分支线）	3.36	4
3			日比谷线	20.49	22
4			东西线	31.03	23
5			千代田线	25.41	20
6			有乐町线	28.57	24
7			半藏门线	17.08	14
8			南北线	21.50	19
9			副都心线	12.20	11
10	东京都交通局	都营地铁	浅草线	18.52	20
11			三田线	26.72	27
12			新宿线	23.91	21
13			大江户线	40.82	38
总计				308.50	—

注：1. 线路名称、里程与站点数根据日本国土交通省数据情报网站整理而得，时间截至2022年12月31日，其中线路里程、站点数根据GIS数据计算而来；
2. 副都心线的实际运行区间为和光市—涩谷，其中和光市—小竹向原段使用有乐町线的线路，表中副都心线里程不包含和光市—小竹向原段里程；
3. 南北线和三田线共用目黑—白金高轮段，表中这两条线路里程数均包含共用部分长度。

横滨市营地铁由横滨市交通局经营管理，主要服务于横滨市区与周边地区。2022年横滨市营地铁共有2条线路，线路总长54.34km（表4-4）。

2022年横滨市营地铁线路情况一览　　　　表4-4

序号	主体	系统名	线路	里程（km）	站点数（个）
1	横滨市 交通局	横滨市营 地铁	蓝线（横滨市高速铁道1号线和3号线）	41.24	32
2			绿线（横滨市高速铁道4号线）	13.10	10
	总计			54.34	—

注：1. 线路名称、里程与站点数根据日本国土交通省数据情报网站整理而得，时间截至2022年12月31日，其中线路里程、站点数根据GIS数据计算而来；
　　2. 两条线路共用中心北站至中心南站的区间。

2．JR

东京都市圈内共有27条JR线路（日本称为"JR在来线"），线路总长为1404.53km，主要由JR东日本管理运营，线路呈环状与放射状相结合的特征（表4-5）。内部环线为山手线，经过东京都市圈最繁华、人口最集中的区域；外围环线由武藏野线、南武线和鹤见线等组成。其他线路大都呈放射状排布，由东京都区部向郊外延伸。

2022年东京都市圈JR线路情况一览　　　　表4-5

序号	主体	线路	里程（km）	站点数（个）
1	JR东日本	山手线	20.84	17
2		赤羽线	6.09	4
3		东海道线	128.69	36
4		横滨线	44.03	20
5		总武线	127.26	46
6		根岸线	22.16	12
7		南武线	38.89	30
8		京叶线	48.23	18
9		中央线	67.65	33
10		武藏野线	77.33	27
11		高崎线	62.87	16
12		东北本线	81.91	41
13		青梅线	39.10	25
14		常磐线	36.76	17
15		横须贺线	25.67	9
16		川越线	30.88	11

序号	主体	线路	里程（km）	站点数（个）
17		外房线	96.20	27
18		相模线	33.35	18
19		五日市线	11.26	7
20		内房线	121.49	30
21	JR东日本	鹤见线	9.51	13
22		成田线	116.34	27
23		八高线	81.50	20
24		东金线	14.85	5
25		久留里线	32.19	14
26		鹿岛线	4.95	2
27	JR东海	御殿场线	24.53	8
合计			1404.53	—

注：1. 线路名称、里程与站点数根据日本国土交通省数据情报网站整理而得，时间截至2022年12月31日，其中线路里程、站点数根据GIS数据计算而来；
2. 若线路超出东京都市圈范围，只统计其在东京都市圈内的里程。

3．私铁

东京都市圈范围内的私铁公司共有23家，运营私铁线路67条，线路总长为1246.12km（表4-6），主要承担JR线未覆盖的城郊地区与东京都区部间联系的功能。多条线路以山手线上的轨道交通枢纽为起点向四周辐射，有力支撑了都市圈居民的通勤出行。

2022年东京都市圈私铁线路情况一览 表4-6

序号	主体	线路	里程（km）	站点数（个）
1		日光线	24.09	7
2		大师线	1.02	2
3		龟户线	3.68	5
4	东武铁道	野田线	62.41	35
5		东上本线	76.46	39
6		越生线	11.33	8
7		伊势崎线	69.08	37

序号	主体	线路	里程（km）	站点数（个）
8	西武铁道	池袋线	57.81	31
9		新宿线	47.80	29
10		多摩湖线	9.22	7
11		多摩川线	8.11	6
12		山口线	3.01	3
13		西武有乐町线	2.76	3
14		丰岛线	1.14	2
15		狭山线	4.24	3
16		西武秩父线	19.04	6
17		拜岛线	14.68	8
18		国分寺线	7.94	5
19		西武园线	2.64	2
20	京成电铁	成田空港线	52.24	8
21		京成本线	69.41	42
22		押上线	5.93	6
23		金町线	2.62	3
24		东成田线	7.26	2
25		千叶线	12.92	10
26		千原线	11.13	6
27	京王电铁	京王线	40.68	34
28		井之头线	12.87	17
29		相模原线	22.79	12
30		竞马场线	1.08	2
31		动物园线	2.13	2
32		高尾线	8.76	7
33	小田急电铁	小田原线	83.60	47
34		多摩线	10.85	8
35		江之岛线	27.96	17

序号	主体	线路	里程（km）	站点数（个）
36	东急电铁	东横线	24.92	21
37		目黑线	6.61	8
38		田园都市线	31.64	27
39		大井町线	10.64	15
40		池上线	10.89	15
41		东急多摩川线	5.71	7
42		子供之国线	3.44	3
43		世田谷线	4.97	10
44	京滨急行电铁	京急本线	56.70	50
45		大师线	4.47	7
46		逗子线	6.08	4
47		久里滨线	13.52	9
48		空港线	6.81	7
49	相模铁道	相铁本线	24.70	18
50		泉野线	11.48	8
51		相铁新横滨线	2.26	2
52	大山观光电铁	大山钢索线	0.81	3
53	东京单轨电车	东京单轨电车羽田线	18.05	11
54	高尾登山电铁	高尾钢索线	1.01	2
55	江之岛电铁	江之岛电铁线	9.94	15
56	流铁	流山线	5.63	6
57	山万	有加利丘线	4.09	6
58	舞滨度假区线株式会社	迪士尼度假区线	5.00	4
59	湘南单轨电车	湘南单轨江之岛线	6.65	8
60	箱根登山铁道	钢索线	1.27	6
61		铁道线	14.88	11
62	小凑铁道	小凑铁道线	39.15	18
63	新京成电铁	新京成线	26.78	24

序号	主体	线路	里程（km）	站点数（个）
64	铫子电气铁道	铫子电气铁道线	6.64	10
65	伊豆箱根铁道	大雄山线	9.65	12
66	御岳登山铁道	御岳山电缆	1.06	2
67	秩父铁道	秩父本线	71.98	37
合计			1246.12	—

注：1．线路名称、里程与站点数根据日本国土交通省数据情报网站整理而得，时间截至2022年12月31日，其中线路里程、站点数根据GIS数据计算而来；

2．若线路超出东京都市圈范围，只统计其在东京都市圈内的里程。

4．新干线

东京都市圈的JR新干线包括JR东日本的上越新干线、东北新干线和JR东海的东海道新干线（表4-7）。东北新干线从东京站向北连接都市圈外的福岛、仙台等城市；东海道新干线向西南方向延伸，主要联系名古屋、大阪等城市；上越新干线连接西北方向的高崎等城市。

2022年东京都市圈JR新干线线路情况一览 表4-7

序号	主体	线路	里程（km）	站点数（个）
1	JR东日本	上越新干线	65.39	3
2		东北新干线	58.03	3
3	JR东海	东海道新干线	91.62	4
合计			215.04	—

注：1．线路名称、里程与站点数根据日本国土交通省数据情报网站整理而得，时间截至2022年12月31日，其中线路里程、站点数根据GIS数据计算而来；

2．三条新干线的线路均超出东京都市圈范围，表内线路里程为其在东京都市圈内的里程。

5．其他轨道交通

除了地铁、JR、私铁以及新干线外，东京都市圈还有无人驾驶轨道交通系统（Automated Guideway Transit，简称AGT）、有轨电车以及"第三部门"铁道公司（非营利机构、公私合营企业等）运营的轨道交通线路等，在服务滨海地区、登山观光旅游及弥补区域公共交通不足等方面发挥了重要作用。目前，此类线路共有17条，线路总长为236.50km（表4-8）。

序号	主体	线路	里程（km）	站点数（个）
1	东京都交通局	荒川线	12.15	30
2		日暮里·舍人线	9.77	13
3		上野悬挂线	0.32	2
4	夷隅铁道	夷隅线	27.05	14
5	百合鸥株式会社	东京临海新交通临海线	14.86	16
6	北总铁道	北总线	32.94	15
7	东京临海高速铁道	临海线	12.47	8
8	东叶高速铁道	东叶高速铁道线	16.50	9
9	多摩都市单轨电车	多摩都市单轨电车线	16.08	19
10	横滨海滨线株式会社	金泽海滨线	10.86	14
11	横滨高速铁道	港未来线	4.37	6
12	埼玉高速铁道	埼玉高速铁道线	14.83	8
13	埼玉新都市交通	伊奈线	12.78	13
14	千叶都市单轨电车	1号线	3.18	6
15		2号线	12.08	13
16	首都圈新都市铁道	筑波快线/常磐新线	33.98	14
17	芝山铁道	芝山铁道线	2.28	2
合计			236.50	—

注：1. 线路名称、里程与站点数根据日本国土交通省数据情报网站整理而得，其中线路里程、站点数根据GIS数据计算
而来。

2. 上野悬挂线于2023年7月停止运行。

3. 若线路超出东京都市圈范围，只统计其在东京都市圈内的里程。

▶▶ 大运量轨道交通支撑都市圈高效运转

东京都市圈以通勤、商务、生活、娱乐等为目的人流的高效运转得益于发达的轨道交通系统，其每天的乘客输送量非常惊人。市郊铁路承担着都市圈重要的客运功能，JR和私铁组成的市郊铁路日均客运量约是地铁的3倍。同时，山手线等部分繁忙路段承载了大量客流。

1. 市郊铁路承担都市圈重要的客运功能

日本国土交通省第12次大都市交通调查数据显示，2015年首都圈[①]轨道交通工作日的日均客运量约为44.1百万人（图4-2）。

---

① 首都圈为满足以下两个条件的圈域：1）以轨道出行方式到达首都圈东京站的时间在2h以内的市区町村；2）到首都圈东京都区部的通勤、通学人数占比3%以上且人数超过500人的市区町村。

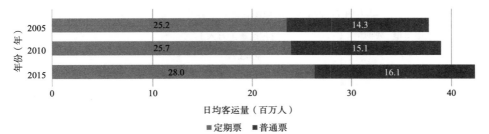

日均客运量（百万人）

■定期票 ■普通票

注：1. 客运量指各运营主体运送人员总和，如果1个人乘坐了多家运营主体的轨道则会进行累计；
    2. 轨道定期票与国内的月票相似，包括通勤定期票和通学定期票。普通票指定期票以外的车票类型，包括IC乘车票、次数票、敬老通票等；
    3. 图上数据来自日本国土交通省，其中日均客运量的单位在此图中为"百万人"。

图4-2　首都圈轨道交通工作日的日均客运量变化

2015年，地铁日均客运量（包括东京地铁、东京都交通局和横滨市交通局运营的地铁）达1069.4万人，占比24.2%；JR和私铁组成的市郊铁路日均客运量为3166.5万人，占比71.7%，约是地铁日均客运量的3倍（图4-3、表4-9）。可见市郊铁路承担着都市圈重要的客运功能，支撑着东京都市圈的良好运转。

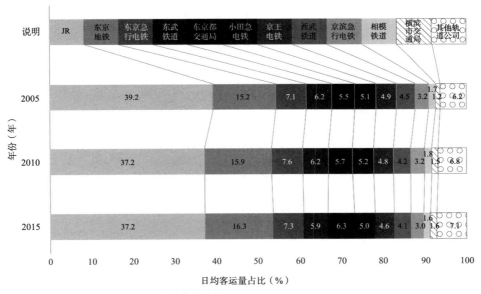

日均客运量占比（%）

注：客流量为居住地到工作、学习等地点的往返出行量。

图4-3　首都圈轨道运营主体的日均客运量构成变化

轨道类型	日均客运量（万人）	占比
JR	1643.7	37.2%
私铁	1522.8	34.5%
地铁	1069.4	24.2%
其他	177.7	4.1%
合计	4413.6	100.00%

注：客运量为居住地到工作、学习等地点的往返出行量。

2．山手线等部分繁忙路段承载大量客流

从轨道线路断面日客流量看，2015年JR山手线的绝大部分路段断面日客流量在50万人以上（图4-4），与山手线相连的放射线路仍有大量区间断面日客流量达到25万～50万人（图4-4）。在距离东京站30km圈层范围内，许多轨道线路区间的断面日客流量在25万人以上；在距离东京站50km圈层范围内，一些线路区间断面日客流量超过10万人。2015年首都圈轨道线路最大断面日客流量排名前五的区间如表4-10所示。

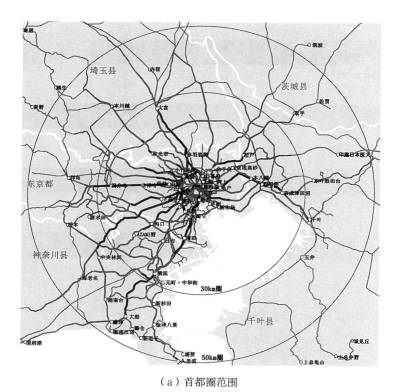

（a）首都圈范围

图4-4　2015年首都圈轨道线路断面日客流量[①]示意（万人/d）

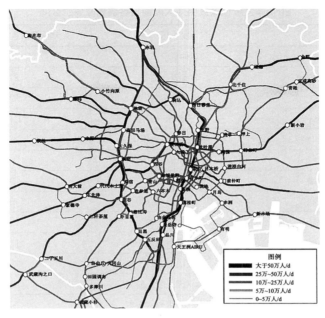

（b）山手线范围

注：1. 轨道线路断面日客流量是以线路在全天上、下行方向的最大客流量为基础；同一企业运营的并行线路会加和计
　　　算，例如，JR东日本运营的东海道线、东北线的品川至横滨区间等；
　　2. 客流量包括使用定期票和普通票的总客流量。

图4-4　2015年首都圈轨道线路断面日客流量示意（万人/d）（续）

2015年首都圈轨道线路断面日客流量排名前五的区间　　　　　　　表4-10

排名	分类	线路	发生区间	断面日客流量（万人/d）
1	JR	山手线	原宿→代代木	51.54
2		中央线	新宿→大久保	47.90
3	私铁	京王线	新宿→初台	42.98
4	JR	总武线	秋叶原→浅草桥	39.07
5	私铁	小田原线	世田谷代田→下北泽	38.40

注：1. 筛选每条线路最大断面日客流量的发生区间，然后排序得到上述排名前五的线路区间，此数据并未对同一企业
　　　运营的并行线路进行加和统计；
　　2. 客流量包括使用定期票和普通票的总客流量。

2015年，东京都区部山手线范围内地铁线路断面日客流量多处于10万～25万人之间。其中，东京地铁5号线东西线在门前仲町—茅场町区间的断面日客流量达到34.83万人（表4-11）。

从轨道线路高峰1h断面客流量看（图4-5），2015年JR山手线绝大部分路段及与其相连的部分放射线路高峰1h断面客流量在10万人/h以上，部分路段甚至达到15万人/h以上。山手线范围内的部分地铁线路高峰1h断面客流量处于5万～10万人/h。

线路	发生区间	最大断面日客流量（万人/d）
东西线	门前仲町→茅场町	34.83
半藏门线	表参道→涩谷	27.12
银座线	新桥→虎之门	22.52
千代田线	西日暮里→町屋	21.68
丸之内线（本线）	新宿三丁目→新宿	19.96
有乐町线	饭田桥→江户川桥	19.82
日比谷线	入谷→上野	19.24
浅草线	东银座→新桥	15.71
新宿线	曙桥→市谷	15.31
副都心线	新宿三丁目→东新宿	13.98
三田线	白山→春日	12.25
南北线	后乐园→东大前	10.14
大江户线	青山一丁目→六本木	9.84
横滨地铁蓝线	三泽下町→横滨	7.61
横滨地铁绿线	日吉→日吉本町	6.65

2015年主要地铁线路最大断面日客流量及发生区间　　　　表4-11

注：1. 轨道线路最大断面日客流量是以线路在全天上、下行方向的最大客流量为基础，此数据并未对同一企业运营的并行线路进行加和统计；

　　2. 客流量包括使用定期票和普通票的总客流量。

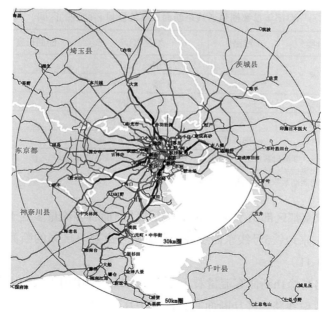

图4-5　2015年东京首都圈轨道线路高峰1h断面客流量示意（万人/h）

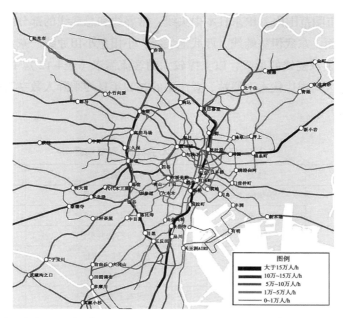

注: 1. 轨道线路断面客流量是以线路在上、下行方向的最大客流量为基础，同一企业运营的并行线路会加和计算，例如，JR东日本运营的东海道线、东北线的品川至横滨区间等；
　　2. 高峰1h断面客流量：以15min为单位，统计客流量最大的1h内的合计值；
　　3. 客流量包括使用定期票和普通票的总客流量。

图4-5　2015年东京首都圈轨道线路高峰1h断面客流量示意图（万人/h）（续）

▶▶ 轨道交通"运力强、效率高"

如此庞大的客流量背后是"运力强、效率高"的轨道交通线网的强大支撑。东京都市圈从双复线改造、实现不同线路直通运营及快慢混跑、扩大列车编组和容量等方面，多措并举提升轨道交通运输能力和运行效率。

1. 采用双复线形式提升运输能力和效率

日本都市圈范围内，多采用双复线[①]形式提升通勤等重要轨道线路的运输能力和效率（图4-6），为同时开行"快车"和"慢车"创造了条件，有效缓解乘车拥挤、缩短出行时间。

图4-6　小田急电铁世田谷代田—梅丘区间的双复线

---

① 日本轨道线路的廊道设置情况：1）单线指只有1条轨道廊道，不同方向的车辆（上下行）在同1条轨道上运行；2）复线指有2条平行轨道，上下行车辆各在1条轨道上运行；3）双复线为4条平行轨道，同方向有2条平行轨道。

东京都市圈范围内，JR东日本中央线、常磐线和总武线的部分区间为双复线通道。私铁方面，东武伊势崎线、西武池袋线、小田急小田原线、东急东横线等部分区间也采用了双复线的形式，以支撑较大的客流需求（表4-12）。以小田急电铁为例，双复线区间内代代木上原站、登户站的2022年日均乘降人数在其经营的所有线路中排名前5。

2022年东京都市圈大手私铁[①]双复线区间　　　　　　　　　表4-12

私铁公司	线路	双复线区间	途经站点数
东武铁道	伊势崎线	北千住—北越谷	14站
	东上本线	和光市—志木	4站
西武铁道	池袋线	练马—石神井公园	5站
京成电铁	京成本线	京成高砂—青砥	2站
京王电铁	京王线	新宿—笹冢	4站
小田急电铁	小田原线	代代木上原—登户	14站
东急电铁	田园都市线	二子玉川—沟口	4站
	东横线	田园调布—日吉	6站
京滨急行电铁	京急本线	金泽文库—金泽八景	2站

注：时间截至2022年3月31日。

2．灵活的运行模式：快慢混跑

为了提高运行效率、满足不同出行需求，快慢混跑的运行模式在东京都市圈广泛应用。JR和私铁通过双复线、越行线等方式实现快慢混跑，主要提供三大类列车服务：一是快车，是指联系重要轨道站点的特快列车，停靠站点最少、运行速度最高，如标有特急、特快的运营列车；二是慢车，即站站停列车，承担短距离出行或至同线路大站换乘快车的接驳功能；三是中速车，速度和站间距介于站站停列车和特快列车之间，主要联系郊外人口相对密集的居住区、重要客流集散点和就业中心，根据线路周边居住和就业情况设置停靠站点，主要包括快速、准急、急行等列车。

JR东日本东海道线、中央线、东北线、常磐线和总武线的部分区间为双复线通道，同方向有2条平行轨道，实现快速线、缓行线的分轨运行。其中，缓行线上的列车一般采用站站停方式，服务日常娱乐休闲出行等；快速线上的列车又分为通勤快速、特快、特急等运行方式，列车停靠站较少，主要提供快速通勤等快速出行服务（图4-7）。其他JR线路多为复线，一般通过设置越行线、甩站等方式实现快慢混跑。

[①] 日本根据经营规模将私铁分为大手私铁、准大手私铁和中小私铁；目前，日本有16家大手私铁，包括东武、西武、京成、京王、小田急、东急、京滨急行、东京地铁、相模、名古屋铁道、近畿日本、南海、京阪、阪急、阪神和西日本铁道。

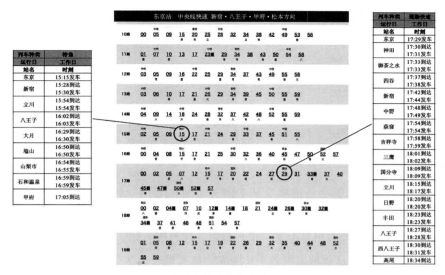

图4-7　JR中央线快速在东京站的运行时刻表

　　私铁方面以东武东上线为例，其开行站站停、准急、急行、快速急行以及特急等各类列车（图4-8）。从各类列车停靠特征看，在池袋—和光市段，主要运行站站停列车，快车较少停靠。这主要是因为此区间基本位于东京都区部，各站均有一定的上下车需求，站站停列车能更好满足乘客出行需求。在川越市—小川町段，除特急和收费列车①外，其余列车均在每站停靠。此区间位于埼玉县西北部，距离市中心较远，站间距较大，无需跨站越行。各类列车停靠站点的差异性主要反映在和光市—川越市的中间路段，此区间位于埼玉县东南部，与东京都相邻，快速出行需求集中在某几个居住人群密集站点，急行、快速急行等列车可更好满足此类需求，站站停、准急列车则确保基本出行需求，提供多样化的出行服务。

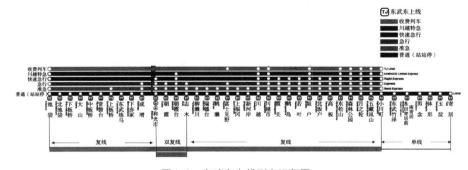

图4-8　东武东上线列车运行图

---

① 收费列车指除需支付常规乘车票外，还需支付特急票、座席票等费用。

第 4 章　轨道上的都市圈

115

2015年，首都圈内使用站站停列车的乘客占比为59.6%，快速、急行等列车的乘客占比为39.7%（图4-9①）。快速、急行等列车在服务都市圈通勤、通学方面发挥重要作用。

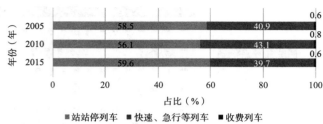

图4-9　2015年首都圈轨道列车使用类别占比

从不同地区乘客乘坐轨道列车的类别看（图4-10①），都心3区、横滨市、埼玉市等城市中心区，站站停列车使用比例较高，都心3区内站站停列车使用比例高达87.9%；多摩东部、神奈川县中部、千叶县东北部等周边郊区内，快速、急行等列车使用比例明显提高，从而精准服务于长距离快速通勤、通学等需求。

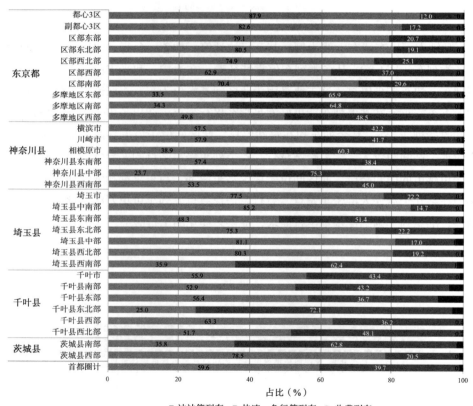

图4-10　2015年首都圈内不同居住地轨道列车使用类别占比

① 图中统计不包含新干线；统计对象包括通勤、通学的定期票使用者。

3．大编组、大容量列车有效保障运输能力

东京都市圈轨道的大客流通道通常配备大编组、大容量列车以保障客运能力。如在山手线、东海道线、常磐线、中央·总武缓行线、高崎线等线路上运行的E231系列车，单节车体长20m、宽2.95m、高3.655m，车辆定员[1]一般为156～162人。若按照2018年JR东日本在首都圈范围内主要线路高峰1h的乘车效率[2]平均值为165%计算，E231系列车单节车辆可运送257～267人。

同时，JR东日本在都市圈范围内的主要线路多采用10～15节编组，高峰1h内的运输能力多在3万人以上，充分发挥市郊铁路大运量的功能定位（表4-13）。

2018年JR东日本在东京都市圈运营的主要线路编组数　　表4-13

轨道线路		运行区间	编组数（节）	高峰1h内的运行车次（次）	高峰1h内的运输能力（人）
东海道线		川崎—品川	13	19	35036
横须贺线		武藏小杉—西大井	13	10	18640
山手线	外环	上野—御徒町	11	23	37444
	内环	新大久保—新宿	11	23	37444
中央线	快速	中野—新宿	10	30	44400
	缓行	代代木—千驮谷	10	23	34040
高崎线		宫原—大宫	13	14	25816
东北线	南行	川口—赤羽	10	25	37000
	北行	大井町—品川	10	26	38480
常磐线	快速	松户—北千住	13、15	19	38852
	缓行	龟有—绫濑	10	24	33600
总武线	快速	新小岩—锦丝町	13	19	35416
	缓行	锦丝町—两国	10	26	38480
南武线		武藏中原—武藏小杉	6	25	22200
武藏野线		东浦和—南浦和	8	15	16800

---

① 根据日本《铁道车辆–旅客车–车体设计通则》，车辆定员是指单节车厢的座席定员与站席定员之和；座席定员指座椅长度除以每位乘客占用长度（一般为0.430m），站席定员指除座椅及其前方0.250m的地板面积外，用车厢内其余有效面积除以每位乘客站立面积（一般取0.3m²）。

② 乘车效率=实际运输人数/车辆定员。

轨道线路	运行区间	编组数（节）	高峰1h内的运行车次（次）	高峰1h内的运输能力（人）
横滨线	小机—新横滨	8	19	22496
根岸线	新杉田—矶子	10	13	19240
五日市线	东秋留—拜岛	6	6	5328
青梅线	西立川—立川	6、10	17	22792
埼京线	板桥—池袋	10	19	27960
京叶线	葛西临海公园—新木场	8、10	24	32280

注：编组数为该线路区间在高峰1h内的运行车辆编组数。

再来看看地铁的车辆和编组情况：东京都市圈范围内地铁线路的列车编组一般为6~10节，单节车体的空间较大（表4-14）。

东京地铁线路编组及车辆情况　　　　　　　表4-14

运营路线	编组数	主要车辆型号及单节车体尺寸（长×宽×高）	全列定员
银座线	6节	1000系：16.00m×2.598m×3.465m	610人
丸之内线	6节	2000系：18.00m×2.828m×3.48m	792人
		02系：18.00m×2.83m×3.495m	
日比谷线	7节	13000系：20.00m×2.829m×3.972m	1035人
东西线	10节	15000系：20.00m×2.85m×4.022m	1520/1532人
		07系：20.00m×2.85m×4.092m	1502人
千代田线	3节（区间车）	05系：20.00m×2.85m×4.088m	438人
	10节	16000系：20.00m×2.848m×4.075m	1518人
有乐町线	10节	10000系：20.00m×2.85m×4.045m	1518人
副都心线	8节	17000系：20.00m×2.848m×4.022m	1210人
半藏门线	10节	18000系：20.00m×2.828m×4.022m	1508人
		08系：20.00m×2.83m×4.022m	1500人
南北线	6节	9000系：20.00m×2.83m×4.057m	890/882人

4．地铁与市郊铁路直通运营

什么是直通运营？简单来讲，就是允许列车在不同线路的轨道上行驶，不受运营公司、轨道线路的限制（图4-11）。

这种线路共享、列车过轨运行的模式在东京都市圈已成为常态，截至2014年2月，东京都市圈^①不同轨道交通企业间的直通运营里程达880km，约占轨道总里程的36%（图4-12）。如果算上同一企业不同线路间直通运营的路段，则直通运营里程达到1831km，占东京都市圈轨道交通总长度的75%。

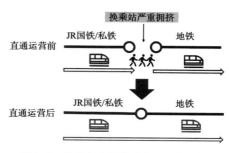

图4-11　地铁与市郊铁路直通运营示意

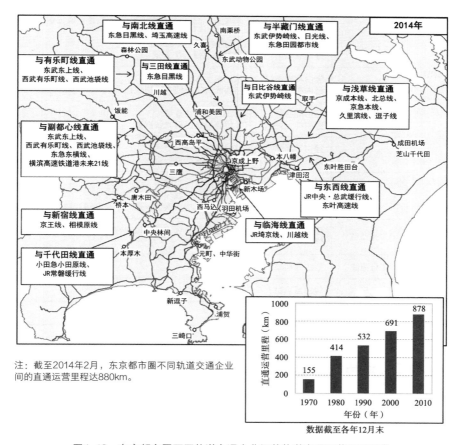

注：截至2014年2月，东京都市圈不同轨道交通企业间的直通运营里程达880km。

图4-12　东京都市圈不同轨道交通企业间的轨道直通运营里程示意

---

① 这里的东京都市圈指以东京都区部为中心，半径50km的范围。

地铁和市郊铁路的直通运营尤为关键，可为乘客提供从郊区到市中心无缝衔接的运输服务，大大减少了换乘不便，缓解了通勤高峰时段的交通压力。东京都区部的13条地铁线路中，除银座线、丸之内线和大江户线外，其余10条地铁线路均实现了与JR、私铁郊区线路的直通运营（表4-15）。其中，东京地铁7条线路的直通运营里程达到355.8km。

东京都市圈地铁与JR、私铁的直通运营情况 表4-15

地铁线路		直通运营线路
东京地铁	1. 银座线	—
	2. 丸之内线	—
	3. 日比谷线	经由北千住站，与东武伊势崎线、日光线直通
	4. 东西线	经由中野站，与JR中央·总武线（缓行）直通； 经由西船桥站，与JR中央·总武线（缓行）、东叶高速铁道线直通
	5. 千代田线	经由代代木上原站，与小田急小田原线直通； 经由绫濑站，与JR常磐线（缓行）直通
	6. 有乐町线	经由和光站，与东武东上本线直通； 经由小竹向原站，与西武有乐町线·池袋线直通
	7. 半藏门线	经由涩谷站，与东急田园都市线直通； 经由押上站，与东武伊势崎线、日光线直通
	8. 南北线	经由目黑站，与东急目黑线直通； 经由赤羽岩渊站，与埼玉高速铁道线直通
	9. 副都心线	经由和光市站，与东武东上本线直通； 经由小竹向原站，与西武有乐町线·池袋线直通； 经由涩谷站，与东急东横线、横滨高速铁道港未来21线直通
都营地铁	10. 浅草线	经由押上站，与京成本线、北总线、芝山铁道线直通； 经由泉岳寺站，与京急本线直通
	11. 新宿线	经由新宿站，与京王线直通
	12. 三田线	经由目黑站，与东急目黑线直通
	13. 大江户线	—

注：时间截至2022年10月1日。

▶▶ 轨道交通与城市协调发展

"轨道上的都市圈"并非虚名，轨道交通与城市协调融合发展是东京都市圈发展亘古不变的主题。

1. 打造"枢纽上的城市"

轨道站点周边实施高强度开发，增强了城市承载力和活力，也为轨道交通带来客流和效益。都心（东京站周边区域）和池袋、新宿、涩谷、大崎等副都心基本都是围绕已有的综合交通枢纽进行规划和建设的，促进了土地的集约利用及周边土地的综合开发，并通过综合枢纽来带动土地价值的提升和地区经济的发展。

2021年东京站周边建筑净容积率多超过1000%，其中，大手町容积率最高，平均容积率为786.6%，净容积率为1298.6%。新宿、池袋、大崎等重要综合交通枢纽周边建筑的净容积率在600%以上，且融合商业、办公、休闲娱乐等多种功能，满足多样化的出行需求。经过多年的发展，新宿、涩谷、池袋、品川等综合交通枢纽周边已经成为东京最具活力和商业价值的地区（图4-13）。

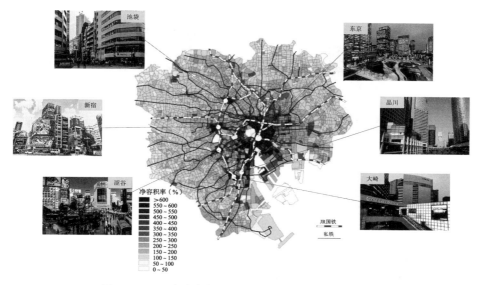

图4-13　2021年东京都区部轨道线路与净容积率分布示意

2．注重轨道沿线开发，人口沿轨道集中

东京都市圈非常注重轨道沿线的开发，城市建成区多沿轨道线和站点扩张，充分发挥轨道交通对城市发展的引导作用。在这种城市开发模式下，人口呈现沿轨道集聚的特征。

根据日本总务省统计局的定义，人口集中区（Densely Inhabited District，简称DID）指人口密度在4000人/km²以上，且人口总数超过5000人的相邻区域。从东京都市圈的范围看，人口集中区与轨道线网分布高度契合，人口向轨道沿线集中的特征较为明显（图4-14）。此外，轨道站点人口覆盖率较高。2010年，东京都区部轨道站点周边800m（步行10min以内）范围内的夜间人口覆盖率约为80%，大多数居民可在10min步行时间内到达附近的轨道站点。

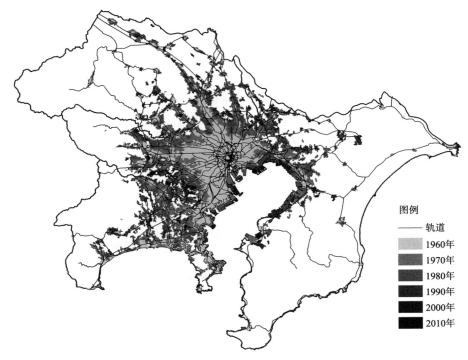

图4-14　东京都市圈人口集中区变化示意图

图例
—— 轨道
1960年
1970年
1980年
1990年
2000年
2010年

▶▶ 多样的车票系统

多层次、多公司运营的东京都市圈轨道交通造就了丰富的车票系统。除了标准的普通车票外，各轨道公司还推出了各式各样的车票类型和产品，照顾到居民通勤、通学、活动、休闲、旅游等出行需求。

1. 普通车票按里程阶梯计价

东京都市圈内各公司线路（除新干线外）的普通车票均按出行里程进行阶梯计价。

普通车票的计价标准因公司而异，但相差不大。起步价一般为136日元（如小田急电铁，折合约6.5元人民币）至176日元（如都营地铁，折合约8.5元人民币）不等，可乘坐里程为3~4km。价格阶梯区间一般设置为3~6km。随着乘车里程增加至下一阶梯，平均每公里的费用会逐渐下降，且各阶梯之间的优惠价差会逐渐缩小。以东京地铁10km出行为例，IC卡成人票为209日元（表4-16）。但如果需要乘坐线路中的特急列车，则一般需要额外支付"特急料金"。

东京地铁普通票价格梯度表 表4-16

出行里程	IC卡成人票 （日元）	IC卡儿童票 （日元）	纸质成人票 （日元）	纸质儿童票 （日元）
1~6km	178	89	180	90
7~11km	209	104	210	110
12~19km	252	126	260	130
20~27km	293	146	300	150
28~40km	324	162	330	170

轨道交通车票分为IC卡和磁性纸质票，分别采用储值扣费和单次购买的方式支付。IC卡可以在各公司线路通用，在车站或网络购买和充值。日本关东地区的IC卡产品主要有PASMO卡和Suica卡两种，分别由东京地铁和JR东日本发行，乘车功能和适用范围基本相同，均支持所有线路刷卡乘车和手机NFC卡功能。另外，IC卡还可以在便利店等商家进行支付，在发行商合作商家消费还可获得积分和折扣等。

适龄儿童（6~12岁）还可以购买儿童票，票价一般为全价票的一半。6岁以下学龄前儿童可在成人陪同下免票，12岁以上青少年则需要购买全价票。

2．定期车票助力"两点一线"通勤通学

上班族和学生们在工作日的出行往往是两点一线的，即从家往返公司或学校，出行起终点相对固定。轨道公司为了给通勤和通学人群节省出行开销，推出了以月为单位的定期票。乘客持定期票只能在提前选定的2个车站进出站，中途禁止出站。定期票的价格根据通勤和通学的单向轨道里程（从家到目的地）来计算，定期票有效期分为1个月、3个月和6个月，有效期越长优惠越多。通学定期票票价是成人通勤票的一半，学校开具"通学证明书"即可办理，起终点分别固定为离家和学校最近的车站。

以都营地铁定期票票价为例，假设通勤距离为10km，以1个月21个工作日计算，使用普通票的通勤费用为11424日元（约548.3元人民币）。若购买1个月通勤定期票，费用为9670日元（约464.1元人民币），能节省15%（表4-17）。如果通勤距离更远或购买更长期的定期票则可以节省更多。此外，部分公司（如JR东日本和京急电铁）提供非高峰时期定期票，比普通定期票价格更低，适合错峰出行的上班族。

通勤里程（km）	通勤定期票（日元）			通学定期票（日元）		
	1个月	3个月	6个月	1个月	3个月	6个月
5	7940	22630	42880	4260	12150	23010
6	833	23750	44990	4530	12920	24470
7	8700	24800	46980	4740	13510	25600
8	9010	25680	48660	4960	14140	26790
9	9340	26620	50440	5170	14740	27920
10	9670	27560	52220	5380	15340	29060

如果通勤通学路线中涉及多家公司，则需要按公司分段购买定期票。随着IC卡使用的普及，PASMO和Suica分别推出了整合多家的"一卡定期票"业务，省去了多次购买的繁琐步骤。另外，部分公司还推出"3车站定期票"，选定线路符合条件的乘客可以付费增加1个定期票终点站，丰富了定期票的使用场景。

3．实用省心，折扣多样

东京都市圈轨道系统同时提供了实用暖心的折扣票价，鼓励公共交通出行。

（1）换乘折扣鼓励公共交通出行

如果在不同公司运营线路之间换乘，除部分直通运营线路外，需要在换乘站额外刷卡，因为不同公司之间的进出站闸机不通用。假设行程需要先后搭乘A、B两公司的线路。在换乘时，首先需要在换乘站从A公司闸机出站，结算第一程的里程并扣费后，换乘至B公司闸机处再次刷卡，从零开始计算第二程的里程，最终在到达站刷卡结算第二程里程后完成出行。第二程重新计算里程会导致票价偏高，但如果在规定时间（30min或1h）内完成换乘，则可以获得10～20日元的换乘折扣。如果换乘双方公司有合作协议，如东京地铁线路换乘都营地铁线路，则换乘折扣可达70日元。

（2）团体折扣方便举办活动

对于需要集体乘坐轨道交通的活动组织者而言，轨道车票是一笔很大的开销。东京都市圈各轨道公司为团体活动推出了团体折扣，团队向公司申报人数和时间即可获得优惠票价。以东武铁道为例，在团体人数达8人以上时，票价9折；超过100人时，票价8折；超过300人时，票价7折。学生团体折扣更多，学生票价5折，带队教职工票价7折。

4．方便游客的旅行通票

东京都市圈轨道系统全面且高效，能够满足多方面需求，但对于初来乍到的游客来说还是比较复杂的。为了方便游客在短时间内高频次地使用轨道交通，游览更多景点，轨道公司推出了多种游客日票，一次付款可在一天（或多天）内随意使用该公司运营的轨道交通、公共巴士等线路。比如，东京地铁和都营地铁推出凭旅游签证购买的"欢迎！东京地铁票（Welcome! Tokyo Subway Ticket）"（图4-15），售价1360日元（约65元人民币）至2060日元（约99元人民币），可在1~3天内乘坐所有东京地铁和都营地铁线路以及往返机场的京滨急行线。

（a）成人票　　　　　　　　　　　　（b）儿童票

图4-15　24h东京地铁票示意图

4.2 轨道交通更新改造

19世纪末，连接东京和其他城市的国铁干线骨架基本形成；之后经历多轮建设高潮，山手线及与其相连的放射状轨道线得以发展，20世纪40年代"环状+放射"的轨道线网骨架基本构建。20世纪50年代以来，为应对快速城市化、机动化带来的海量出行需求，东京轨道迈入地铁新建与市郊铁路改造并重的新阶段。进入21世纪后，面对老龄化等新形势，轨道交通开始注重服务质量的提升，如提高换乘便利性、推广无障碍通道等。现在，东京都市圈如此大运量的轨道交通系统正是在持续的更新改造中形成的，其发展历程详见第2章，本节重点介绍20世纪50年代以来市郊铁路（JR和私铁）的更新改造。

20世纪50年代后，随着经济高速增长和人口向大城市聚集，东京都市圈进入快速城市化发展阶段。1950—1980年，东京都市圈（包括东京都、埼玉县、千叶县以及神奈川县）的人口从1306万人增加到2870万人，增长了120%。同一时期，受到房价和收入水平的限制，越来越多的人选择居住在东京都区部外30～50km范围的郊区。城郊三县人口从677万人增加到1708万人，增长了152%。在日本《国势调查》中将这一现象称之为"居住的郊区化"。但由于工作地点大多仍位于东京都区部，导致来往东京市中心和近郊地区的通勤轨道线在高峰时段出现过度拥挤和极端超员的现象，部分线路高峰混杂率甚至超过300%（混杂率及对应车厢的拥挤情况见图4-16）。已有的轨道交通承载能力难以满足需求，尤其是与山手线相连的放射

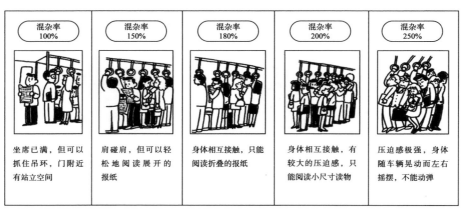

混杂率 100%	混杂率 150%	混杂率 180%	混杂率 200%	混杂率 250%
坐席已满，但可以抓住吊环，门附近有站立空间	肩碰肩，但可以轻松地阅读展开的报纸	身体相互接触，只能阅读折叠的报纸	身体相互接触，有较大的压迫感，只能阅读小尺寸读物	压迫感极强，身体随车辆晃动而左右摇摆，不能动弹

图4-16 混杂率及对应车厢拥挤情况示意

状轨道线拥挤异常严重，"通勤地狱"的名号随之而来。轨道公司还专门雇佣了一批人，专门负责把人"推进车厢"，被人称为"推手"（图4-17）。

因此，从20世纪60年代开始，轨道公司在政府的支持下先后实施了以"强化轨道运输能力、缓解乘车拥挤"为目标的线网更新和改造计划，并一直持续至今。

图4-17　20世纪60年代前后异常拥挤的轨道交通

▶▶ 国铁：通勤五方面作战

日本国土交通省于1955年7月设立都市交通审议会（现交通政策审议会），并于当年9月召开第1次东京及周边地区都市交通问题的询问会议。1956年8月，都市交通审议会就该问题进行第1号答复，明确提出在以东京站为中心、以50km为半径的范围内，建设可满足1975年运输需求的主干交通网络，提出拆除有轨电车并以新建地铁网代替、推进轨道多复线建设、实现市郊铁路与地铁的互通等决议。这也就形成了后来东京都市圈"通勤五方面作战"的核心指导思想。

决议虽然确定了，但实施的道路依然是曲折的。当时国铁内部已经投入大量资金用于新干线建设与维护，对于在通勤领域投入巨资一事持消极态度。直到20世纪60年代中期，日本国铁领导层发生更换，其发展战略重点转变为为都市圈市郊通勤服务。1964年6月，国铁常务会议制定了第三个五年计划，针对东京都市圈区域，对东海道、中央、东北、常磐、总武五个方向的主干线路进行通勤化改造，以缓解拥堵问题。该项目被命名为"通勤五方面作战"计划（图4-18）。

1. 东海道线：东京—小田原区间（83.9km）

实施"通勤五方面作战"计划前，东海道线和横须贺线在东京—大船线路相同，且共用1对复线，限制了线路运输能力的提升，难以应对客流增长。此外，在平冢—小田原，货运线和东海道线共用1对复线，限制了客、货运输能力。因此东海道线改造设定了两个目标：第一个目标是在东京—大船区间将东海道线和横须贺线拆分，更改横须贺线的部分运行路线，以满足两条线的客运需求；第二个目标是提升东海道线在平冢—小田原区间的运输能力，将原本共用1对复线的东海道线和货运线进行拆分。东海道线改造情况如图4-19所示。

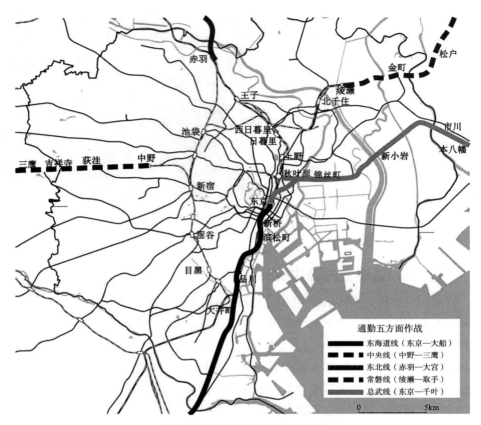

图4-18 "通勤五方面作战"示意

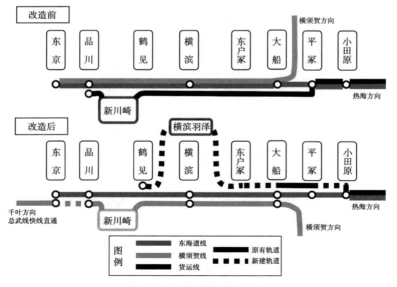

图4-19 东海道线改造示意

（1）东海道线、横须贺线拆分

东京—品川（1976年开通）：增设1对地下复线，供横须贺线使用，并在东京站实现与总武快速线（千叶方向）直通运营；东海道线则继续在地上原线路上运营，如此使得东海道线和横须贺线各自运营1对复线，互不干扰。

品川—鹤见（1980年开通）：将原货运支线品鹤线改造成为客运线，由横须贺线运营；改造后横须贺线与东海道线在品川—鹤见区间实现线路分离，横须贺线经停新川崎站，而东海道线保持原线路运行。

鹤见—东户冢（1980年开通）：横须贺线途经鹤见站后线路方向再次与东海道线一致，两线各运营1对复线；为满足货运需求，从鹤见站新建1对货运复线，新建货运线在鹤见—东户冢与两线分离，经过横滨羽泽站。

东户冢—大船（1980年开通）：新建货运线途经东户冢站后线路与东海道线、横须贺线一致，各运行1对复线，实现三复线运营。

（2）东海道线加强

平冢—小田原（1979年开通）：在此区间进行双复线改造，将货运线和东海道线分离，两条线路各运营1对复线。

2．中央线：中野—三鹰区间（9.4km）

中央线快速与中央·总武缓行线共同使用1对复线，难以应对增长的客流，需要进行双复线改造，将两线分轨运行。在此前的日本国铁第二个长期计划中，已经完成对御茶之水—中野的双复线改造。在"通勤五方面作战"中，计划将御茶之水—立川的双复线改造全部完成，并实现中央·总武缓行线与地铁东西线的直通运营。中央线的改造情况如图4-20所示。

中野—荻洼（1966年开通）：双复线改造完成，实现中央线快速与中央·总武缓行线的分轨运行（图4-21）；营团地铁（现东京地铁）东西线同期竣工，在中野站完成缓行线与地铁东西线的直通运营。

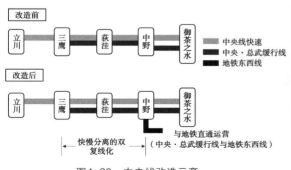

图4-20　中央线改造示意

注：左侧2轨道运行总武·中央缓行线，右侧2轨道运行中央快速线。

图4-21　中央线双复线区间

荻洼—三鹰（1969年开通）：完成区间双复线改造，实现中央线快速与中央·总武缓行线的分轨运行。

三鹰—立川（未启动）：由于土地空间限制，至今尚未启动改造。

3．东北线：赤羽—大宫区间（17.1km）

"通勤五方面作战"前，赤羽—大宫使用双复线运行，分别运行客运线和货运线。客运线中，急行的高崎线、东北线（现宇都宫线）与缓行的京滨东北线共用1对复线，已无法满足增长的通勤需求。因此，计划决定在该区间新建1对货运复线，同时将现有货运线改建为客运线，将急行线路与缓行线路分轨运行。改造后，东北线在此区间以三复线运行。东北线的改造情况如图4-22所示。

赤羽—大宫（1968年开通）：新建1对货运复线，完成区间三复线化改造，实现高崎线、东北线与京滨东北线分轨运行（图4-23）。

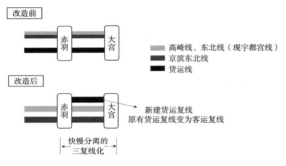

图4-22 东北线改造示意

注：左侧2轨运行货运线，中间2轨运行高崎线、东北线（现宇都宫线），右侧2轨运行京滨东北线。

图4-23 东北线蕨站三复线示意

4．常磐线：绫濑—取手区间（32.2km）

"通勤五方面作战"前，绫濑—取手为复线区间，常磐线急行列车和缓行列车共用1对复线，快慢车共用轨道限制了轨道运输能力的提升。改造计划中，对该区间进行双复线改造，开通常磐快速线和常磐缓行线，实现快慢车分线分轨运行。同时使常磐缓行线与新建的营团地铁（现东京地铁）千代田线完成直通运营。常磐线的改造情况如图4-24所示。

北千住—绫濑（1971年开通）：利用地铁千代田线在此区间的轨道，实现区间快速线与缓行线分轨运营，常磐缓行线与地铁千代田线直通运营。

绫濑—我孙子（1971年开通）：完成区间双复线改造，实现常磐快速线与常磐缓行线分轨运行（图4-25）。

我孙子—取手（1982年开通）：完成区间双复线改造，实现常磐快速线与常磐缓行线分轨运行，各运营1对复线。

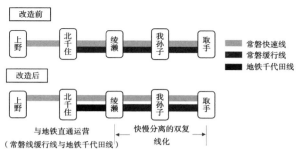

图4-24　常磐线改造示意

注：左侧2条轨道为常磐缓行线，右侧2条轨道为常磐快速线。

图4-25　绫濑一取手区间马桥站的轨道铺设情况

5．总武线：东京—千叶区间（39.2km）

"通勤五方面作战"前，总武线在锦丝町—千叶为复线运营，缓行列车与急行列车共同使用，限制了区间的运输能力。改造计划针对这一段区间实行双复线改造，将总武线急行列车与缓行列车分线分轨运行，形成总武快速线与中央·总武缓行线。同时还计划将中央·总武缓行线与地铁东西线实现直通运营。总武线的改造情况如图4-26所示。

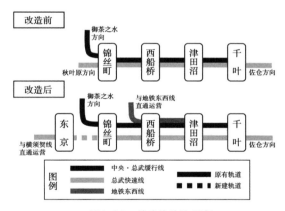

图4-26　总武线改造示意

此外，为了减少前往东京站的旅客绕行至秋叶原站换乘的不便，缓解秋叶原站的换乘拥堵，在东京—锦丝町新建1对复线。改造后，可由总武快速线直达东京站。

东京—锦丝町（1972年开通）：新建1对复线，使总武快速线直达东京站；并于1976年在东京站实现与横须贺线直通运营。

锦丝町—西船桥（1972年开通）：完成区间双复线改造，实现总武快速线与中央·总武缓行线分轨运营。

西船桥—津田沼（1968年开通）：利用地铁东西线在此区间的轨道，实现区间快速线与缓行线分轨运营，中央·总武缓行线与地铁东西线直通运营。

津田沼—千叶（1981年开通）：完成区间双复线化改造，实现总武快速线与中央·总武缓行线分轨运行，各运营1对复线。

6．实施效果

（1）运输能力大幅度增加，混杂率下降明显

各条线路通过客货分离、快慢分离、多重复线化改造，配合列车编组扩大、发车间隔缩小等措施，大大增强了运输能力。1965年，各方向的总运输能力约为194千人/h，到1995年增长至355千人/h。据测算，东海道线、中央线、东北线、常磐线与总武线的运输能力分别是改造前的1.5倍、1.7倍、1.7倍、2.9倍、1.9倍（图4-27）。

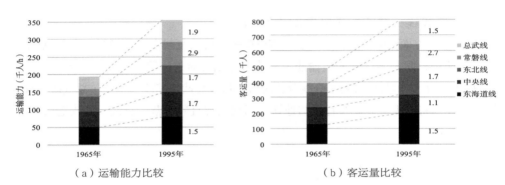

（a）运输能力比较　　　　　　　（b）客运量比较

注：图上标注数据表示改造后运输能力及客运量与改造前的比值。

图4-27　改造后各线路运输能力与客运量比较

改造后，各线路显著提升的运输能力缓解了高峰期车厢内的拥挤情况。对比1965年和1995年，在客运量显著增加的情况下，各线路的混杂率都有不同程度的降低（表4-18）。降低的混杂率缓解了如上车难、车站拥堵、列车延误、旅客滞留车站等问题，轨道的服务水平提升明显。

各线路运输能力、客运量及混杂率比较　　　　　　　　　表4-18

线路	1965年			1995年		
	运输能力（千人/h）	客运量（千人）	混杂率（%）	运输能力（千人/h）	客运量（千人）	混杂率（%）
东海道线	51.5	129.1	251	79.0	197.4	250
中央线	42.0	107.4	256	70.0	120.1	172
东北线	44.0	96.2	219	76.0	163.7	215
常磐线	22.9	59.7	261	67.3	160.2	238
总武线	33.6	96.9	288	62.6	148.4	237

（2）通勤时间缩短，轨道服务半径扩大

"通勤五方面作战"计划通过缓解拥堵和缩短通勤时间大大改善了出行便利性，同时也增加了沿线地区的区位优势。快速线和缓行线分轨运行，减少了乘车、候车和停站等时间，缩短了市区到郊区的通勤时间。例如，常磐线双复线改造后，快车从上野到取手的时间缩短了14min。更多人选择在距离工作地较远的区域居住，乘坐快速线通勤，轨道服务半径进一步扩大。

（3）运营企业效益提升，列车服务更加多样化

"通勤五方面作战"计划前后持续了20年。在此期间，由于工期拖延、石油价格上涨等因素导致人力和物力费用持续增加。原计划建设成本为2510亿日元，但到1981年底时已经花费了4076亿日元，加上车辆成本及相关设备费用等，总建设费用达到了13472亿日元。

虽然投资巨大，但由于运输量的增加使得客运收入增加，同时列车运行速度的提升带来周转率的提高，从而减少了投入运营的列车数量，在一定程度上降低了企业的经营成本，因此国铁公司获得的经济效益较为突出，"通勤五方面作战"各线路的综合内部收益率达到10.8%。

除了客流增加带来的票务收入增长，随着轨道承载力的增强，沿线人口更加集中，人口规模、土地利用效率和价值都得到了明显提高。国铁在民营化以后还借助相关土地资源进行多元开发，如房地产、旅游资源等，进一步创造了收益。最终，使"通勤五方面作战"成为一个对轨道公司、乘客和东京都市圈发展都有利的三赢举措（图4-28）。

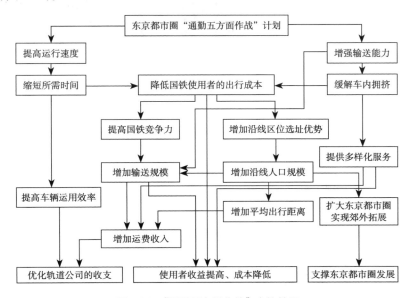

图4-28 "通勤五方面作战"实施效果

▶▶ 私铁：持续半个世纪的改造更新

东京都市圈主要的私铁公司在1940年以前便完成了大部分线路铺设，导致需改造的线路和车站多位于人口密集和已发展完善的社区，改造难度大、花费代价高。因此，根据施工难度和花费代价，大多数私铁公司制定了中短期和中长期两步走的策略，由易到难、由简单到复杂，经过30～50年的规划建设才完成了私铁的更新改造。

中短期策略以"迅速增加运输能力来缓解车厢拥挤"为目标，主要对车辆和站台进行了改造，包括站台设施扩建、延长列车编组、提高列车速度、缩短列车间隔等。例如，将原有的6节编组和8节编组增加为10节编组，将部分车辆的4车门增加为6车门，以及将固定座席改为活动座席等（图4-29）。此外，对于不能扩建的站台，增加列车编组后还结合开关门与信号信息联动的操作实行选择性开关门（在日本被称为"门切"）的措施（图4-30）。但是，由于常规双轨线路运输能力有限，即使增加列车编组和车厢定员，多数线路在通勤时段的混杂率仍超过220%。此外，车厢改为6车门后出现了车门和现有站台安全门不对应、采取"门切"措施后部分乘客不了解开关门位置而出现抢门等问题，造成了一定的安全隐患。

图4-29　东急5000系列车：6车门车厢和内部活动座椅

（a）大井町线户越公园站　　　（b）九本佛站

图4-30　大井町线户越公园站和九本佛站门切

中长期策略以"适应城市空间结构发展、增强线路运输能力、提高运行速度、提升国际竞争力"为目标，主要措施包括建设新线、货运线改造为客运线、多重复线化改造、推动不同公司间线路直通运营等。在改造过程中，为了保证现有轨道的正常运行，私铁公司尽可能地优化线网更新设计方案，采取了双复线改造和跨站越行相结合、合理确定改造工程结构、助推直通运营、开行多种列车、车站功能综合开发优化等主要措施。

1. 双复线改造和跨站越行相结合

结合不同站点的客流情况，私铁公司选取了不同的配线优化方式，在节约成本的同时尽可能缩短发车间隔、提高列车运行密度，实现列车的高效运行。配线优化主要有越行和双复线两种模式（图4-31、图4-32）。

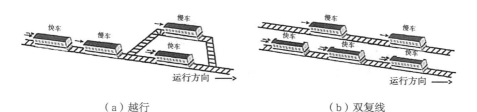

（a）越行　　　　　　　　　　　　　　　（b）双复线

图4-31　越行和双复线模式改造对比示意图

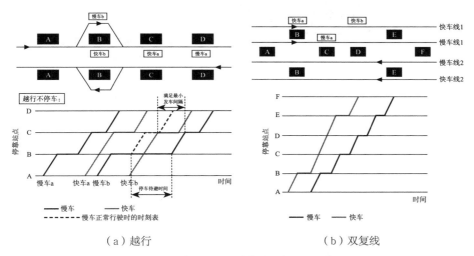

（a）越行　　　　　　　　　　　　　　　（b）双复线

图4-32　越行和双复线模式运行对比示意图

（1）越行模式：单线+待避线。改造时通常选择客流较少的站点设置待避线，这些站点上下客流少，受影响的旅客较少，设置待避线可以尽可能保障更多的快车越行此站。其优点是改造费用低、建设周期短；缺点是增加班次较少、运能提升有限，且慢车待避会损失很多时间。通常每间隔3~4个车站设置一个待避线即可有效提升运能。实际运行时，通过预先停车或延迟发车等措施调整快慢车间隔，满足越行站位置的要求，从而尽量减少慢车停车的等候时间。因此，周密的行车安排和运营管理方法也是提升运营效率的必要手段。

（2）双复线模式：快慢两线分离。改造时通常在现有线路两侧或上、下方新建一条线路，实现快车、慢车分轨运行，互不干扰。其优点是增加班次多、运能提升大，慢车速度也不会降低；缺点是改造费用高、建设周期长。

如今，很多车站都已经实现了跨站越行或双复线的改造，运能和行驶速度大大增加。如小田急电铁小田原线在完成双复线改造后（图4-33），混杂率从192%降低为151%，全线乘车时间压缩了15%左右，极大改善了乘客的乘车体验（图4-34）。

图4-33 小田原线经堂—千岁船桥区间改造后的双复线

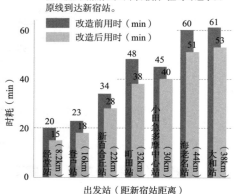

图4-34 小田原线改造前后不同站点到达新宿站的耗时变化

2．合理确定改造工程结构

对于确定的双复线改造等区域，要针对现有构造、周边地形和纵向限制等条件，通过综合比较来确定最佳改造方式。

（1）地上地下一体化改造。典型案例是东急电铁田园都市线。该线路部分区间与国道246号线和首都高速3号线交汇，构造相对复杂。为此，东急电铁将首都高速道路桥墩改造为上层综合管廊、下层轨道的双层结构，通过大规模加固来实现轨道、综合管廊和首都高速道路的一体化结构（图4-35）。

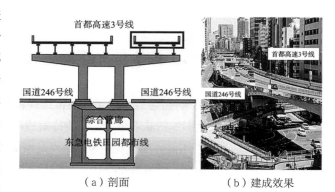

（a）剖面 （b）建成效果

图4-35 综合管廊、轨道和首都高速道路的一体化结构

（2）地下立体改造。典型案例是小田急电铁小田原线。该线路拥堵严重，混杂率常年超过200%。因此，小田急电铁从1964年就着手对和泉多摩川—东北泽区间进行双复线改造，其中最复杂的部分当属世田谷代田—东北泽区间。该区间位于密度极高的都市区，同时部分线路还与京王井之头线和首都高速立体交叉。若实施高

架改造不但造价高，还
会对周边建筑和环境造
成较大影响。因此，小
田急电铁最终在这一区
间选择了慢车隧道和快
车隧道上下分层的地下
立体结构（图4-36）。

（a）改造前　　　　　　　（b）改造后

图4-36　下北泽站改造前和改造后断面对比

施工时，首先完成
地下2层圆形隧道的挖
掘（盾构机挖掘）工作
和设备设施的安装，并设置临时车站和滚梯，使地面线进入地下2层行驶。随后进
行地下1层箱形隧道的挖掘（人工挖掘）和站台改造工作。全部完成后再将站站停
列车转入地下1层运行，实现快慢车分离。整个改造过程中，小田急电铁凭借工艺
和工序设计保证了小田原线和井之头线的正常运行。

小田急线和泉多摩川—东北泽区间共10.4km进行了双复线改造，从开始规划设
计到完工耗时超过50年，正是有坚定的决心、长久的计划和完善的设计才能完成如
此复杂的工程改造（图4-37）。其中，世田谷代田—东北泽区间的改造示意见图4-38。

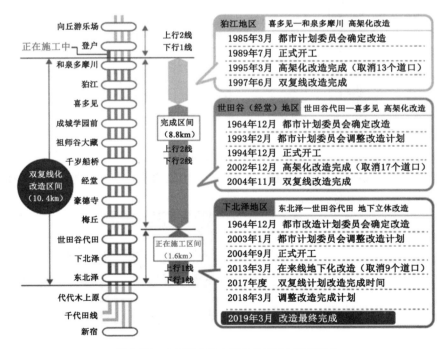

图4-37　小田急电铁小田原线复线改造时间表

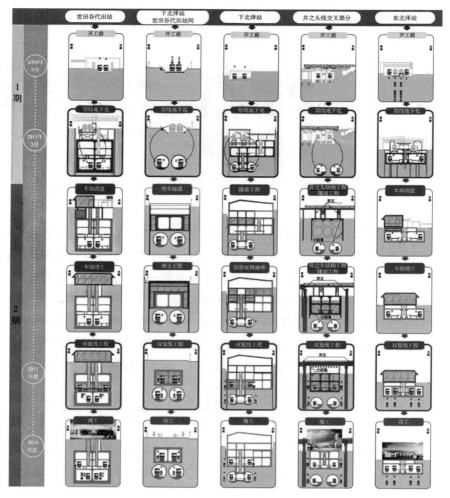

图4-38　小田急线世田谷代田—东北泽间各站改造剖面示意

（3）地上立体改造。典型案例是东急电铁元住吉站。该站是东横线和目黑线的共用站，原位于地面，与车辆段共同建造，且主轨道经过车辆基地。在这种情况下，很难在地面增加新线。因此，东急电铁在车辆段上方新建车站，结合车辆段改造实现地上立体改造。改造后的元住吉车站为两站台6线结构。站台最外侧两线为东横线特快越线，内侧岛式站台两侧的4条线是东横线和目黑线慢车待避线。车站检票设置在地上三层，站台在二层，一层保留为东急车辆段（图4-39）。

图4-39　改造后的元住吉车站俯视图

3．实现设施、管理、利益协同，助推直通运营

东京都市圈的市郊铁路大都以山手线环线为起点向外延伸，郊区乘客只能到达山手线后再换乘地铁前往市中心，大量的换乘客流不但导致站台拥挤，也降低了轨道交通的运营效率。为此，东京都市圈从20世纪60年代起就开始推动市郊铁路和地铁的直通运营。但由于轨距、车辆、供电以及信号系统等差异，需要进行多方面的改造。

首先是站台和车辆制式改造。车站通常要改造站台形式，如东急电铁东横线和东京地铁日比谷线原在中目黑站换乘，改造时将高架两侧侧式站台扩建为两侧四线岛式站台。车辆方面，不同主体间会选择轨距相同，车宽、车长相似的车辆。如东京地铁千代田线、小田急电铁小田原线和JR东日本常磐线三线直通运行，由于地铁千代田线地下隧道较窄，小田急和JR东日本分别选择了车宽2770mm和2800mm的窄身车体，以便进入地下行驶（图4-40）。

图4-40　直通运营的车辆属性示意

其次要协调运营管理模式。在直通运营的转换车站，车辆驾驶员会更换为对方公司的，因此驾驶员需要熟悉不同制式车辆的操作（图4-41）。此外，车辆还需要配备统一的信号和安全设备（如紧急制动装置、自动式闭塞装置等），以实现集中统一调度。如包括东急电铁东横线、西武电铁池袋线、东武轨道东上线、东京地铁副都心线和横滨高速铁道港未来线在内的5条线路直通运营，5条线路统一信号并全部接入东急调度中心进行管理。

图4-41　东急电铁和东京地铁在涩谷站交换驾驶员

最后是明确利益分配机制。在建设成本方面，相互直通运营的新建或改扩建车

站，车站产权通常划分为市中心方向和郊区方向两部分，由两家各自承担相应的建设费用。在运营收支分配方面，由于不同主体间都会使用对方的线路和车辆，因此在规划线路时会尽量保证自家车辆在对方线路内的运输里程相同，形成相互抵消关系。

经过多年努力，东京不同主体间可直通运营的里程数从1970年的155km增加到2015年的880km，加上同一公司不同线路间的相互直通运营线路，可直通运营的线路总长达到1831km，占东京都市圈轨道线路总长的75%（图4-42）。据日本国土交通省统计，仅2000年后实行的相互直通运营改造工程（约200km），每天就可减少32万次（占客运总量的3%）换乘，直通车站的换乘量显著下降，如涩谷站、目黑站分别下降了40%、70%，站台拥挤问题也得到明显缓解。

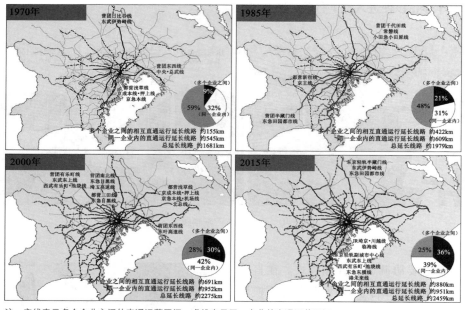

注：实线表示多个企业之间的直通运营区间，虚线表示同一企业的直通运营区间。

图4-42　相互直通线路总长变化示意

4．开行多种列车，满足乘客多样化出行需求

双复线改造和跨站越行的配线优化为企业开行不同速度、不同类型的列车提供了良好的基础设施条件。以小田急电铁为例，该公司提供了三大类列车服务（图4-43）：第一类是快车，主要联系重要站点，停靠点相对较少，提供特急服务；第二类是中速车，运行速度略低于快车，停靠站点相对更多，主要联系郊外人口聚集区和就业集中地，提供快速急行、急行、通勤准急和准急等服务；第三类是站站

停的慢车，主要承担短距离出行或者提供与重要站点连接的支线服务。这种灵活的运营组织模式兼具速度和覆盖的双重要求，极大满足了各类出行者的需求。

在此基础上，私铁公司通常采用多种车型来满足服务需求。如小田急电铁运营的特快车型内部装饰精致、座椅舒适、对号入座，既可以在平日满足长距离通勤和商务出行的需求，也可以吸引市民休息日乘坐列车去郊外游玩［图4-44（a）］。特快车和中速车车厢内部装饰相对简单，座椅较少且可抬起，最大限度满足近郊通勤需求［图4-44（b）］。

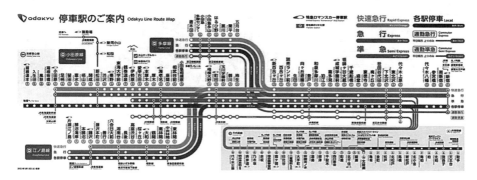

图4-43　小田急电铁小田原线运行图

（a）特快车　　　　　　　　　　　　　（b）中速车

图4-44　小田急电铁浪漫特快车和中速车车厢内部

5. 车站功能的综合开发和改善

在提升运能的同时，为了加强站点的便利性，政府和私铁公司联合主导了多个城市再开发、土地区划整理，以及车站站台、检票区扩容和复线改造连动的一体化开发，起到了改善车站和周边环境的作用。比如西武铁道在复线化改造的同时，在东长崎站优化增设了站前广场，扩充了联络通道和站台面积，同时增设了电梯和滚梯，实现了交通设施无障碍化改造（图4-45）。

经过30～50年的改造更新，东京都市圈轨道线网运能不断提升，轨道行驶速度、运输能力都得到了较大提高，有效缓解了通勤时段的拥挤问题。1975—2014

年，东京都市圈主要线路高峰时段的混杂率从221%下降到了165%，降幅超过25%，居民乘车环境得到明显改善（图4-46）。

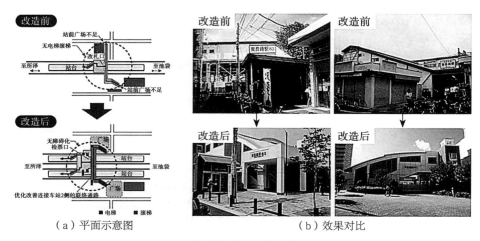

（a）平面示意图　　　　　　　　　　　（b）效果对比

图4-45　西武新宿线东长崎站的改造案例

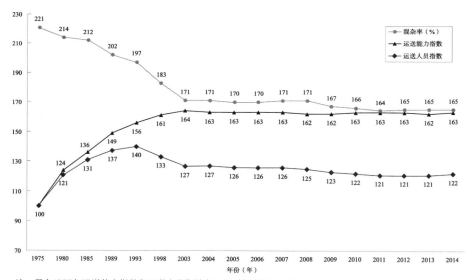

注：假定1975年运送能力指数和运送人员指数为100，其余数值为当年与1975年的比值。

图4-46　1975—2014年首都圈31个主要线路区间高峰时段混杂率等指数变化

4.3 "站城一体化"开发

日本从20世纪20年代前后，就开始了将城市建设与轨道交通发展相结合的探索，经过多年发展，逐渐从单一的"车站建筑"发展到复合的"站城一体化"模式。如今，以轨道交通为导向的站城一体化开发理念已深入贯彻于轨道交通的投资、规划、设计、建设、运营等各个环节。

▶ 什么是"站城一体化"？

所谓"站城一体化"开发，就是将轨道交通和城市融合发展，形成"共同发展结构"，达到相互作用、共生共荣的效果。因此，"站城一体化"实际上就是以居住、商业、商务、交通基础设施一体化为目的的城市综合开发，最终达到营造便捷、高品质社区的目的。具体来讲，就是在优化站点交通接驳、完善交通组织的同时，通过将枢纽站点与周边土地一体化规划建设，尽可能地将更多的商业、商务、居住和公共服务功能融入其中，吸引更多的人口和产业集聚；反过来，人口和产业的聚集效应能带来稳定的票价收入，提高轨道公司的收益。同时，"共同发展结构"还能进一步带动整个城市的繁荣发展和地价提升，开发商（轨道公司）再通过非轨道的经营增大收益范围，为政府提供更多的税收，最终实现政府、开发商和市民的三赢（图4-47）。

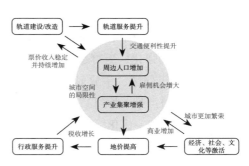

图4-47 轨道交通和城市"共同发展结构"的关系

在开发模式上，根据站点区位、客流特征、周边人口和产业密度等特征，大致采取了两种开发模式（图4-48）。第一种是以核心区或副中心交通枢纽站为中心的高度复合、集聚型开发模式（高密度），称为中心枢纽型开发模式；第二种是与轨道交通同步建设的沿线型车站开发（中低密度），称为沿线型开发模式。其中，第二种开发模式还可分为近郊型和远郊型两种。

这两种模式既有区别又有联系（表4-19）。中心枢纽型开发模式多用于核心区主要枢纽或客流较大站点，这些站点周边大部分土地早已建设完成，只能结合城市更新开辟出高度符合条件的土地用于建设，从而实现站点及周边存量土地的高效利

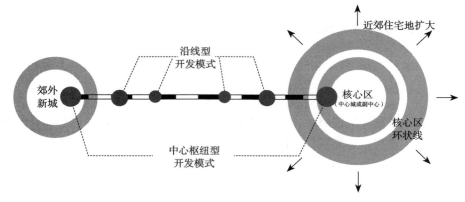

图4-48 日本"站城一体化"开发的两种模式

"站城一体化"开发的两种模式对比   表4-19

开发模式		开发强度	容积率	主要业态	典型案例
中心枢纽型		高	>900%	办公、商业、娱乐	东京站、涩谷站
沿线型	近郊型	中	300%～500%	办公、商业、住宅、工业	二子玉川站
	远郊型	低	200%～300%	住宅、商业、工业	多摩广场站

用。以此类站点为中心实施高强度开发，有利于进一步吸引客流，不但可以实现交通机能节点的强化，更打造了东京"有国际竞争力的都市功能"。沿线型开发模式多是面对城市郊区、呈放射状展开的，在综合考虑沿线人口分布因素后再进行开发，为沿线节点站（枢纽站）周边的商业、住宅区的形成和发展奠定了基础。

日本"站城一体化"模式不仅仅局限于轨道枢纽站的站前广场、周边商业区开发、地下空间的灵活利用等方面，其最大的特点是经过这两种开发模式的组合，实现轨道沿线与郊外优质城市、居住区的规划与建设一体化，进而打造"轨道上的都市圈"。

▶▶ "站城一体化"的由来

日本的"站城一体化"开发并非一开始便存在，而是经历了多年发展逐步演变而来的，大致可以分为三个发展阶段。

1. 萌芽期（20世纪20—40年代）：郊外住宅开发和站前百货商店发展

1923年日本关东大地震后，东京市中心损坏严重，从市中心的老城区搬到绿茵茂盛的郊外居住、去市中心上班逐渐成为一种时尚。在此背景下，郊外人口不断聚集，以通勤为主体的轨道运输服务逐步发展起来。轨道公司看准时机，纷纷实行起铺设和延长郊外轨道线与郊外住宅开发一体推进的计划方案（图4-49）。

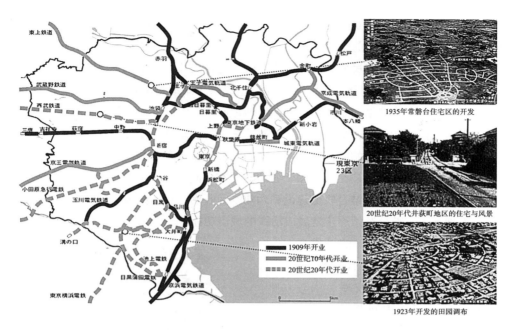

图4-49　20世纪20年代，东京开通的轨道线及郊外住宅开发

　　同时，为了让轨道客流和沿线的人气持续增长，轨道公司还逐渐改变了以往轨道站点单一的车站建设模式，在市中心主要枢纽站点开发商业、娱乐设施，给轨道线在周末带来了新的出行需求。这一时期车站和周边建筑还处于相互独立的状态，彼此间联系并不紧密，但以轨道新建和延伸为依托的土地开发思路已逐步形成（图4-50）。

1925年的新宿站　　　　　　　　　20世纪30年代末的新宿站

图4-50　新宿站开发前后的对比情况

2．发展期（20世纪50—90年代）：站前空间开发和新线新城建设

这一时期的发展主要包括两种模式：一种是以车站为核心的车站大楼和站前空

间的开发利用；另一种是随着都市圈范围拓展而开展的"新线+新城"建设。

（1）车站大楼和站前空间开发。二战后，日本的轨道交通遭到严重破坏。由于财政紧缺而采取了"官民协动"的方式，政府通过决议，决定融合民间资本参与车站的重建工作。作为利益回报，政府为民企提供车站周边的商业、办公等功能空间。轨道公司在修建站前空间时，创新性地把原本设置的露天商铺拆迁到地下，形成地下商业街。1969年，日本《都市再开发法》的制定进一步促进站前空间的产权利益关系重组，推动了站前街区空间体系的完善，连接车站和周边地区的"步行者平台"[①]等一体化建设被广泛地运用于各地的站前空间再开发项目中。从20世纪50年代后期至70年代前期，结合轨道建设和站前空间开发，日本的地下商业街如雨后春笋般发展起来，部分车站逐步发展成活跃的城市功能区。

（2）"新线+新城"的开发建设模式。20世纪50年代开始，东京都市圈经济飞速发展，人口集聚和城市住房问题越来越严重。为此，政府和轨道公司开始大力建造郊区新城并为新迁人口提供住宅及相关生活设施。其中典型的新城如政府主导开发的多摩新城、千叶新城和筑波科学城，以及由东急电铁主导的多摩田园都市新城

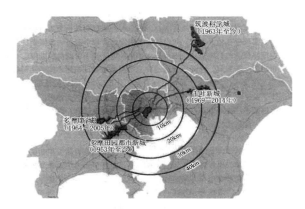

图4-51　东京都市圈四大新城区位图

（图4-51）。在新城开发的过程中，政府和轨道公司坚持选择轨道交通这一高效的交通方式作为支撑，实现新城和轨道建设运营的协调发展。

3. 更新期（2000年以后）：围绕主要轨道交通站点实施城市更新

2000年以后，出于增进产业经济发展、提升都市国际竞争力、解决不动产不良债权、促进土地流通效益等多方面的考量，日本通过修订《都市计划法》、制定《都市再生特别措施法》，在东京等大都市圈大力实施城市更新工作。

根据《都市再生特别措施法》，日本将轨道交通重要站点及周边地区指定为"都市再生紧急整备地区"。在都市再生紧急整备地区内，为强化城市的国际竞争力，需要紧急且迅速实施更新的区域设置为"特定都市再生紧急整备地区"。东京都将东京站、新宿站、涩谷站、池袋站、大崎站、品川站、秋叶原站等区域确定为

---

① 步行者平台（日语：ペデストリアンデッキ或步行者デッキ）是专供行人使用的高架通道，主要用于连接车站大楼和附近的购物设施。它不仅具有人行横道的功能，而且具有广场和社区空间的功能和作用。

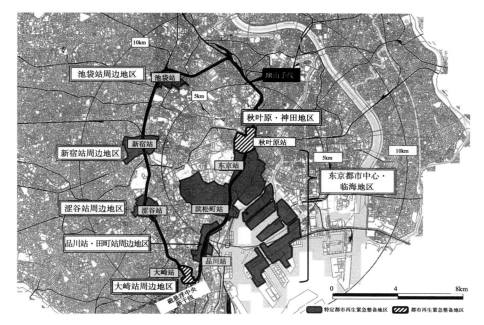

图4-52　东京都"都市再生紧急整备地区"

都市再生紧急整备地区，支持站点周边进行大规模更新改造（图4-52）。经过多年的探索和实践后，在相关法律制度逐步成熟的条件下，以主要轨道枢纽为核心的"站城一体化"开发模式也更加成熟完善。

▶▶ "站城一体化"怎么做？

1．从法律层面为"站城一体化"开发保驾护航

（1）日本《土地区划整理法》（1954年）

土地区划整理是日本城市开发建设的重要手段，在日本城市建设中的历史较长、影响较大、实施面广，最初确立土地区划整理法定地位的是1919年颁布的旧《都市计划法》。1954年，《土地区划整理法》作为单独法规正式颁布实施，为日本的土地区划整理各环节的合法运作提供了法律依据。土地区划整理的特点是将道路、公园等公共设施与宅地一起进行统一的重新区划整理建设，通过将私有不规整用地进行重新区划，在增进区域内土地价值的前提下，根据受益者负担原则，通过土地权力者（包括所有权和使用权）出让一定面积的土地，由开发者取得必要的公共设施用地，完善配套公共设施，为城市空间活力发展提供前提。

以东急多摩田园都市开发为例。在多摩田园都市开发前，东急电铁与58个土地权属人共同成立了开发委员会，将32km²的土地集中在一起。东急电铁作为项目执行人向土地所有者提出将土地开发权和规划设计权全部转让给东急电铁，而转让的

条件，则是东急电铁承担规划设计、土地开发、轨道建设和基础设施配套建设等全部建设费用。最后，土地权属人共出让了45%的土地用以换取公共设施更加完备的建成用地，出让的土地作为公共设施、轨道建设和其他商业设施建设用地由东急电铁处置。经过50多年的发展，东急多摩田园都市已成为轨道与沿线土地一体化开发的典型案例。

（2）日本《都市再开发法》（1969年）

20世纪60年代起，在经济高速发展下，人口大量向城市集中，亟需提高土地的利用效率、提升消防安全机能。在日本，狭小的土地上往往存在很多权利人（如土地所有人、租地人、租房人等），特别是在地价较高的市区，推进土地区划整理较为困难。同时，由于土地区划整理只是整理土地的制度，存在着建筑物的整备不同步的问题。因此，在城市设施整备的同时，为将相关权利人的不动产权利转移到集约建设的中高层建筑，1961年日本出台了《市街地改造法》和《防灾建筑街区造成法》。1969年，日本出台《都市再开发法》，将《市街地改造法》与《防灾建筑街区造成法》的立法意旨整合并取代。随着《都市再开发法》的出台，对利益复杂且建筑密集的街区进行再开发变成可能，特别是轨道交通车站前的街区。

《都市再开发法》就开门见山地表达了其目的："谋求城市土地的合理健全的高度利用和城市功能的更新，并为公共福利作出贡献"，因此强调土地的高度利用、城市功能更新和公共福利是该法的重要目的。从法规内涵来看，日本《都市再开发法》规范内容均以拆除重建为对象，主要解决的是城市更新当中不动产权利转换的问题。该法规的颁布为日本市区重建提供了整体政策指引，并且规定了采取权利转换和收购方式获取土地的市街地再开发事业（图4-53）。

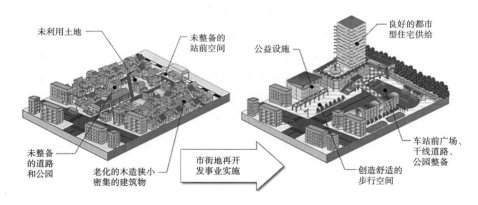

图4-53　市街地再开发事业实施示意

（3）《大都市地区宅地开发和铁道整备一体推进特别措施法》（1989年）

1989年，日本颁布了《大都市地区宅地开发和铁道整备一体推进特别措施法》

（1989年第61号法律，简称《宅铁法》），该法案最重要的特征是实现了轨道交通项目建设和运营的分离，在将建设主体和运营主体的投资风险、运营风险进行分散的同时，使它们可以分别直接通过城市开发项目的收益来填补轨道交通的投资。这个法案是以支援常磐新线（筑波特快）的建设而产生的。《宅铁法》通过以下四个步骤来获得土地并进行建设（图4-54）：

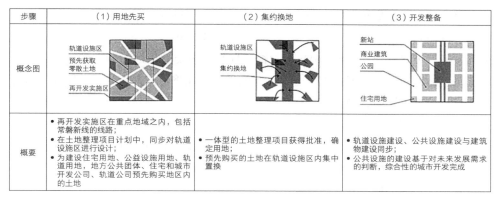

图4-54　日本《宅铁法》的实施步骤

1）通过都道府县的规划决策来制定项目的框架。首先，沿线地区的都道府县制定轨道交通的线路、车站的大概位置、居住区建设目标、地方政府对轨道交通建设的援助等基本规划，且规划的实施和变更要报总务大臣和国土交通大臣同意。根据这些基本规划，为了同时推进用地开发和轨道交通建设，建立由地方政府、开发商、轨道交通开发商等组成的协会，共同订立与项目同时推进的相关协定。

2）地方政府、住宅和城市整备公共团体、轨道交通开发商等在开发区内进行土地的先行收购，确保其持有将来可以升值的土地。将轨道交通周边地区设定为需要进行地价监视的特定区域，稳定其范围内的地价；通过相应的保护机制，防止因轨道开发导致土地价格的飞涨。同时根据城市规划，制定土地区划调整的实施地区，地方政府、住宅和城市整备公共团体（公共部门）、轨道交通开发商等通过公共协作购得此地区内比较容易收购的土地。

3）通过一体型土地区划整理工程的实施来进行集约换地。开展集约换地，将周边预先获取的零散土地与轨道交通设施区内的土地进行置换。

4）通过轨道建设和区划调整再开发项目的实施，进行轨道交通建设和公共设施建设。轨道交通开发商在通过集约换地得到的轨道交通设施区内进行轨道铺设，同时针对区划调整工程中所产生的共同住宅区等招募入住者。随着新的城市建设的推进，开发后的销售获利可以返还给作为沿线开发主体参与者的轨道交通开发商。

依据《宅铁法》开展项目的最大优点是可以在城市开发中将沿线的城市建设和轨道交通建设这两个方面同时推进。由单一轨道交通开发商进行的轨道交通项目，存在着初期投资资金过大的问题。因此，通过私营业主强大的资金注入来收购土地并进行轨道交通建设，通过常年的车票收入及同时进行的沿线城市开发而获得的稳定的车票收入，以及房地产开发收益，来保证整个项目的可行性，这已经逐渐成为一种可能。与之相反地，在政府先行进行城市开发时，支撑城市开发的轨道交通建设却存在着仅仅依靠车票收入和广告收入来填补初期投资等严重问题。一方面，《宅铁法》的出台催生了新的开发策略——"上下分离方式"，所谓"上"，是指轨道交通开发商，所谓"下"，是指项目开发商，即将轨道交通用地的所有者和轨道交通的运营主体分离开来，通过上下分离方式的导入，在将他们各自的投资风险、运营风险进行分散的同时，使他们可以各自直接通过城市开发项目的收益来填补轨道交通的投资，这就是《宅铁法》的主要特征。另一方面，通过和轨道交通设施区进行集约换地，使得周边的土地也可以通过城市规划来指导城市开发，这样一来就可以通过在周边导入工作、居住和游憩等功能，实现一体化的城市开发，这样的开发方式也有利于长期的城市开发建设。

另外，从开发项目方面来说，《宅铁法》还通过发行地方债的特例措施来帮助筹集轨道交通建设所需要的资金。同时，轨道交通线路设备等固定资产的税收标准也得到了特例处理：初期5年为标准税率的1/4，此后的5年为标准税率的1/2，由此在税收上给予轨道交通建设优惠（通常的轨道交通新线路，开始5年为基准的1/3，之后5年为基准的2/3）。另外还制定了一些政策来减少轨道交通用地的维护管理及轨道交通项目运营上的负担。但是，《宅铁法》并未对轨道周边开发利益反哺于轨道建设事业等方面进行明文规定，从而导致了只能通过轨道交通开发商和政府之间的协议来制定开发利益返还的方式，这也被认为是《宅铁法》所存在的一个问题。

（4）日本《都市再生特别措施法》（2002年）

进入21世纪，为了振兴日本经济，日本将都市再生和土地的流通作为国家重要战略。2002年颁布《都市再生特别措施法》，标志着日本城市更新进入崭新阶段。《都市再生特别措施法》第一条即阐明"都市再生"的目的："为了充分应对近年来快速发展的信息化、国际化、少子老龄化等社会经济形势的变化，提升都市功能，改善都市居住环境……促进社会经济结构的顺利转换，为国民经济的健康发展和人民生活的改善做出贡献"。

根据《都市再生特别措施法》，日本将需要紧急且重点推动城市更新的区域设置为都市再生紧急整备地区，可享受法律、财政、金融、税制等方面的支持措施。在都市再生紧急整备地区内，为强化国际竞争力而重点整备的地区称为特定都市再生紧急整备地区。日本的都市再生紧急整备地区大都是在轨道交通站点及周边地区设置的。东京都以此为契机，将东京站、新宿站、涩谷站、池袋站、大崎站、品川站、秋叶原站等区域确定为都市再生紧急整备地区。在法律方面都市再生紧急整备地区可突破现有规划法规的诸多限制。

1）放宽容积率等规划条件限制。为了促进都市再生和土地的高度利用，可由都道府县及政令指定都市在都市再生紧急整备地区内确定都市再生特别地区，不拘泥于现有法规，制定自由度高的规划，放宽容积率等各种限制。如日本桥二丁目地区实现了容积率由700%、800%到1990%的成倍提升，大阪站北地区实现了容积率由800%到1600%的大幅提升。

2）放宽道路上空利用规制限制。在都市再生特别地区，放宽道路上空利用规制限制，可以在不更换道路或不废弃道路的情况下，直接在道路上空建造建筑物。

3）城市规划提案制度。土地所有者、城镇建设非营利组织（NPO）或私营企业等，对于一定规模以上的土地，在满足土地所有者2/3以上同意等条件下，可以提出变更城市规划的建议。收到提案的地方政府必须及时根据提案确定是否需要对城市规划进行变更。

4）缩短审批程序期限。从降低城市更新项目实施时间的角度出发，制定了专门的规定，确保城市规划和项目实施所需的审批等手续在一定期限内完成。

为了应对人口急剧减少和老龄化的趋势，2014年修订的《都市再生特别措施法》增加了城市布局合理化规划的相关内容，提出通过城市布局合理化规划（图4-55），将居住、医疗、福利、商业、公共交通等多种城市功能引导至集约型规划的地区，将居住引导至公共交通沿线，推进城市规划与公共交通一体化发展，通过引入居住和生活功能以及重组当地交通，推进"紧凑城市+网络城市"建设，进一步明确了"站城一体化"模式的战略意义。

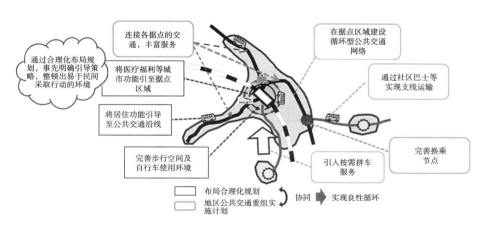

图4-55　城市布局合理化规划示意

2．建立以容积率奖励为主导的激励政策

在实施"站城一体化"开发的过程中，主要涉及三个主要的利益相关方：一是土地所有人和租地或租房等相关权利人；二是政府；三是政府背景的住宅开发机构或民营资本开发商等项目实施主体。从土地权利人的角度看，如果没有很强烈的推动力，土地权利人并不会参与到城市更新中。从政府角度看，完善城市基础设施和公共设施是政府推进城市更新最基本的要求，在此基础上通过城市更新项目激发城市的经济活力。同时，大型"站城一体化"项目往往会有多位甚至多达一两百位土地权利人参与，仅依靠土地所有人的自有资金和技术力量很难实现，因此，寻求开发商参与项目成为通常的操作途径。从这个角度看，"站城一体化"项目不仅涉及土地权属的整合，也涉及建成物业权益的重新分配问题，必须以三方（土地权利人、政府和项目实施主体）达成共识为前提。因此，日本多年来一直在探索相关的特例制度，如灵活利用容积率增高等。此外，东京都政府还制定了《东京都特定街区运用基准》《东京都高度利用地区指定方针及指定标准》《东京都综合设计许可纲要》《东京都再开发等促进区的地区计划运用基准》等一系列规范，规定不同区域的容积率奖励限额以及容积率评价标准等内容，实现了容积率奖励的制度化。

（1）特定街区制度（1961年）

对于特定街区的建筑，不适用容积率、建蔽率[①]、高度等限制，适合街区的建筑形式可由城市规划单独确定。根据确保有效空地、对地区改善作出贡献的程度、推进市中心住宅建设，以及历史建筑的保全和修复等情况，容积率可以得到相应的提高。另外，在对相邻的多个街区进行一体化规划时，街区之间也可以进行容积率转移（图4-56）。

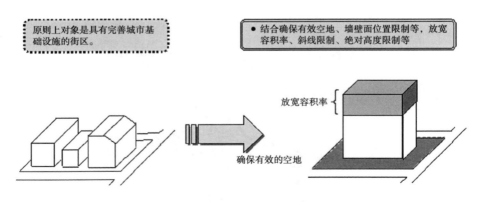

图4-56　特定街区制度示意

---

① 建蔽率为建筑面积（建筑的垂直投影面积）与土地利用面积之比。

（2）高度利用地区（1969年）

高度利用地区是为了促进建成区内细分用地的整合、提高防灾性能、谋求合理且高效的土地利用而指定的地区，放宽墙面位置、建蔽率、容积率等的限制（图4-57）。

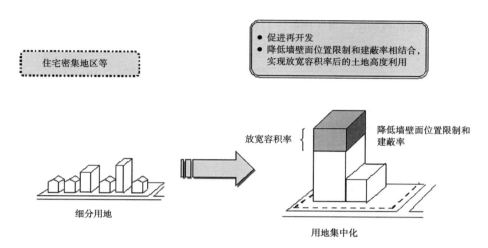

图4-57　高度利用地区示意

（3）综合设计制度（1970年）

综合设计制度是指对于土地面积达到一定规模以上，空地达到一定比例以上的建筑，在不妨碍交通、安全、消防、卫生的情况下，在确认对改善城市环境有贡献的情况下，经各具体行政机关许可，可放宽对容积率、斜线、绝对高度的限制（图4-58）。

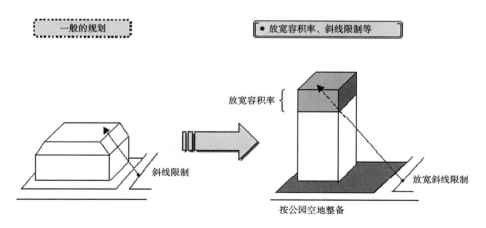

图4-58　综合设计制度示意

（4）再开发等促进区（1988年）

再开发等促进区的目的是对低矮未利用的土地（工厂、轨道调度场、港湾设施旧址等）进行土地用途转换，将建筑物和公共设施的整备进行一体化、综合性规划，促进土地的高效利用，增强城市功能，增加住宅和商业面积的供给。再开发促进区的建筑物，在不妨碍交通、安全、防灾、卫生的情况下，可放宽土地用途、容积率、建筑物高度的限制等（图4-59）。

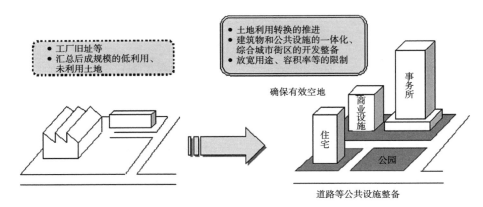

图4-59　再开发等促进区示意

（5）特定容积率适用区（2002年）

2002年东京进一步设立了特定容积率适用区，范围为大手町—丸之内—有乐町的"大丸有"地区，在这个区域内的城市开发可结合容积率奖励政策，允许容积率在地块间相互转移。例如，东京站及其周边地块的指定容积率为900%。东京站改造仅使用了200%，JR东日本便利用该制度将车站地块未使用的700%容积率转让给周边地块开发商，并获得新开发的部分物业所有权（图4-60）。这一制度不但为轨道站点实行高密度开发提供了法律支撑，也为轨道公司提供了增加收入的渠道，形成了轨道公司和开发商双赢的局面。

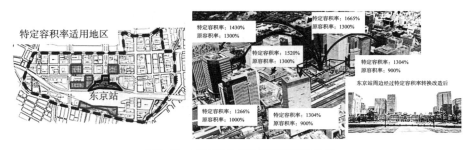

图4-60　东京站及周边再开发项目示意

（6）都市再生特别地区（2002年）

根据日本《都市再生特别措施法》，在都市再生紧急整备地区内的都市再生特别地区，可不拘泥于现有法规，制定自由度高的规划，不受制于用途、容积率、建蔽率、建筑面积、高度、建筑物外墙位置、斜线、日照规则等的限制，可由都道府县及政令指定都市通过城市规划规定。

以上制度在各项目的实际应用中各有不同，但均是以项目开发过程中所作出的公共贡献的大小为基准。各项制度在诸多方面促进了城市的发展、改善了人居环境，例如，加强了与车站的便捷联系，改善了车站的道路和交通体系，创造了更多的公共开放空间等。对于项目的开发商，通过把对社会公众的贡献转换为容积率奖励，并以此带动城市更新，引入更优异的城市功能，最终进一步激发城市活力。同时，通过制定并实施一系列以轨道交通等公共交通出行为中心的政策，减轻了容积率上升对城市以及自然环境所造成的压力。

3．创新土地政策和更新模式，完善利益分配方式

由于日本土地私有，从土地所有人手里收购土地用于城市或公共基础设施建设的难度巨大。因此，日本逐渐形成了将规划建设各类基础设施或公共设施与提升相关建设用地价值相结合的政策导向，以此实现城市公共利益与私人或民间资本利益的共赢。其中，土地区划整理事业和市街地再开发事业是促成东京实现成片改造更新、大幅提升城市能级的两个重要模式。

（1）土地区划整理事业

土地区划整理事业是指在公共设施不完善的区域，土地所有人依次提供少量土地，用于增加道路、公园等公共设施用地，除此之外还将卖掉一部分保留地作为项目资金（图4-61）。对于土地所有人来说，虽然土地区划整理后，所拥有的土地面

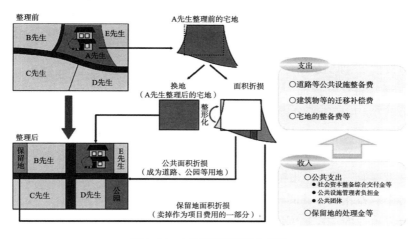

图4-61　土地区划整理事业示意

积比以前要小，但是城市道路和公园等公共设施都能得到完善，土地价值变得更高了。通过道路、公园、河流等公共设施和住宅用地的综合、一体化整备，创新了土地利用的方式，并且建设了优越的城市空间。

截至2017年底，日本全国土地区划整理项目的开工面积约37万hm²，这相当于日本全国市区（人口集中地区）面积的30%左右。根据土地区划整理项目，开展了道路、公园、站前广场等城市公共设施的整备。例如，修建约11500km的城市道路，占已完成的城市规划道路的1/4；建设约1.5万hm²的公园，约占日本全国已开设的街区公园、近邻公园、地区公园的1/2；整备约990个站前广场，占已投入使用的站前广场的1/3。在灾后复兴等项目中，土地区划整理项目也起到了很大的作用。截至2018年末，东京都已经实施和正在实施中的土地区划整理项目共23200hm²。

（2）市街地再开发事业

市街地再开发事业主要针对城市中的老旧木结构建筑集中区域，通过整合被细分的土地，重新规划建设耐火等级较高、具有复合功能的公共建筑，并同步建设街道、公园和广场等城市公共设施，使整个区域的土地得以高效利用，并实现城市功能和能级的大幅提升（图4-62）。土地区划整理事业是在平面上进行的，而市街地再开发事业是立体进行的。这种城市更新模式早期主要用于建设城市防灾街区和轨道交通车站站前重点区域的开发。在市街地再开发事业中，虽然因城市公共设施用地增加，开发建筑项目的用地会减少，但通过"高度利用地区"和"特定街区制度"等城市更新激励机制，建筑项目的容积率上限通常会大大提高，确保原土地所有人获得各自的楼板面积所有权后，仍有较多额外的楼板面积。这部分额外的楼板面积被称为"保留楼板"，即剩余楼板面积。通常将这部分面积转给第三方，以获得部分再开发项目的建设资金。

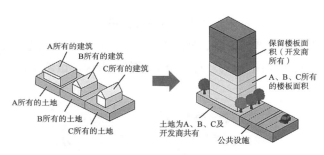

图4-62　市街地再开发事业实施示意

根据政府对城市更新的规划要求，以及项目实施主体和土地所有人再开发完成后获得资产权益的形式等因素，将市街地再开发项目分为两种类型：第一种市街地再开发事业、第二种市街地再开发事业（表4-20）。第一种市街地再开发事业主要以各个利益相关方共同组成的"再开发项目组合"为实施主体。根据第一种市街地开发事业的"权利更换"原则，再开发实施前，项目主体对土地所有人在再开发区域内持有的土地、建筑物和租赁情况进行资产评估，项目竣工后，土地所有人将获得与评估价值等值的楼板面积所有权，土地所有权转变为共同持有。此外，政府对第二种市街地再开发事业实施区域的城市防灾和公共交通等涉及城市基础设施的规划要求十分严格，因此第二种市街地再开发事业都是由政府部门或公共机构作为土地再开发项目的主体，再开发建成的物业优先出售给有购买意向的原土地所有人。

第一种和第二种市街地再开发事业对比　　　　　　表4-20

对比项	第一种市街地再开发事业	第二种市街地再开发事业
适用区域	高度利用地区，特定地区计划区域内；区域内耐火建筑比例低于1/3；没有足够的公共设施，土地被细分化等；土地利用状况不健全；谋求土地的高度利用，以此对城市功能的更新做出贡献	除了第一种市区再开发事业要件之外，还需要符合以下任一项：0.5hm²以上（防灾再开发促进地区区域内0.2hm²以上）的地区；7/10以上存在安全、防灾障碍的建筑物；重要的公共设施需要紧急整备
方式	权利变换方式	管理处理方式（用地收购方式）
概要	在工程开工前，将项目地区内所有土地、建筑物的资产（评估）一次转换为再开发大楼的面积	先由执行者收购土地、建筑物，再从收购的区域开始依次动工
实施者	个人施行者；市街地再开发组合；再开发会社；地方公共团体；独立行政法人都市再生机构；地方住宅供给公社	再开发会社；地方公共团体；独立行政法人都市再生机构；地方住宅供给公社

据统计，2015—2019年，日本通过实施市街地再开发事业，实现了土地的高度利用，92个地区的平均容积率由184%提高到724%。截至2018年底，东京都已经实施和正在实施中的市街地再开发项目共586hm²。

4．持续加大财税支持力度

（1）政府补贴制度

一方面，日本出台了《都市铁道等便利增进法》（2005年第41号法律），提出在加快建设连接现有城市轨道设施新线路的同时，还要加强车站以及周边设施的改善，不断完善枢纽站点的核心功能。该法简化了站点周边法规程序的特殊审批制度，形成了对站点便利性提升工程的系统性补贴制度，确立了包括都市铁道便利性增进事业费补助制度、站点综合改善事业补助制度等在内的多种政府补贴机制。另一方面，日本还实施公共设施管理者负担金制度。在再开发项目中，开发主体替政府建设的公共设施，经认定后其费用均由对应的政府部门负担。

（2）给予再开发项目税收优惠

日本修订了《国税征收法》，对再开发过程中产生的所得税、不动产取得税、固定资产税等税收实行减免。同时，还对土地权利更换中发生的实际交易行为实行免税政策。

（3）允许开展基于土地、物业等不动产的资产证券化业务

允许再开发项目设立特别目的公司、不动产投资信托基金（REITs）等，从而拓宽项目资金来源渠道，降低项目债务风险。

5. 轨道交通和城市发展一体推进的管理体制

原本轨道交通建设和房地产开发一直作为相互独立的业务，并分属运输省和建设省两个部门分别管理。2001年1月，日本实行了中央省厅重组改革，将主管海陆空运输、轨道、港湾、船舶、气象等职能的运输省，主管道路、河川、政府厅舍建造维护、住宅及都市计划等社会资本维护职能的建设省，进行北海道综合开发事务（河川、治山、农业及港湾等）的行政机构北海道开发厅，以及掌管土地、水资源、灾害对策和大都市圈政策等职能的国土厅4个省厅合并组建为日本国土交通省。这一体制架构的确立进一步推动了轨道交通建设和土地开发的一体化。日本国土交通省长年将轨道交通整备、城市更新等作为重要的工作进行推动，前文提到的日本《都市再生特别措施法》《都市铁道等便利增进法》等法律都是在日本国土交通省的推动下制定颁布的。

▶▶ **典型案例**

在实际案例中，针对不同的区位及周边环境特征，具体的设计及开发手法非常多样化。根据开发规模、开发强度的不同，以及车站、站前广场和周边建筑三者位置关系的不同，本书分别选取了几个典型案例进行介绍。

1. 东京目黑站：站点综合体

目黑站是JR山手线和东急目黑线的交汇站，总体建筑面积为5.2万m²，地下4层、地上17层，每日车站利用人数约为71.6万人（2017年）。从剖面图中可以看出，地下3层是东急、JR换乘广场，地上1层是巴士接驳换乘广场，JR山手线和东急目黑线的线路上方建有车站大楼，主要功能包括办公、商业等。在改造过程中，该站将站前广场、车站、巴士接驳车站上下组合强化交通节点功能，在车站正上方建设高附加价值的建筑设施，最大限度地将站点和建筑组合到一起，缩短换乘和出站距离，实现车站和其他功能的无缝衔接（图4-63）。

2. 东京用贺站：站点与周边建筑一体联通

用贺站是一个地下车站，周边原多为住宅区域。在区域更新改造的过程中，为了提升周边土地利用效率而新建了多个高层办公楼。为了将站点与周边建筑一体联通，开发商选择通过打造多样的公共空间和优质的步行空间，将车站与周边主要建筑联系在一起。其最大的挑战是如何打造一个景观协调、尺度适宜的步行空间来提

升行人的体验，让乘客愿意在这里逗留。因此，最终在站点与办公楼之间修建了地下商业街。通过地下瀑布广场、地下街光井、下沉广场等手段成功地将自然光引入地下空间，使地下步行街与周边街区形成了整体空间（图4-63）。

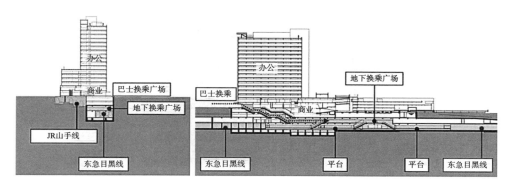

图4-63　东京目黑站综合体剖面图

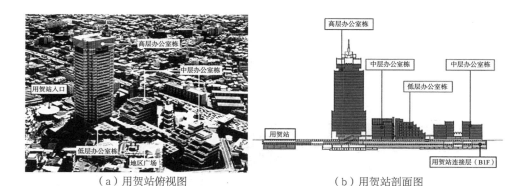

（a）用贺站俯视图　　　　　　　　（b）用贺站剖面图

图4-64　东京用贺站示意

3．东京涩谷站：站点与周边区域一体化更新改造

东京涩谷站是日本仅次于新宿的第二大站和最具代表性的商圈之一。21世纪初，受到城市老化和商业形态饱和的影响，涩谷站客流量开始降低，2001—2011年间东急两条线路的日客流量减少5%，商业销售额减少25%，处于长期亏损的状态。因此，为扭转颓势，东急决定将站点与周边街区统一规划、统一优化改造，实现站点与周边土地的融合发展，重新梳理和分配各种功能业态，最大化地重构区域功能。

（1）进行高密度开发和用地混合。涩谷站周边以商业广场居多，如八公口广场、涩谷Hikarie、涩谷Mark City、涩谷东急百货等。各综合体巧妙地利用了轨道上盖混合物业，集酒店、办公、商业、交通、停车等功能于一体（图4-65）。同时，通过超高层开发、功能分层将多个公共空间布局其中，如可用于社交聚集或活动策划的空中展台、剧场、活动室等，使多元城市功能在此聚集，成为"24小时不眠街"。

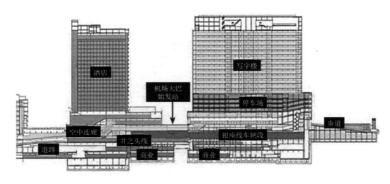

图4-65　涩谷Hikarie综合体剖面图

（2）打造高品质的慢行空间。涩谷站统筹利用地上和地下空间，建立一个地下至地上共4层的连贯立体的步行空间系统，联通了车站、地面、连廊、空中走廊以及"城市核"建筑。此外，还结合片区改造将涩谷川改造成河畔生态步行街，将河滨打造成活力空间（图4-66）。

（a）改造前　　　　　　　　　　　　　　（b）改造后

图4-66　涩谷Hikarie周边街区改造前后对比

（3）构建便捷的换乘体系。一方面，立体步行空间网络的建成为多条线路的换乘提供了便利的条件（图4-67）。另一方面，涩谷站还对既有轨道设施布局进行了调整，包括将东横线转至地下5层运行、将JR埼京线站台移至与JR山手线站台并行设置、将地铁银座线站台东移退让出一个更大的换乘大厅等（图4-68）。通过一系列的改造，使得换乘流线简单清晰、换乘距离极大缩减。

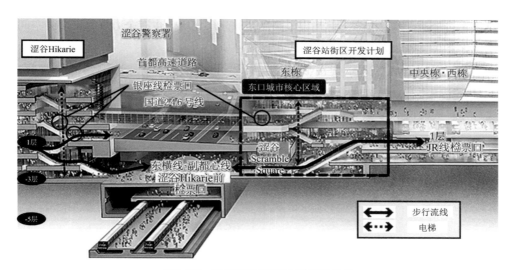

图4-67 涩谷站轨道线路间的换乘示意

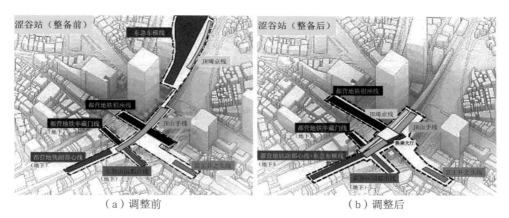

（a）调整前　　　　　　　　　　　　　（b）调整后

图4-68 涩谷站轨道布局调整前后对比

　　值得一提的是，正是得益于日本《都市再生特别措施法》提出的容积率奖励制度，涩谷站高密度的改造方案才得以通过实施。在设计阶段，东急电铁提出了五项城市更新措施，包括打造多层立体的步行走廊，改善换乘通道，加强站点与更大范围城市空间的联系；丰富涩谷地区文化产业，打造市民交流空间；打造地下空间自然通风换气系统并广泛采用LED灯光等，大幅降低能耗；建造高强度的地震避难所（位于涩谷Hikarie商场一层）助力城市安全系统建设；以重构优化站点周边无障碍设施推进基础设施整体的改良等。东京都在对方案贡献进行评价后允许东急电铁增加555%的容积率，即容积率上限从815%提高到1370%，提升了1.68倍。有了新增容积率的奖励，东急电铁不但建设了高品质的高层建筑，也有余力拿出更多的空间来优化公共服务功能，整体上提升了街区的品质。

这一系列措施的效果非常显著。实行再开发后，区域环境得到极大改善，2012—2019年站点周边商务办公楼的空置率从8.4%下降到1.92%，东横线和副都心线日客流量增长了10%，重新唤起了涩谷站及其周边地区的活力。

4.4 综合交通枢纽

JR山手线作为东京都市圈轨道线网的重要骨架以及整个交通系统的命脉，线路上的新宿、东京、涩谷等站点是连接东京中心区与各郊区的重要中转站。多家轨道运营商的多条线路在站点交织连通，每日承载大量客流，形成庞大且繁忙的综合交通枢纽。2018年，新宿站更是凭借日均上下车359万人次的数据，创下吉尼斯世界纪录。当然，新宿、东京、涩谷等轨道枢纽也是"站城一体化"开发理念的有力实践者，经历多轮建设更新，实现了由交通综合体到城市综合体的转变。

▶ 新宿站

新宿站位于东京都西侧新宿区与涩谷区交界处，具体范围为新宿区新宿三丁目至西新宿一丁目，涩谷区代代木二丁目至千驮谷五丁目。作为庞大的综合交通枢纽站，新宿站是连通东京都各区域最重要的中转站之一，因其线路、站台、出口等非常多，常被形容为"迷宫"，还因其庞大的客运量获得吉尼斯世界纪录认证的"世界最繁忙车站"。

1. 新宿站不是一天建成的

新宿站及其周边区域的繁华不是一蹴而就的，其发展大致可以分为四个阶段（图4-69）：①江户时代，新宿站区域是主要道路的交汇处以及大家族宅邸的聚集区

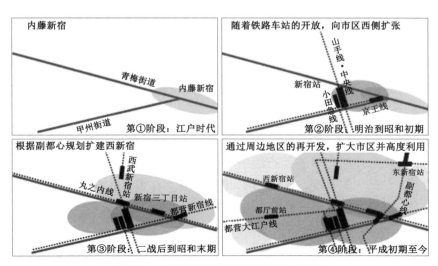

图4-69　新宿站及周边区域发展的四个阶段

域，其作为驿站市镇初现繁华；②明治到昭和初期，新宿站竣工后正式开通，每日进出站乘客约50万人，但日本关东大地震后众多居民西迁，位居东京都西部的新宿站区域以此为契机，以新宿东口为中心逐渐形成新的热闹的城市中心，新宿站也一跃成为日本每天客流量最高的车站；③二战后到昭和末期，以战后重建计划为基础，歌舞伎町落成，西新宿形成了高楼区，西口站前区域成为日本屈指可数的繁华街道，新宿东口也进入了经济高速增长的时期，新宿区顺理成章成为东京都的副都心；④平成初期至今，作为副都心的新宿不断扩张，而新宿站作为核心公共交通枢纽也在通过不断更新改造以支撑区域国际竞争力的提升（图4-70）。

（a）1911年车站大楼 　　　　　　　　（b）昭和初期新宿站区域

（c）1958年战后重建的新宿站周边区域 　　　（d）2017年新宿站南口

图4-70　新宿站及其周边区域四个阶段实景

2. 繁杂但井然有序的运行组织

目前，包括JR东日本、东京地铁、都营地铁、小田急电铁、京王电铁在内的5家公司的14条线路在新宿站停靠，其中JR东日本8条、小田急电铁2条、都营地铁2条、京王电铁2条、东京地铁1条（表4-21）。

运营商	线路名称	线路/站点代号	备注
JR东日本	湘南新宿线	JS/20	普通线（5条），每条线路内存在快慢线的情况
	埼京线	JA/11	
	山手线	JY/17	
	中央线快速	JC/05	
	中央线·总武线各站停车	JB/10	
	成田特快	—	特快线（3条）
	中央线特急	—	
	东武日光·鬼怒川方向（JR线直通特急）	—	
小田急电铁	小田原线	OH/01	线路内存在快速、急行、准急、各站停车等情况
	浪漫特快	—	特快线
都营地铁	新宿线	S/01	—
	大江户线	E/27	—
京王电铁	京王线	KO/01	虽共用线路代号及站点编号，但京王线新宿站和京王新线新宿站停靠于不同站台，且站内指示牌对二者进行了区分，因此按照单独线路计算
	京王新线		
东京地铁	丸之内线	M/08	—

　　新宿站共9层（地上2层、地下7层），设有35个站台以保障众多轨道公司的多条线路的有序运营。JR东日本8条线路的站台均位于1层，其中5、6、9、10站台为特快线站台，其他为普通线站台；小田急电铁2条线路的10个站台分布于1层与地下1层（B1），其中1号站台现未投入使用；都营地铁的2条线路中，都营大江户线的6、7号站台位于地下7层（B7），都营新宿线与京王电铁的京王新线实行直通运营，并共用位于地下5层（B5）的4、5号站台；京王电铁的2条线路中，京王线的1～3号站台位于地下2层（B2），京王新线与都营新宿线直通的4、5号站台位于B5；东京地铁丸之内线的2个站台位于B2（图4-71）。

　　核心的地理位置、多家运营商和众多的线路数量为新宿站带来了庞大的客流。根据各运营商提供的统计数据，2022年新宿站的日平均上下车人数约为272.5万人（表4-22）。该数据距离创下吉尼斯世界纪录的巅峰时期仍有数十万的差距，但根据JR东日本的数据，新宿站日平均上下车人数较2021年同比增长了15.4%，小田急电铁的数据为15.6%，东京地铁的数据为12.1%，由此可见新宿站客运量回升趋势明显。

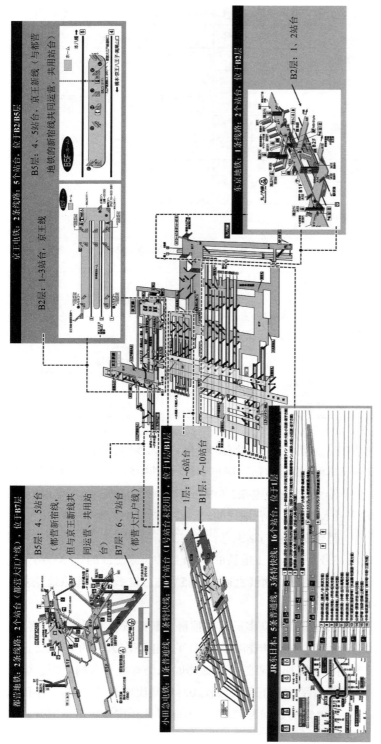

图4-71 新宿站各运营商的线路分布示意

京王电铁：2条线路；5个站台，位于B2/B5层

B2层：1-3站台，京王线

B5层：4、5站台，京王新线（与都营地铁的新宿线共同运营，共用站台）

东京地铁：1条线路，2个站台，位于B2层

都营地铁：2条线路，2个站台（都营大江户线），位于B7层

B5层：4、5站台（都营新宿线，但与京王新线共同运营，共用站台）

B7层：6、7站台（都营大江户线）

小田急电铁：1条普通线，1条特快线，10个站台（1号站台未投用），位于1层/B1层

1层：1-6站台

B1层：7-10站台

JR东日本：5条普通线，3条特快线，16个站台，位于1层

东京地铁：1条线路，2个站台，位于B2层

B2层：1、2站台

新宿站2022年日平均上下车人数	表4-22
运营商	日平均上下车人数（人）
JR东日本	1205116
小田急电铁	410970
京王电铁	613639
都营地铁	314704
东京地铁	180278
合计	2724707

　　面对巨大的客流、繁多的线路以及复杂的站内结构，新宿站通过清晰细致的标志标识以及换乘组织的持续优化来避免乘客迷失在这座"迷宫"。

　　在标志标识上，为打造包容度高的社会，并迎接东京奥运会与残奥会，新宿站及周边区域持续优化标志标识、推进区域无障碍与通用化建设、提升服务品质，实现新宿站内畅行无阻的通路打造。站点内的措施包括从颜色、字体和字号上统一标识体系，考虑到弱势群体（如老年人、残障人士等），对于标志标识进行通用化设计，并提供多语言向导以及人工指引服务等。例如，JR新宿站的新南检票口，其标识牌与检票闸机大面积选用了代表JR的绿色，且提供了包括日语、英语、中文、韩语在内的多种语言引导。而小田急电铁南检票口的标识牌与检票闸机则大面积选用了代表小田急电铁的蓝色，且运营商在检票口内目之所及处都设置了带有车辆信息的电子显示屏，以及带有线路和方向信息的指示牌（图4-72）。

（a）JR新宿站检票口　　　　　　（b）新宿站小田急电铁检票口

图4-72　JR新宿站（左）和新宿站小田急电铁检票口（右）

　　换乘组织上，新宿站通过充分利用地上、地下的横向与纵向空间，实现换乘组织的优化。以2020年7月开通的"东西自由通道"为例，新宿站将此前位于检票口内，连接东、西口检票口的通道从宽约17m扩展到约25m，并改至检票口外，成为

可自由通行或停留的通道，使得站内
东西方向出口得以实现最短距离的连
通，同时实现了不同线路之间换乘的
优化提升（图4-73）。此外，为了应对
老龄化、残障化趋势，持续进行纵向
换乘动线的优化，使得地面、地上空
间能够实现无障碍通行。未来，还计
划在轨道上方建造新的步行通道，与
地下的东西自由通道共同构成东西向
骨架，并设置新的检票口与换乘动线，
实现分流、缓解拥挤。

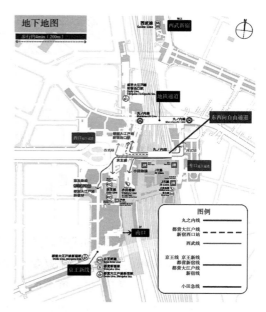

图4-73　东西自由通道投用后换乘动线的分配

3. 极致的周边土地连通与利用

新宿站的成功不仅体现在其作为
公共交通枢纽发挥的作用上，还体现
在其以交通站点为核心，连通周边区
域并带动周边区域进行成熟的、可持
续的站城一体化开发上。
其开发经验主要可以从三
方面提供借鉴：

（1）通达化。新宿站
以东西为主要方向，以站
点为核心，在半径长达
900m的范围内设置了四
通八达的地下通道，并
持续对地下通路进行整
备优化，提高其通达性
（图4-74）。同时在地下与
地面设置了大量的出入
口，据不完全统计，有
243个出入口与周边的建

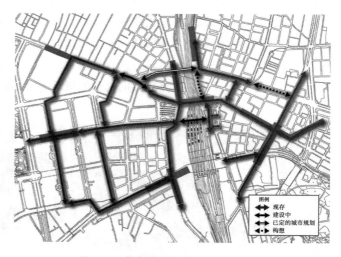

图4-74　新宿站周边地下步行通道示意

筑与道路进行大范围连通，方便在新宿站上下车的乘客进行点对点直达，使人们能
够畅通无阻地从周边区域进行集散（图4-75）。此外，在连通时，还通过采取消除
高差、盲道连续、提供无障碍电梯等方式，实现建筑与区域间无障碍通路的打造，
使得所有人都可以顺利进出建筑。

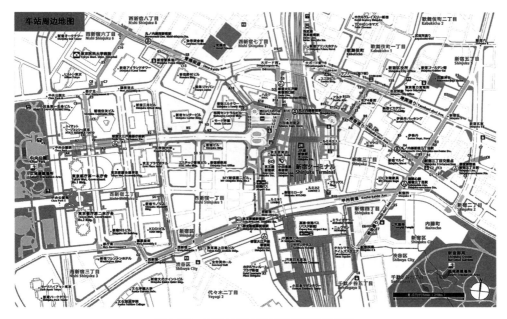

图4-75　新宿站周边区域步行通道连通图

（2）综合化。新宿站虽然凭借交通"起家"，但并没有将功能局限于交通领域，而是交通功能与城市功能并重，在站点周边区域采用混合用地布局，商业区与住宅区用地占比超过80%（图4-76），且各个区域发展的侧重点各不相同（图4-77）：西新宿超

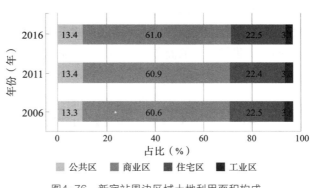

图4-76　新宿站周边区域土地利用面积构成

高层建筑区域为以商务办公功能为主的产业聚集区；歌舞伎町为热闹与充满活力的娱乐休闲区；西新宿一丁目商店街区域为适宜步行的休闲购物区；新宿站附近区域与新宿站东口区域则注重打造舒适、高效和通用的通行网络，为汇聚至此的人提供便捷的交通服务。在这样的综合开发模式下，新宿站周边区域实现了由交通综合体到城市综合体的转变，支撑着新宿区作为副都心的发展，提高了城市竞争力。

（3）立体化。无论是新宿站本身还是周边区域都进行了合理的高密度开发，充分利用地上与地下空间，以极高的容积率实现土地的集约化利用。西新宿超高层建筑区域形成了200m级的建筑群，而新宿站附近区域也进行了高容积率开发

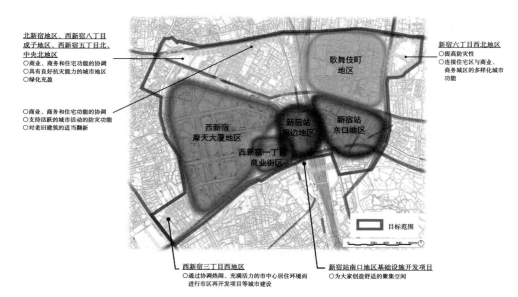

北新宿地区、西新宿八丁目
成子地区、西新宿五丁目北、
中央北地区
○商业和住宅功能的协调
○具有良好抗灾能力的城市地区
○绿化充盈

○商业、商务和住宅功能的协调
○支持活跃的城市活动的防灾功能
○对老旧建筑的适当翻新

歌舞伎町
地区

新宿六丁目西北地区
○提高防灾性
○连接住宅区与商业、
商务城区的多样化城市
功能

西新宿
摩天大厦地区

新宿站
周边地区

新宿站
东口地区

西新宿一丁目
商业街区

目标范围

西新宿三丁目西地区
○通过协调热岛、充满活力的市中心居住环境而
进行市区再开发项目等城市建设

新宿站南口地区基础设施开发项目
○为大家创造舒适的聚集空间

图4-77　新宿站周边区域划分（2016年）

（900%～1000%），其建筑高度为50～100m级。根据新宿站周边区域的相关指标，其平均容积率在2018年就已经达到了684.73%，远超过新宿区277.75%的平均水平（表4-23）。同时，积极进行地下商业街的系统建设，在起到交通疏散、串联站点作用的同时提供综合性的商务、休闲与娱乐功能，打造了发达的地下商业网络。

新宿站周边区域相关指标（2018年）　　　　　　　　　表4-23

相关指标	新宿站周边区域（在新宿区的占比）	新宿区
面积（hm²）	235（12.9%）	1822
人口（人）	23709（7.0%）	338488
居民基本登记册（人）	21265（7.2%）	297253
外国人登记（人）	2444（5.9%）	41235
家庭数（户）	17064（8.0%）	213800
家庭密度（户/hm²）	72.6（61.9%）	117.3
单身家庭数量（户）	12584（10.3%）	121861
单身家庭比率（%）	72.6（116.3%）	62.4
白天人口（人）	293131（39.1%）	750120
建筑物栋数（栋）	3910（7.8%）	50108

相关指标	新宿站周边地区（在新宿区的占比）	新宿区
耐火率（%）	89.77（129.3%）	69.40
不燃率（%）	93.21（116.8%）	79.83
平均层数（层）	11.20（221.8%）	5.05
容积率（%）	684.73（246.5%）	277.75
建蔽率（%）	61.12（111.0%）	55.05
建筑密度（栋/hm²）	16.64（60.5%）	27.50
平均占地面积（m²）	355.84（143.6%）	247.88
陈旧建筑比率（%）	34.59（83.9%）	41.23
道路率（%）	28.67（160.4%）	17.87
空地率（%）	40.79（128.1%）	31.83

▶ 东京站

东京站位于东京都千代田区丸之内一丁目，总面积为18.2万m²，其地理位置相当于东京都的"玄关"，用红砖瓦建造的丸之内大楼也是东京都的著名地标之一。东京站是日本规模最大的车站，也是日本最重要的交通枢纽之一。

1. 历史辉煌的东京站

东京站自建成以来，一直都作为地标式的中央车站存在，其辉煌的发展历程主要划分为四个阶段。

（1）建设阶段。19世纪后期，东京都的轨道网建设不断推进，国家、私人都参与到轨道的修建中，不同区域内建设了多条轨道线，其运营、中转与连通等问题客观存在。在此契机上，设置一个中央车站的方案被提出，其构想是建立一个连接东京各个方向终点站的车站。1914年，长约335m的三层钢结构砖砌建筑——东京站落成，以南侧的穹顶作为乘车入口，北侧的穹顶作为出口，并在站前开辟了宽阔的广场（图4-78）。

图4-78 竣工后不久的东京站全景（1914年）

（2）二战前发展阶段。坚固的建筑结构让东京站在关东大地震中几乎毫发无损，中央线接入、山手线环线开始运营、开设八重洲出入口，东京站的发展稳步推进，运营的轨道线路不断增加，站台也进行了扩建。

（3）二战后修复阶段。东京站的屋顶在战争中被烧毁（图4-79），尽管在两年后东京站重建为两层楼的建筑并恢复运营，但自此也进入了漫长的重建阶段。在此期间，连通东京站和大阪的东海道新干线通车，随着轨道民营化的推进，越来越多的轨道线在这里实现了通车，东京站作为以新干线为中心向日本全国扩展的轨道枢纽，持续发挥着其终点站功能，并在2003年被指定为日本重要文化财产（图4-80）。

图4-79　战争中遭到破坏的东京站

图4-80　修复后的丸之内车站大楼全景

（4）现代再开发阶段。为负担高昂的建筑修复成本并维持历史建筑的低容积率，在"以东京站作为城市"进行开发的理念指导下，配合东京站周围地区以容积率转让政策为基础的高密度开发开始落实推进，Gran Tokyo双塔竣工，中间以"Gran Roof"进行连接，东京站的保存与修复也最终完成，车站与周围城市成功地构成生机勃勃的有机整体。

2．功能汇聚的枢纽综合体

目前，包括JR东日本、JR东海和东京地铁在内的3家公司的14条线路在此停靠，其中JR东日本12条、JR东海1条、东京地铁1条，是东海道新干线和东北新干线的始发站，也是多条特快线路起始和停靠的中心站点（表4-24）。从东京站出发，无需换乘即可到达日本全国的33个都道府县，每天约有4000趟列车在此出发或抵达。

东京站停靠的轨道线路情况 表4-24

运营商	线路名称	线路/站点代号	备注
JR东日本	中央线	JC/01	普通线5条（地上），上野东京线为将东海道线与宇都宫线、高崎线、常磐线串联的区域轨道运行系统
	京滨东北线	JK/26	
	山手线	JY/01	
	上野东京线（宇都宫线·高崎线·常磐线）	—	
	东海道线	JT/01	
	总武线快速（与横须贺线直通运营）	JO/19	地下线2条，均为直通运营
	京叶线（与武藏野线直通运营）	JE/01	
	成田特快	—	特快线4条
	"潮汐号"特快	—	
	"涟漪号"特快	—	
	"若潮号"特快	—	
	东北新干线（山形·秋田·北海道·上越·北陆）	—	新干线1条
JR东海	东海道新干线	—	新干线1条
东京地铁	丸之内线	M/17	—

东京站建筑主体共8层，地上3层（其中圆顶部分相当于4层），地下5层，共设有30个站台以保障包括普通线、特快以及新干线在内的多条线路的有序运营。东京站的站台主要分为地上和地下两部分。地上站台共20个，包括了JR东日本普通线中的中央线、京滨东北线、山手线、上野东京线、东海道线（1~10号站台），以及东北新干线（20~23号站台），此外还有JR东海的东海道新干线（14~19站台）。JR东日本京叶线（与武藏野线直通运行）、"涟漪号""若潮号"特快的1~4号站台位于地下4层（B4），总武线快速（与横须贺线直通运营）、成田特快、"潮汐号"特快的1~4号站台位于地下5层（B5）。东京地铁丸之内线的2个站台位于B2（图4-81）。

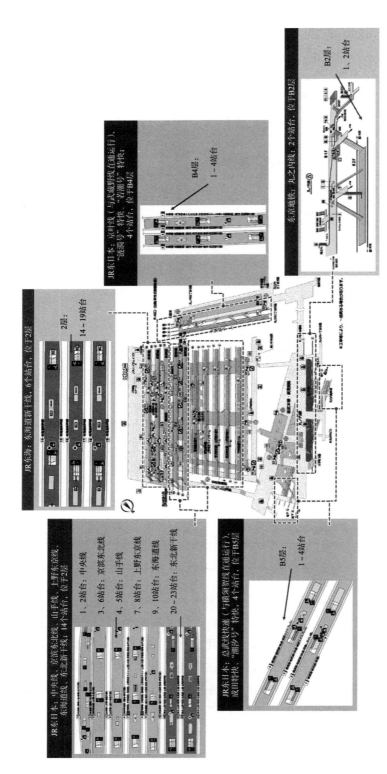

图4-81 东京站各运营商的线路分布示意

中央车站的地位和繁多的线路数量给东京站带来了非常可观的客流量。根据各运营商提供的统计数据，2022年东京站的单日平均上下车人数约为116万人（表4-25），其中JR东日本的各条线路是客流量的主要组成部分。根据JR东日本的数据，新干线以外的线路客流量较2021年同比增长了22.7%，而新干线的客流更是同比增长了59.9%，增长率在各站点中都排到了第一位。

东京站2022年单日平均上下车人数 表4-25

运营商	单日平均上下车人数（人）	
JR东日本	693316（新干线以外）	813900
	102584（新干线）	
JR东海	181362	
东京地铁	162608	
合计	1157870	

作为城市中心具有历史传承的枢纽站点，东京站毗邻日本皇宫、八重洲、银座、日比谷、神田、日本桥等地区，周边既有充满古典传统气息的皇宫建筑、风景名胜，还有繁华的中心商业区。因此，东京站不仅肩负着集散交通的职责，同时还需要满足观光休闲、购物和就餐的需求。这就要求车站不仅要有连通周边建筑和地区的顺畅通路，同时自身也要汇集多种功能的业态。

在步行网络组织上，东京站和日本众多的枢纽站点相同，都有着四通八达、延长深远的地下通道网络，对步行空间的流畅度、便捷性始终保持高标准、严要求。目前，东京站北侧有一条自由通道，行人可以在丸之内地区和八重洲地区之间来回走动，但东京站的南侧没有自由通道，因此东京站南侧区域的丸之内地区和八重洲地区步行往来十分不便。为了解决这个问题，东京站计划在南侧的地下1层开发一条宽约8m、长约290m的东西向自由通道，预计2029年投入使用，旨在创造一个宽敞的步行空间，加强东京站东西区域之间的交流与合作，形成高流动性的行人网络（图4-82）。

在站内业态分布上，东京站汇集了数量众多、品类丰富的以餐厅、咖啡厅、特产店为主的店铺，为乘坐轨道交通通勤、通学，以及时间紧凑且有就餐和购物需求的旅客提供了便捷的选择（图4-83）。以"TRY NEW TOKYO ST."为概念的"GRANSTA东京"，是JR东日本规模最大的车站内商业设施，不仅有种类丰富的美食、杂货、服饰，还集结多家首次在车站内设店的热门商店和从老字号到新形态的人气名店，更是有众多只有在这里才买得到的"新·东京伴手礼"。而致力于"以车站为中心，为聚集在这里的各类人群提供充满乐趣的便捷空间"的"ecute东京"

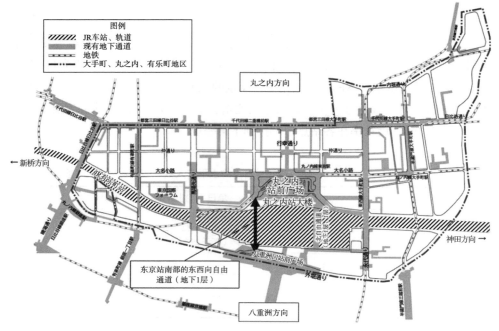

图4-82　东京站南侧东西自由通道位置示意

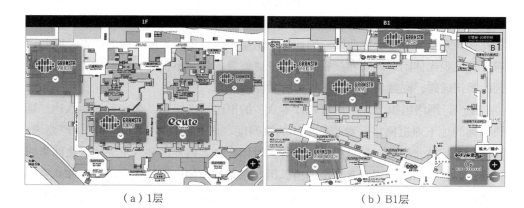

（a）1层　　　　　　　　　　　　　　（b）B1层

图4-83　东京站1层/B1层商业设施示意

则在令人眼花缭乱的商铺品类之外，间接性推出"限时店铺"的活动，让人们可以享受到东京站独有且"过时不候"的限定快乐。

3."既要又要"的成功更新

东京站的站城一体化开发因基于其自身情况有着鲜明的特点。东京站始建于1914年，一直是城市中心的地标建筑，且早在21世纪初就已被列为日本重要文化财产。面临城市快速发展和历史建筑保全的"既要又要"困境，东京站区域通过"将东京站作为城市"的开发理念以及绿色化的可持续发展理念，配合实施特别容积率标准，打出了一套适合自身发展的组合拳。

容积率转移政策会根据区域建设实际需求实施容积率标准，包括调整容积率基准、容积率在区域内部平衡、容积率分摊等。东京站站区因保留历史风貌而保持了低容积率，其容积率向车站周边的地块转移，转入区的容积率不仅获得提升，建筑高度限制也获得了极大突破。这样的激励机制成功激活了区域建设，"Gran Tokyo"双子塔以及连接南塔与北塔的"Gran Roof"相继落成，其带来的商务、商业、休闲、娱乐等功能，为东京站及其周边区域营造了良好的城市发展生态，其收入的一部分用于覆盖东京站修复更新以及公共空间开发的高昂费用。在此之外，绿色可持续的发展理念也在不断推进，通过限制能源消耗、减少废物排放、增加绿化和循环利用水等方式来实现与自然环境的共生，并展现良好的城市形象。例如，除了高大的树木和地被植物外，该区域还利用了先进的绿化技术，在建筑物的墙壁上种植植物，营造出绿意盎然的站前广场。

▶▶ 涩谷站

位于日本东京都涩谷区的涩谷站，汇集了JR、私铁、地铁等多条线路，是东京都的主要公共交通枢纽之一，其周边商业、办公区发展兴盛。涩谷站以交通便利而闻名，站前交叉口被称为"世界上最繁忙的十字路口"（图4-84）。近年来，涩谷站周边吸引了音乐、时尚、影视等创意产业入驻，并形成了独特的文化和产业特色，并以此优势吸引了大量观光客，也被称为年轻人的天堂。

图4-84　涩谷十字路口

1. 从农村车站到重要交通枢纽

1885年涩谷站开始运营，当时周围是广阔的农田，它只是原东京市郊区的一个农村车站（图4-85）。随着东京都电、多摩川电铁（多摩电）等有轨电车和私铁线路的建设，以及东京都市圈的发展壮大，郊外线路沿线的人口大幅增加，涩谷站逐渐成为东京都的重要交通枢纽（图4-86）。

1973年，涩谷的帕尔科（Parco）商场开业，使得车站周边吸引了更多的人，这里逐步发展为东京最繁华的地区之一（图4-87）。

图4-85　1885年的涩谷站

图4-86　1966年涩谷站东出口

图4-87　涩谷帕尔科（Parco）商场

2005—2011年，涩谷站每天乘客数量约为300万人，是仅次于新宿站的第二大车站。据2022年最新数据统计，涩谷站每天约有262.4万人次的乘客使用该站（表4-26）。

涩谷站2022年单日平均上下车人数　　　　　　　　　表4-26

运营商	单日平均上下车人数（人次）
JR东日本	585262
京王电铁	274505
东急电铁	936944
东京地铁	827537
合计	2624284

2017年东京都共接待了1377万名外国游客，其中42.6%选择前往涩谷游玩。因此，涩谷已成为东京都重要的观光区域，尤其受到外国游客的喜爱。另外，涩谷站作为东京都的重要交通枢纽，从涩谷站到新宿站仅需7min，到池袋站和品川站需要11min，到东京站需要22min。此外，涩谷站与2个机场之间的交通关系密切，从涩谷站到东京羽田机场仅需26min，到东京成田机场需要77min（图4-88）。

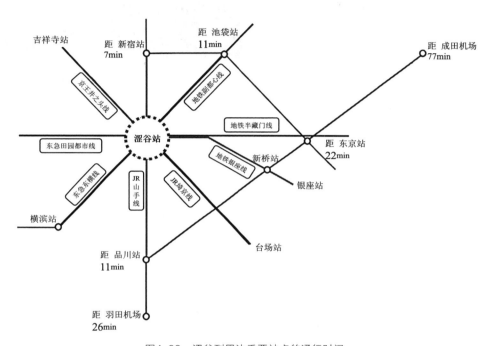

图4-88　涩谷到周边重要站点的通行时间

2．多主体多方式的运营模式

目前，涩谷站是10条轨道线路的交汇站，包括：JR东日本山手线、埼京线、湘南新宿线、成田特快、东急东横线、田园都市线，东京地铁银座线、半藏门线、副都心线和京王电铁井之头线（图4-89、图4-90）。其中，JR东日本有4条线路、京王电铁1条、东急电铁2条以及东京地铁3条线路（表4-27）。

涩谷站共有8层，其中地上2层、地下6层，共设有14个站台，由4家运营商运营。其中，JR东日本的4条线路和京王电铁的1条线路均位于2层；东京地铁的银座线位于3层，半藏门线和东急田园都市线直通运营，它们共用B3层的1号和2号站台；副都心线和东急东横线直通运营，它们位于B5层（图4-91）。

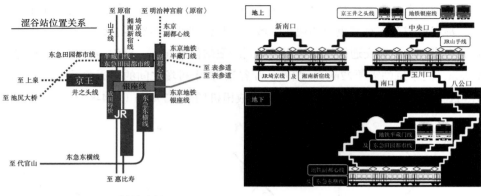

图4-89　涩谷站线路关系图　　　　　　图4-90　涩谷站各条线路立体交汇

涩谷站停靠的线路数量、所属运营商　　　　表4-27

运营商	线路名称	线路/站点代号	备注
JR东日本	山手线	JY/20	普通
	埼京线	JA/10	普通、快速、通勤快速
	湘南新宿线	JS/19	普通、快速、特快、特急
	成田特快	—	特快线
京王电铁	井之头线	IN/01	各站停车、急行
东急电铁	东横线[①]	TJ/01	各站停车、急行、通勤特急、特急（F-Liner[②]）
	田园都市线	DT/01	各站停车、准急、急行
东京地铁	银座线	G/01	各站停车
	副都心线	F/16	站站停、急行（F-Liner）、通勤急行
	半藏门线	Z/01	各站停车[③]

注：①涩谷站东急东横线和东京地铁副都心线直通站台会停靠S-Train列车。S-Train列车由西武铁道运营，是在东京地铁、东急电铁和横滨高速铁道实现直通运行的指定席特急列车。
　　②F-Liner是横滨高速铁道、东急电铁、东京地铁、西武铁道、东武铁道间开行的工作日非高峰期直通运行的急行列车，和各线路中的急行（或特急）停靠站点一致，但具有五个公司线路直通的功能。
　　③东京地铁半门藏线的运行系统与东急田园都市线一体，列车会根据在田园都市线上的运行形态来标注各站停车、准急、急行，但在半门藏线区间列车均各站停车。

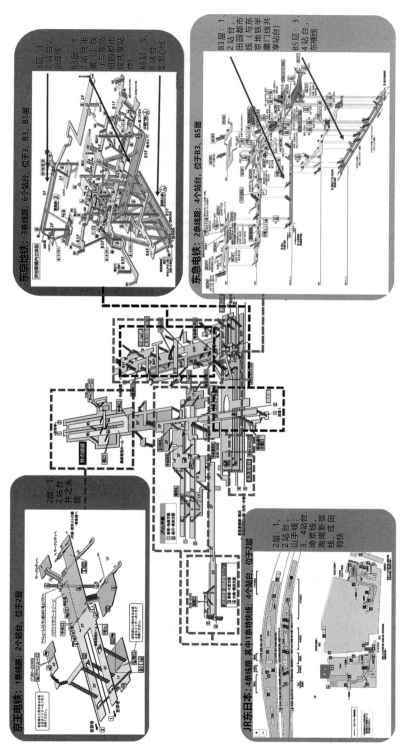

图4-91 涩谷站各运营商的线路分布示意

3．涩谷地区城市更新的契机

在2000年的日本国土交通省运输政策审议会上，提出了延伸东京地铁副都心线，并与东急东横线直通运营等相关内容。2002年2月，日本决定对东横线涩谷—代官山区间进行地下改造。随着东横线的地下化，涩谷站南侧车站设施和轨道旧址周边产生了广阔的可利用空间。借此机会，东京都政府提出要在涩谷站周边打造安全舒适的步行空间、强化交通枢纽功能、改善复杂的交通流线等。

2005年12月，涩谷站周边地区被指定为都市再生紧急整备地区。随着涩谷站中心区域的发展势头日益高涨，2010年涩谷区发布了《涩谷站中心区城市开发指南》，提出未来发展的美好愿景及重点整备事项。2011年涩谷成为亚洲总部经济特别区，2012年成为特定都市再生紧急整备地区，从而在城市更新改造时可以享受到一些优惠政策，进行自由度更高的规划和改造，如突破容积率限制等。

由此涩谷站及周边正式进入都市再生阶段，不仅仅是传统意义上的车站周边建筑的重建和翻新，还涉及整个涩谷区的重建以及涩谷川的重新定位（图4-92）。

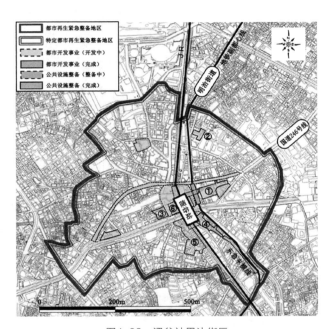

图4-92　涩谷站周边街区

4．涩谷周边更新改造的基本情况

政府为了提升涩谷站及其周边的出行便利性，让其更具活力，成为一个高效、舒适的交通枢纽，有计划地对其进行了更新改造。其中，涩谷站周边地区有4个重点更新项目，分别为涩谷站南街区、涩谷站街区、涩谷站道玄坂街区、涩谷站樱丘口街区。下面具体介绍每个街区改造的基本情况。

（1）涩谷站南街区：涩谷绿洲

拆除涩谷川上的旧东急东横线的高架桥，使涩谷川恢复了清澈的水流，打造充满绿色的滨水空间。这个地方也被称为"涩谷绿洲"。

通过公共和私营部门的合作，建造一条绿树成荫的长廊，长约600m，并设有一个热闹的广场，使城市空间充满活力。

此外，更新改造时没有像以往那样建设人行过街天桥，而是架设了能够直接从检票口穿过246号国道的步行者平台，行人的出行便利性大大提高。

（2）涩谷站街区：立体城市建设

车站区将于2027年改建为3座摩天大楼。其中最高的楼约230m，是涩谷最大的综合商业设施之一，将吸引来自世界各地的人们。

同时，车站的过道和车站前的广场也将进行更新。连接涩谷站街区和宫益坂、道玄坂街区的步行者平台，连接3楼JR线检票口、东京地铁银座线检票口和道玄坂街区的步行者平台等，形成了便利性高的步行者网络（图4-93）。

涩谷站将通过设置电梯和自动扶梯连接多个楼层，开发一个多层次立体的步行网络，让人们从地下可直接到达地面层（图4-94）。

为了配合涩谷站街区的开发，银座线和JR线的站台也进行了改良。银座线的站台向东移动约130m。另外，埼京线站台也向北侧移动了约350m，与山手线站台并列，便利性有飞跃性的提高。

在涩谷站的摩天大楼上方，建设一个充满活力的空中平台，并修建直梯让行人

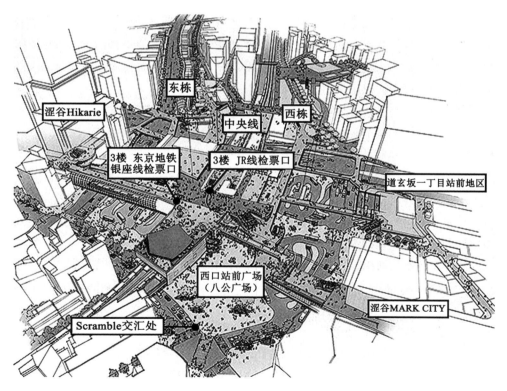

图4-93　连接涩谷站和周边地区的步行者平台

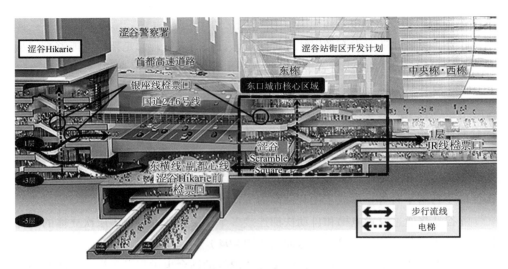

图4-94 涩谷站立体车站改造示意

能更加方便地前往。

（3）涩谷站道玄坂街区：打造城市旅游中心

在涩谷东急广场和周围地区，建设一座高约103m的大楼。在大楼首层，建造公共巴士总站以及与旅游相关的设施，以打造城市旅游据点。

大楼内设有创意产业，并计划在屋顶建设花园和餐馆，以增加活力。大楼周围的街道被改造成行人优先的环境。在大楼和车站之间，计划设置宽敞、安全的地面通道和步行者平台，以提高出行的便利性。

（4）涩谷站樱丘口街区：建设国际化街区

樱丘口地区与涩谷站的西出口之间隔着246号国道。尽管该地区与车站相邻，但前往该地区的便利性却很差，因为两地之间一直被这条大型高速道路隔开。为了改善这种情况，计划修建步行者平台，以实现从车站直达樱丘口地区的通路。

涩谷站樱谷区开发面积约26万m²，是位于涩谷站南侧、JR山手线西侧线路沿线的再开发项目。为了提高城市的国际竞争力，该项目将涉及商业、办公、住宅以及供居民和外国人生活的设施，如国际医疗设施和创业支持设施。

此外，涩谷站西南部的樱丘口街区和涩谷川沿岸的滨水空间也将得到改善。通过JR山手线上部和东西自由通道的连接，南侧城镇区域之间被道路和轨道隔开的问题将被有效解决，从而提高居民出行的便利性。

5．更新改造初见成效

截至目前，涩谷站周边再开发大部分已经完成，如图4-95所示。

涩谷站周边的更新已经初见成效。与2011年涩谷Hikarie开业前相比，2019年涩谷站每天平均上下车人数增加了约10%（图4-96），另外，随着各类设施的开业，街

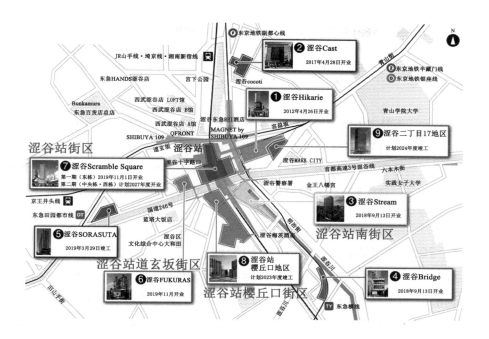

图4-95 涩谷站周边再开发示意

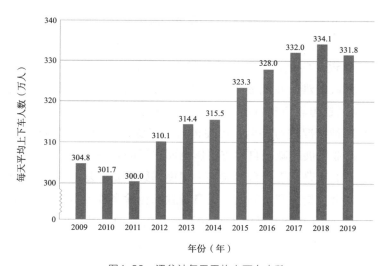

图4-96 涩谷站每天平均上下车人数

道改造便利性提升，区域内的步行者也越来越多，也有越来越多的外国人来涩谷"打卡"。

改造后，涩谷站周边吸引了更多的人前往，人流量比改造前增长了2～3倍。整个街区的活力逐渐提升。

4.5 轨道补助制度

在日本，向除了有轨电车外的轨道交通提供各项补助的工作被称为"铁道助成业务"，是政府部门最重要的工作之一。从1911年起，日本政府就通过立法等形式先后制定了包括建设补助、技术开发补助、防灾补助等在内的多种补助制度，到今天已经形成了一套完整性、系统性、制度性的补助机制，为轨道交通发展提供了全方位的支撑。

▶▶ 20世纪10年代：补助机制初步建立

早在1911年，日本政府就通过了《轻便铁道补助法》（1919年更名为《地方铁道补助法》，直至1953年废止），允许政府对私营公司修建简易轨道线进行补助，对于轨距大于762mm的私铁线路，自开业之日起5年内年度营业利润不足建设成本5%的部分由政府补足，极大地鼓舞了私铁的建设。

▶▶ 20世纪50年代：专项扶持中小私铁

第二次世界大战后，日本轨道损毁严重，庞大的重建支出、货运量下降和税收增长等因素导致一些私铁公司，尤其是中小私铁（线路更多分布在相对偏远的地区）陷入财政困难。在此形势下，日本政府颁布了《地方铁道轨道整备法》（2018年更名为《铁道轨道整备法》），专门为地方铁道（主要为中小私铁）提供补助。具体对四种情况进行补助：可促进自然资源开发和产业发展的新线建设；为了保障地方产业发展、减轻自然灾害影响而实行的必要改造工程；因设施和车辆老化需要更新的线路；遭受自然灾害大规模损毁需要修复的线路。补助形式包括直接发放补助金、贷款利息补助、无息贷款、免除多种税费等。根据该法，日本政府在1954年向14家公司提供了2250万日元的补助，其中8家用于新线建设，6家用于弥补亏损，帮助中小私铁公司渡过了难关。

1955年，日本政府出台了《关于优化与补助金等相关预算的法律》，规范了政府补助制度的补助方式、资金来源、申请和审批流程、事后评估等各项流程，并确认日本各中央省厅可根据法律要求或行业发展需要建立相关补助制度。日本运输省会根据轨道建设规划、交通政策等确定"补助对象事业"，并为其提供"事业费"，其中包括建设费、改良工事费等各类花费。

▶▶ 20世纪60—80年代：加大补助力度，支持线路新建及改造

20世纪60年代以后，既有线网拥挤严重使得各层级轨道建设和改造需求十分迫切。在此背景下，日本政府先后出台了多项关于轨道建设和改造的补助制度。

（1）关于平交道口安全保障工程和改良工程的补助制度

1961年，日本政府颁布了《平交道口改良促进法》，要求加强平交道口的安全管理，包括安装大型阻隔器、警报设备等，以及通过资金补助、费用分担等形式协助轨道公司逐步取消轨道和道路平交道口。在该法的推动下形成了两大制度。

一是平交道口安全保障设备整备事业补助制度（表4-28）。

平交道口安全保障设备整备事业补助制度　　　　　　　　　表4-28

事项	具体政策
补助内容	安全保障设备的采购和安装经费，具体包括工事费、建筑费、附带工事费、用地费、补偿费、机械器具费、工事杂费
补助对象	非地方政府经营的或地方政府经营但运营亏损的铁道事业者[①]（由政府按照日本《铁道事业法》认定的铁道运输和经营企业）
补助金额	中央政府出资，补助金≤1/2事业费（若企业盈利则补助金≤1/3事业费）

注：①铁道事业者指经营JR、私铁、单轨、地铁、地面缆车、磁悬浮等线路的公司。

二是连续立体交叉工程费用负担制度。日本《城市道路和轨道连续立体交叉协议》（1991年日本建设省都街发第13号·建设省道政发第38号）明确了政府在地面轨道改造为高架轨道工程中所承担的费用。例如，在小田急电铁小田原线改造过程中，东京都就根据此协定承担了86%的连续立体交叉工程费用（图4-97）。

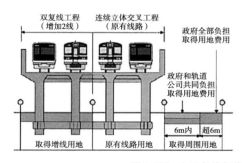

事项	负担主体	双复线工程（增加线路）	连续立体交叉工程（原有线路）
负担费用	小田急电铁负担	100%	14%
	政府负担	—	86%

图4-97　小田急线复线改造工程企业和政府出资

（2）铁道技术研发费补助制度

日本政府重视轨道相关技术的研发，从20世纪10年代开始就为部分企业提供资金支持，致力于推动车辆自动化发展以及轨道桥隧相关土木技术的研发。1961年，日本政府颁布了《技术研究组合法》，对有能力开展相关技术研发的机构提供补助。日本运输省制定了"铁道技术研发费补助制度"（表4-29），每年为相关机构提供资金补助，支持它们大力研发新型车辆。

铁道技术研发费补助制度　　　　　　　　　　　　　　　　表4-29

事项	具体政策
补助内容	（1）一般轨道：包括轨道新技术和基础、安全对策、环境改善对策等相关技术研发； （2）超导磁悬浮：高温超导磁悬浮相关技术研发以及试验花费*、借款利息分担*（近年新增）
补助对象	任何具备轨道相关研发资质的企业或特殊法人（依据具体的法令为特定的目的设立的独立行政机构或授权公司）
补助比例	中央政府出资，补助金=1/2事业费（带*两项为1/4）

（3）地下高速铁道事业费补助制度

1956年，日本都市交通审议会第1号决议明确，要加快大都市地铁建设，替代路面有轨电车来缓解交通拥堵。1962年，为了加快城市地铁建设，运输省出台了"地下高速铁道事业费补助制度"（表4-30）。

地下高速铁道事业费补助制度　　　　　　　　　　　　　　表4-30

事项	具体政策
补助内容	新线建设、地铁抗震补强工事、防水工事等一系列大规模改造工事的事业费，其中事业费=（建设费−总系费*−车辆费−建设利息）×0.7344 注：*总系费指直接人员费（工资支出等）、各类事务费等，下同
补助对象	各类地铁公司
补助比例	中央与地方政府同比例出资，各自补助金≤35%事业费

（4）铁道轨道输送对策事业费补助制度

1969年开始，日本运输省为基础薄弱、经营困难的地方铁道提供补助，支持它们升级保障运输安全的相关设备，实现轨道运输的现代化变革并提升安全性。为此，设置了"地方铁道轨道合理化设备整备费补助制度"，并于当年开始对地方铁道提供更新设备费用10%（1975年改为20%）的补助。该制度后来几经调整，2010年确定为"铁道轨道输送对策事业费补助制度"（表4-31）。

事项	具体政策
补助内容	轨道和路基修缮，桥隧防护工程以及防落石，车辆自动控制系统，列车无线、防风等设备甚至车辆的购买和更新等
补助对象	地方铁道事业者
补助比例	中央与地方政府同比例出资，各自补助金≤1/3事业费

（5）转让线建设费等利息补给金制度（P线制度）

日本原有的干线铁道建设及运营均由原日本国有铁道（Japanese National Railways，简称JNR）负责。1962年，JNR发起了"生产性向上运动"，力求通过改革提高运输能力和盈利水平。为了使JNR集中力量搞生产，1964年，日本政府颁布了《日本铁道建设公团法》，成立了由国家和JNR共同出资、运输省管辖的日本铁道建设公团（简称铁道公团）。一方面要实施推动新干线（G线）、地方干线及开发线（A、B线）、主要干线及都市铁道（C、D线）、海峡线铁道（E线）等干线铁道的建设及改造工作，完工后交由JNR运营；另一方面还要全力支持三大都市圈私铁线（P线）的建设和改造。1972年，铁道公团制定了"转让线建设费等利息补给金制度"（也称P线制度，表4-32），明确由铁道公团负责施工，私铁公司分期25年还款（新城铁道为15年）并获得产权，国家和地方共同给予利息补助。该制度不但降低了私铁建设改造成本，其分期还款的模式也大大减小了私铁公司的财务压力，私铁的新线建设、复线化改造、直通运行等工程因此加快。

转让线建设费等利息补给金制度（P线制度）　　　表4-32

事项	具体政策
补助内容	由原铁道公团建设、已转让给各公司运营的线路，由铁道运输机构继续补贴相关贷款利率
补助对象	私铁公司
补助比例	中央政府和地方政府各负担贷款利率超过5%部分的1/2

（6）空港铁道等整备事业费补助制度

1956年，日本政府制定了《空港整备法》（2008年后改为《空港法》），提出要加快推进国际机场快线（即空港铁道）建设，中央政府和地方政府分别为铁道事业者提供18%的事业费补助，形成了"空港铁道等整备事业费补助制度"。1963年，在大规模新城开发建设伊始，为了强化轨道对新城建设和开发的支撑，日本政府颁布了《新住宅市街地开发法》，要求新城开发者负担一部分公共设施的建设费用，即要求新城开发者以基础价格（开发建设前的土地价格）将轨道用地转让给铁道公司，并负担部分轨道路基建设施工费用的50%等，这些被统一称为开发者负担金。1973年，以上措施形成了"新城铁道等整备事业费补助制度"，要求除了开发者负担金等费用以外，中央政府和地方政府也要分别按照事业费的18%（2001年改为15%）给予资金补助。2005年，以上两个制度统一合并称为"空港铁道等整备事业费补助制度"（表4-33），只是对空港铁道和新城铁道的补助比例不同。

空港铁道等整备事业费补助制度（合并后）　　　　　　　　表4-33

事项	具体政策
补助内容	新线建设、抗震补强、安装铁道安全门等工程，事业费计算方法如下： 1996年以前：事业费=（建设费-间接费*-车辆费）×90%； 1997—2005年：事业费=（建设费-总系费-车辆费-建设贷款利息-开发者负担金）×0.8721； 2005年以后：事业费=（建设费-间接费*-车辆费-开发者负担金）×80%。 注：*间接费指测量监督费、总系费及建设贷款利息
补助对象	铁道事业者
补助比例	中央与地方政府同比例出资，其中： 针对空港铁道：各自补助金≤18%事业费； 针对新城铁道：各自补助金≤15%事业费（2001年以前为18%）

（7）铁道防灾事业费补助制度

受自然灾害频发影响，日本交通基础设施损毁严重。1978年起，日本运输省开始推动"铁道防灾事业费补助制度（表4-34）"，对列入防灾计划的重点工程提供资金补助，具体补助金额根据工程类型来决定。

铁道防灾事业费补助制度　　　　　　　　表4-34

事项	具体政策
补助内容	（1）针对落石、山体滑坡：山体整治加固、建造防护林、改造山体河流等工程； （2）针对海岸线：新建或整体改造海岸线防护设施； （3）针对河川：局部改造海岸线防护设施、河川改造等工程； （4）针对青函海底隧道：为了保证海底隧道正常运行而必须的加固工程
补助对象	JNR负责（1）、（2）、（3）； 铁道公团负责（4）
补助比例	中央政府同比例出资： （1）、（2）：补助金≤1/2事业费； （3）：补助金≤1/3事业费； （4）：补助金≤2/3事业费

（8）车站综合改善事业费补助制度和干线铁道活性化事业补助制度

1985年，日本运输政策审议会第7号决议制定了"提高轨道便利性、强化沿线

土地开发、提升轨道活性化"等发展战略。按照这一决议，日本运输省开始推进
"车站综合改善事业"（1985年）和"干线铁道活性化事业"（1988年），并形成了相
应的补助制度（表4-35、表4-36）。

车站综合改善事业费补助制度   表4-35

事项	具体政策
补助内容	完善车站便利化设施设备、提升旅游观光和生活服务功能、强化站点空间复合利用等事业费，包括土木费、线路设备费、电路设备费、驻车场设备费、车站附带设备费、附带工事费、用地费等
补助对象	铁道事业者
补助比例	补助金≤1/3事业费，中央政府与地方政府同额补助

干线铁道活性化事业费补助制度   表4-36

事项	具体政策
补助内容	（1）货运线改为客运线的改造费，如电动化和复线化改造、新设站点等； （2）为了维护或提升换乘便利性所必须的设施整备费； （3）既有轨道高速化改造费； （4）促进城镇开发的既有轨道高速化改造费的64.8%； （5）为了提升轨道便利性而开展的相关设施建设（经法定计划确认），包括新设站点、轨道线改良等。 注：以上事业费包括土木费、路线设备费、开业设备费、用地费
补助对象	铁道事业者
补助比例	（1）、（2）、（3）补助金≤1/5事业费； （4）、（5）补助金≤1/3事业费； 中央政府与地方政府商定各自出资比例

▶▶ 20世纪80年代—2000年：国铁改革中的探索

1987年，日本国铁实行民营化改革后，日本政府开始探索新的补助执行机制。

1991年，日本《铁道整备基金法》（1997年废止）颁布，提出设立铁道整备基
金，为JR线、主要干线和都市铁道（包括大手私铁、地铁）的建设、改造更新等各
类事业提供补助金和无息贷款。同时，日本运输省还设立了"都市铁道整备费无利
息贷款制度"，规定中央政府和地方政府分别向铁道公团和帝都高速度交通营团提
供为期5年、事业费40%的无息贷款，剩余20%资金由建设者自筹。

1997年，日本政府出台《运输设施整备事业团法》，将铁道整备基金与船舶整
备公团合并成立了运输设施整备事业团，统一为铁道、船舶等运输方式提供补助，
但针对轨道的补助制度和内容并未改变。

1997年，日本政府颁布了《提升外国观光旅客来访便利性振兴国际旅游的相关法律》，提出"提高外国游客旅游便利的相关措施"，包括提供多语言的公共交通播报和指引标识、提供全国通用的IC卡等一揽子措施。运输省和观光厅联合设置了"访日外国游客适应环境整备紧急对策事业费补助制度"（表4-37）、"观光振兴事业费补助制度"（表4-38）等补助制度。

访日外国游客适应环境整备紧急对策事业费补助制度　　　　表4-37

事项	具体政策
补助内容	提供多语言的公共交通指引标识，提供全国通用的IC卡，将车内站点指示牌改为电子指示牌，提供免费无线网络，新建无障碍电梯，改造西式卫生间，提供非常用电源插头*等 注：*即其他国家常见的电源插头形式
补助对象	铁道事业者
补助比例	中央政府全额出资，补助金≤1/3事业费，提供非常用电源插头事业的补助金≤1/2事业费

观光振兴事业费补助制度　　　　表4-38

事项	具体政策
补助内容	提供多语言的公共交通播报和指引标识，提供免费无线网络，增加行李放置空间，更换观光列车，提供非常用电源插头等
补助对象	主要面向地方铁道和索道、缆车等观光旅游线： （1）JR东、JR西、JR东海铁道不在补贴范围内； （2）大手民铁只有空港铁道部分可以申请该补贴
补助比例	中央政府全额出资，补助金≤1/3事业费，提供非常用电源插头事业的补助金≤1/2事业费

▶▶ 2000年以后：支持便利性提升和更新改造

2001年，日本政府推出独立行政法人制度，主要承担那些政府认为没必要动用行政力量来做、但又不能放任不管或交给民间自主进行的工作，其中就包括轨道补助制度的相关工作。虽然由政府全额拨款，但独立行政法人在经营机制上更加自由灵活，且采用高薪加年度评估的方式鼓励其提升工作效率。同一年，日本《独立行政法人铁道建设·运输设施整备支援机构法》出台，将铁道公团和运输设施整备事业团合并成立了独立行政法人的铁道建设·运输设施整备支援机构（简称铁道运输机构），承担此前两个机构的相关工作，包括各类轨道建设补助和贷款发放（如接收企业申请、工程审核、资金申请和发放、评估审查等工作）、投资地方公共交通建设、为轨道设施设备整备事业提供补助等。日本国土交通省每年对其工作进行评估。

与此同时，日本大城市由大规模开发建设向城市更新转变。在此背景下，2005年，日本政府出台了《都市铁道等便利性增进法》，要求铁道运输机构和地方政府对车站设施设备升级、运营速度提升、交通枢纽及周边功能优化完善等工程进行系统性补助。2007年，日本又出台《地域公共交通活化性再生法》，要求铁道运输机构和地方政府对提高轨道便利性、减少环境影响、提高运输安全等工程进行补助。根据以上法律，日本国土交通省推出了一系列面向轨道便利性提升和更新改造的补助制度，具体如下。

（1）都市铁道便利性增进事业费补助制度

该制度具体如表4-39所示。

都市铁道便利性增进事业费补助制度 表4-39

事项	具体政策
补助内容	（1）运营速度提升事业：既有线延长、复线改造、直通运行； （2）车站设施设备优化事业：增加无障碍设施、增加检票口、增设停车场
补助对象	铁道事业者
补助比例	中央政府补助金≤1/3事业费，地方政府同额补助

（2）地域公共交通确保维持改善事业费补助制度

2011年日本国土交通省颁发《地域公共交通确保维持改善事业实施要领》，提出中央政府对改善运输安全的相关事业给予最多1/3事业费的补助。这一制度的补助内容和补助比例与"铁道轨道输送对策事业费补助制度"完全相同，只是补助对象面向地方铁道以外的铁道事业者，包括都市铁道。为适应老龄化社会需求，日本国土交通省从2013年开始推行"地域公共交通无障碍化等事业"，致力于提高各类公共交通的无障碍水平和出行便利程度，并将以上内容纳入"地域公共交通确保维持改善事业费补助制度"的补助范围，具体如表4-40所示。

地域公共交通确保维持改善事业费补助制度 表4-40

事项	具体政策
补助内容	（1）轨道和路基修缮，桥隧防护工程以及防落石，车辆自动控制系统，列车无线、防风等设备甚至车辆的购买和更新等； （2）无障碍：车站增设无障碍设施，提升无障碍设施水平； （3）服务体验提升：在车站内增设医疗设施、婴幼儿设施等能够提升乘客体验的相关措施以及防止轻轨轨道振动的设施等。 注：（2）、（3）为2013年后补充内容
补助对象	（1）项：除地方铁道以外的铁道事业者； （2）、（3）项：各类铁道事业者
补助比例	中央政府出资，补助金≤1/3事业费

（3）铁道设施安全对策事业费补助制度

2012年，考虑到部分既有轨道年久失修，而中小私铁普遍缺乏修缮能力，日本国土交通省推动"铁道设施安全对策事业"，制定了"铁道设施安全对策事业费补助制度"。后来，又将属于安全设施类的"平交道口安全保障设备整备事业补助制度"和"铁道轨道输送对策事业费补助制度"整合到了"铁道设施安全对策事业费补助制度"中来。同时，还增加了对地下车站防水措施的补助（表4-41）。

铁道设施安全对策事业费补助制度　　　　　　　　　　表4-41

事项	具体政策
补助内容	（1）原"平交道口安全保障设备整备事业补助制度"补助内容； （2）抗震补强：车站和轨道相关设施的抗震补强工程，南关东直下地震和3·11东日本大地震的灾后恢复工程； （3）洪水和暴雨应对：轨道河川桥梁加固，轨道线周边山体加固，地下车站出入口和换气口防水设备设施的安装和购买； （4）防老化：对桥梁、隧道等老化结构体的修缮工程； （5）安全保障：安装站台安全门； （6）原"铁道轨道输送对策事业费补助制度"补助内容
补助对象	补助内容中的第（1）项：非地方政府经营的或地方政府经营但运营亏损的铁道事业者； 补助内容中的第（2）、（3）项：除了JR东、JR西、JR东海以外的铁道事业者； 补助内容中的第（4）项：地方铁道事业者； 补助内容中的第（5）、（6）项：铁道事业者
补助比例	中央政府出资： 第（1）项：补助金≤1/2事业费（若企业盈利则补助金≤1/3事业费）； 第（2）、（3）、（4）、（5）、（6）项：补助金≤1/2事业费

▶▶ 现状：完善的轨道交通补助机制

经过100多年的发展，日本政府已经制定了名目繁多的补助制度。根据铁道运输机构2020年的年报，目前主要在发放的政府补助金及补助内容按照分类大致如表4-42所示（不包括新干线）。

2020年铁道运输机构计划发放的政府补助金概况　　　　　　表4-42

序号	补助金名称	2020年确定的补助内容	预算（亿日元）
（一）针对主要干线铁道的补助			
1	干线铁道活性化事业费补助金	系鱼川市越后心动铁道新站建设、富山县爱之风富山铁道新站建设、茨城县常陆那珂海滨铁道新线建设等工程	4.83
（二）针对都市铁道的补助			
2	都市铁道便利性增进事业费补助金	相铁和JR东直通运行以及相铁和东急东横线直通运行改造建设	115.68

序号	补助金名称	2020年确定的补助内容	预算（亿日元）
3	地下高速铁道事业费补助金	福冈市地铁七隈线延长、大阪市关西高速铁道浪速筋线地铁建设	66.07
4	车站综合改善事业费补助金	东京小田急电铁江之岛线中央林间车站改造和东急电铁池上线池上站地上站综合体建设、兵库县山阳电气铁道林崎松江海岸站换乘通道等改造	17.57
5	转让线建设费等利息补给金	原铁道公团建设转让但尚未还完的贷款利息	0.41
6	地域公共交通确保维持改善事业费补助金	（视申请情况而定）	最高204.3
（三）轨道技术研发类补助			
7	铁道技术研发费补助金	气象灾害相应技术研究、防灾减灾对策技术研究、利用新科技改善结构老化技术研究、轨道节能减排技术研究等	1.37
（四）安全·防灾类补助			
8	铁道防灾事业费补助金	常规的落石及海岸线防护工程；青函海底隧道的地震防灾设施、排水设施、火警装置、变电设备等设施设备检修	9.36
9	铁道设施安全对策事业费补助金	（视申请情况而定）	最高41.89
（五）旅游观光类补助			
10	访日外国游客适应环境整备紧急对策事业费补助金	（视申请情况而定）	最高54.12
11	观光振兴事业费补助金	（视申请情况而定）	最高44

　　一百多年来，日本政府始终坚持不懈地对轨道发展提供补助。不难看出，正是因为日本把轨道视为国家发展、城市繁荣的基础并将其提高到一定的战略地位，才能保持如此长久的战略定力。同时，其法治观念强，以法律为基础确保政策落地实施。不难发现，几乎每一项补助制度的背后都有其对应的法律。从法律出台到日本中央省厅颁布实施令再到形成制度，整个施政过程有法可依。有了法律的保驾护航，制度落地更加平稳。此外，日本政府也会审时度势地调整制度方向。在大规模建设期有针对建设的补助，在更新改造期有针对更新改造的补助，在各类灾害频发情况下有安全防灾类补助，其轨道补助制度充分体现了政策的灵活性。实际上，补助制度的变化也是其轨道发展政策体系变化的缩影，正是通过不断地适应城市发展需求、不断地自我更新完善，才建成了今天庞大的轨道交通网络。

第 5 章
不可或缺的公共巴士

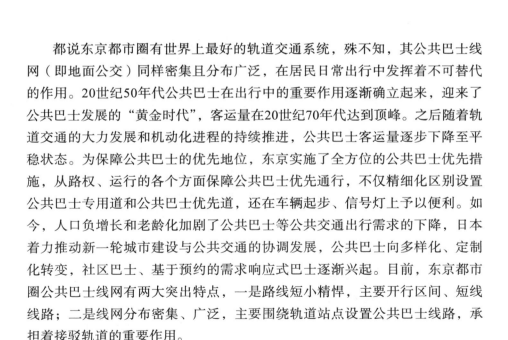

　　都说东京都市圈有世界上最好的轨道交通系统，殊不知，其公共巴士线网（即地面公交）同样密集且分布广泛，在居民日常出行中发挥着不可替代的作用。20世纪50年代公共巴士在出行中的重要作用逐渐确立起来，迎来了公共巴士发展的"黄金时代"，客运量在20世纪70年代达到顶峰。之后随着轨道交通的大力发展和机动化进程的持续推进，公共巴士客运量逐步下降至平稳状态。为保障公共巴士的优先地位，东京实施了全方位的公共巴士优先措施，从路权、运行的各个方面保障公共巴士优先通行，不仅精细化区别设置公共巴士专用道和公共巴士优先道，还在车辆起步、信号灯上予以便利。如今，人口负增长和老龄化加剧了公共巴士等公共交通出行需求的下降，日本着力推动新一轮城市建设与公共交通的协调发展，公共巴士向多样化、定制化转变，社区巴士、基于预约的需求响应式巴士逐渐兴起。目前，东京都市圈公共巴士线网有两大突出特点，一是路线短小精悍，主要开行区间、短线线路；二是线网分布密集、广泛，主要围绕轨道站点设置公共巴士线路，承担着接驳轨道的重要作用。

　　本章将主要从公共巴士的基本情况、发展历程与管理演变、优先发展与振兴的相关对策以及投资运营与补助制度四大方面详细介绍，带读者深入了解东京都市圈的公共巴士。

5.1 东京都市圈公共巴士的基本情况

▶▶ 多种多样的公共巴士

日本的巴士客运服务包括公共巴士、包租巴士和特定巴士。包租巴士顾名思义就是为学校、公司等团体多人出行时提供的短期租赁服务，出行时间、路线等较为灵活，根据实际情况定制调整，如跟团旅游包车等。特定巴士可理解为给某类特定群体提供的长期包车服务，一般指在车站和企业之间接送员工的通勤摆渡车等。

本章重点关注的是公共巴士，与国内的地面公交类似，但其运行模式更为丰富，包括定时定线运行、定线不定时运行以及区域运行三种模式（表5-1）。

公共巴士的运行模式   表5-1

运行模式	特征	运行图示	典型巴士类型
定时定线运营	运行路线和时刻表固定；在固定车站停靠		路线巴士（类似国内常规地面公交）、社区巴士（类似国内微循环公交）等
定线不定时运营	运行路线固定，在固定车站停靠；按照预约时间发车运行	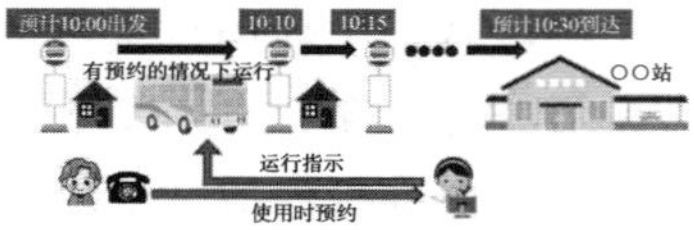	不定期巴士（原文为：不定期バス，通过预约形式运行）等
区域运营	不设置运行线路和车站，根据预约情况在指定区域内灵活运行	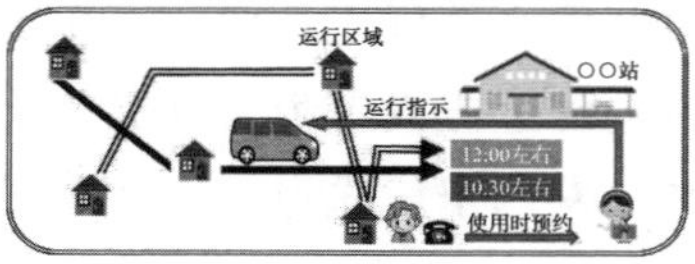	需求响应式巴士等

▶▶ 公共巴士客运量有多少？

1. 东京都市圈客运量领跑全国

东京都市圈（指"一都三县"，即东京都、埼玉县、千叶县和神奈川县）的公共巴士客运量领跑日本全国。2014年东京都、神奈川县、千叶县和埼玉县的日均客运量分别位于第1位、第2位、第6位和第7位，整个都市圈的日均客运量达到511.8万人（图5-1）。

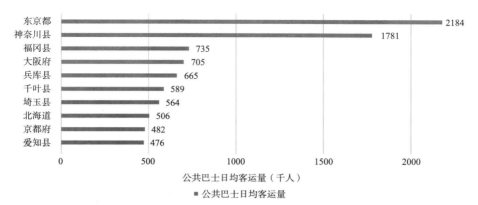

图5-1　2014年公共巴士日均客运量前十名的都道府县

2．2019年以前，客运量小幅回暖

2019年以前，东京都市圈公共巴士的年客运量呈小幅上涨趋势，2019年公共巴士年客运量达到20.1亿人（图5-2）。2014年以来，东京都和埼玉县的公共巴士年客运量小幅增长，2019年客运量分别达到8.5亿人和2.4亿人；神奈川县和千叶县的年客运量基本保持不变（图5-2）。2020年后，整个都市圈公共巴士客运量较2019年下降27.2%。

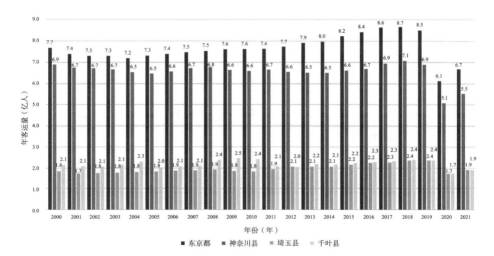

图5-2　东京都市圈公共巴士的年客运量变化

2019年前，东京都市圈公共巴士的旅客周转量呈波动上升趋势。2019年旅客周转量达131.0亿人公里，2000—2019年公共巴士旅客周转量的年均增长率为3.32%

（图5-3）。2020年，东京都市圈公共巴士的旅客周转量大幅下降。其中，东京都表现最为明显，旅客周转量从2019年的67亿人公里下降至2020年的25亿人公里（图5-3）。

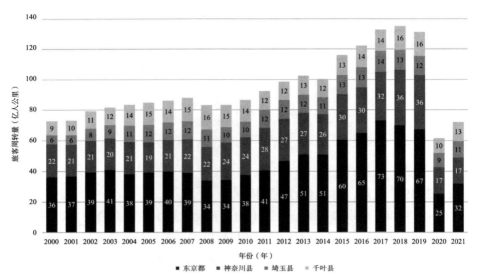

图5-3　东京都市圈公共巴士的年旅客周转量变化

专栏
东京都的都营（公共）巴士

　　都营交通（东京都交通局）是东京都政府经营的地方公营企业，属于一般性营利组织，业务涉及地铁、巴士等多个出行领域（表5-2）。

都营交通的出行业务范围　　　　　　　　　　表5-2

分类	具体内容
地铁	都营地铁
巴士	又称为都营巴士，包括公共巴士和包租巴士
有轨电车	东京樱花电车（都电荒川线）
AGT	无人驾驶轨道交通系统（Automated Guideway Transit，AGT），又称为"日暮里·舍人线"

都营（公共）巴士[1]主要在东京都JR山手线、荒川周围地区、江户川区的部分地区以及多摩地区的部分区域运营（图5-4）。2019年日均客运量达到63.2万人；2021年日均客运量下降至53.5万人。

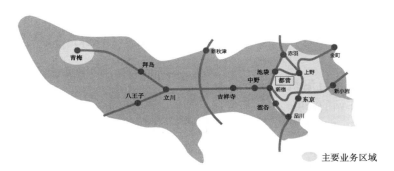

图5-4　都营巴士的主要业务区域示意

纵观发展沿革，都营（公共）巴士的客运量与地铁的营运里程数[2]呈显著的反向变化。都营（公共）巴士的鼎盛时期为1970—1975年，日均客运量接近130万人，但随着地铁规模的扩大，都营（公共）巴士的乘车人数逐渐下降，2005年日均客运量接近56.9万人（图5-5）。2010年以来，都营（公共）巴士的客运量有所升高。2019年日均客运量接近63.2万人，年客运量为23121万人。2020年客运量显著下降，日均客运量仅约为50.1万人，2021年恢复至约53.5万人。

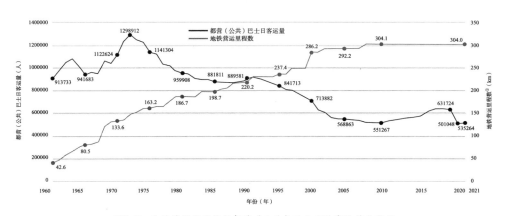

图5-5　地铁营运里程数与都营（公共）巴士日均客运量的变化

---

① 这里的"都营（公共）巴士"，是指都营巴士中的公共巴士，不包括包租巴士。
② 地铁营运里程数指都营地铁与东京地铁的总和。

▶▶ 公共巴士线网到底发不发达？

1. 线路短且多

公共巴士线路的设置较为灵活，主要开行区间、短线等线路，平均长度一般在10km以下。例如，截至2022年4月1日，东京都的都营（公共）巴士共运营129条线路，线路总长度为1073.3km，平均每条线路长约8.3km。截至2021年3月底，神奈川县的川崎市公共巴士共有193条线路，总长度为1199.7km，平均每条线路长约6.2km。

2. 线网密集且沿轨道分布

公共巴士车站的密度较高。研究显示，东京都内巴士车站密度最高的是多摩地区的武藏野市，平均步行约120m就能发现巴士车站；东京都区部的巴士车站间隔大致为300~400m，多摩地区的巴士车站间隔多为300m和500m。

公共巴士线路遍布东京都市圈，作为"毛细血管"支撑着整个公共交通系统的运行，其中东京都区部的公共巴士线路分布最为密集。从图5-6可以看出，公共巴士线路多围绕轨道线拓展和延伸，在轨道网的缝隙之中穿插运行。

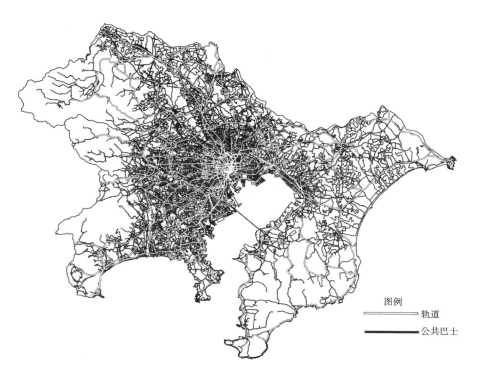

图5-6　2022年东京都市圈公共巴士与轨道的线路分布示意

注：图中的公共巴士线路包括路线巴士和社区巴士，不包括高速巴士和需求响应式巴士。

都营（公共）巴士多围绕轨道站点铺设

都营（公共）巴士线路在东京都区部的分布密集且广泛，主要围绕上野站、浅草站、东京站、新宿站、涩谷站等轨道站点设置巴士线路。以东京站为例，其丸之内北口、丸之内南口以及八重洲3个出站口均设有多个巴士站点，共有东22、东20等11条巴士线路经由东京站。同样，上野站、浅草站周边也有多条公共巴士线路在此汇集，可满足轨道周边大量的客流量需求（图5-7）。

图5-7 都营（公共）巴士在东京都区部上野站、浅草站区域的分布

▶▶ 一直扮演"辅助出行工具"的角色

1．出行分担率：稳定在3%左右

历次《东京都市圈居民出行调查》[1]结果显示，1968年公共巴士[2]的出行分担率最高，达到7%，这一时期正处于公共巴士发展的黄金时期。1978年以后，公共巴

---

[1]《东京都市圈居民出行调查》的调查范围逐渐扩大，2018年调查范围是东京都（岛屿除外）、埼玉县、千叶县、神奈川县的所有区域及茨城县南部地区。

[2]《东京都市圈居民出行调查》中的公共巴士包括：路线巴士、高速巴士和社区巴士。

士的出行分担率一直处于2%～4%的区间内（图5-8）。这里的分担率是按照每次出行的主要交通方式计算而来，也就是说，如果采用公共巴士接驳轨道出行的话，本次出行只会记录到轨道出行分担率里，这也更能说明公共巴士主要扮演辅助出行工具的角色。

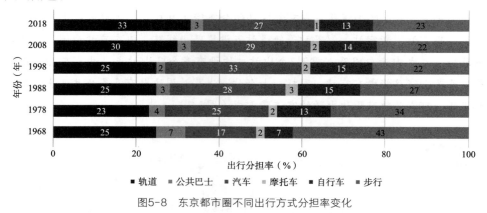

图5-8　东京都市圈不同出行方式分担率变化

2．主要作用：接驳轨道和郊区日常出行

公共巴士是接驳轨道的必要交通工具。以首都圈①为例，1975年公共巴士和有轨电车接驳轨道的出行分担率合计达到23%（图5-9），是除步行外最主要的轨道接驳工具。之后经历了有轨电车废除、自行车和小汽车快速发展的阶段，2010年后公共巴士接驳轨道的分担率保持在10%左右（图5-9）。

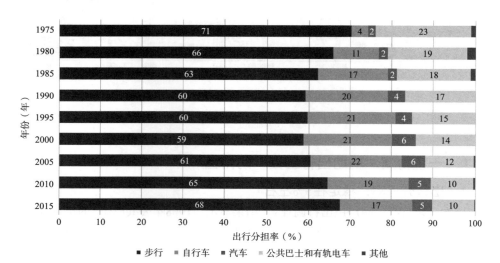

图5-9　历年首都圈轨道末端接驳方式构成（使用轨道月票）

---

① 首都圈为满足以下两个条件的圈域：1）乘坐轨道达到东京站的时间在2h以内的市区町村；2）到东京都区部的通勤、通学人数占比3%以上且总人口超过500人的市区町村。

不同接驳距离有着不同的接驳方式，公共巴士主要承担距离轨道站点2km以上的长距离接驳。以首都圈为例，在2km以上的轨道接驳中，乘坐公共巴士的出行分担率达到25%，在1～2km范围内的轨道接驳中，公共巴士的出行分担率仅占到5%。

公共巴士的另一个使命是满足郊区的日常出行。对比东京都市圈公共巴士和轨道的出行分担率，轨道的出行分担率具有更明显的内高外低的特征，而公共巴士的出行分担率分布较为分散，在远离核心区的某些区域也存在较高的出行分担率，说明公共巴士还承担部分远郊区县居民的日常出行服务（图5-10）。

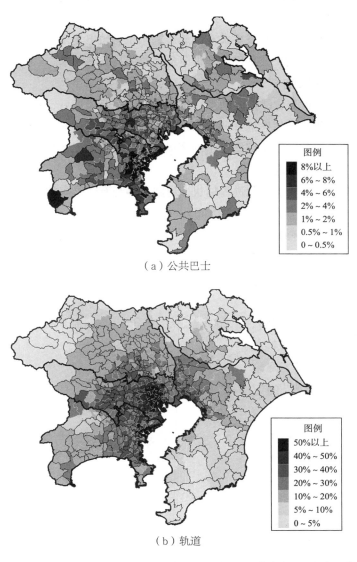

图5-10　2018年东京都市圈全目的出行的公共巴士和轨道出行分担率示意

5.2 公共巴士的发展历程与管理演变

▶▶ 短暂的黄金时期

1. 起源早

日本的公共巴士起源于1903年在京都市内运行的公共汽车。20世纪20年代，东京的轨道交通（铁道和有轨电车等）得到充足发展，有轨电车更是遍布东京都区部，统治市内出行。1923年发生关东大地震，东京有轨电车遭到严重损坏，人们的日常生活受到严重影响，公共巴士作为应急交通工具发展起来。

2. 黄金时代来临

经历了第二次世界大战期间的燃料供给困难、经营惨淡后，20世纪50年代，东海道新干线、名神高速道路的开通带来了旺盛的客运需求，20世纪50年代后半期被称为巴士的黄金时代，固定路线巴士的客运量持续增加，巴士事业不断扩大，地方城市的公共巴士也发展起来。

20世纪60年代随着机动化进程加快，道路车辆与有轨电车的路权冲突也不断加剧，政府以东京奥运会为契机，在20世纪60、70年代废除了绝大多数有轨电车线路，使得提供替代服务的公共巴士获得了一定的发展空间，公共巴士在区域公共交通中的地位也逐渐确立起来。

3. 客流量的鼎盛时期

日本不同地区公共巴士客运量的变化趋势大致相同。全国的年客运量在1975年左右达到峰值，之后呈下降趋势；其中三大都市圈[①]的下降程度明显低于其他地区。2006年日本全国公共巴士年客运量达42.4亿人，其中三大都市圈年客运量为26.5亿

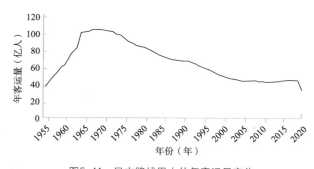

图5-11　日本路线巴士的年客运量变化

---

① 这里的"三大都市圈"是指东京圈、中京圈、近畿圈，具体包括：千叶、武相（东京三多摩地区、埼玉县及神奈川县）、京滨（东京特别区、三鹰市、武藏野市、调布市、狛江市、横滨市及川崎市）、东海（爱知县、三重县及岐阜县）、京阪神（大阪府、京都府（包括都市在内的与大阪府邻接的地区）及兵库县（包括神户市和明石市在内的与大阪府邻接的地区））的区域。

人。日本路线巴士的年客运量大致也在1960—1975年达到顶峰，之后呈下降趋势。近年来其年客运量基本维持在40亿人左右（图5-11、图5-12）。

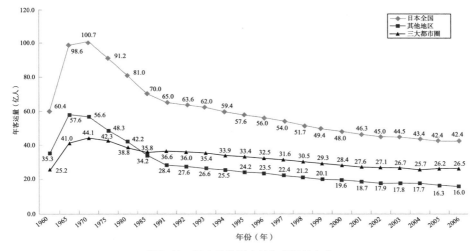

图5-12　日本公共巴士的年客运量变化

▶ 日本的巴士都市制度

1997年5月，日本原运输省、原建设省①和警察厅3个省厅联合创立了综合性巴士都市制度（以下称为巴士都市制度），与我国的"公交都市"创建工作类似，旨在通过发展巴士解决目前城市面临的交通拥堵、空气污染、交通事故增加等各种问题，提出构建便于所有人乘坐的巴士系统，打造一个没有交通拥堵和事故的安全、出行便捷的城市。

巴士都市制度的重点在于提高巴士运行速度，提升出行便利性和舒适度。具体措施包括：建设换乘驻车场，引导小汽车换乘公共巴士出行；安装公共交通优先系统（Public Transportation Priority Systems，简称PTPS），实现巴士优先通行的信号灯控制；增设巴士专用道；更换无台阶巴士，便于上下车；发展社区巴士；使用IC卡乘车支付以及改善巴士站候车环境等。相关措施将在5.3节中详细介绍。

▶ 政府"看得见的手"逐渐放开

日本政府对公共巴士（乃至整个交通运输行业）的管理经历了一个由严变松的过程。最早，日本政府宏观调控巴士、轨道、航空客运等交通运输领域的供需，对新进入者实施一定的限制以实现行业的供需平衡，防止因过度竞争导致服务质量和安全性的降低；同时通过允许企业区域垄断，确保某些线路的盈利，从而实现以盈

① 2001年1月，日本的北海道开发厅、国土厅、运输省及建设省合并为国土交通省，以便于开展综合性的国土交通政策。

利路线的收益维持不盈利路线运营的企业内部补贴模式，称为"准入限制+自负盈亏"的管理机制。

然而在巴士发展的黄金时期（20世纪50年代后半期）后，轨道的大规模发展和私家车的普及使得公共巴士行业不断衰败，许多路线仅靠企业自己难以为继。1972年设立中央政府补助制度以来，公共巴士产业陷入补助的漩涡中，政府财政负担不断加重。1996年以来，诉诸市场手段解决困境的声音持续存在，以英国为首的西方国家也正在推进交通领域的放松管制政策。1998年日本内阁会议决定了"推进放松管制的三年计划"，1999年运输政策审议会提出了公共巴士的放松管制政策。2000年通过了日本《道路运输法》中对公共巴士的放松管制措施，并于2002年2月正式实施。

2002年2月修订实施的日本《道路运输法》无疑是公共巴士行业管理制度改革的里程碑，从此奠定了放宽公共巴士运营限制的管理基调；从准入与退出机制、政府定价管理等方面进行了调整，旨在增强企业竞争和市场活力（表5-3）。

2002年日本《道路运输法》关于公共巴士的调整内容　　　　表5-3

调整方面	调整内容
供需调控制度	废止
准入机制	由管制机制改为许可制
退出机制	由许可制改为申报制
票价制度	由定额审批制改为上限申报制

1. 如今的准入和退出机制

无论是否与现有路线冲突，只要是符合运输安全要求、能提供稳定服务的新企业均可进入公共巴士市场。企业可向运输分局提出许可申请，省运输局会对企业的运营资金、车辆设施、人员的配备、运行路线的安全性以及应对事故风险的能力进行审查。审核通过后授予"公共事业许可"，且一旦获得此项许可，企业可在全国的任何地区从事公共巴士事业，不只局限于固定区域的固定路线（图5-13）。

企业退出原有路线不再像过去那样需征得相关部门同意，只需提前6个月申报，以便乘客充分获知路线废止情况，6个月期满即可直接退出。如有其他企业接管该路线，在不损害乘客便利性的情况下，只需提前30天申报即可。

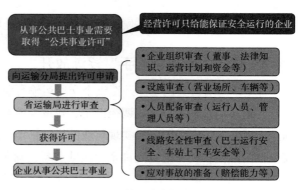

图5-13　公共巴士事业的许可流程

2．放松管制带来的影响

2002年放宽经营限制后，公共巴士路线的许可里程数明显增加，停运里程数未发生明显变化。从各年份的废止里程数看，放松管制并未明显催化公共巴士的废止进度，不同年份内申报的废止里程数存在一定差异，2006年废止里程数接近1.2万km（图5-14）。

放宽公共巴士的经营限制后，开设固定路线公共巴士的企业数量有小幅增长，但是企业数量的增加并未能显著带动公共巴士客运量和营业收入的增长（图5-15）。

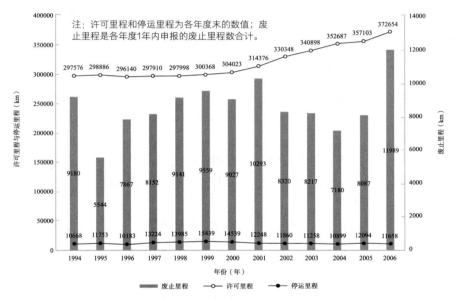

图5-14　日本公共巴士路线许可、废止和停运里程情况

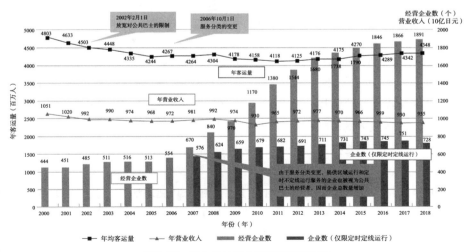

图5-15　日本公共巴士的运营情况变化

▶ 应对客流量下降，发展可持续交通

政府放松管制并未真正盘活整个公共巴士行业，也没能为公共巴士客运量的下降趋势踩下"急刹车"，公共巴士客运量直线下滑。

公共巴士发展陷入恶性循环：私家车出行便利，进而使用私家车的人数增加、公共交通使用人数减少，导致公共交通运营企业收益降低，公共交通停运或线路减少，公共交通出行便利性进一步降低，与私家车相比，竞争力不足，又加剧了私家车的使用（图5-16）。

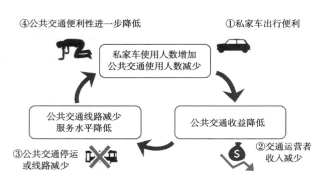

图5-16　公共巴士发展陷入恶性循环

近年来，人口负增长和老龄化进一步加剧了公共巴士等公共交通出行需求的萎缩，亟须充分调动区域交通资源，提高公共巴士等的出行便利性，发展可持续公共交通成为新的时代主题。

为此，2006年10月，日本修订《道路运输法》，创建了地域公共交通会议制度。地方政府负责组织，相关政府部门、运营企业、当地居民以及专家学者参加，共同商讨决定区域内公共巴士的企业运营、服务水平以及巴士发展计划等问题，提升公共巴士出行便利性。同时，日本丰富了《道路运输法》中对于普通公共汽车客运服务[①]的定义，在常见的定时定线运行的路线巴士外，定线不定时和区域运行（如需求响应式巴士）的模式也开始归属于公共汽车客运服务的范畴（图5-17）。具体分类参见5.1节。

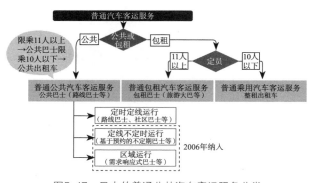

图5-17　日本的普通公共汽车客运服务分类

2007年10月，日本国土交通省出台了《地域公共交通活性化及再生的法律》推动各地方政府组织制定地域公共交通规划，根据实际情况明确提高公共巴士等公共

---

① 普通公共汽车客运服务，日文称为一般乘合旅客自动车运送事业，包含公共巴士等公共交通客运形式。

交通使用便利性的实施方案及公共巴士废止路线的必要替代方案等。后于2014年、2020年修订法律，进一步将地域公共交通规划设定为法定规划，加强利益相关方之间的协作，着力提升公共交通效率、便利性和可持续性；必要时可对地区公共交通网络进行调整重构，以促进其与城市的协调发展。

1. 重构巴士线网，适配城市空间布局

目前，日本正在推动新一轮城市建设与公共交通的协调发展，重新构建公共巴士等区域公共交通线网，与"紧凑型+网络化"的新型城市结构融合发展，提升地区活力。

在城市规划方面，"紧凑型"是指将医疗、福利、商业、工作等设施集中在城市中心的轨道站点（以下称中心部）周边，并引导居民围绕公共交通沿线居住。"网络化"是指协同发展中心部周边的功能组团或郊区新城等，实现城市多核、均衡发展（图5-18）。

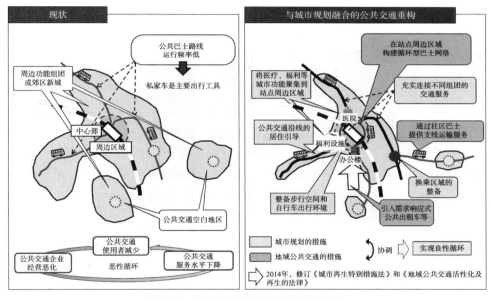

图5-18　与城市规划融合的公共交通重构

在公共巴士线网重构方面，通过干线巴士等强化周边组团与中心城的联系，在中心城区域构建循环型巴士网络。以社区巴士等提供支线运输服务，实现不同功能组团之间的有效连接，并配套做好换乘区域的整备工作。同时，可在区域内引入需求响应式公共出租车等交通工具满足多样化出行需求（图5-19）。

2．东京都的公共交通规划

截至2020年9月底，东京都共有3个区域制定了相应的地域公共交通规划，包括多摩市、武藏野市以及东京都临海地区（由东京都、中央区、港区和江东区政府共同制定）。《东京都临海地区公共交通规划》于2016年6月出台，规划期间为2016—2025年，目的是构建与东京都临海地区城市发展相适应的公共交通网络。

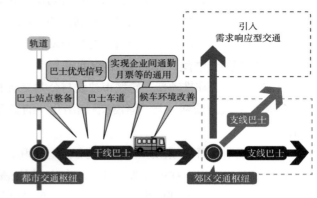

图5-19　公共巴士线网重构示例

《东京都临海地区公共交通规划》提出了提升公共交通便利性、丰富末端和内部交通工具、减少换乘障碍等目标，并从BRT（Bus Rapid Transit）整备、扩充或重构路线巴士、活用社区巴士等方面提出具体对策（表5-4）。

《东京都临海地区公共交通规划》的目标与对策　　　　表5-4

规划目标	公共交通对策
提升公共交通便利性	BRT的引进与整备；路线巴士的扩充与重构
丰富末端和内部交通工具	增设共享单车；充分利用社区巴士；引进小型私人交通工具
减少换乘障碍	新设或改造轨道、巴士站点；提供换乘信息等
构建与城市发展适配的公共交通网络	针对特定区域的开发方案，采取强化综合交通枢纽功能等措施构建公共交通网络

5.3 公共巴士的优先发展与振兴对策

▶▶ 巴士专用道VS巴士优先道

1. 有何不同？

在日本，常规路线巴士拥有车道的优先使用权。同时设立和划分了巴士专用道和巴士优先道，两者在通行车辆、车道设置条件上存在差异。

（1）通行规则：巴士优先道对所有机动车开放，而巴士专用道不允许一般社会车辆使用

巴士专用道一般指专供路线巴士等特定车辆通行的车道，原则上禁止其他车辆通行。若在巴士专用道标志下方设有"路线巴士"的辅助标志，则表示仅允许路线巴士使用；若未设置辅助标志，则路线巴士、校车、通勤班车等均可通行（图5-20）。

除上述路线巴士等特定车辆外，小型特殊机动车[①]、摩托车和自行车等也可使用巴士专用道，如图5-21所示。小汽车、货车等其他机动车不允许使用巴士专用道，

图5-20 巴士专用道的标志标线

图5-21 巴士专用道的通行车辆示例

---

① 小型特殊机动车主要包括农业作业（如农用拖拉机）、除雪等用途的专用车辆。

但如果左转车道被设置为巴士专用道，小汽车在红绿灯十字路口左转时可借用巴士专用道。

日本《道路交通法》第20-2条规定，巴士优先道对所有机动车开放，只是要求当后方有路线巴士等靠近时，其他机动车必须迅速驶出巴士优先道，不得干扰路线巴士等的正常行驶；若由于交通拥堵等路况无法保证及时驶离优先道为路线巴士等让路时，则其他机动车在一开始就不得使用巴士优先道。巴士优先道的标志标线如图5-22所示。

图5-22　巴士优先道的标志标线

当然，小型特殊机动车、摩托车和自行车等车辆是不需要给路线巴士等让路的；同样，小汽车、货车等因左转而占用巴士优先道时，也不需要为后方驶来的路线巴士等让路（图5-23）。

图5-23　巴士优先道的通行车辆示例

（2）设置条件：巴士专用道设置的条件更为严格

日本警察厅公布的《交通规制标准》对巴士专用道和巴士优先道的设置条件进行了规定。原则上讲，巴士专用道的设置条件更为严格。一般当道路内拥有较多从居民区到轨道站点或巴士终点站的路线巴士，且其正常运行受到严重阻碍的，需设置专用道；而当道路的交通流量较大，对路线巴士等的运行产生显著影响时，即可设置巴士优先道。

（3）设施规模：巴士专用道集中设置在中心区，巴士优先道在周边区县更为普遍

东京都市圈巴士专用道和优先道的基础设施整体规模不大，且主要集中于东京都。截至2021年3月，东京都、埼玉县、千叶县和神奈川县的巴士专用道总长度达170.6km，巴士优先道总长度为227.1km（表5-5）。东京都市圈的巴士优先道规模略大于巴士专用道，尤其对于周边三县而言，巴士优先道明显更为普遍；以埼玉县、千叶县为例，巴士优先道的设置长度明显多于专用道。

一都三县的巴士专用道和优先道的设置情况　　　　表5-5

都道府县	巴士专用道长度（km）	巴士优先道长度（km）
东京都	152.0	103.5
埼玉县	0	8.0
千叶县	0.1	22.6
神奈川县	18.5	93.0
合计	170.6	227.1

2．怎么优先？

（1）道路铺装：优先车道彩色铺设，极具辨识度

由于日本机动车靠左行驶，巴士专用道和巴士优先道一般设置在左侧第一个车道。《交通规制标准》要求巴士专用道和巴士优先道应以彩色铺设（建议以茶色系为基础），并与自行车道等颜色做好区分，通过道路色彩实现功能分区，提高辨识度。同时市町村的巴士线路需采用统一的颜色铺设，以免给出行者造成困惑。

（2）处罚条款：不惜动用刑事处罚严惩违法通行车辆

日本《道路交通法》第51条规定，违反路线巴士等优先道通行规则和巴士专用道通行规则的，处以5万日元以下的罚金。在实际执法中，上述两种情况均属于轻微违反交通规则的行为，普通机动车将处以0.6万日元违规金并记1分（表5-6）。虽同样是罚款，"罚金"和"违规金"却存在本质区别。违规金属于行政处罚，而罚金属于刑事处罚，并在一段时间内留有违法记录。

违反巴士专用道和优先道交通规则的处罚　　　　表5-6

行为	分数	行政处罚					刑事处罚
		违规金（万日元）					罚金
		大型车*	普通车**	二轮车***	小型特殊车	原付车****	
违反路线巴士等的优先道通行规则	1	0.7	0.6	0.6	0.5	NA	5万日元以下罚金
违反巴士专用道通行规则	1	0.7	0.6	0.6	0.5	0.5	

注：*：大型车包括大型机动车、中型机动车、准中型机动车、大型特殊机动车、无轨电车和有轨电车。
　　**：普通车包括普通机动车、轻型机动车（不包括二轮车）以及微型机动车。
　　***：二轮车指排气量超过50cc的摩托车。
　　****：原付车主要包括排气量在50cc以下的摩托车和排气量在20cc以下的其他机动车。

（3）保障措施：防止其他车辆违法占用巴士优先车道

消除优先车道内的违法驻停车。普通车辆在巴士优先道上驻停车即违反了巴士优先道的通行规则，因其显然无法在后方路线巴士靠近时迅速驶离优先道。在巴士专用道上驻停车也是同理：除路线巴士、校车等规定车辆外，其他车辆在巴士专用道上驻停车即违反了巴士专用道的通行规则。

东京都警视厅开展巴士专用道、优先道的保障行动，取缔巴士专用道、优先道内的违法驻停车，同时要求货车使用路外驻车场进行货物的装卸和物流的配送，不得妨碍路线巴士等的运行路线，确保线巴士等的行驶速度和准时性。

采用巴士摄像技术监测其他车辆对优先车道的占用情况。2005年东京都部分巴士企业引入巴士摄像系统，在巴士前端安装摄像头，捕捉在巴士专用道和巴士优先道上违法行驶或停放的车辆，对反复出现上述违法行为的车辆所有者发出警告。东京都引入该系统后，路线巴士的平均行驶速度得到提升。

▶▶ 起步享有优先权

日本《道路交通法》第31–2条规定，公共巴士在停靠站上下客后，起步变道前打手势或转向灯提示后方车辆时，后方车辆不得妨碍公共汽车的行驶路线（后方车辆不得不紧急变道或变速的情况除外）。

日本《道路交通法》第120条规定妨碍公共汽车起步的，处以5万日元以下的罚金。在实际执法中，该情况也属于轻微违反交通规则的行为，普通机动车将处以0.6万日元违规金并记1分（表5-7）。

妨碍公共汽车起步的处罚　　　　　　　　　　　　　　　　表5-7

行为	行政处罚						刑事处罚
	分数	违规金（万日元）					罚金
		大型车	普通车	二轮车	小型特殊车	原付车	
妨碍公共汽车起步	1	0.7	0.6	0.6	0.5	0.5	5万日元以下罚金

▶▶ 信号灯也"开特例"

科技的进步使得交通信号灯的智能控制成为可能，依托巴士优先通行的智能信号灯，日本开发引进了公共交通优先系统（Public Transportation Priority Systems，简称PTPS）。PTPS将巴士专用道、优先道等交通管制措施与巴士定位、交通信号灯控制等系统结合起来，通过道路上的车辆传感器和巴士车载装置的双向通信，实现巴士优先通行的信号灯控制，同时对违法占用巴士专用道、优先道的车辆进行警告，实现对划定道路车辆通行的智能管理（图5-24）。

图5-24　公共交通优先系统

巴士优先信号灯主要包括三种形式：一是缩短红灯时间，将红灯快速切换到绿灯，缩短巴士在十字路口的等待时间；二是延长绿灯时间，使巴士无需等待直接通过路口；三是缩短绿灯时间，当巴士进入路口等待右转时，缩短其他车辆的绿灯通行时间。

PTPS可以有效提高路线巴士等的通行便利性，缩短路线巴士的信号灯等候时间，确保运行的准时性，同时可减少巴士专用道、优先通行道的违法行为，确保运行的安全性。截至2021年3月，日本共有47个都道府县在巴士线路上引进了PTPS，共计1005.9km，其中东京都市圈PTPS里程数达343.6km，埼玉县和神奈川县的PTPS里程数居日本全国首位和第三位，分别达到193.9km和119.5km（表5-8）。

2021年3月不同地区PTPS的引进情况　　　　　　　表5-8

PTPS	日本	东京都市圈	东京都	埼玉县	千叶县	神奈川县
里程数（km）	1005.9	343.6	11.9	193.9	18.3	119.5

专栏
千叶县的PTPS

截至2021年3月，千叶县引进PTPS系统的道路里程为18.3km（表5-9），主要分布在以下3条巴士线路上。

序号	实施的线路区间	实施时间
1	JR稻毛站—穴川十字路（2km）	2000年1月
2	JR市川站—JR松户站（7.3km）	2002年3月
3	JR柏站—国立癌症中心（约9km）	2006年3月

在JR稻毛站—穴川十字路之间引进PTPS后，路线巴士的运行效率得到明显改善。乘坐路线巴士的出行时间大幅度缩短，到站准点率显著提高。从JR稻毛站巴士站到穴川十字路巴士站1天的运营数据看，PTPS使用1个月后，路线巴士的平均出行时间较使用前下降了约22%，到站准点率提升了51%，路线巴士的平均信号灯等待时间减少47s（图5-25）。

以JR稻毛站巴士站为例，PTPS使用1个月后的平均乘车人数较使用前未发生显著变化（图5-26）。可见使乘客意识到路线巴士行驶便利性的提高，并将其转化为忠诚用户仍需要一段过渡期。

虽然在PTPS应用路段，巴士的行驶速度提高，出行时间缩短，但外侧区域车辆的拥堵程度有所增加，对其他车辆的通行产生了一定的负面影响。千叶县警察局对该路段引进PTPS的经济效益进行了估算：以7:00—10:00、16:00—19:00两个时段为调查对象，PTPS使用路段由于时间成本节约和车辆燃料消耗降低，带来了141万日元的经济效益，扣除其他路段拥堵带来的负面效益，全路段合计产生90.5万日元的经济效益。

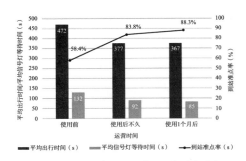

图5-25　路线巴士引入PTPS前后运行效率的变化

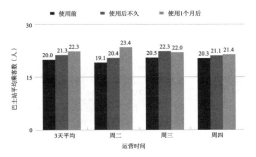

图5-26　JR稻毛站巴士站的平均乘客数变化

▶▶ 换乘有优惠

公共交通间的换乘优惠主要包括巴士间换乘优惠、轨道与巴士换乘优惠两种形式。

巴士间的换乘优惠有很多形式。东京都交通局运营的都营巴士就曾推出过换乘优惠，规定乘坐东京都区部的运营线路时，只要在90min内（以IC卡的刷卡记录计算时间）换乘即可享受约100日元的票价减免。千叶市若叶区泉地区则通过发放折扣券的方式给予换乘优惠。在该区域内，社区巴士间换乘、在指定站点由社区巴士换乘特定企业运营的路线巴士时，均可使用折扣券抵部分票价（成人可享受100日元折扣，学生享受50日元折扣）。

轨道与巴士间也有换乘优惠政策。出行者使用同一张IC卡乘车，通常以两次乘车计算一次优惠，只要在规定时间内（如90min）换乘就能享受票价减免，旨在通过降低换乘成本，减轻出行者对换乘不便的抵触心理，增加公共交通的使用率。

▶ 实现小汽车与公共巴士的无缝衔接：换乘驻车场

为了提高城市中心区公共巴士的利用率，促进小汽车向公共交通转换，防止大量小汽车涌入城市中心区而造成交通拥堵，换乘驻车场[1]在巴士停靠站周边发展起来。出行者将私家车停放在巴士站附近的驻车场，然后换乘公共巴士到达目的地。

换乘驻车场一般要求设在巴士车站300m范围内，且为驻车换乘的用户提供优惠服务，通常可直接减免部分驻车费用（如免费驻车1h），有些还提供购物即赠驻车优惠券的服务：当用户在驻车场合作的商店购物满一定金额时，会赠送对应时长的免费驻车券。

▶ BRT：高效、低碳的运输工具

近年来，日本倡导引入BRT（Bus Rapid Transit）等CO_2排放较少的交通工具，同时促进公共交通的使用。BRT是综合运用铰接式巴士[2]、巴士专用道、PTPS等基础设施，通过车辆配备、通行空间、运行管理等方面的优化提高运输能力，确保巴士快速通行和准点到站的公共出行系统（表5-10）。

BRT的基本性能要求与主要保障要素

表5-10

基本性能要求	主要保障要素
快速性	通过设置巴士专用道和巴士优先道、安装PTPS等确保通行速度；使用IC卡等缩短上下车时间
准时性	使用出行所需时间、换乘信息等引导系统；引入后台统一的运行管理系统

---

[1] 换乘驻车场在日语中称为パーク＆バスライド，也可称为park and ride。
[2] 铰接式巴士通常包括两节车厢，具有容量大、载客量大的特点。

基本性能要求	主要保障要素
运送力	使用铰接式巴士等大运量车辆；实现高频次运营
便利性	与其他公共交通、共享自行车、电动滑板车等交通工具做好衔接

截至2022年4月1日，日本全国共有28个地区开设了BRT，其中20个地区引入铰接式巴士，8个地区设置了巴士专用道等，5个地区将废弃轨道改造成与普通车道隔离的专用道路，为BRT车辆提供单独的行驶空间。

专栏
连接东京都心和临海地区的东京BRT

为应对东京都临海地区不断增长的出行需求、支撑当地发展，东京BRT（TOKYO BRT）于2020年10月开始第1次试运行，2023年4月进行第2次试运行。

目前，东京BRT由东京BRT株式会社和京成巴士株式会社联合运营，第2次试运行包括3条线路，将位于东京都港区的虎之门Hills、新桥与临海地区的国际展示场等联系起来。正式运行时拟增加一条选手村线，且还有部分路段正在研究中（表5-11、图5-27）。

正式运行时基本采用铰接式巴士（图5-28），以新桥—胜哄BRT区间为例，工作日高峰时段的单方向基本运行班次为20次/h，整体运力预期达到2000人/h。同时，将引入PTPS等公共交通优先措施以确保巴士快速通行和准点到站，运行表定速度[①]计划达到20km/h以上。

东京BRT第2次试运行的线路   表5-11

线路名称	运行区间
干线	新桥—国际展示场/东京电讯港 （工作日运行至国际展示场，周六日运行至东京电讯港）
晴海·丰洲线	虎之门Hills/新桥—丰洲/丰洲市场前
胜哄线	新桥—胜哄BRT

---

① 表定速度指前后停车时间内的平均行驶速度。

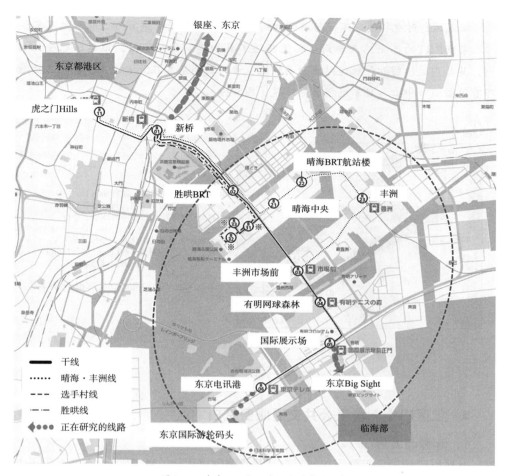

图5-27　东京BRT拟正式运行的线路示意

车辆尺寸（mm）：长：17990，宽：2495，高：3260
车辆定员：座席38名+立席74名+乘务员1名，合计113名

图5-28　东京BRT的铰接式巴士

正式运行时也将消除车辆与路面的高度差，使用轮椅的乘客可以顺利上下车。

东京BRT的巴士站点与周边其他交通工具和建筑良好衔接。以新桥巴士站为例，其与周边汐留站等轨道站点距离较近，步行时间基本在5min以内。其周边还分布有汐留城市中心、日本电视台等建筑（图5-29）。

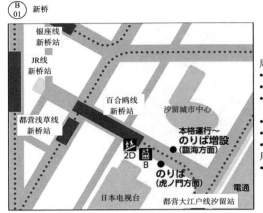

图5-29　东京BRT新桥站周边设施

▶▶ 社区巴士：覆盖公共交通服务空白地区

1. 起源与发展

社区巴士的概念起源于1995年东京都武藏野市运行的MUBUS，起初是为了方便老年人出行而开设的。这种迷你型巴士更便于在住宅区穿行，成为老年人的代步工具。

放松公共巴士管制后，由于企业主动退出某些亏损路线的运营，部分居民的日常出行受到了一定的影响，公共交通服务空白地区和出行不便地区逐渐增加。由此，社区巴士开始受到地方政府和市民的欢迎。

社区巴士逐渐发展壮大，截至2005年，日本全国2418个地方政府中已有914个引进了社区巴士；截至2018年，东京都23区中的20个区部以及多摩地区24个市町村（共30个市町村）引入了社区巴士。

日本关东运输局的调查显示，社区巴士在东京都的使用人数高于外围三县。2017年东京都48个被调查的社区巴士线路中，48%的年使用人数超过50万人；而在神奈川县、埼玉县和千叶县运营的社区巴士线路，年使用人数普遍在50万人以下（图5-30）。

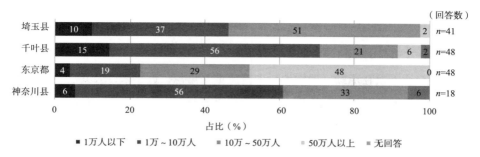

图5-30　2017年东京都市圈社区巴士年使用人数

2．功能作用

发展至今，社区巴士发挥的作用越来越丰富，除了弥补公共交通服务的空白和满足出行不便地区的需求、为老年人和残障者提供出行便利外，还起到连接城市商业设施、刺激地区经济等作用。

研究报告显示，东京都46%的社区巴士用以解决交通不便地区的出行问题，这也是运营社区巴士的主要目的（图5-31）。从不同区域看，在多摩地区，保障老年人日常出行和连接公共设施是社区巴士的重要作用；而在东京都区部，社区巴士还发挥连接周边商业设施、刺激地区经济的作用。

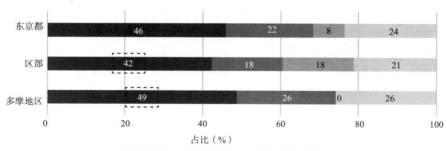

图5-31　东京都社区巴士的引入目的占比

3．管理模式

社区巴士的出现并不是以盈利为目的，而是地方政府出于公共交通服务公平性的考虑，为公共交通未覆盖人群、老年人等群体提供的基本出行服务，更像是一种出于行政目的的政府福利事业，收费通常是路线巴士的一半，约100日元/次。

因此，社区巴士多由地方政府经营的地方公营企业运营，或采用"运管分离"的模式，仅将实际运营业务委托给民营企业，地方政府负责路线规划等运营之外的职责，并向企业补贴车票收入之外的亏损额。

▶▶ 基于预约的需求响应式巴士

公共交通不仅在通勤、通学出行中扮演重要角色，近年来，公共巴士在服务老年人就医、购物等日常出行方面发挥的作用越来越大。由此，基于预约的按需出行模式应运而生。出行者可通过预约在特定站点上车甚至可实现从家门口到目的地的定制服务，而目的地多在医院、银行、超市等公共、金融和商业设施附近，很好地满足了老年人等群体的日常出行需求。

1．车型迷你袖珍

在日本，巴士一般指可容纳11人以上的车辆，出租车指10人以下的车辆。需求响应式巴士多为"小巴"车型，如神奈川县中井町的需求响应式巴士为12座车〔图5-32（a）〕。

但由于需求响应式交通工具运行较为灵活且多服务于老年人等特定群体，4座车、9座车等更迷你袖珍的车型更为常见，又被称为需求响应式公共出租车〔图5-32（b）〕。

（a）需求响应式巴士	（b）需求响应式公共出租车
（神奈川县中井町，12座车）	（埼玉县北本市，4座车）

图5-32　需求响应式交通

2．运行模式灵活多样

需求响应式巴士的运行模式更是灵活多样（表5-12）：

一种仍采用传统的定站定线模式，但为了减少空驶造成的资源浪费，以预约的实际需求决定发车时间，实现何时有预约何时发车。再灵活一点的形式，是允许绕道接人。乘客可将上车地点约定到离家较近的巴士站点，小巴可绕道接上乘客后再返回原路线运行，这样可大大减少乘客步行到巴士站的距离。

当然，还有更灵活的运行模式，甚至与出租车存在一定的竞争关系。小巴不受限于固定的路线，可直接到离预约乘客最近的巴士站点或者家门口接人，因此也不得不对小巴运行的起止点或区域加以限制，以防严重影响出租车的生意。

分类	运行模式和特征
固定路线型	像路线巴士和社区巴士一样，在指定巴士站上下车；但只有在有乘客预约的时候才发车，不空驶。
迂回路线型	以固定路线型为基础，并根据预约情况灵活调整，可绕道至原路线外的巴士站接送乘客，覆盖部分公共交通服务空白地区。
自由路径型	不规定运行路线，根据预约情况在指定巴士站接送乘客，不同站点之间按照最短直线距离通行。可有效缩短出行时间以及乘客到巴士站点的步行距离。为了与一般出租车区分开，通常会对始发点和目的地进行限制。
区域运行型	不规定运行路线和巴士站点，在固定区域内，为预约乘客提供门到门服务。

5.4 公共巴士的投资运营与补助制度

▶▶ 民营企业是投资运营的中坚力量

日本的公共巴士分为公营和民营两种投资运营模式，其中民营企业占比高。1955年日本从事公共巴士事业的企业共有346家，其中公营企业51家，民营企业295家。2002年2月日本修订《道路运输法》，放宽对公共巴士的运营限制。政府不再对公共巴士的供给量进行限制，经营者可根据实际需求自主增减路线和运营车辆规模，促进了企业竞争和市场活力。政策调整后，公共巴士的民营企业有小幅度增加，2004年公营企业数量减少至39家。2006年日本重新修订《道路运输法》，对公共巴士的服务类型进行了丰富与扩充，由于统计口径的变化[1]，2006年民营企业数量明显增加。截至2019年12月，日本的公共巴士民营企业多达2298家，公营企业仅有23家，民营企业占比高达99%（图5-33）。

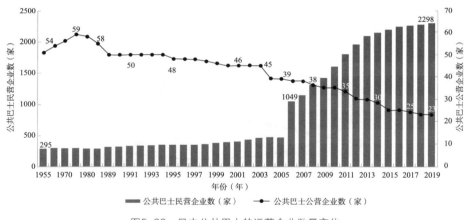

图5-33 日本公共巴士的运营企业数量变化

与日本整体的情况相似，东京都市圈的公共巴士企业以民营为主，公营企业仅有东京都交通局等5家。其中，公营公共巴士企业主要在市区范围内运营，民营公共巴士企业主要在郊区或者新城范围内运营。

东京都内主要的公营公共巴士为都营巴士，由东京都交通局投资经营。另外还

---

[1] 2006年修订的日本《道路运输法》将定线不定时及区域运行的客运服务模式纳入普通公共汽车客运服务的范畴，详见5.2节。

有三宅村营巴士和八丈町营巴士，主要服务于岛民的日常出行和游客观光，开设极少量的巴士路线。神奈川县的公营巴士由横滨市交通局和川崎市交通局经营。千叶县和埼玉县的公共巴士均由民营企业经营。

▶ 中小企业占主导地位

截至2020年3月，日本从事公共巴士事业的企业共计2321家，其中民营企业2298家，公营企业23家。民营企业中50.2%的企业注册资金不超过1000万日元，注册资金不超过1亿日元的中小企业^①占比高达92.7%（图5-34）。

从企业的运营车辆数上也可以看出，从事公共巴士业务的企业规模较小，运营车辆数不超过10辆的公共巴士企业占比为63.5%（图5-35）。

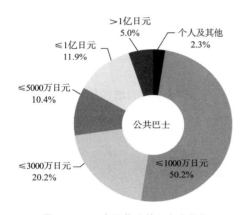

图5-34 日本民营公共巴士企业的注册资金分布

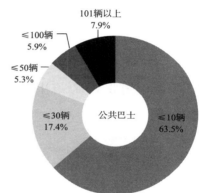

图5-35 日本公共巴士企业的车辆规模构成

▶ 基本实现收支平衡

与地方城市相比，三大都市圈^②范围内公共巴士的运营情况较为乐观。从经常性收支率^③看，2013年三大都市圈的公共巴士企业整体基本实现收支平衡，而其他地区运营企业的经常性收支率逐渐下滑，亏损现象明显（图5-36）。

三大都市圈公共巴士企业的盈利得益于客运收入的增加。根据日本国土交通省数据，2015年三大都市圈公共巴士企业的客运收入较2007年增加约1250亿日元

---

① 根据日本《中小企业认定标准》，中小企业是指注册资金在1亿日元以下，或雇员人数不超过200人的企业。
② 这里的"三大都市圈"是指东京圈、中京圈、近畿圈，具体包括：千叶、武相（东京三多摩地区、埼玉县及神奈川县）、京滨（东京特别区、三鹰市、武藏野市、调布市、狛江市、横滨市及川崎市）、东海（爱知县、三重县及岐阜县）、京阪神（大阪府、京都府（包括都市在内的与大阪府邻接的地区）及兵库县（包括神户市和明石市在内的与大阪府邻接的地区））的区域。
③ 经常性收支率=（经常性业务收益÷经常性业务费用）×100%，小于100%说明经常性业务处于亏损状态。
　调查对象为公共巴士车辆数大于30辆的企业；统计业务不包括高速巴士和定期观光巴士，主要指一般路线巴士。

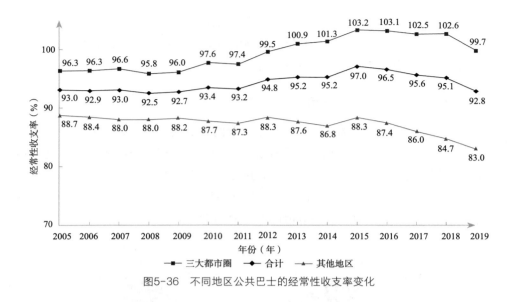

图5-36　不同地区公共巴士的经常性收支率变化

（图5-37），营业外收益和政府补助虽有增加，但客运收入的增加仍是企业实现盈利的主要原因。

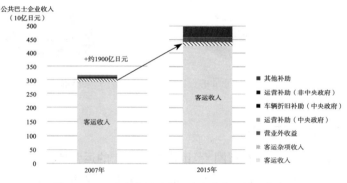

图5-37　三大都市圈公共巴士企业收入情况变化

　　从2015年的收支情况看，三大都市圈公共巴士企业收入主要来自客运收入，且客运收入额基本与总支出额持平（图5-38），没有政府补贴也能生存！

　　三大都市圈公共巴士企业客运收入的增加与客运量增长不无关系。日本国土交通省公布的《交通政策白皮书》数据显示，2013年以来，三大都市圈[①]路线巴士的客运量呈小幅上涨趋势（图5-39）。

---

① 这里的"三大都市圈"是指：埼玉县、千叶县、东京都、神奈川县、爱知县、三重县、岐阜县、大阪府、京都府、兵库县。统计对象为公共巴士车辆数大于30辆的企业。

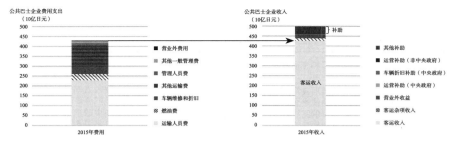

图5-38 2015年三大都市圈公共巴士企业收支情况

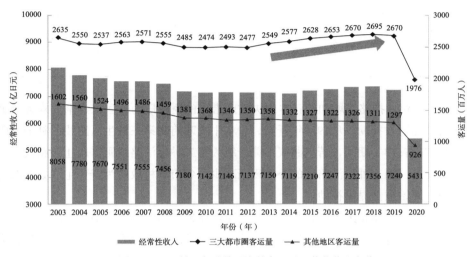

图5-39 不同区域一般路线巴士的客运量、营业收入变化

▶▶ 各级政府补助各有分工

1．补助制度由来已久：早期注重补助亏损线路

放宽公共巴士的运营限制前，日本政府对路线的开设进行了限制，允许企业区域垄断，同时要求企业以内部补助的方式确保路线正常运营，即以盈利路线的收益来维持不盈利路线的运营。之后由于经营环境恶化和客运量减少，内部补助的方式难以为继，政府的外部补助变得越来越不可或缺。

因此日本中央政府积极对亏损巴士企业的不盈利路线提供补助。在公共巴士行业的鼎盛时期到来前的1966年，日本中央政府便开始对岛屿地区的巴士车辆进行补助。1972年设立了"地方巴士路线维持费补助制度"，中央政府和都道府县地方政府根据平均乘车密度①等因素共同对亏损线路进行补助；当时市町村单独的补助制度尚未完全建立。1976年地方巴士的补助制度如表5-13所示。

———————

① 平均乘车密度指某条巴士路线上，每班巴士车辆的平均乘客数。

制度类型	补助对象	补助条件		补助比例
路线维持费补助制度	公共巴士企业	第二种生活路线	第三种生活路线	都道府县政府补助金=营业收入与营业费用的全部或部分差额；中央政府对都道府县政府进行补助，补助金=都道府县政府补助金×1/2
		都道府县知事认为该亏损路线是居民生活必不可少的路线；平均乘车密度在5人以上、15人以下，1天运行次数在10次以下	都道府县知事认为在一定时期内该亏损路线是居民生活必不可少的路线；平均乘车密度低于5人	
废止路线替代巴士车辆购入费等的补助制度	市町村地方政府	公共巴士企业废止使用人数较少的路线，市町村政府开设替代巴士		都道府县政府补助金=开设替代巴士所需经费的一部分；中央政府对都道府县政府进行补助，补助金=都道府县政府补助金×1/2

为了应对亏损路线增加给日本中央政府带来的财政压力，国家逐渐要求各级地方政府增加财政补助。从1980年开始，日本中央政府将第三种生活路线的补助期限定为3年左右；3年期间，若该路线不能升级为第二种生活路线则需废止该路线。在这种情况下，第三种生活路线的补助逐渐减少，各市町村政府为避免生活必要路线的消失，开始独立提供补助。

各级政府的补助比例也有所变化，运输规模越小的路线，当地的市町村政府负担的补助比例越高。对于第二种生活路线，中央政府和都道府县政府补助比例各为1/2；对于第三种生活路线，中央政府和都道府县政府补助比例各为1/4，市町村政府补助比例为1/2；对于废止路线的替代巴士，中央政府、都道府县政府和市町村政府补助比例各为1/3。

2．地方补助是主力，中央侧重区域间干线补助

20世纪90年代日本开始进行补助制度改革，1995年取消了对废止路线替代巴士的补助，并减少对低客运量路线的补助，要求公共巴士的财政补助进一步向地方政府倾斜。如今公共巴士的补助主要来自地方政府，如2012年关东地区市町村对公共巴士的单独补助金额达到103.6亿日元，约是2006年单独补助金额的1.7倍（图5-40）。

2002年放宽对公共巴士的运营限制后，日本中央政府的补助制度框架也相应地发生了变化。中央政府不再仅对亏损巴士企业进行补助，而是将补助对象聚焦在区域干线路线上，补助条件为跨多个市町村运营，路线长度超过10km，且每日运行次数在3次以上、日客运量为15～150人。如此一来，之前的第二种生活路线和第三种生活路线大多不在中央政府的补助范围内，低客运量线路的补助任务移交给地方政府。

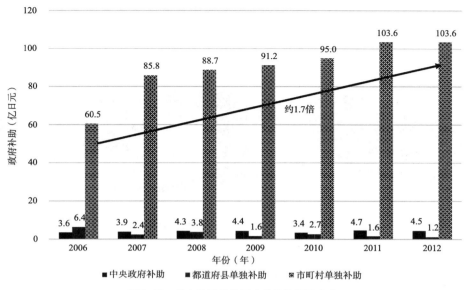

图5-40 关东地区公共巴士的补助额度变化

■中央政府补助 ■都道府县单独补助 ▨市町村单独补助

2011年，根据《地域公共交通活性化及再生的法律》创建了"地域公共交通确保维持改善事业"，在延续区域干线路线补助的同时，建立了对公共巴士无障碍设施的补助机制。具体包括三种事业类型。

（1）地域公共交通维护事业。其目的是为满足各地区日常出行所必要的巴士经营提供支持，如对跨市町村运营的、经常性业务亏损的干线巴士进行补助（表5-14），对企业等提供购车、换车补助以支持巴士车辆更新。

跨区域干线巴士线路的补贴制度 表5-14

事项	具体政策
补助对象	经营普通公共汽车客运服务的企业，或基于地域公共交通活性化及再生法建立的协议会
补助条件	①跨越多个市町村的干线巴士线路（截至2001年3月31日判定）； ②每日运行次数在3次以上； ③日客运量为15～150人； ④经常性业务亏损
补助比例	中央政府出资，补助金=经常性业务收支差/2

（2）地域公共交通出行障碍缓解事业。其目的是构建舒适安全的公共交通体系。如对引进无台阶巴士、升降台巴士和无障碍小巴士（图5-41）的企业进行补助（表5-15）；对BRT系统的整体建设维护进行补助，覆盖巴士站设施、IC卡系统、

PTPS、铰接式巴士等必要设施的引进与维护费用。

（3）地域公共交通调查等事业，协助地方政府制定地域公共交通调查和改进
计划。

（a）无台阶巴士　　　　　　（b）升降台巴士　　　　　　（c）无障碍小巴

图5-41　无障碍设施车辆

配置无障碍设施的补助制度　　　　　　　　　　表5-15

事项	具体政策	
补助对象	引进无台阶巴士和升降台巴士的经营者	引进无障碍小巴的经营者
补助比例	中央政府出资 ①1/4事业费或者上述车辆与普通车辆价差的1/2（按两者较低的金额补助）； ②最高为140万日元	①1/3事业费； ②带缓坡的小巴士最高补贴60万日元；带升降台的小巴士最高补贴80万日元

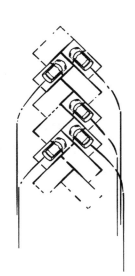

第6章
停车"由乱到治"的秘诀

　　二战后，经历了近10年的战后复兴，日本经济从20世纪50年代中期进入高速发展的阶段。1955—1970年，经济高速发展，个人收入的提高刺激了消费，小汽车实现大众化，日本一举进入汽车时代，机动车保有量大幅度增加。由于机动车的高速增长和高密度聚集，东京都市圈在机动化快速发展时期同样出现了交通拥堵、停车乱等问题。在此关键时期，日本出台并持续修订了《驻车场法》《道路交通法》和《车库法》等法律法规，开展了一系列以驻停车①为抓手的综合治理措施，实现了对机动车保有和使用的精细化调控。1970—2020年，在东京都市圈的机动车保有量由369.9万辆增至1623万辆的情况下，反而实现了驻停车秩序的"由乱到治"。

　　本章从驻车设施建设、有位购车制度、驻停车收费及停放执法、智能化运营等方面对东京都市圈的驻停车治理经验进行系统介绍，和读者们一起探究驻停车秩序到底是如何得到改善的。

---

① 日本将长时间的停车，或者驾驶员离开车辆的情况称为"驻车"；驾驶员未离开车辆等其他情况称为"停车"。

6.1　驻车设施的建设管理

　　第二次世界大战以后经历了近10年的复兴，日本经济从20世纪50年代中期进入高速发展阶段。1955—1970年，居民收入的提高刺激了消费，小汽车实现大众化，机动车保有量大幅度增加。以东京都为例，机动车保有量从1954年的22万多辆到1970年的219万多辆，增长了近10倍（图6-1）。

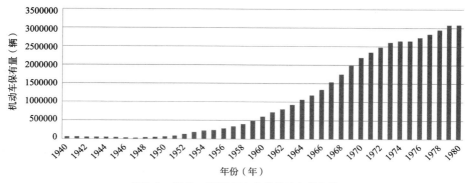

图6-1　1940—1980年东京都机动车保有量

　　此时相对滞后的道路建设、驻车设施供给与激增的车辆形成巨大的冲击和矛盾，道路上塞满了小汽车。加之已养成的免费占道驻车习惯，违法占道驻车屡禁不止，主要大都市交通事故频发，出现了严重的道路拥堵。1952年约有1800辆小汽车停放在东京丸之内地区，由于道路上停满了小汽车，上班的人很难将车开到写字楼下，很多人不得不在道路中央停车下车，诱发了许多交通事故。

　　同时，1964年东京奥运会的申办也对城市交通基础设施提出了新的要求。为了在奥运会上呈现战后日本作为一个和平国家的"第二次崛起"，日本政府着力推动面向公众使用的驻车场建设。

　　1957年5月16日，日本颁布《驻车场法》，该法旨在通过规范城市机动车驻车设施建设，让道路更通畅、出行更便利，从而促进城市功能发展。《驻车场法》实施后，日本根据《驻车场法》建设的驻车场①车位数从1958年的6000余个增长至2020年的500多万个。

---

① 根据《驻车场法》建设的驻车场，包含面向一般公众使用的都市计划驻车场、备案驻车场、配建驻车设施以及路上驻车场，不包含月租驻车场、住宅私人车库等专用驻车场，下同。

▶▶ 日本《驻车场法》拉动驻车设施的大规模建设

日本《驻车场法》对驻车场整备地区①的路上驻车场、路外驻车场（包括都市计划驻车场、备案驻车场和配建驻车设施）的设置标准、管理要求和收费情况做出了规定。《驻车场法》的实施为民间资本进入市场创造了便利条件，推动了路外驻车场的规划建设，各个城市的大规模驻车设施就此形成。1958年日本根据《驻车场法》建设的驻车场仅有6049个车位（图6-2），《驻车场法》正式实施后，车位数持续增加，2020年3月已达到538.6万个。

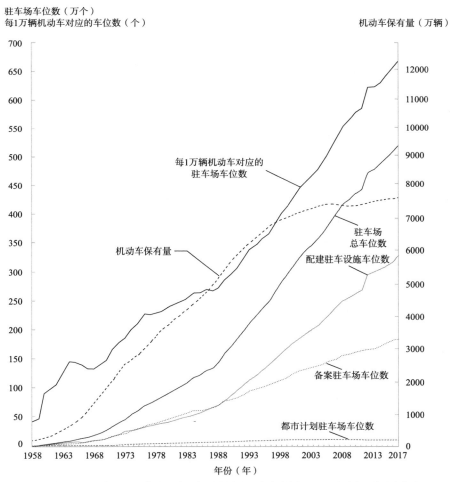

图6-2　日本机动车保有量和驻车场车位数的变化

注：图中统计的是根据《驻车场法》建设的都市计划驻车场、备案驻车场以及配建驻车设施的车位数，均面向一般公众使用。

---

① 根据日本《驻车场法》第3条，可在日本《都市计划法》划定的商业区、近邻商业区及汽车交通量显著增加的居住地区等，设定相应的驻车场整备地区，以保持道路畅通和通行效率。

日本机动车驻车场的投资建设主体包括政府和私人。根据使用对象的不同，机动车驻车场所可分为面向公众使用的驻车场和供个人、特定人群使用的专用驻车场（图6-3）。面向公众使用的驻车场根据所在的位置，一般分为道路范围外的驻车场（简称路外驻车场）和道路内的驻车场。

路外驻车场主要包括都市计划驻车场、备案驻车场、配建驻车设施、道路管理者整备的驻车场等。

（1）都市计划驻车场，指为提高城市生活便利性，保障城市活动顺利进行，确保良好的城市环境而设置的必要驻车设施。一般应当在较长时间内存在，由地方政府根据城市规划的要求修建。

（2）备案驻车场，指在城市规划区域内，用于驻车部分的面积在500m²以上的路外收费驻车设施。根据规定须向都道府县知事备案驻车场的位置、规模等事项。

（3）配建驻车设施。地方政府在驻车场条例中规定，对于产生较大驻车需求的建筑物，在新建、扩建、大规模修缮时，必须配建驻车设施。驻车设施的配建数量根据建筑物的面积和用途设定。

（4）道路管理者整备的驻车场。由日本《道路法》规定的、作为道路附属物的驻车场①也属于路外驻车场。

路内驻车场分为路上驻车场和限时驻车路段。

（1）路上驻车场。日本《驻车场法》第2条：路上驻车场指在驻车场整备地区道路上提供给公共使用的驻车设施；第5条：地方政府根据驻车场整备计划设置路上驻车场。路上驻车场由政府出资建设，允许长时间停放。由于某些区域路外驻车场不足以满足机动车的驻车需求，在路外驻车场整修期间，路上驻车场作为临时设施补充供给。随着该地区路外驻车场的增设，依次废除路上驻车场。

（2）限时驻车路段。日本《道路交通法》第47条：公安委员会使用道路标志划定的、同一辆车可在限定时间内连续驻车的道路区间，称为限时驻车路段。为确保限时驻车路段的合理使用，应安装符合内阁府令规定的驻车计时器、驻车出票机等设备。也就是说，限时驻车路段主要是为了解决短时驻车需求，时间一般限制在20min、40min、60min。

---

① 作为道路附属物的驻车场主要是由日本《道路法》《驻车场法》规定的，由道路管理者整备；其余路外驻车场主要由日本《都市计划法》和《驻车场法》规定。

路上驻车场和限时驻车路段虽然都设置在道路上，但两者的定位和作用是不同的。两者的主要差别在于允许驻车的时间：路上驻车场是道路上合法的长时间驻车位，甚至允许24h驻车；而限时驻车路段仅允许短时驻车，基本限制在1h以内。

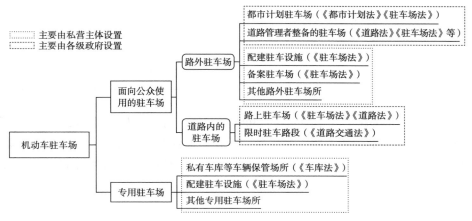

图6-3 机动车驻车场的分类

注：专用驻车场均设置在道路外。

🔜 路上驻车场：从爆发式增长到逐渐废除

与限时驻车路段不同，路上驻车场是道路上合法的长时间驻车位，在日本主要充当过渡驻车设施的角色，随着所在区域路外驻车场的增设，路上驻车场逐渐废除。1960年左右为应对小汽车的爆炸式增长，新设的路上驻车场达到峰值，随后经历了断崖式下降和波动下降的过程（图6-4）。近年来日本全国路上驻车场车位总数仅维持在601个，分布在青森市和广岛市两个城市，其中只有广岛市的路上驻车场允许24h停放车辆（表6-1）。

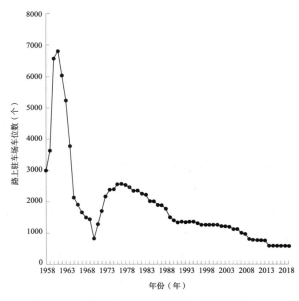

图6-4 日本路上驻车场车位数变化

日本路上驻车场的设置情况　　　　　　　　　　表6-1

都道府县	城市名	驻车场整备地区	设置主体	车位数（个）	驻车时间	管理主体
青森县	青森市	青森城市计划	青森市	68	9:00—19:00	私营企业
广岛县	广岛市	广岛圈城市计划	广岛市	533	24h	私营企业
总计	2个城市	—	—	601	—	—

　　1958年东京都路上驻车场共设有3000个车位，高峰时期达到4263个车位，后于1965年东京都取消所有路上驻车场，千叶县也只有千叶市曾设置路上驻车场，1972年千叶市路上驻车场共设有173个车位，2003年不再设置路上驻车场（图6-5）。

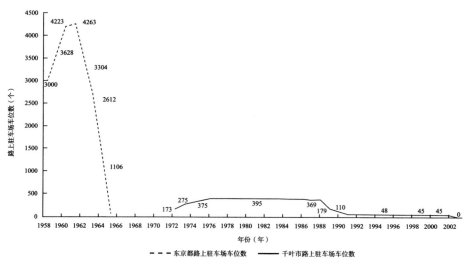

图6-5　东京都市圈路上驻车场的设置情况

▶▶ 因时因地灵活调整的驻车设施配建制度

　　日本的驻车设施配建制度是适应时代和社会需求不断修订的典型制度，经历了扩大驻车设施的配建范围、降低配建标准以及各地灵活调整配建标准的阶段。如今在低碳、城市更新的新形势下，驻车设施开始进行集约化和布局优化的改造。

1．供不应求时代：扩大配建范围

　　1970年以来，东京都市圈的机动车保有量持续增加；1990年东京都、埼玉县、千叶县和神奈川县的千人机动车保有量分别达到374辆、414辆、419辆和384辆（图6-6）。

20世纪70—80年代，日本多次修订《道路交通法》，严厉打击违法驻停车，提高处罚金额，有效规范车辆的入位停放，驻车位供不应求。

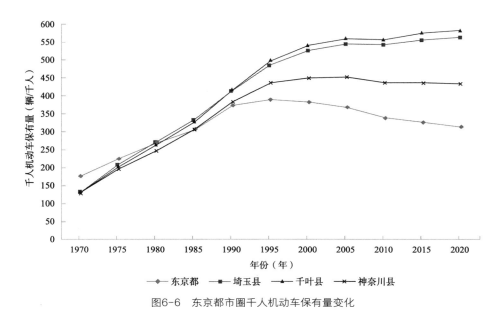

图6-6   东京都市圈千人机动车保有量变化

1957年日本《驻车场法》最初设立时要求，在驻车场整备地区、商业区或近邻商业区内，针对新建总面积3000m²以上规模建筑物、对总面积超过3000m²的建筑物进行扩建、扩建后总面积超过3000m²的建筑物，地方政府可制定条例规定其在建筑物内或者建筑占地范围内配建驻车设施的具体标准。在驻车需求远大于车位供给的情况下，1991年修订《驻车场法》时，将3000m²的建筑物面积规模下调至2000m²，扩大需配建驻车设施的建筑物范围。降低驻车设施配建门槛后，东京都路外驻车场车位数量变化情况如图6-7所示。

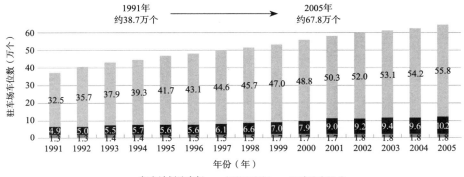

图6-7   1991年降低配建门槛后东京都路外驻车场车位数

2．供过于求情况：降低配建标准

1991—2013年，日本全国根据《驻车场法》建设的驻车场车位数增加了近1.6倍，而机动车保有量仅增加了约0.3倍，尤其在21世纪机动车保有量增速显著放缓［图6-8（a）（b）］。在东京都区部等都市圈中心区，驻车设施出现供给过量的情况，2006—2016年驻车场车位数增加了约0.25倍，机动车保有量却减少至2006年的89%，驻车位利用率的降低导致部分社会效益损失［图6-8（c）（d）］。

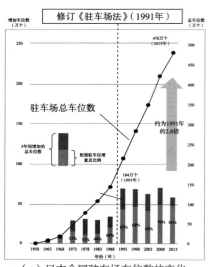

（a）日本全国驻车场车位数的变化

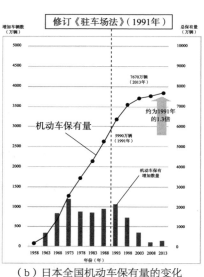

（b）日本全国机动车保有量的变化

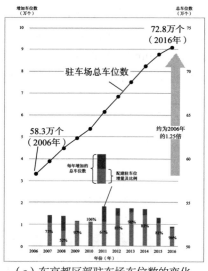

（c）东京都区部驻车场车位数的变化

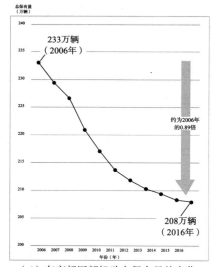

（d）东京都区部机动车保有量的变化

注：图中统计的驻车场是指根据《驻车场法》建设的驻车场，包含面向一般公众使用的都市计划驻车场、备案驻车场、配建驻车设施以及路上驻车场，不含月租驻车场、住宅私人车库等专用驻车场。

图6-8　日本和东京都区部驻车场车位数、机动车保有量变化

2014年日本修订《标准驻车场条例》放宽配建标准，主要减少了办公建筑的驻车设施配建数量（图6-9）。

修订前

人口规模	每个驻车位对应的建筑面积（m²）			
	驻车场整备地区、商业区或近邻商业区			周边地区或存在交通拥堵的地区
	用于百货店及其他店铺、办公场所的部分	其他特定用途（除百货店及其他店铺、办公场所之外）的部分	非特定用途的部分	特定用途的部分
100万人以上的城市	200	250	450	250
50万~100万人的城市	150	200	450	200
50万人以下的城市	150	150	450	150

修订后

人口规模	每个驻车位对应的建筑面积（m²）				
	驻车场整备地区、商业区或近邻商业区				周边地区或存在交通拥堵的地区
	用于百货店及其他店铺的部分	用于办公场所的部分	其他特定用途（除百货店及其他店铺、办公场所之外）的部分	非特定用途的部分	特定用途的部分
100万人以上的城市	200	250	250	450	250
50万~100万人的城市	150	200	200	450	200
50万人以下的城市	150	200	200	450	200

图6-9 2014年放宽驻车设施配建标准

专栏
日本新建建筑物的驻车设施配建标准

日本国土交通省制定的《标准驻车场条例》对驻车设施配建的标准作出了具体规定，为地方政府制定相应的实施条例提供了依据。以新建建筑物为例，若驻车场整备地区、商业区或近邻商业区新建建筑物面积大于一定标准，则须按照建筑物内不同用途的面积配建相应数量的驻车设施（表6-2）。

新建建筑物的驻车设施配建标准   表6-2

地区	条件	建筑用途	每个驻车设施对应的建筑面积（m²）		
			100万人以上城市	50万~100万人城市	50万人以下城市
驻车场整备地区、商业区或近邻商业区	50万人以上的城市：特定用途部分建筑面积与非特定用途部分建筑面积之和×0.75＞1500m² 不足50万人的城市：特定用途部分建筑面积与非特定用途部分建筑面积之和×0.5＞1000m²	用于百货店及其他店铺的部分	200	150	150
		用于办公场所的部分	250	200	200
		其他特定用途（除百货店及其他店铺、办公场所之外）的部分	250	200	200
		非特定用途的部分	450	450	450
上述地区周边或存在显著交通拥堵的地区	特定用途部分面积＞2000m²	用于特定用途的部分	250	200	200

3. 因地施策，灵活调整配建标准

日本《标准驻车场条例》关于驻车设施配建标准的规定旨在为地方政府设定标准提供参考，非强制性要求。地方政府可在充分调查的基础上，根据本地区的交通特征、建筑物用途以及驻车需求等实际情况采取放宽或加严配建标准的措施，设定本地区的配建标准，确保区域内驻车设施供给量的合理化。配建标准的放宽需要综合考虑上述多种因素，根据具体情况分为地域特色型、个别评价型和公共交通接近型。

（1）地域特色型：市长认为有必要在某些特定地区另行制定驻车设施的配建标准。

（2）个别评价型：建造超过一定规模的建筑物时，需结合周边地区的交通特点等按特定方法计算驻车设施数量。

（3）公共交通接近型：基于建筑物到轨道站点和公共巴士终点站距离等因素，市长认为其周围驻车需求较低时，可另行计算驻车设施数量。

东京都市圈活用配建标准的实例如表6-3所示。

类型	都道府县	地区	相关条例
地域特色型	神奈川县	横滨市	《横滨市驻车场条例》第4条
个别评价型	东京都	大手町·丸之内·有乐町地区	《东京都驻车场条例》第17条
		银座、东京站前地区	
		涩谷、代代木地区	
		新宿站东口、新宿站西口地区	
		池袋地区	
		中野站周边地区	
	千叶县	柏市	《柏市建筑物驻车设施附属条例》第3条第2款第2号
公共交通接近型	千叶县	柏市	《柏市建筑物驻车设施附属条例》第3条第2款第1号
	神奈川县	川崎市	《川崎市建筑物驻车设施附属条例》第6-2条

注：时间截至2022年3月。

专栏
东京都区部驻车设施供给制度的活用

　　由于驻车场整备工作的持续推进，东京都内驻车场车位数有超过高峰期使用需求的倾向。数据显示，近年来东京都各轨道站点周边的驻车位普遍存在供过于求的现象（图6-10）。

　　东京都各地方政府可根据实际情况对驻车场整备地区、低碳城市建设规划地区以及都市再生紧急整备地区的驻车设施进行集约化改造，或降低配建标准以解决供给过剩的问题。截至2020年3月，东京都区部已有10个地区制定了相应的灵活供给制度，主要分布在千代田区、中央区、新宿区、涩谷区等核心区域（图6-11）。

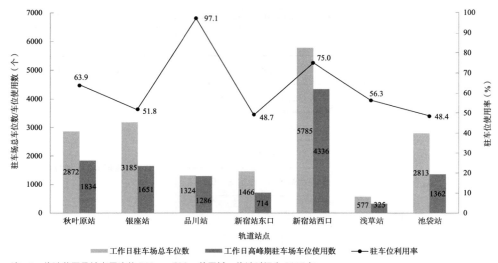

注：1. 统计范围是站点周边约 500m×500m 的区域，统计时间为 2017 年；
   2. 统计对象为区域内可按小时收费的驻车位，即不包括月租车位、企业的员工专用驻车位等。

图6-10　2017年东京都内主要站点周边工作日驻车位供需情况

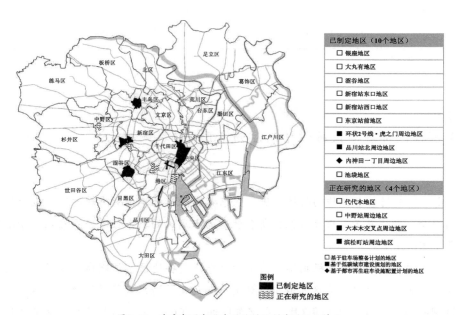

图6-11　东京都区部驻车设施供给制度的活用情况

　　以东京站为例，通过对轨道站点驻车供需的充分估算，合理减少该区域内配建的驻车设施数量，并将每个建筑物配建的驻车设施整合至临近的某一个建筑物内进行集约化管理。

4. 迈向集约化和布局优化的新时代

（1）城市低碳发展，驻车设施逐步集约化

2011年日本"3·11"大地震后，国家和社会对能源供求变化和全球变暖问题的关注加深，日本开始探求促进交通以及城市的低碳化，实现能源合理利用的有效途径。2012年日本制定《关于促进城市低碳化的法律》，旨在通过整合驻车设施，减少汽车与步行交错造成的低效出行；将驻车设施统一整合到中心街道外围，从驻车地到目的地以步行或公共交通替代开车，实现低碳化。

根据《关于促进城市低碳化的法律》，市町村可制定低碳城市建设规划，规定驻车设施功能集约化区域、集约化驻车设施的位置和规模。若在驻车设施功能集约化区域内新建、扩建建筑物，可将配建的驻车设施集中在驻车功能集约化区域，而非必须修建在各个建筑物内或者建筑占地范围内（图6-12）。

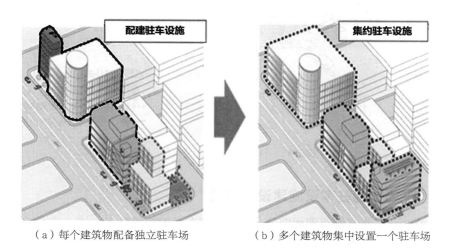

（a）每个建筑物配备独立驻车场　　　　（b）多个建筑物集中设置一个驻车场

图6-12　驻车设施的集约化转变

驻车设施集约化前各建筑物均设有驻车设施，不仅会因前方车辆的减速驻车而引发拥堵，还会由于汽车和行人的交错而降低出行效率，甚至占用步行空间、破坏步行环境。集约化后大大减少了出入口对人行横道的分割，创造了更加安全、舒适的步行环境；缓解了车辆驻车对机动车通行的影响，公共巴士等车辆运行更加便利通畅；通过减少低效率的汽车出行，降低CO_2的排放量；街道的连续性增强，促进土地的有效利用。

（2）城市更新带动驻车设施布局优化

随着城市的人口流动、老龄化加剧，实现健康舒适的生活和可持续发展成为城市的重要课题。为进一步缓解因汽车集中流入城市功能区而带来的交通拥堵、步行环境恶化等问题，2014年日本对《都市再生特别措施法》进行了修订，对城市驻车

场的布局进行优化。

市町村可根据都市再生的基本方针，制定布局优化计划。该计划应设定驻车场布局优化区域、路外驻车场布局和规模以及前文提到的集约化配建驻车设施的位置和规模等要求。通过向功能区外围疏散路外驻车场，将城市功能区内部的车位整合至外围，抑制汽车流入城市中心区，实现汽车和行人的分离，保持街道活力，构造步行安全友好城市（图6-13）。

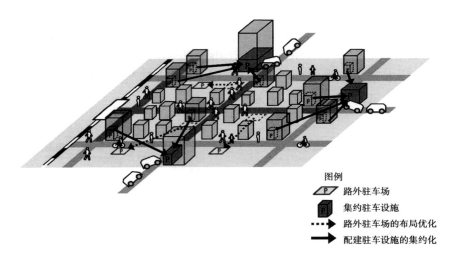

图例
P 路外驻车场
集约驻车设施
···> 路外驻车场的布局优化
→ 配建驻车设施的集约化

图6-13　驻车设施集约化和布局优化的示例

▶▶ 市场化的驻车设施建设与管理

私营企业是东京都市圈面向公众使用的驻车场的建设管理主体。日本国土交通省的数据显示，一都三县纯私营企业建设管理的面向公众使用的驻车场车位占比为89.8%，其中东京都比例最高，达到91.6%（表6-4）。

东京都市圈面向公众使用的驻车场车位数（个）　　　　表6-4

投资建设主体	东京都	埼玉县	千叶县	神奈川县
国家和都道府县	31920	2083	8894	10542
市町村	22595	6909	20526	31440
国家和地方政府出资的主体	11996	592	7856	5985
政府和私营企业合资的主体	14941	2296	1058	21123
私营企业	888969	109289	260371	511766
总计	970421	121169	298705	580856
纯私营企业建设占比	91.6%	90.2%	87.2%	88.1%

注：面向公众使用的驻车场车位数包含都市计划驻车场、备案驻车场、配建驻车设施以及路上驻车场车位数，不含月租驻车场、住宅私人车库等专用驻车场车位数。

日本《驻车场法》第17-2条在原则上规定，国家应为地方政府及其他各方建设城市规划中指定的路外驻车场提供资金支持，这为社会资本投入创造了一定的条件。目前在国家层面，形成了包括税收、补贴等多方面的支持政策。在税收方面，特定的都市计划驻车场可享受地价税、营业税的税收减免（表6-5）；在补贴方面，对都市再生整备计划、布局优化计划、低碳城市建设规划中涉及的驻车场进行整备时，私营企业可获得一定的政府补贴。

国家层面与驻车场整备相关的税收优惠 表6-5

税种	对象	优惠政策	法律依据
地价税	特定的都市计划驻车场	免税	《租税特别措施法》第71-5条
	特定的配建驻车设施	应税价格降至1/2	《租税特别措施法》第71-12条第1项
营业税	都市计划驻车场、备案驻车场	免税	《地方税法》第701-34条第3项第27号

注：1. 地价税指对拥有一定规模土地的个人和企业征收的税费；
　　2. 营业税指对一定规模以上的经营企业征收的税费。

▶▶ 关注货车、摩托车驻车设施建设

日本《驻车场法》除规范了普通小汽车驻车场的建设管理外，还对货车和摩托车的驻车设施建设实施多样化管理，以应对货车装卸货物和摩托车保有量激增对道路通行造成的影响。

1．货车驻车设施规范化，减少通行阻碍

由于装卸货物驻车设施明显不足，货车停放在店铺街边装卸货物的现象十分普遍，侵占道路空间，造成了交通堵塞。为保障步行空间，确保道路通行，1994年日本修订的《标准驻车场条例》规定了装卸货物驻车设施的配建标准。地方政府根据本地的实际情况，在配建条例中增加装卸货物驻车设施的配建条款。不满足配建规模的商店等，可与当地相关机构合作设置"共同装卸货物驻车场"，驻车场同时承担货车驻车以及货物装卸暂存的功能，并引入物流配送服务，由物流人员使用推车集中向周边店铺运送货物，减少路上驻车阻碍道路通行的问题。

2002年东京都在《东京都驻车场条例》中增设了装卸货物驻车设施的配建标准，配建下限标准一直延续至今。如表6-6所示，在驻车场整备地区、商业区、近邻商业区或其周边存在显著交通拥堵的地区新建建筑物特定用途部分的面积超过对应标准时，须按照建筑物内不同用途的面积配建相应数量的装卸货物驻车设施。例如，在东京都驻车场整备地区新建建筑物8000m²，建筑物特定用途部分面积为6500m²（超过2000m²），其中用于仓库的面积为4000m²，用于百货商店的面积2500m²。则需要配建3（4000m²/2000m²+2500m²/2500m²）个装卸货物的驻车设施。

新建建筑物的装卸货物驻车设施配建标准　　　　　　　表6-6

地区	标准	建筑用途		配建标准
驻车场整备地区、商业区或近邻商业区	特定用途部分面积超过2000m²	特定用途	百货商店及其他店铺	每2500m²配建1个
			办公场所	每5500m²配建1个
			仓库	每2000m²配建1个
			其他特定用途	每3500m²配建1个
上述地区周边或存在显著交通拥堵的地区	特定用途部分面积超过3000m²	特定用途		每7000m²配建1个

2. 摩托车驻车设施标准化

2006年日本修订《驻车场法》，将摩托车纳入管理范围，机动车驻车场允许摩托车停放。地方政府也可根据摩托车的驻车需求，在驻车设施配建条例中添加摩托车驻车设施的配建要求和标准。截至2020年1月，东京都市圈的横滨市、川崎市、埼玉市、川越市4个市出台了摩托车的配建标准。

除机动车驻车场允许摩托车停放外，2010年和2011年日本先后发布《关于自行车驻车场接收摩托车》《关于摩托车的驻车对策》的通知，提出自行车驻车场允许摩托车停放的规定。截至目前，东京都共有75个市町村允许自行车驻车场接收摩托车。摩托车驻车场的分类如图6-14所示。

截至2020年3月，东京都市圈摩托车驻车位达到89522个，其中64.7%的摩托车驻车位分布在神奈川县（表6-7）。从驻车位种类看，摩托车驻车位多占用自行车驻车场空间，如东京都市圈范围内86.6%的摩托车驻车位设在自行车驻车场（表6-7）。

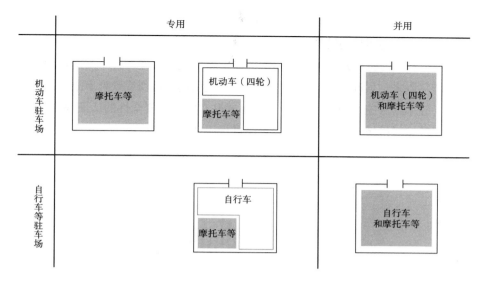

注：摩托车的专用驻车位是指在机动车驻车场或自行车驻车场内划分出单独的区域只允许摩托车停放；摩托车的并用驻车位是指四轮机动车与摩托车、自行车与摩托车混合停放的车位。

图6-14　摩托车驻车场的分类

东京都市圈摩托车驻车位数量　　　　表6-7

摩托车驻车位种类		东京都	埼玉县	千叶县	神奈川县
机动车驻车场	专用车位（个）	2852	1070	652	4419
	并用车位（个）	276	328	524	1898
	合计（个）	3128	1398	1176	6317
自行车驻车场	专用车位（个）	4715	1114	2794	43562
	并用车位（个）	2263	10377	4650	8028
	合计（个）	6978	11491	7444	51590
总计（个）		10106	12889	8620	57907

注：数据截至2020年3月。

▶▶ 见缝插针的艺术：立体驻车场

早在1960年，日本的首个双层机械式立体驻车场在东京都千代田区安装使用。在中心市区，很多建筑和商业设施本就空间不足，为了确保满足当时驻车位配建的最低标准，立体驻车设施应运而生。1964年千叶县引入了可容纳16辆车的垂直循环式机械立体驻车设备。从此，在狭窄的土地上也能保证巨大驻车容量的机械式立体驻车设施发展了起来，它可以说是配建制度的副产品，完美适配日本的国土特征。

紧接着，城市化发展的浪潮再次袭来，地上空间被高楼大厦挤占，地下机械式驻车设施也开始受到人们的关注。20世纪80年代后机械式立体驻车场备受青睐、迅速普及，机械式立体驻车位数量和年周转量迅猛增加。截至2016年3月底，日本机械式立体驻车场的累计周转量超过300万辆（图6-15）。

如今，日本的机械式立体驻车场的关注重点由建设管理、技术改进转为安全治理。2007年以来，累计发生32起机械式驻车装置引起的重伤或致死事故。2015年日本修订《驻车场法施行规则》，建立了机械式驻车装置"安全性的认证制度"，由第三方专业机构对机械式驻车装置的安全性进行代理审查和认证。

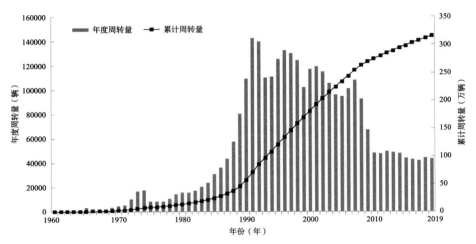

图6-15　机械式立体驻车场的周转量变化

机械式立体驻车场在东京都市圈的普及率也非常高。2019年东京都面向公众使用的驻车场的总车位数为95.9万个，专用及公共使用的机械式立体驻车位达到78.5万个（图6-16），甚至私人的专用驻车场很多也采用立体的形式，真正做到了"见缝插针"（图6-17）。

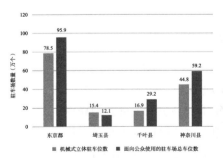

图6-16　2019年东京都市圈机械式立体驻车场规模

图6-17　1997年东京都市圈"见缝插针"的立体驻车场

图片来源：段里仁教授拍摄

日本的立体驻车场包括自走式立体驻车场和机械式立体驻车场。自走式立体驻车场顾名思义就是利用斜坡，驾驶员自己将车开到空闲车位停放（图6-18）；机械式立体驻车场是通过操作机械装置将车辆搬送到固定位置停放，机械装置有垂直循环、多层循环、水平循环分离、平面往复、电梯滑动及二段、多段式等多种升降方式（图6-19）。

图6-18　自走式立体驻车场示例

截至2020年，日本全国322.2万个机械式立体驻车位中二段式、多段式车位占比高达65%，双层、三层的立体驻车场在日本是相当常见的，大型循环式的立体驻车场多建于商业设施。

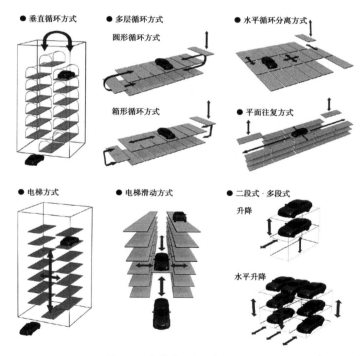

图6-19　机械式立体驻车场的种类

6.2 "有位购车"制度

▶ 日本《车库法》的出台

日本先行实施的《驻车场法》推动了各地驻车场建设，极大程度上缓解了车位不足的问题，但该法案对机动车违法占道现象无能为力。20世纪60年代违法占道驻车问题依然严峻，一部分道路空间实际上在夜间已变成私家车库，甚至急救车都无法顺利通过。于是1962年6月1日，《关于确保汽车保管场所等的法律》（日本俗称《车库法》）应运而生。

该法案设立的初衷并不以限制城市车辆增长为目的，而是为了还原道路功能、取缔道路违法驻车。《车库法》的核心规定主要涵盖以下几点：①只有提交有关车库的书面证明，才可将车辆登记上牌；②道路不能作为车库使用；③强化对长时间占道驻车①等的约束。通过强化道路驻车限制，提高道路通行的便利性，防止交通事故频发。

▶ "有位购车"制度的实施经验

1．采取过渡措施，由重点区域逐步推向全国

为了保证车辆顺利登记上牌，日本在实施范围、时间和对象上均设置了过渡措施。《车库法》首先在六大都市②重点区域的有限范围内实行，车辆登记的对象也仅限于购置和更换新车的人群；同时，预留出3个月的过渡期以便汽车保有者寻找合适的车库。此后，实施范围逐步扩大，目前仅有部分人口密度低的地区不需要申报车辆的车库证明。

法规对汽车行业留有一定的空间以降低新政对汽车行业的影响。一方面，因轻型机动车③身型小、低油耗，是日本政府鼓励和支持的一种车型，最开始制定法律时未要求轻型机动车明确车库义务；另一方面，由于当时国内外对日本小汽车购买的需求强劲，汽车行业并未受到《车库法》的严重冲击。

2．持续完善法规，根据实施情况查漏补缺

日本《车库法》实施一段时间后，潜在的问题逐渐暴露。一是车库与住所的距

---

① 长时间占道驻车：在道路同一地点连续驻车12h以上，或夜间在道路同一地点连续驻车8h以上。

② 六大都市指的是东京都、大阪府、京都府、兵库县、爱知县和神奈川县。

③ 轻型机动车主要是指排量在660cc以下，长宽高分别在3.4m、1.48m和2.0m以下的三、四轮机动车。

离限制严格，出现"车库飞行①"。《车库法》将申请人住所与车库间的距离限制在500m以内（当时的研究认为超过500m时，人们不愿意步行，因此为避免车库在住所500m以外，车主不把车停在规定车库而停在离家很近的道路上的情况，法规限定了500m的距离），很多人因为找不到合规车库、或车库价格太高而放弃购买汽车。有些车主为符合法律规定，在郊区或乡村等地价较低的区域办理车库申报和牌照登记，但实际上并不使用该车库，车辆依旧停放在方便自己使用的地方。二是伪造车库证明的现象层出不穷。警方难以识别车库证明的真实性，致使出现多辆车重复登记在同一车库下、实际并无车库停放车辆的情况。三是轻型机动车占道停车现象严重。最开始制定法律时并未对轻型机动车的车库进行要求，随着轻型机动车数量激增，占用道路停放的问题日益凸显。以东京都为例，1961年轻型机动车有26万多台，1964年达30万台，1969年突破40万台，1970年达45万多台，平均年增长率为6.2%。

为解决实施过程中出现的问题，《车库法》前后历经了12次修订。1990年的修订基本形成了现行《车库法》的法律框架，充分考虑了《车库法》实施后出现的问题：一是解决"车库飞行"问题，将车辆保有者住宅（或工作地）与车库的直线距离上限由500m提高至2km；二是要求车库管理人提供车位买卖或出租的证明材料，防止其将同一车位提供给两个及以上的车主，并对提供虚假材料的管理人员进行处罚；三是对轻型机动车增设了车库确保义务的要求，明确轻型机动车的车库申报手续和流程；四是提高相关违法行为的罚款力度，包括提供机动车车库虚假证明材料、将道路作为车库以及长时间占道驻车等；五是建立车库标志制度，要求车辆在车身规定位置张贴能明确反映车库的标志，并对伪造标志者进行处罚；六是对未申报车库但却上路行驶的机动车进行限制和管理，对相关违法上路车辆发出限制行驶命令，并张贴限行标签，车主只有合法申报了车库才可摘除标签，同时，对损坏标签、违法上路行驶等行为处以有期徒刑或罚金处罚。

3．基于车型实行差异化的车库申报管理

日本对普通机动车和轻型机动车采取差异化的车库申报管理，轻型机动车的管理方式更宽松，申报流程更灵活。普通机动车车主需向警察局提交车库的相关材料，经调查员现场核验后才能获得警察局认证的车库证明；而轻型机动车不要求申请车库证明，只需向警察局备案车库的相关信息，因此不需要调查员现场核验，警察局直接发放车库标志。同时轻型机动车可在轻型机动车检查协会注册登记，领取机动车检车证和车牌，而普通机动车只有取得警察局认证的车库证明后才能在运输分局注册登记，领取机动车检车证和车牌。

---

① 车库飞行：车库"飞行"在实际住处之外的某地，与实际住所很远。比如人住在城内，车辆实际保管在城内，并未使用在郊外登记的车库。

4．有效防止虚假申报和伪造证明

（1）法律层面

日本《车库法》对虚假申报车库和伪造相关证明的行为设立了罚则。提供虚假机动车车库证明的，处以20万日元以下罚金；未申报或虚假申报轻型机动车车库相关信息，以及变更机动车车库但未按规定申报的，处以10万日元以下罚金；未张贴或损毁警方派发的车库标志的，处以10万日元以下罚金。

（2）实施层面

日本对虚假申报等问题采取的措施涉及申报、核验、发放证明及标志等各个步骤。

一是申报时须提交齐全的材料。首先，需提交包含住宅所在地、车辆使用地位置和车库位置等详细信息的"机动车保管场所证明申请书"。当申请人的住宅所在地与实际使用地的位置不同时（例如申请人在自有住房以外的地点租房居住），需提交水电、燃气等公共费用的收据、有邮戳的邮件等材料来确认使用地位置的真实性，防止申请人提供的使用地不是其长期居住地，有效减少"车库飞行"现象的发生。其次，需提供车库位置及其布局的情况，由个人填报车库的尺寸、住宅所在地、周围道路和建筑物等情况，精准定位车库，增加伪造的难度。

二是建立多方查验、互相监督的现场核验流程，以确保车库的真实性和唯一性。警察局收到车库证明申请后，将需要核验的资料交由车库现场调查事务的受托人，由受托人雇佣当地调查员进行现场核验，特殊情况下甚至需要警察亲自调查。调查员核对无误后，向地方运输局线上发送该车辆车库的相关信息及现场核验情况。警察局查验调查员出具的车库现场调查记录，并制作车库现场调查结果报告、发放车库证明和车库标志。

车库证明中注有每个车库对应的唯一9位数字编号，防止同一车库被重复登记。除新车登记外，普通机动车所有人及居住地变更、车库变更时均需要及时对变更情况进行申报，动态更新车库信息，保证信息的真实性和及时性。

三是在车辆规定位置张贴车库标志（图6-20）。车库标志注明该车辆车库对应的9位编号以及发放车库标志的警察局，

①9位的数字编号
②表示保管场所位置的都道府县及市町村名
③发行保管场所标志的警察署

（a）车库标志

（b）车库标志张贴位置

图6-20　车库标志及其张贴位置示意

巡警可根据编号核验其是否重复登记在多辆车名下，必要时可直接向警察局核实车辆车库的申报情况。

专栏
车库申报时具体需要提交哪些材料？

（1）机动车车库证明及标志申请书，需要涵盖机动车的制造商名称、型号、尺寸，车主的个人信息以及机动车使用地位置、车库位置等详细信息（图6-21）。

（2）车库位置及其布局情况。由个人填报车库的尺寸、住宅所在地（公司法人需绘制办公所在地）、周围道路和建筑物等情况（图6-22）。

（3）车库使用权证明文件。若车库为申请人私有土地或建筑物，则需提供车库使用权自认书（图6-23）；若车库涉及的土地或建筑物是共有的，除自认书外还需提交其他共有者的使用承诺证明书（图6-24）。

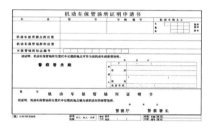

图6-21　机动车车库证明及标志申请书示例

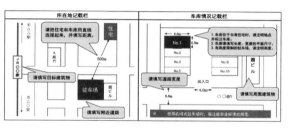

图6-22　车库位置及其布局的绘制范例

图6-23　车库使用权自认书

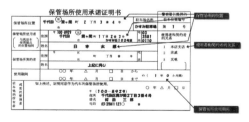

图6-24　车库使用承诺证明书范例

5．严厉处罚相关违法行为

（1）违法占道驻车

日本《车库法》以还原道路功能、取缔道路违法驻车为目的，严令禁止将道路作为车库使用、长时间占道驻车的违法行为，并设立了严厉的罚则。违法将道路作为车库使用将处20万日元以下罚金，甚至动用刑事手段进行惩戒（表6-8）。

《车库法》对相关违法占道驻车行为的罚则　　　　　表6-8

行为	计分（分）	惩罚措施
使用道路作为机动车车库	3	3个月以下有期徒刑或20万日元以下罚金
在道路上同一个地方连续驻车12h以上	2	20万日元以下罚金
夜间在道路上同一地方连续驻车8h以上	2	

除此之外，根据违法驻车行为的情节严重程度记2~3分。日本的分数处罚制度规定，3年内累计分数达到一定程度将暂扣或吊销驾照。例如，若过去3年内没有行政处罚的记录，达到6分将被暂扣驾照，15分及以上将被吊销驾照（表6-9）。行政处罚记录越多，处罚力度越大，目的在于限制多次违反交通规则或发生交通事故的高风险驾驶员上路行驶，从源头防止交通事故的发生。

违反交通规则的分数处罚制度　　　　　表6-9

3年内的行政处罚记录	累计分数的处罚情况	
	暂扣驾照（分）	吊销驾照（分）
0次	≥6	≥15
1次	≥4	≥10
2次	≥2	≥5
3次及以上	≥2	≥4

（2）违法上路行驶

对于未获得车库证明的机动车，其上路行驶也会受到限制。《车库法》禁止没有车库证明的机动车上路行驶，违法上路则处以3个月以下有期徒刑或20万日元以下罚金。

6.3 驻停车的收费管理

▶▶ **限时驻车路段**

　　为满足短时驻车需求，综合考虑路况、对交通的影响等因素，在道路的指定区域设置了"限时驻车路段"，仅允许短时驻车，时间一般限制在20min、40min、60min；切记，不能长时间停放车辆。

　　目前，日本共有1033处限时驻车路段，其中607处分布于东京都，占比58.8%。东京都的限时驻车路段主要集中在中央区、千代田区、港区和台东区等核心区域（表6-10）。

东京都市圈的限时驻车路段规模　　　　　　　　　　　　　　　表6-10

行政区	限时驻车路段数量（处）	主要分布区域
东京都	607	中央区、千代田区、港区和台东区
神奈川县	133	横滨市西区、中区、神奈川区和南区
埼玉县	5	埼玉市大宫区

注：资料来源于NaVITIME官网。

　　安装在限时驻车路段的驻车计时器，又叫咪表（图6-25），可检测车辆并自动计算驻车时间。有些限时驻车路段安装的是驻车出票机，取票后需将其贴放在车内前方显眼处（图6-26）。东京都限时驻车路段最常见的收费标准是300日元/60min。

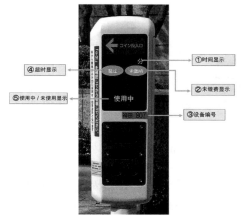

图6-25　驻车计时器（咪表）

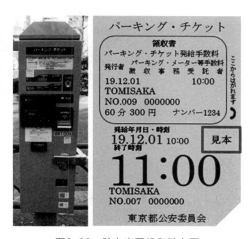

图6-26　驻车出票机和驻车票

▶▶ 道路外的驻车场

日本对道路外的驻车场收费价格的上限没有要求，企业通过市场供需关系自由调节。根据收费方式的不同，驻车场大致可分为月租驻车场、定期驻车场和按小时收费的驻车场。

（1）月租驻车场。月租驻车场指按月出租的固定车位，驻车场经营者一般可开具车库使用承诺书（申请车库证明时必要的证明材料）。以东京都为例，驻车场的月租价格呈明显的差别化分布，东京都区部的月租价格从中央向外逐渐降低。23区部车位的平均月租价格为31861日元，其中都心6区车位的平均月租价格为44731日元，都心6区外为27318日元。在供需关系最为紧张的中心区，驻车价格十分高昂，中央区月租驻车场车位的平均价格更是高达52129日元（图6-27）。

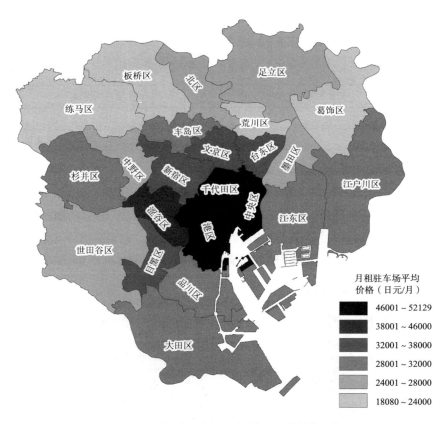

图6-27　东京都区部月租驻车场的平均价格示意

（2）定期驻车场。定期驻车场主要方便由于通勤、通学经常在固定时间使用驻车场的出行者，一天内可多次进出驻车场，可自行根据使用时间的不同购买对应的定期驻车券：①全天定期，可在工作日、周末以及节假日的任意时间使用车位；

②工作日定期，仅可在工作日使用车位，如在周末或节假日使用则按小时计费；③白天定期，在每天的白天时段使用，如7:00—18:00；④夜间定期，在每天的夜间时段使用，如18:00—次日8:00。

定期驻车券通常需按月预先缴费，无需在每次进出时结算驻车费。驻车场经营者并不承诺给用户预留固定车位，换句话说，如果遇到车位已满的情况，定期驻车券用户只能另找其他车位，且此部分费用不予退还。以东京站周边的八重洲驻车场为例，工作日定期类驻车位的月租价格为47000日元，白天、夜间定期类驻车位价格略低（表6-11）。

东京都中央区定期驻车场月租价格示例　　　　　　表6-11

驻车场	定期驻车券分类	价格（日元/月）	车位使用时间
八重洲驻车场	全天定期	67000	全天
	工作日定期	47000	工作日
	白天定期	45000	7:00—18:00
	夜间定期	39000	18:00—次日8:00
东银座驻车场	全天定期	67000	全天
	工作日定期	47000	工作日
	白天定期	45000	7:00—18:00
	夜间定期	39000	18:00—次日8:00
	深夜定期	24000	2:00—14:00

（3）按小时收费的驻车场。顾名思义即以0.5h或1h为单位收取车辆停放费用。按小时收费的驻车价格根据市场供需状况调节，东京都都心5区驻车场前30min的收费标准普遍在200～300日元，略高于限时驻车路段的收费标准。不同驻车场的收费标准存在差别，2020年千代田区驻车场的最高收费达440日元/30min（表6-12）。

东京都都心5区驻车场前30min的收费标准（单位：日元/30min）　　表6-12

年份	千代田区			中央区			港区			新宿区			涩谷区		
	最高价格	最低价格	最多价格	最高价格	最低价格	最多价格	最高价格	最低价格	最多价格	最高价格	最低价格	最多价格	最高价格	最低价格	最多价格
1989年	400	180	260	300	150	200	310	200	250	400	120	400	300	200	—
1994年	400	200	300	300	150	300	410	200	300	350	180	300	500	150	—
1999年	400	200	300	310	150	300	410	200	300	300	150	300	400	150	—
2004年	370	200	300	310	200	300	400	200	300	310	160	300	300	200	200
2009年	370	200	300	310	200	300	400	200	300	310	150	310	420	200	300
2014年	350	200	300	350	200	300	400	0	300	360	0	320	300	200	200
2019年	400	200	400	350	0	210	400	300	300	320	250	320	300	210	300
2020年	440	200	400	350	0	0	400	300	300	330	300	300 320	300	210	300

东京都道路整备养护公社的调查数据显示，2023年东京都都心5区工作日的平均驻车费用均超过600日元/h，港区平均驻车费用甚至超过1000日元/h。东京都工作日普通机动车的平均驻车费用如图6-28所示。

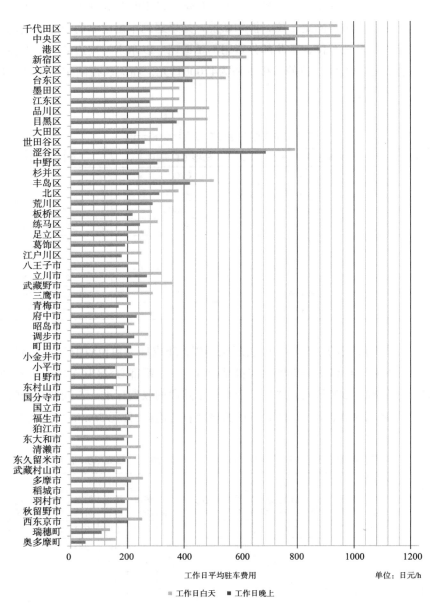

图6-28　东京都工作日普通机动车的平均驻车费用

驻车收费价格在一定程度上反映了土地价值和驻车位的供需关系。以东京都涩谷站为例，越靠近车站的地方，驻车价格越高；在土地价值最贵的地区驻车收费最高（图6-29）。

图6-29　东京都区部涩谷站周边区域的驻车收费

6.4 精细化的停放管理与严格的执法监督

> ## 精细化的停放管理

1. 法规精细化

日本《道路交通法》对车辆停放涉及的问题进行了全面细致的规定，实现了长时间停放与临时停放、驾驶员离开车辆与未离开车辆等各类停车行为的全覆盖，做到处处有法可依。

（1）细分驻车与停车

日本《道路交通法》将广义的停放车辆行为细分为驻车和停车。日本《道路交通法》第2-18条："驻车"指车辆为等候乘客、等待货物装卸，或因故障等原因处于持续停止状态（5min以内的装卸货物停车，以及因乘客上下车而停车的情况除外），或者是车辆停止且驾驶员离开该车辆，该车辆处于不能立即行驶的状态。日本《道路交通法》第2-19条："停车"指"驻车"以外车辆处于停止状态的情况。简单来说，驻车是长时间的停车，或者驾驶员离开车辆的情况；停车是驾驶员未离开车辆的临时停车（5min内装卸货物、乘客上下车等）。同时，日本《道路交通法》对驻停车方法以及禁止驻停车、禁止驻车的区域进行了明确规定。禁止驻停车和禁止驻车的标志如图6-30所示。

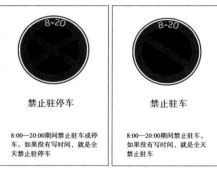

图6-30 禁止驻停车和禁止驻车的标志

（2）设置限时驻车路段

日本专为1h以内的临时驻车设置了停放区域。限时驻车路段是指允许车辆在限定时间内驻车的道路区域，也可专门设定只允许高龄驾驶员限时驻车的道路区域。日本《道路交通法》对限时驻车路段的驻车方式和时间有明确的规定（图6-31、图6-32）。

（3）区分违法停车与违法驻车

遵循驻车与停车的定义，日本《道路交通法》分别划定了违法驻车和违法停车行为的范畴。

根据日本《道路交通法》第50-2条，违法停车是指未按照道路标志规定停车（例如在标明禁止驻停车的道路上停车）、在日本《道路交通法》明令禁止驻停车的区域停车以及未按照规定方式停车（例如未在道路左侧停车）的行为。根据日本《道路交通法》第51条，违法驻车的行为包括以下三类：①在禁止停车、禁止驻车的区域驻车以及未按照规定方式驻车（例如未在道路左侧驻车）；②在限时驻车路段超时驻车、未按规定方式驻车以及未及时启动驻车计时器，或未及时将驻车票贴放在车内前方显眼处；③违法占用高龄驾驶员限时驻车路段。

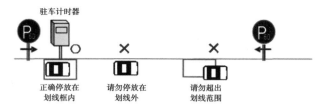

图6-31　限时驻车路段的正确驻车方式示例

图6-32　限时驻车标志示例

除对违法停车和违法驻车进行明确定义外，日本《道路交通法》还对"驾驶员离开车辆"的情况进行了特别规定。根据日本《道路交通法》第51-4条，放置车辆是指被警察等认定为违法驻车，且处于驾驶员离开车辆无法立即驾驶、移动的车辆。

2．标志标线精细化

日本道路上的组合标志清晰密集，搭配路缘石标线和彩色的路面铺设，精准管理各路段、各时段的车辆停放。

（1）组合标志设置密集清晰

日本通常使用组合标志精准管理各时段车辆停放。例如限时驻车标志与其他驻停车标志组合使用，精确管理每个路段各时间段内的车辆停放情况。如图6-33所示，该路段9:00—19:00，允许车辆临时驻车1h，19:00至第二天9:00禁止驻车。

图6-33　限时驻车标志与其他驻停车标志的组合

东京都街道上的禁止驻停车和禁止驻车等组合标志设置密集、清晰可见，哪里禁止驻车和停车一目了然。

（2）黄色路缘石标线

日本主要以上述标志提示出行者道路的车辆停放要求，同时对路缘石进行辅助标线强化停放规则。黄色实线表示该区域禁止驻停车，黄色虚线表示禁止驻车。

（3）红色路面铺设

2001年东京都启动"畅行东京21"项目，旨在通过优化道路等基础设施缓解交通拥堵、减少交通事故，营造出行顺畅、安全的道路环境。重点措施为改造拥堵严重的交叉路口，将禁止驻停车区域由距十字路口5m延长至距十字路口30m，并用显眼的红色对路面进行铺装，防止十字路口附近停放的车辆妨碍道路通行。

▶▶ 严格的执法监督

违法驻停车的执法力度直接关系到驻车设施的供求情况以及道路的拥堵状况，这一特点在东京都市圈驻停车治理中体现得淋漓尽致。1970年日本的警察对违法驻停车的执法力度加大，部分地区采取了直接拖车的严格处罚，之前无人问津的驻车场又重新热闹起来，道路违法驻车现象得以遏制。后因严格执法导致开车逛街的顾客日渐减少，各地商家纷纷表示不满，警察逐渐放松了对违法驻停车的处置，面向公众的收费驻车场使用率再次下降，驻车场的建设再度停滞不前，道路违法驻车乱象和道路拥堵又变得严峻起来。经历几波周而复始的恶性循环，严格驻停车执法逐渐在东京确立起来。

1. 有可能承担刑事责任

在日本，违法停放车辆甚至有承担刑事责任的风险，一不小心可能触碰到有期徒刑的红线。日本《道路交通法》规定，警察有权要求违法驻车（或违法停车）的车辆驾驶员或其他对该车辆负有管理责任的人，调整车辆的停放方式或命令其从禁止驻车（或禁止停车）的区域以及限时驻车路段移走。日本《道路交通法》第119条规定未服从上述命令的，将处以3个月以下有期徒刑或5万日元以下罚金。罚金与拘留、有期徒刑等处罚的性质一样，均属于刑事处罚，会留有犯罪记录。

2. 对违法放置车辆从严管理

前面提到，放置车辆是指被警察等认定为违法驻车，且处于驾驶员离开车辆无法立即驾驶、移动的车辆。在日本，普遍认为无法立即移动的放置车辆对交通造成的负面影响最大，所以日本对放置违法驻车从严管理，包括追究放置车辆所有者的责任和对车辆实施多环节的限制措施。

（1）加强对放置车辆所有者的责任追究

不论车辆停放时间长短，只要被认定为违法停放且驾驶员不能立即移动车辆，警察和驻车监视员可在车辆上贴上放置车辆

图6-34　驻车监视员和放置车辆确认标志

确认标志（图6-34），并开出罚单追究驾驶员责任。一般情况下，普通机动车处于放置状态，其驾驶员将处以1.8万日元的违规金并记3分。根据交通违章通告制度[①]，对上述违法驻车等轻微违反交通规则的行为处以违规金的行政处罚，并记录相应的分数。只要在规定时间内缴纳违规金，则可避免走公诉程序、免除刑事责任，并不继续追究车辆所有者的责任。

若驾驶员未在规定时间内缴纳违规金，车辆所有者也将被追责。2006年修订实施的日本《道路交通法》，加强了对放置车辆所有者的责任追究，加大力度打击违法驻车行为。若驾驶员未在规定时间内缴纳违规金，车辆所有者将收到放置违规金缴纳命令，责令其按时缴纳放置违反金（与违规金同额），并记录相应的分数。此时车辆所有者不再需要支付违规金，若同时缴纳了放置违反金和违规金，违规金将退还给缴款人（图6-35）。

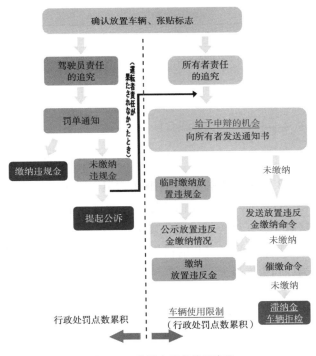

图6-35　放置车辆的处罚流程

[①] 除危险驾驶致死、酒驾、无证驾驶等恶劣行为外，对于闯红灯、违法驻车等轻微违反交通规则的行为处以违规金的行政处罚。只要在规定的时间内缴纳违规金，即可免除刑事责任的追究。

（2）实施多环节多方式的限制措施

对未按期缴纳放置违反金的车辆所有者实施多环节多方式的限制措施，严格规范车主入位停放、驻车缴费的行为习惯。一是催缴滞纳金，向未缴纳放置违反金的车辆所有者发送催缴提醒，并收取滞纳金；若车辆所有者仍未在规定时限内缴纳放置违反金和滞纳金，依据日本《道路交通法》第51-4条第12款规定，公安委员会有权视同"拖欠地方税"处理，通过没收财产等方式强制收取。二是车辆拒检制度，即收到催缴提醒的车辆无法进行车检。

除此之外，日本对收到一定次数放置违反金缴纳命令的车辆实施使用限制。对于普通机动车而言，若多次收到放置违反金缴纳命令，则公安委员会有权限制该车辆使用2个月（表6-13）。

放置车辆的使用限制 表6-13

条件		车辆使用限制时间		
放置车辆确认标志张贴日起				
前1年内收到车辆使用限制命令的次数	前6个月内收到放置违反金缴纳命令的次数	大型车	普通车	二轮车等
0次	3次	3个月	2个月	1个月
1次	2次			
2次以上	1次			

3. 差异化的处罚措施和力度

日本对不同的违法驻停车行为进行精细化处罚，根据行为（放置与非放置）、区域（禁止驻停车区域与禁止驻车区域）以及车型（大型车、普通车和二轮车等）的不同，采取差异化的罚款金额和累积分数处罚。其中，对放置车辆的违法驻车行为处罚力度最大。

（1）限时驻车路段以外违法驻车/停车

日本《道路交通法》第119-2条和第119-3条规定，放置车辆的违法驻车行为将处以15万日元以下的罚金，非放置车辆的违法驻停车行为将处以10万日元以下的罚金。

在实际执法中，普通机动车处于放置状态，其驾驶员将处以1.8万日元的违规金并记3分；驾驶员未按期缴费，将进一步追究车辆所有者的责任，对其处以与违规金同额的放置违反金处罚。普通机动车处于非放置状态，将处以1.2万日元的违规金并记2分（表6-14）。

限时驻车路段外违法驻停车的处罚 表6-14

车辆状态	停放区域		行政处罚				刑事处罚
			分数	违规金/放置违反金（万日元）			罚金等
				大型车*	普通车*	二轮车等*	
放置车辆	禁止驻停车区域**	专用驻车场所	3	2.7	2.0	1.2	15万日元以下罚金
		非专用驻车场所		2.5	1.8	1.0	
	禁止驻车区域	专用驻车场所	2	2.3	1.7	1.1	
		非专用驻车场所		2.1	1.5	0.9	
非放置车辆	禁止驻停车区域	专用驻车场所	2	1.7	1.4	0.9	10万日元以下罚金
		非专用驻车场所		1.5	1.2	0.7	
	禁止驻车区域	专用驻车场所	1	1.4	1.2	0.8	
		非专用驻车场所		1.2	1.0	0.6	

注：*. 大型车包括大型机动车、中型机动车、准中型机动车、大型特殊机动车、无轨电车和有轨电车；普通车包括普通机动车、轻型机动车（不包括二轮车）以及微型机动车；二轮车等包括摩托车和排气量在20cc以下的其他机动车。下同。

**. 禁止驻停车区域是指既禁止驻车又禁止停车的区域，下同。

按期缴纳违规金或放置违反金可避免走公诉程序、免除刑事责任。对比放置车辆与非放置车辆的处罚力度，日本整体对于放置车辆的罚款金额和记分力度均高于非放置车辆。

（2）限时驻车路段内超时停放或未及时计费

根据日本《道路交通法》第49-3条和第119-3条罚则，车辆未按规定方式停放，超时停放以及未及时启动驻车计时器或未及时将驻车票贴放在车内前方显眼处，将处以10万日元以下罚金（表6-15）。

在实际执法中，根据不同车型处以不同金额的违规金（或放置违反金）处罚。按期缴纳违规金或放置违反金同样可免除刑事责任，无需支付罚金。普通机动车在限时驻车路段内停放时，若超时停放或未及时计费，处以1万日元违规金或放置违反金处罚并记1分（表6-15）。

限时驻车路段内违法停放的处罚 表6-15

违法行为	行政处罚				刑事处罚
	分数	违规金/放置违反金（万日元）			罚金
		大型车	普通车	二轮车等	
超时停放、未及时计费	1	1.2	1.0	0.6	10万日元以下罚金

4．私营企业协助执法

2006年重新修订的日本《道路交通法》开始实施，规定可将放置车辆确认的相关业务委托给私营企业，加大力度打击违法驻车行为。以东京都为例，除岛屿外，警视厅管辖范围内的其他区域均将取缔放置车辆的执法工作委托给私营企业。

私营企业首先应在东京都公安委员会进行登记备案，获得取缔放置车辆相关业务的委托资格。执行相关工作的人员需通过东京都公安委员会组织的资格考试，获得"驻车监视员资格证"。警察局委托并公示符合要求的私营企业从事放置车辆的确认工作。作为受托方的私营企业雇佣驻车监视员，依照划分的区域对放置车辆进行识别和确认（图6-36）。

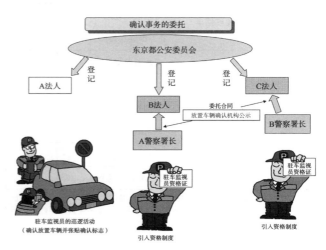

图6-36　放置车辆确认事务的委托

驻车监视员的核心工作是发现并确认放置车辆，一般要求2人为1组进行巡逻，起到互相作证监督的作用。驻车监视员发现放置车辆后，对车辆进行拍照现场取证，录入车牌号、违法驻车地点等信息，并张贴放置车辆确认标志，最后收集整理相关违法信息提交给警察录入系统（图6-37）。

日本同样在法律层面维护驻车监视员的执法权威。法律规定，袭击或恐吓正在执行工作的驻车监视员的，将被处以3年以下有期徒刑或50万日元以下罚金，这确保了驻车监视员执法的权威性；除车辆所有者、驾驶员以及相关管理人员外，任何人损坏、去除放置车辆确认标志将处以2万日元以下罚金，这确保了驻车监视员执法的有效性。

图6-37　驻车监视员的执法过程

东京都私营企业协助打击违法放置驻车的实施效果

　　2006年5—8月，警视厅对东京都10条主要道路（永泰大道、江户大道、春日大道、京叶大道、新宿大道、中央大道、晴海大道、明治大道、六本木大道、外苑东大道）及新宿·涩谷地区进行调查，发现驻车监视员协助执法后，放置驻车数量明显减少，交通拥堵状况明显改善，10条主要道路的放置驻车数量减少73.9%，新宿·涩谷地区减少51.4%（图6-38）；10条主要道路的拥堵距离和拥堵时间分别减少27.2%、9.5%（表6-16）。

驻车监视员协助执法后交通拥堵情况变化 表6-16

交通拥堵情况	6—8月（3个月）		
	2005年	2006年	增减
拥堵距离	25.0km	18.2km	−6.8km
			−27.2%
出行时间	20min10s	18min15s	−1min55s
			−9.5%

注：统计范围为上述10条主要道路。

　　另外，驻车场利用率也有所提升。对东京都70个驻车场进行为期3个月的调查，发现停放车辆数增加21.7万辆（图6-39）。

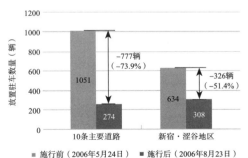
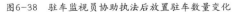
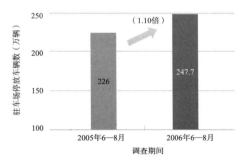

■ 施行前（2006年5月24日）　■ 施行后（2006年8月23日）

注：调查时间为每天14:00—16:00，下同。

图6-38　驻车监视员协助执法后放置驻车数量变化　　图6-39　驻车监视员协助执法后驻车场停放车辆数变化

6.5 驻车设施的智能化运营

▶ 完善驻车场引导系统

为有效利用现有面向公众使用的驻车场，日本不断发展完善驻车场的引导系统，通过提供实时动态信息等方式，提高驻车便利性，提升驻车场的利用率。

1. 广泛应用信息指示系统，提供实时动态信息

驻车场信息指示系统由各地方政府组织构建，用于整合区域内各驻车场的基本信息，如在路侧的驻车场信息指示牌上动态更新附近驻车场的位置、方向、距离以及是否有空闲车位等信息。截至2004年，日本全国已有60个地区应用了驻车场信息指示系统，提高了出行驻车的便利性和驻车场的利用率。

在横滨站附近，可以看到路侧指示牌中附近驻车场的分布以及是否有空闲车位的信息；驶入交叉口时，驾驶员可以看到驻车场的方向、实时空位情况和收费标准（图6-40）。

图6-40　横滨站附近的驻车场信息指示牌

图片来源：段里仁教授拍摄。

2. 利用信息聚合平台，提供公益性信息与服务

东京都道路整备保全公社将东京都地方政府整备的驻车场信息系统和私营企业的驻车场管理系统进行整合，形成东京都公益性的驻车场信息聚合平台——s-park，通过网页、手机、汽车导航等终端设备提供驻车场位置、车位数量、空位情况以及收费标准等信息，并提供街景导航服务。

s-park平台不仅可以查询普通机动车的驻车位信息，还可以分类查找摩托车的驻车位信息。截至2006年3月，s-park平台整合了东京都内80%以上的驻车场信息，包括约4500个驻车场的位置信息和约900个驻车场的空位实时信息。

3. 推行车辆诱导系统，确保快速寻找车位

2002年东京都政府和东京都驻车场公社联合推行车辆诱导系统的试点应用。该系统可根据出行者的车辆大小、行驶目的地以及出行者对驻车场的选择偏好（比如有价格优惠、距目的地近）等信息，匹配合适的空闲车位；在车辆接近目的地时，系统将驻车场位置发送至汽车导航系统中，指引出行者驶入车位。2002年，车辆诱导系统首先在涩谷站、新宿站、池袋站和町田站的周边地区进行试点应用，2003年又新增了吉祥寺站、丸之内·日本桥周边的两个地区。

2004年10月东京都政府与汽车导航公司共同在东京都全域内实行车辆诱导系统。车辆在距目的地约3km时，汽车导航系统与中央服务器互通，智能推荐符合出行者事先输入的偏好条件的空位驻车场，并自动将目的地变更为该驻车场，顺利引导车辆入库停放。

▶▶ 车位预约管理

东京已基本实现车位的预约服务。出行者可通过各大驻车场信息平台、手机App等预约支付。以akippa平台为例，出行者可自主选择以1天或15min为单位预约驻车时间，并实现线上支付；当天可凭预约码入库停放，无需现金结算；最多可提前30天预约车位。车位的预约管理有效解决了找不到驻车场、无法确保有空闲车位等问题，同时减少了找车位造成的交通拥堵以及由此引发的噪声、空气污染等。

6.6 驻停车治理效果

▶▶ 驻停车秩序明显改善

通过驻停车治理的组合拳政策，道路违法驻车现象在一定程度上得到了遏制。尤其在2006年修订日本《道路交通法》、私营企业协助执法后，道路上的违法驻车数量显著减少。根据警察厅交通局每年对工作日白天一段时间内道路上四轮车驻车数量的统计，东京都区部道路上的违法驻车数由2004年的9.3万辆减少至2021年的3.8万辆（图6-41）。

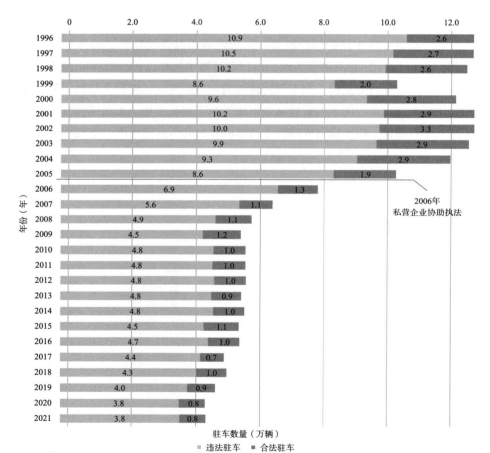

注：在工作日白天的一段时间内，测量并计算一定标准以上道路的四轮车驻车数。

图6-41　东京都区部道路上驻车情况变化

警视厅数据显示，东京都放置违法驻车查处件数从1991年的约75.3万件降至2002年的约43.8万件，减少41.8%（表6-17）。同时，将道路作为车库使用或长时间占道驻车的现象也有所缓解。

2003—2019年由停放车辆引发的人身安全事故逐渐减少，其中导致死亡的事故数量也呈下降趋势。

东京都及全国放置违法驻车查处件数　　　　　　　　　　　　　　表6-17

年份（年）	放置违法驻车查处件数（件）	
	东京都	全国
1991	753052	2853661
1995	618751	2399734
1996	558621	2318797
1997	556588	2302272
1998	504580	2178289
1999	501714	2050723
2000	461940	1815092
2001	448273	1736651
2002	438222	1643851

▶▶ 机动车的保有和使用得以疏解

多年来，东京通过严格的停车治理，加之轨道等公共交通网的不断完善，实现了机动车保有和使用的向外疏解。

1970—2020年，东京都市圈机动车保有量由369.9万辆增至1623.0万辆，但增加的车辆主要集中在外围三县，东京都千人机动车保有量远低于外围地区，东京都机动车保有量占比从54.7%下降到了27.2%（表6-18）。目前，东京都市圈人口密集的中心区千人机动车保有量低，使用强度小，居民出行主要依靠发达的轨道交通，交通拥堵明显缓解（图6-42）。

1970年和2020年东京都市圈不同区域机动车保有量对比　　　　表6-18

区域	1970年				2020年			
	人口密度（人/km²）	机动车保有量（万辆）	机动车保有量占比（%）	千人机动车保有量（辆/千人）	人口密度（人/km²）	机动车保有量（万辆）	机动车保有量占比（%）	千人机动车保有量（辆/千人）
东京都	5328	202.5	54.7	178	6410	441.0	27.2	314
埼玉县	1018	50.9	13.3	132	1935	414.2	25.5	564

区域	1970年				2020年			
	人口密度（人/km²）	机动车保有量（万辆）	机动车保有量占比（%）	千人机动车保有量（辆/千人）	人口密度（人/km²）	机动车保有量（万辆）	机动车保有量占比（%）	千人机动车保有量（辆/千人）
千叶县	663	44.1	11.9	131	1219	366.6	22.6	583
神奈川县	2295	72.4	19.6	132	3825	401.3	24.7	434
东京都市圈	1799	369.9	100.0	153	2723	1623.0	100.0	440

注：机动车保有量截至各年3月底，人口总数截至各年10月1日。

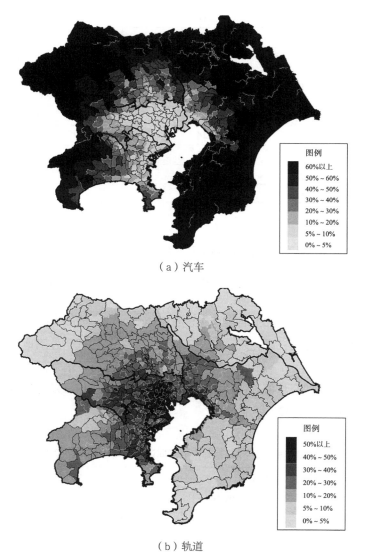

（a）汽车

图例
- 60%以上
- 50%~60%
- 40%~50%
- 30%~40%
- 20%~30%
- 10%~20%
- 5%~10%
- 0%~5%

（b）轨道

图例
- 50%以上
- 40%~50%
- 30%~40%
- 20%~30%
- 10%~20%
- 5%~10%
- 0%~5%

图6-42 2018年东京都市圈汽车和轨道出行分担率分布示意

第 7 章
自行车的"前世今生"

　　日本是自行车大国，据统计，每100个日本人中约有54辆自行车，这个数字在东京都是60辆。从20世纪60年代发展至今，自行车在行车安全、车辆停放和路权保障方面都曾面临种种问题与困境。但如今，自行车不仅在紧张的道路资源中成功谋得了一席之地，其停放管理也探索出了一套妥善高效、值得借鉴的模式，自行车交通安全也建立了相应的保障体系。这样良好的状况离不开政府不懈的努力与支持：一是开展了一系列空间整备措施，让自行车从没有专用路权到通行空间不断扩大，逐步实现了自行车的路权保障；二是支持自行车停车场建设，使得自行车停车场的规模和收容能力都实现了巨大提升，同时对自行车停车收费以及放置进行精细化管理，使得轨道周边自行车治理取得了显著的效果；三是深入企业、学校、社会组织等，积极宣传和普及自行车行车规则、安全知识，保障安全有序的自行车出行。

　　本章将主要从基本情况、发展历程、停放治理、通行空间整备、交通安全保障等方面对东京都市圈的自行车交通进行系统介绍，带领读者们一起感受数十年来日本自行车交通的发展。

7.1　自行车基本情况纵览

▶▶ 日本是自行车大国

日本是自行车大国，无论你走到哪里，都能看到自行车的影子。2019年，日本自行车保有量6762万辆（图7-1），仅次于中国、美国和德国，平均每100个人就有54辆自行车（图7-2）。

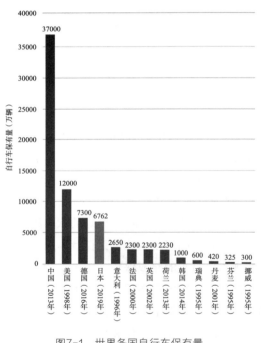

图7-1　世界各国自行车保有量

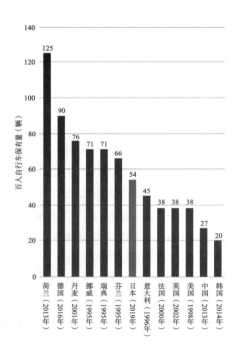

图7-2　世界各国百人自行车保有量

自行车在日本的出现不超过200年，明治时代自行车作为一种新奇、稀有的事物刚开始进入日本人生活的时候，拥有自行车是一种身份地位的象征，拍全家福的时候也会让自行车入镜。因为普通家庭一般买不起自行车，所以有段时间租自行车十分流行，人们按时间支付租金租自行车出行，也能算得上是日本最早的"共享单车"。据当时新闻资料记载：若是询问妙龄少女希望找个什么样的人结婚，少女们会回答"家里有自行车的"。

而其他那些渴望骑自行车的百姓非常期盼每一场自行车比赛。1898年11月，在东京上野不忍池畔举行的国内外自行车运动大会，受到了老百姓的极大欢迎。后来随着时代发展，自行车制造商、批发商和零售商大批量地生产、销售自行车，昭和时代以后自行车逐渐在大众中普及，人们在日常生活中开始骑自行车出行，自行车成为日本人主要的交通工具（图7-3）。

图7-3　日本自行车的发展历程

现如今，在东京都可能每家每户不一定有小汽车，但是一定会有自行车。据统计，2018年东京都市圈自行车保有量达到了2013万辆，其中东京都自行车保有量是机动车的近2倍（图7-4），平均每100个人就有60辆自行车。可见，自行车在东京人的生活中是非常重要的。

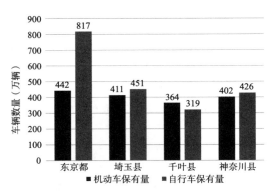

图7-4　2018年东京都市圈自行车与机动车保有情况

走在东京都的大街小巷，随时都能看到人们骑自行车的身影，无论是在东京都、大阪等繁华都市，还是在偏僻乡村，很多人都会选择骑自行车上下班、外出购物，或走亲访友。自行车在日常出行中扮演着重要的角色，是人们生活中不可或缺的一部分（图7-5）。在幼儿园放学的时候，很多家长都是骑着自行车去接孩子，在自行车后面安装一个小座椅，方便孩子乘坐。年龄大一点的孩子，在上下学的时候可以自己骑自行车前往。人们可以带着自行车去往任何地方，有些人喜欢周末带上自己心爱的自行车坐火车去郊外骑行，欣赏大自然的美景。

（a）路上骑车的人们

（b）带有座椅的自行车

（c）骑车通学的学生们

（d）带自行车乘坐轨道

图7-5　自行车在日常出行中扮演重要角色

▶▶ 超高的自行车利用率

众所周知，东京都市圈有着非常发达的轨道交通系统，密集的轨道交通网络让其交通出行分担率占比逐步提高，其次才是小汽车、步行、自行车、公共巴士、摩托车，自行车排在第四位，出行分担率占13%（图7-6）。与大伦敦、纽约市、大巴黎对比，东京都市圈的自行车出行分担率远大于这些国际城市（图7-7）。

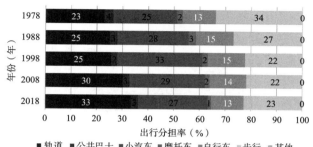

图7-6 不同交通方式出行分担率变化

图7-7 国际大城市自行车出行分担率

作为轨道上的大都市圈，自行车是接驳轨道的重要交通方式之一，从家到车站，或者从车站到学校的短距离出行，人们往往都会选择使用自行车，为轨道交通起到了很好的"喂客"作用。1975—2015年，自行车接驳轨道交通的出行分担率由4%增长至17%（图7-8），成为除步行外最主要的轨道交通接驳方式。

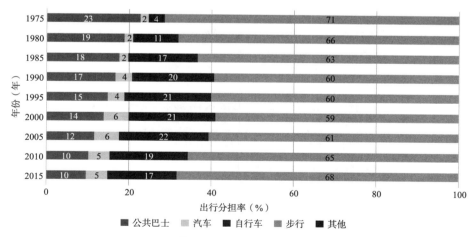

图7-8 首都圈[①]轨道末端出行结构演变（定期票乘客）

---

① 首都圈为满足以下两个条件的圈域：1）乘坐轨道到达东京站的时间在2h以内的市区町村；2）到东京都区部的通勤、通学人数占比3%以上且总人口超过500人的市区町村。

从出行距离的角度看，人们短途出行首选自行车。自行车毕竟是需要人力蹬踏的，因此往往在5km以内使用自行车出行能让人们感觉身心愉悦。如果不是经常锻炼的人，使用自行车长距离出行，身体可能会吃不消。日本国土交通省也专门研究过人们使用自行车的出行习惯，结论是短距离出行时自行车更加受到人们的青睐，如上下班、上下学、去购物或者去车站的时候，大多数人会选择骑自行车（图7-9）。

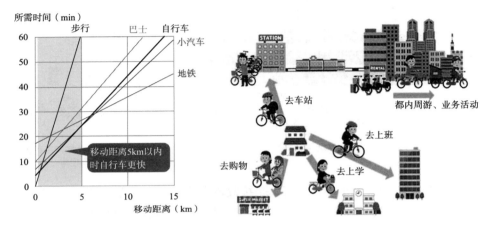

图7-9 骑自行车的时间便利性和在生活中的使用情况

据调查，在东京都90%以上的自行车出行距离在5km范围内，且大部分是1~2km的短途出行。

大多数人选择骑自行车出行的理由是自行车使用方便、费用不高、到达目的地快，也有些是为了锻炼身体、释放压力等（图7-10）。

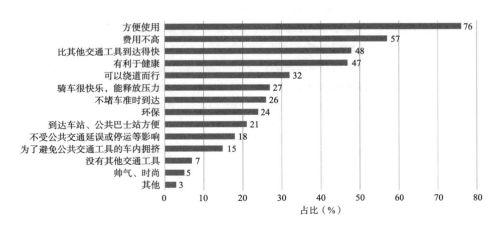

图7-10 2020年使用自行车的理由

自行车在日常生活中扮演着重要的角色，据调查显示大多数人使用自行车出行的目的是为了办私事，如购物、吃饭、学习等（图7-11）。

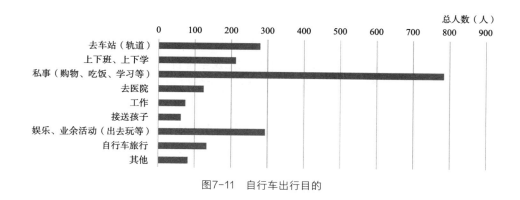

图7-11　自行车出行目的

▶▶ 持续完善的制度体系

日本政府根据不同时代产生的自行车交通问题和需求，修订日本法律，如《道路交通法》《道路构造令》等，并实施改善自行车交通的相关对策，为了减少与自行车有关的交通事故，主要将重点放在了"自行车通行空间的整备"和"防止放置自行车[①]的对策措施"。

1．1965—1975年：明确自行车路权

20世纪60年代中期，随着汽车交通量的显著增长，道路维护速度难以满足其需求，交通事故死亡人数急剧上升。为了减少自行车与机动车之间的事故，保证骑行者的安全，1970年日本《道路交通法》进行了修订，修订后允许自行车在人行道上通行。同年，日本国土交通省还修订了《道路构造令》，新定义了自行车道[②]、自行车专用路[③]、自行车步行者专用道[④]和自行车步行者道[⑤]等道路结构，将自行车和机动车分开，促进自行车步行者道和自行车道的发展，确保行人和骑行者的安全。

2．1976—1988年：放置自行车问题严峻

随着自行车数量的不断增加，在许多车站广场等交通枢纽地区出现了大量停放自行车的现象，并成了一个严重的社会问题。1980年，日本颁布了《关于促进自行

---

① 放置自行车：指把自行车停放在自行车停车场以外的地方，自行车使用者离开该自行车，使自行车处于不能立即启动的状态。

② 自行车道：作为道路的一部分，与机动车道分开设置，可供自行车使用。

③ 自行车专用路：独立设置的自行车道，可供自行车使用。

④ 自行车步行者专用道：独立设置的自行车道，可供自行车和步行使用。

⑤ 自行车步行者道：作为道路的一部分，与机动车道分开设置，可供自行车和步行使用。

车安全利用及整备自行车停车场的法律》，明确了国家、地方公共团体、自行车使用者和相关企业在自行车安全使用和停放措施方面各自的责任，并规定应妥善履行其权利和义务。1981年，日本国土交通省发布了《标准自行车停车场配建条例》，并督促地方政府推进自行车停车场建设，保证自行车入位停车。

3．1989—2015年：应对自行车发展需求

1993年，日本将《关于促进自行车安全利用及整备自行车停车场的法律》修订为《关于促进自行车安全利用以及综合推进自行车等停车对策法》，其中增加了关于存放和清理自行车的规定，并进一步推进放置自行车的管理对策。

1997年签订的《京都议定书》规定了减少温室气体排放的条款，同年，道路委员会上，接受了"从汽车向以自行车、步行为首的多种交通模式转换"的提案，1998—1999年选出19个城市作为改善自行车使用环境的典范，并实施了改善自行车使用环境的先驱措施。

2001年，日本政府对《道路构造令》进行了修订，改变了以往以车行道为中心确定整体道路结构的做法，将行人、自行车、有轨电车等公共交通、绿化和机动车的空间独立出来，使这些道路空间相互协调。在自行车方面，明确了自行车道、自行车步行者道和人行道的设置条件，重点强调了除机动车外，自行车和行人各自作为交通主体的方式，以"确保独立于机动车的行人和自行车交通空间"。

2005年，日本政府修订了《道路法施行令》，允许在人行道上设置自行车停车位，以改善车站周边停车环境，并将道路管理者在道路上提供的自行车停车位增设为道路附属设施。2006年，日本政府再次修订了《道路法施行令》，鼓励道路管理者以外的单位，如地方自治体、轨道运营者等，加强对放置自行车和违章停放摩托车的管理。同年日本国土交通省出台了《道路自行车、摩托车等停车场建设指南》，规定在车站周边、公交站台、商圈等停车需求较大的地方可在道路上建立停车场。

2008年日本《道路交通法》再次修订，规定只有在特殊条件下自行车才可以在人行道通行，一般情况要在机动车道左侧通行。随后在日本国土交通省与警察厅的合作下，全日本98个地区被指定为"改善自行车通行环境示范区"，以促进自行车通行空间的发展，在日本全国范围内实现行人、自行车和机动车之间的适当隔离，减少日益增多的自行车与行人事故。

2012年，为了促进系统、有效地开发自行车交通空间，建立自行车交通空间网络并确保连续性，日本发布了《创造安全舒适的自行车使用环境指南》和《创造轨道车站周围和市中心安全舒适的自行车使用环境指南》，二者说明了如何确定网络路线和如何选择维护方法。日本还制定了针对车站周边及中心市区的自行车等停车场整备的调查方法和《关于自行车等停车场的整备方针》，并印发给道路管理部门。

4．2016年至今：大力发展自行车

2016年，日本政府颁布了《自行车活用推进法》，并于次年5月1日开始施行，目标是要全面系统地推广自行车的使用。主要包括：①在推广使用自行车方面，明确规定了政府、企业、市民等其他相关方的责任；②提出了促进自行车活用的15条基本方针，如建设良好的自行车路网、加强学校教育、完善自行车与其他交通方式的衔接、举行自行车国际交流活动等；③要求各都道府县出台《地方自行车活用计划》，其中要设置具体的地区性指标，每年对各项计划要开展跟踪调查；④提出由国土交通省牵头会同其他国家层面的机构组成促进自行车活用总部，制定国家层面有关于自行车推广方面的计划；⑤规定每年5月为自行车月，当月5日为自行车日。

截至2023年7月，日本国土交通省先后发布两版《自行车活用计划》，有47个都道府县和173个区市町村制定了《地方自行车活用计划》。

7.2 自行车停放治理

▶▶ 自行车曾作为"垃圾"在城市中泛滥

1. 车站周边的"毒瘤"

1950年，日本拥有超过1000万辆自行车。1970年石油危机后，自行车的数量开始迅猛增加。1977年，日本自行车约有4700万辆，不到30年，自行车的数量翻了近5倍，这种增长速度给城市交通治理带来了相当大的压力。

由于自行车数量暴增和自行车停车场的供不应求等原因，车站周边的自行车乱停乱放现象越来越普遍，有些人出车站后甚至找不到自己的车，车站周边[1]堆满了大量放置自行车（图7-12），造成了严重的社会问题。据日本国土交通省统计，

（a）关西阪急庄内站

（b）东北干线东大宫站前

（c）小金井站南口

（d）平须贺站北

图7-12 站前大量放置自行车

---

① 车站周边：指轨道站点周边500m以内的区域。

1977年日本车站周边有67.5万辆放置自行车，这个数字在1981年达到了顶峰，约有98.8万辆。东京都范围内车站周边约有23.7万辆放置自行车，这些放置自行车如同"垃圾"一般成为城市交通的疑难杂症。

如何处理如此庞大数量的放置自行车呢？只能像处理垃圾一般，对自行车使用压装车和切割机进行压缩。

2. 日本《自行车法》出台，加强停放管理

1980年，日本国土交通省制定了《关于促进自行车安全利用及整备自行车停车场的法律》（1993年更名为《关于促进自行车安全利用以及综合推进自行车等停车对策法》，以下简称《自行车法》）。日本《自行车法》规定了自行车使用者不能将自行车停放在自行车停车场以外的地方，同时重点规定了地方政府、道路管理者、都道府县警察、轨道公司等关于建设自行车停车场的责任和义务：①地方政府或道路管理者，应该在需求量大的地方建设自行车停车场；②轨道公司需要和地方政府或道路管理者协作，共同解决轨道车站周边停车问题；③在学校、商店、娱乐场所等设施周边应该合理建设停车场；④地方政府、道路管理者、警察、轨道公司等，为保证车站周边良好的道路交通环境，根据法律法规须及时处理周边的放置自行车；⑤各都道府县根据实际情况研究制定《自行车等停车措施综合计划》，主要包括目标、范围、实施期限、配建标准以及对放置自行车的处理等。

国家层面的政策一出台，东京都政府积极响应，其区市町村陆续出台了有关放置自行车的管理条例，到1997年东京都有49个区市町村制定了条例（至今未变），如图7-13所示，占东京都所有区市町村的80%，其余的市町村因为放置自行车数量较少未制定相关条例。

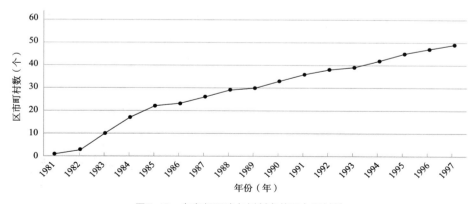

图7-13 东京都配建条例制定的区市町村数

▶▶ 逐步推进自行车停车场建设

1.建设主体多元化

日本实施《自行车法》后，自行车停车场的建设力度加大，收容能力也随之增加，1977年日本的轨道车站周边能停放约68万辆自行车，1987年能停放238万辆（图7-14），在短短10年间就增长了2.5倍。

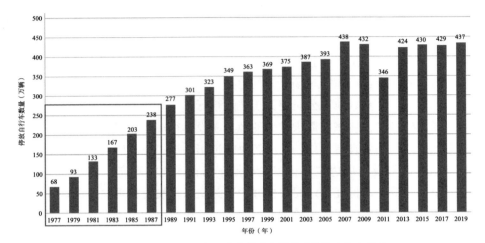

图7-14　1977—2019年日本的轨道车站周边停放自行车数量

收容能力的提升与停车场建设密切相关。日本的自行车停车场分为公设停车场和民设停车场。公设停车场是区市町村政府建设的，民设停车场是轨道公司及关联公司、公益法人、私营企业等建设的（图7-15）。

以东京都为例，东京都车站周边共有2827个自行车停车场，其中公设停车场1317个，民设停车场1510个。在民设停车场中，私营企业建设的停车场占主要部分（图7-16）。并且，由于自行车停车场的建设补助制度及自行车停车收费制度等，自行车停车场基本能实现可持续运转，并获得一定投资回报。

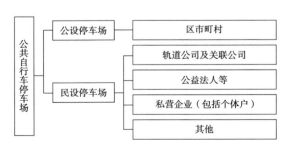

图7-15　公共自行车停车场建设主体

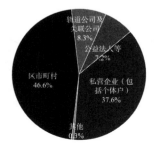

图7-16　东京都停车建设主体分布

公益财团法人自行车停车场整备中心

1979年，自行车停车场整备中心（以下简称"中心"）经日本国土交通省建设部部长批准成立，2013年，经首相批准转为公益财团法人。中心负责日本三大都市圈自行车停车场的建设、整备、运营管理，可通过自筹资金减轻地方政府的财政负担。建设完成的停车场由中心负责管理和运营，但在一定管理期后，可无偿转让给地方政府（图7-17）。2019年底，该中心已新建成1362个自行车停车场（图7-18），可容纳约81.9万辆自行车。

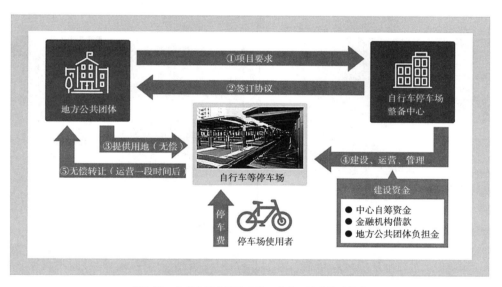

图7-17　自行车停车场的建设、整备、运营管理模式

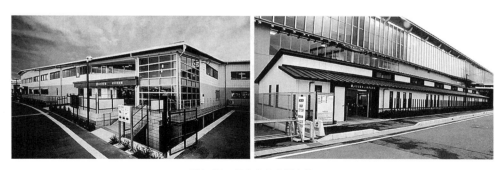

图7-18　新建自行车停车场

葛西站机械式地下自行车停车场

东京都江户川区葛西站机械式地下自行车停车场于2008年4月开始营业，可停放9400辆自行车，是日本最大的机械式地下自行车停车场。

每天约有9.4万名乘客在葛西站乘坐地铁东西线。据统计，约有10%的人使用自行车。建设该停车场的目的是解决葛西站附近放置自行车的问题。在建设该停车场前，虽然车站周边有可容纳约5300辆自行车的停车空间，但离车站较远，导致车站周边的放置自行车超过了2800辆，人行道的一半空间被停放的自行车占用，每天需要50人负责对自行车进行整理。该停车场建设后，放置自行车的数量锐减到了约100辆。

自行车存放系统"自行车树"（图7-19）是直径6.9m，深度14.45m的圆柱形停车设备，通过电梯呈放射状存放自行车。采用基于IT技术的快速存放系统可实现自行车的快速存取，入库只需10s，出库只需20s（图7-20）。

图7-19 "自行车树"内部

图7-20 机械自行车停车场的自行车停取

该自行车停车场建设成本约70亿日元，25%由国家补贴，15%由东京都补贴，其余60%由江户川区承担。

2．配建制度不断完善

根据日本《自行车法》，1981年，日本国土交通省发布了《标准自行车停车场配建条例》（简称《配建标准》），各区市町村根据地方实情制定相应的配建标准。在指定区域[①]内，根据设施的用途和规模，按照表7-1的标准配建相应规模的自行车停车场，且须距离设施步行约50m以内。不按照规定建设的将处3万日元以下罚款，政府责令其整改，拒不履行义务的将处10万日元以下罚款。

标准自行车停车场配建 　　　　　　　　　　　　　　　　　表7-1

规模	设施		
	百货公司、超市等场所	银行等金融场所	娱乐场所
设施规模	店铺面积超过400m²	店铺面积超过500m²	店铺面积超过300m²
自行车停车场规模	按照店铺面积每20m²配建一个自行车停车位	按照店铺面积每25m²配建一个自行车停车位	按照店铺面积每15m²配建一个自行车停车位

东京都港区在自行车停车场的《配建标准》的基础上，增加了体育运动设施和学校等培训机构的配建标准，具体如表7-2所示。

港区自行车停车场配建 　　　　　　　　　　　　　　　　　表7-2

设施	设施规模	自行车停车场规模		
		店铺面积在1200m²以内的部分	店铺面积超过1200m²部分	店铺面积超过5000m²部分
百货公司、超市等商品和餐厅	店铺面积超过400m²	按照店铺面积每20m²配建一个自行车停车位	每60m²配建一个自行车停车位	每120m²配建一个自行车停车位
银行等金融机构	店铺面积超过500m²	按照店铺面积每25m²配建一个自行车停车位		
娱乐场所	店铺面积超过300m²	按照店铺面积每15m²配建一个自行车停车位		

[①] 指定区域：根据《自行车法》第5条第3项，百货商店、超市、银行、娱乐场所等产生大量自行车等停车需求的场所，根据周边的土地利用状况，为骑自行车去这些场所的市民提供必要的自行车等停车场，且须设置在场所周边一定范围内。

设施	设施规模	自行车停车场规模		
		店铺面积在1200m²以内的部分	店铺面积超过1200m²部分	店铺面积超过5000m²部分
运动、体育等促进健康的设施	店铺面积超过500m²	按照店铺面积每25m²配建一个自行车停车位		
学校、兴趣班等以教学为目的的设施	店铺面积超过300m²	按照店铺面积每15m²配建一个自行车停车位		

3. 增加停车空间

2005年，日本对《道路法施行令》进行了修订，在人行道上允许设置自行车停车场，作为道路附属物，由道路部门负责建设、运营、维护。这也为增加自行车停车场用地提供了条件。2006年，日本国土交通省发布了《道路自行车、摩托车等停车场建设指南》，规定在车站周边、公共巴士站台、商圈等停车需求较大的地方可在道路上建立停车场。

根据规定，在人行道上设置自行车停车场（图7-21），设置后要保证人行道宽度达到3.5m（行人交通量多的道路）或2m（其他道路）以上；自行车步行者道的宽度要保证4m（行人交通量多的道路）或3m（其他道路）以上。

图7-21　人行道上的自行车停车场

▶▶ 明确的资金补助制度

《自行车法》中对建设自行车停车场有明确的补贴规定，另外在国家财政的预算决算上也有专门的放置自行车整备资金，各都道府县也根据实际情况设置了相关的补贴和财政预算。从中央到地方的各层级补贴制度可见日本对自行车停车场建设的重视程度。

1. 多种补助"多管齐下"

日本《自行车法》规定，国家和地方政府对自行车停车场建设、整备、征地等方面都有一定的资金补贴措施和一些相关的利好措施，以此调动建设自行车停车场的积极性。

具体在操作层面，自行车停车场整备时，补助来源于以下方面，如图7-22所示。

自行车停车场整备在申请补助时，需写明是属于道路项目、城市规划、城市更新、交通安全设施改造等领域的哪一类，对应的类别都有相应的补贴标准，国家及都道府县、区市町村提供相应的补贴（表7-3）。

未指定用途的财政资源

──地方税等：地方税、地方转让税、地方分配税等

──特别区财政调整拨款（普通拨款）：平衡都和区财政资源的拨款

指定用途的财政资源

──国库支出
　　交通安全措施特别补助金：适用于维护交通安全设施改造（包括自行车停车场）

──国库补贴
　　特定的交通安全设施维护项目：作为道路附属设施的自行车停车场（不包括都市计划项目）

──社会资本综合补助
　　道路事业：都市计划自行车停车场
　　都市再生整备计划事业等：适用于市町村（包括特别区）制定的都市再生整备计划中的自行车停车场
　　都市和地区交通战略推进事业：适用于市町村（包括特别区）制定的综合交通战略中的自行车停车场
　　道路事业（防灾/安全补助）：用于作为道路附属设施自行车停车场的改造

──东京都支出
　　特别区都市计划补助金：特区城市规划项目补助金
　　市町村土地援助：自行车停车场将作为道路的附属设施进行维护

──地方债券

──东京都市町村振兴基金条例中的贷款：区市町村提供改造自行车停车场的贷款

其他团体的补助金

──（一般财团法人）日本自行车振兴协会
　　自行车停车场建设项目：市町村免费贷款（到期后免费转让）

──（公益财团法人）自行车停车场整备中心
　　自行车停车场建设项目：中心在一定时期内收费运营（期满后，将免费转让给政府）

图7-22　自行车停车场整备的补助来源

自行车停车场整备申请补助基本条件　　　　　　　　　　表7-3

主体	项目名称	条件	补助比例	附注
国家	社会资本整备综合补助金（道路事业）	作为都市计划事业而设置的自行车停车场	设施费及用地费的1/2以内（新建）	2010年开始
	特定交通安全设施等整备事业	作为道路附属物而修建的自行车停车场	设施费及用地费的1/2以内	1986—2009年
	都市结构重建集中支援事业	作为都市再生整备计划等修建的自行车停车场（仅限于市町村，包括购买用地的情况）	补助对象事业费的1/2	2020年开始
	社会资本整备综合补助金［都市再生整备计划事业（老旧都市建设补助金）等］	作为都市再生整备计划等修建的自行车停车场（仅限于市町村，包括购买用地的情况）	补助对象事业费的40%左右	2004年开始，在预算科目中增设了社会资本综合整备事业费、社会资本整备综合补助金

主体	项目名称	条件	补助比例	附注
国家	社会资本整备综合补助金[都市和地区交通战略推进事业（老旧都市交通系统整备事业）]	自行车停车场：车位量200个以上（若是作为整备计划，在多个地方修建且构成一定网络系统的情况，合计为200个以上）的停车设施；或者作为布局合理化规划事业，且具有战略意义（只限于获得日本国土交通大臣认证的项目）的项目，并被列入重建实施规划地区公共交通重建事业中的车站等场所的配设自行车停车场，则为车位量50个以上（在多个地方修建的情况，合计50个以上）的停车设施。其整备所需费用，如下所示： （1）设计费： ①基本设计费 自行车停车场基本设计所需的费用。 ②施工设计费 自行车停车场施工设计所需的费用。 （2）设施整备费： 自行车停车场施工所需的费用	设计费、设施整备费的1/3以内（但是，若是属于综合交通战略区域，则为环境示范都市所在地区，在1/2以内）	2007年开始
	社会资本整备综合补助金[道路事业（防灾和安全补助金）]	作为道路附属物而修建的自行车停车场	设施费及用地费的1/2以内	2010年开始
城市	特区都市计划事业	作为都市计划事业道路附属品整备的自行车停车场	特区都市计划事业所需普通费用的25%左右	根据都市费用辅助纲要（年度纲要）
	市町村的土木辅助事业	作为道路附属物整备的自行车停车场	补助比例在1/2以内（补助对象事业费的25%）	1973—1984年，补助比例为1/2
财团法人	（一般财团法人）日本自行车普及协会负责的自行车停车场设置事业	根据区市町村的要求； 停车场用地是指自行车停车位为300个以上（计划）的车站周边地区； 建设用地是指可使用8年以上的土地； 车位量规模为300个以上； 设施的建设事业主体为协会	建设费总额（含设计费）的1/2由协会承担。 （1）承担限额： ①车位量为300个以上且不超过600个的停车场，以2000万日元为限额，相当于建设费的1/2； ②车位量为600个以上且不超过1000个的停车场，以3000万日元为限额，相当于建设费的1/2； ③车位量为1000个以上且不超过1500个的停车场，以4000万日元为限额，相当于建设费的1/2； ④车位量为1500个以上的停车场，以5000万日元为限额，相当于建设费的1/2。 （2）超过协会承担金额的费用，全部由该地方公共团体承担。 （3）建设费不包括土地收购和整地造园等所需的经费	（1）完成后的设施将无偿租借给区市町村免费使用6年，租借期满后无偿转让； （2）上述"租借期"的停车场运营和维护管理工作，全部由区市町村负责，相关经费由该区市町村承担

主体	项目名称	条件	补助比例	附注
财团法人	（公共财团法人）自行车停车场整备中心设置的自行车停车场	来自区市町村等的整备要求	关于整备中心承担金额，根据设施的规模、运营方法等有所不同，需要协商决定	建成后，整备中心可以在一定期间内直接管理运营（直接经营）设施，或者有偿租借给停车场设施管理人员。期满后，无偿转让给区市町村

资料来源：东京都《2020年车站周边放置自行车现状和对策》。

专栏
东京都杉并区、江东区建设自行车停车场补助案例

杉并区民营自行车停车场整备费补助

根据东京都杉并区的条例，补助对象为建设并运营供公共使用的自行车停车场的人员（民营自行车停车场），轨道公司和财团法人除外。

符合规定的民营自行车停车场，将按以下制度补贴。

（1）建设费用补贴。补贴范围包括征地费、租赁费（自行车架及设备租赁费等）、自行车停车场建设费、机械设备维护费等各种费用。具体补贴金额：按每辆车11万日元标准建设的，按建设费的1/2补贴；实际建设费低于标准建设费的，按照低的补贴，补贴上限为1000万日元。

（2）行政费用补贴。从自行车停车场开始使用起算，可领取3年的补助金。年补贴金额是平均每天停车数量乘以3000日元，若平均每天停车数量大于车位数量，则年补贴金额是车位数量乘以3000日元。

江东区民营自行车停车场整备费补助

东京都江东区为民营自行车停车场提供补助，补助对象是江东区内新设、扩建或整修的自行车停车场，且必须满足下列全部条件：自行车停车场的结构和设备应当能够确保使用者的安全，自行车应当能够有效停放；在轨道车站周边、商业设施、旅游景点周边等有可能发生自行车乱停放现象的地区新建、扩建的自行车停车场；自行车停车场任何人都可以使用，不是特定设施使用者或居民的专用设施。申请人可以选择以下两种补贴金额计算方法中的一种：①按实际费用申请补助，补助标准为建设费的1/3以内，上限为500万日元，征地费、建筑物拆迁费、土地或建筑物租赁费、设备租赁费等不在补贴范围内；②按单位标准整备费申请。2021年起，

为了促进利用小规模空间的自行车停车场的整备（图7-23），新设了以1个车位为单位的补助标准。平面式停车场每个车位补贴5000日元，机械式停车场每个车位补贴1.5万日元，上限为500万日元。

图7-23　利用小规模空闲空间设置自行车停车场

2. 自行车也要收停车费

在东京都，不仅机动车停车需要收费，自行车停车也是要收停车费的。东京都车站周边的自行车停车场大部分都是收费的，分为定期使用和临时使用两种。如果是定期按月租用的话，普遍收费在每辆1000～2999日元/月（图7-24），那些提供临时停车的停车场大部分收费在每辆100日元/h以内（图7-25）。东京都江户川区自行车停车场收费标准如表7-4所示。

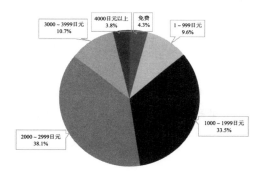

图7-24　每月收费情况（定期使用）

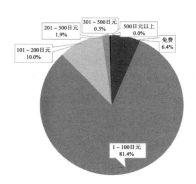

图7-25　每小时收费情况（临时使用）

东京都江户川区自行车停车场收费标准　　　　表7-4

分类	收费标准（日元）				
	1天	定期使用			
		1个月		3个月	
		一般	学生	一般	学生
普通自行车停车场	100	1880	1050	5130	2830
露天自行车停车场2楼	50	940	530	2570	1420

▶▶ 放置自行车的有效治理

1. 设置自行车放置禁止区域

自行车放置禁止区域是指区市町村可以清理放置自行车的区域。日本《自行车法》敦促地方政府在认为有必要确保车站广场等良好环境并防止其功能恶化时清理该区域放置的自行车。根据各区市町村的放置自行车管理规定，一般自行车放置禁止区域的施划范围是城市中心区域和车站周边约300m范围内的道路，如东久留米车站周边自行车放置禁止区域（图7-26）。2020年东京都共有553个自行车放置禁止区域，其中区部422个、市部131个，主要围绕着轨道站点周边施划。

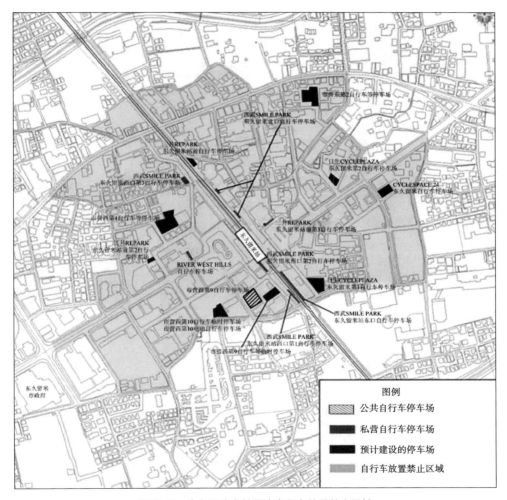

图7-26 东久留米车站周边自行车放置禁止区域

自行车放置禁止区域内，须在道路上设置标志标牌明示（图7-27），通过配置巡逻人员（政府委托企业招聘的人）引导自行车合法停放，并及时清理放置自行车。

　　同时，对于乱停乱放和不按规定缴费的自行车将进行贴条警告，若自行车使用者不及时处理，巡逻人员或者停车场管理者发现贴条自行车，将会对其进行清理（图7-28）。

图7-27　实际道路上的禁止停放标志标牌

图7-28　清理放置自行车

2．及时处理放置自行车

　　1993年日本《自行车法》修改为《关于促进自行车安全利用以及综合推进自行车等停车对策法》，追加了关于放置自行车的保管、处理等规定，进一步完善放置自行车处理对策（图7-29）。被清理的自行车将会公示出来，来认领的市民将缴纳清理费用。以荒川区为例，每辆被清理的自行车在认领时需交5000日元清理费，若保管2个月后仍无人认领，将由管理者处理。

　　2019年东京都处理了约12.4万辆放置自行车，其中约8万辆被回收利用于销售（图7-30）。

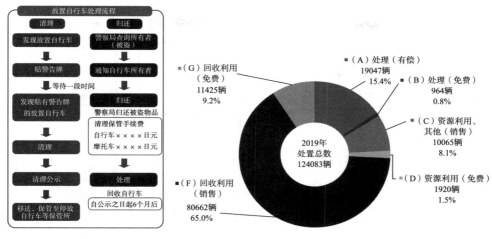

图7-29　放置自行车处理流程　　　　　　　　图7-30　放置自行车的处理

3．宣传引导，多方共治

宣传引导在放置自行车管理中起着举足轻重的作用，日本政府、企业等主体都在积极主动宣传，引导骑行者合法停放自行车。政府联合相关部门加强宣传，共同推进自行车合法停放，如提供自行车停车场信息、举办教育宣传活动等；零售商、轨道公司发挥主体责任引导合法停放自行车，如制定易懂的停车场指南、在没有停车位的情况下引导市民使用其他交通工具等，企业确保骑车通勤的员工和客户合法停放自行车。

东京都管理放置自行车的另一个特点是多方协作，充分发展各种社会组织和团体的作用。东京都政府每年与相关组织合作开展"站前放置自行车清洁运动"（图7-31），广泛宣传呼吁东京市民合法停放自行车，解决放置自行车问题。该活动于1984年启动，到2021年已举办了38届。活动由87个团体共同开展实施，包括东京都、区市町村（岛屿部除外）、"站前放置自行车清洁运动"推进委员会的组成

"站前放置自行车清洁运动"推进委员会　　　　　　　　　　　表7-5

组成团体（28个）	日本国土交通省（东京国道事务所·相武国道事务所）、警察厅、东京消防厅、东日本旅客铁道股份公司、（第一社）日本民营轨道协会（关东轨道协会）、（第一社）东京巴士协会、（第一社）东京出租车协会、东京工商会议所、东京都工商会联合会、东京都商业街振兴组合联合会、（第一财团）自行车产业振兴协会、东京都自行车商协同组合、（第一社）全国银行协会、关东百货店协会、（第一财团）日本自行车普及协会、（第一社）日本两轮车普及安全协会、（第一财团）东京都交通安全协会、东京都公立高中校长协会、（第一财团）东京都私立中学高中协会、东京都町会联合会、（第一社）东京彩票协会、（公共财团）东京都停车场整备中心、（一社）东京都母亲联合会、（公社）东京都专科学校各种学校协会、（公共财团）东京事业财团（东京都银人才中心联合）、（公社）东京都老人俱乐部联合会、东京都残疾人团体联络协议会（东京都肢体残障儿童父母协会、东京都盲人福利协会）、东京消费者团体联络中心
合作团体（5个）	（第一社）东京都个人出租车协会、日本连锁店协会、（第一社）自行车协会、（公共财团）东京都道路整备保全公社、（第一社）自行车停车场工业会

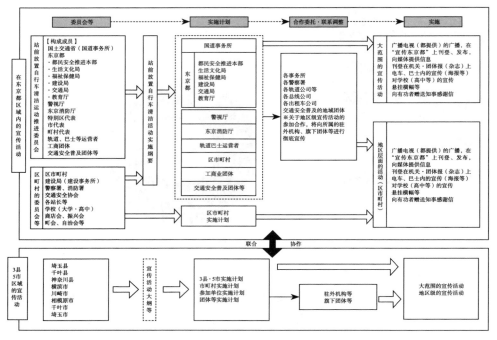

图7-31 "站前放置自行车清洁运动"实施示意

团体/合作团体（表7-5）。同时，东京都还与埼玉县、千叶县、神奈川县、横滨市、川崎市、千叶市、埼玉市、相模原市8个县市开展了都市圈范围内的区域合作。

活动期间，一是开展大范围的宣传活动（图7-32），包括在公共设施、车站内、电车、公共巴士车内等张贴宣传海报，利用街头大屏幕、数字标牌播放宣传视频，使用社交媒体进行宣传公告等；二是加强区市町村的自行车清理活动（图7-33）。

图7-32 "站前放置自行车清洁运动"宣传海报、传单

图7-33 JR大川站站前放置自行车清洁活动

　　为了鼓励市民使用自行车停车场，政府也出台了一些普惠政策。如东京都江东区为了减少放置自行车，实行积分制。中午和傍晚的时候，在龟户站周边的商业设施，经常能看到来购物的客人把自行车放在人行道上。为了减少这样的现象，江东区的管理者采用了积分制规则：在利用率较低的龟户站前北口的自行车停车场收取停车费每次100日元/辆，每停车1次积1分，积满5分就可获得免费停车券或在龟户车站周边商店可以使用的折扣等奖励。

▶▶ 停放治理效果显著

1．放置自行车下降92.6%

2019年，日本车站周边放置自行车数量为4.4万辆，相比于40年前下降了94.8%（图7-34）。

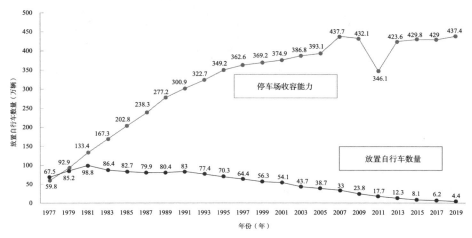

图7-34　日本车站周边放置自行车数量和自行车停车场收容能力

东京都也是如此，1981年放置自行车的数量达到峰值，约为23.7万辆，实施一系列的治理措施后，放置自行车数量逐年下降，2019年降为1.2万辆，减少了94.9%（图7-35、图7-36）。

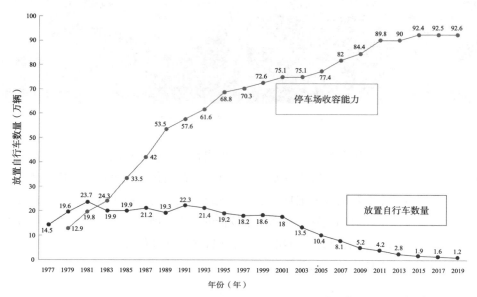

图7-35　东京都车站周边放置自行车数量和自行车停车场收容能力

（a）治理前：便道乱停车（自行车、摩托车）　（b）治理后：如今几乎没有任何车辆乱停
图片来源：段理仁教授拍摄。

图7-36　放置自行车治理前后对比

2．自行车停车入位率达96%

2020年，东京都车站周边有96.3%的自行车都能停在停车场里，其余3.7%违规停在了道路上（图7-37）。

（a）治理前：自行车较少　　　　　　　（b）治理后：自行车满满的

图片来源：段理仁教授拍摄。

图7-37　两国车站自行车停车场治理前后对比

7.3 自行车通行空间整备

▶▶ 从漠视到重视自行车路权

从漠视自行车到重视自行车，日本在自行车通行空间保障方面不断完善。自行车最初在日本出现时，是与机动车一样在车道上行驶的，但伴随着机动化进程的高速发展，机非混行的通行方式导致了太多的交通事故。因此，1970年日本《道路交通法》修订后允许自行车在人行道上通行；同年日本《道路构造令》明确了自行车通行空间，包括自行车道、自行车步行者道等。法律法规实施后，自行车事故伤亡人数有所下降，但人行道上的自行车却威胁到了行人的安全，自行车与行人的事故增多了。因此，2008年日本《道路交通法》再次修订，规定只有在特殊条件下自行车才可以在人行道通行，一般情况要在机动车道左侧通行。同时，为了更加合理地规划改造自行车通行空间，2012年政府开展了综合整备，重点提出用视觉铺装或物理隔离方式实现自行车、行人和机动车通行空间的分离。

1. 在机动车的夹缝中生存

自行车在日本从出现起就被定义为"轻型车辆"，它属于车辆的一种，原则上应在机动车道上行驶，因此有关的交通规则最初都是与机动车相同的。但1955年后随着机动化高速发展，汽车与自行车相关的交通事故急剧增加，说明自行车和汽车在机动道路上混行显然是不可取的。到1970年左右，日本自行车交通事故死亡人数达到了1940人（图7-38）。

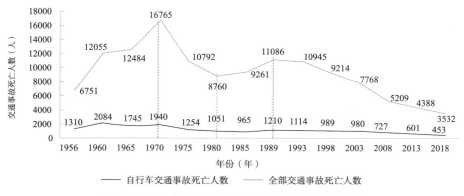

图7-38 日本交通事故死亡人数变化（1956—2018年）

2．脱离机动车道"另起炉灶"

（1）2007年之前，允许在人行道上骑自行车

1970年，日本《道路交通法》颁布了新的自行车交通规则：允许自行车在人行道上通行。同年日本《道路构造令》进行修订，明确自行车通行空间分为自行车步行者道、自行车道、自行车步行者专用道、自行车专用路和普通自行车专用通行带（图7-39）。这是自行车和汽车行驶空间最开始的"分离"。

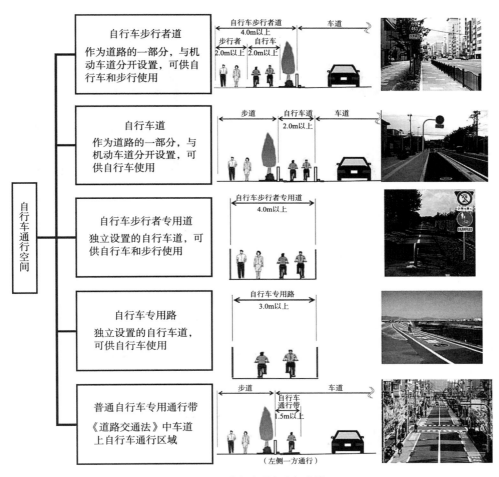

图7-39　自行车通行空间分类

（2）2007年之后，特殊情况才能在人行道上骑行

法律及相关措施颁布后的10年间，自行车交通事故的死亡人数有所减少。但是，进入21世纪，随着自行车使用者的增加，2003—2007年东京都23区的自行车与行人的事故增加了14%（图7-40），为了确保人行道上的安全和减少行人与自行车

有关的交通事故，政府认为有必要制定更加适当的自行车交通规则。

2007年，经过日本内阁府的中央交通安全对策会议讨论，由交通对策本部公布了《自行车安全使用五则》（以下简称《安全五则》），为了整顿自行车相关的交通秩序、促进自行车安全利用，特别提出了自行车是车，原则上要在机动车道行驶，仅在道路施工等特殊情况下允许在人行道上骑行。

2008年，日本《道路交通法》进行修订，规定了自行车在人行道上通行的必要条件，仅在道路标识允许的情况下才可在人行道上通行（图7-41）。

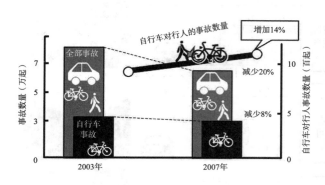

图7-40　东京都23区的交通事故变化

图7-41　人行道上自行车可通行的道路标识

3．通行空间得到保障

（1）出台综合整备计划

自行车在紧张的道路资源中仍能谋得一席之地，离不开政府的大力支持。2012年日本国土交通省与警察厅联合出台了《创造安全舒适的自行车使用环境指南》，基于"自行车是'车辆'，机动车道通行是大原则"的观点提出了以自行车通行空间为重点整备对象，并根据实际交通状况，合理分离行人、自行车和汽车的整备方法。

同年10月，东京都建设局根据地方实际情况发布了《东京都自行车走行空间整备推进计划》（2021年5月结合相关政策更新为《东京都自行车通行空间整备推进计划》）（以下简称《计划》）。《计划》提出要与国家、区市町村、交通管理者等联合推进自行车通行空间的整备；确定自行车优先整备路段；规定了在机动车道或人行道自行车通行空间整备的必要条件以及道路标识设置等。其重点是要把自行车与步行、自行车与机动车的通行空间通过物理隔离或者视觉隔离的方式分离。

（2）整备初见成效

2008—2020年，通过一系列整备措施和相关管理政策的实施，东京都内与自行车有关的事故减少了约一半（图7-42）。

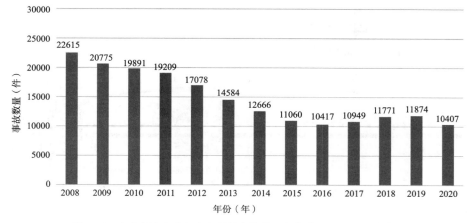

图7-42 东京都内与自行车有关的事故数量变化（2008—2020年）

▶▶ 持续整备通行空间

1．路窄也要保障自行车通行

东京都大部分的道路是狭窄的，据统计有59%的道路宽度不足5.5m（图7-43）。但政府仍然在推进自行车通行空间整备，可见其对自行车的重视程度。

根据2021年东京都建设局发布的《东京都自行车通行空间整备推进计划》，截至2019年底，东京都自行车通行空间整备道路总长为305km，其中普通自行车专用通行带延长了102km（表7-6）。

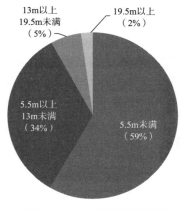

图7-43 东京都道路宽度比例

自行车通行空间整备路段长度（截至2019年底） 表7-6

整备项目	设施延长（km）
自行车道	15
普通自行车专用通行带	102
混合车道（自行车导航标志/导航线）	6
自行车人行道（结构分离）	50
自行车人行道（视觉分离）	88
沿河的自行车步行者道	44
合计	305

2．三要素确定优先整备路段

综合考虑道路实际情况和地域特性，在原有道路基础上，有计划、有效率地整备自行车通行空间，主要基于以下三个要素（图7-44）：①与现有自行车通行空间

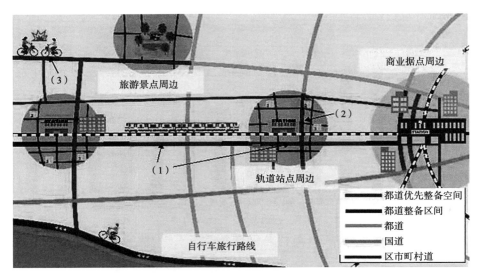

图7-44 优先整备区间选定要素

的连续性；②与国道、区市町村道的自行车网络线路的连续性；③自行车交通量和事故发生状况。

其中，考虑对自行车交通量和事故发生状况多的路段进行优先整备，主要参考指标：自行车发生集中量[①]为6000T. E.[②]/d以上，自行车事故件数5件/年以上。

3. 应用多种整备方式

在改善自行车通行空间时，为了在有限的道路宽度内确保自行车的通行空间，根据步行者、自行车、汽车的交通量和路边停车等道路条件，对地区道路情况进行整备。整备时考虑的主要因素如下（图7-45）：在条件允许的情况下，优先考虑使用机动车道来整备自行车通行空间。但如果受道路构造和交通状况等影响，难以对现有道路进行整备时，考虑到自行车通行空

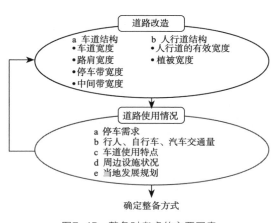

图7-45 整备时考虑的主要因素

---

① 发生集中量：区域内出发和到达的总数合计。

② 发生集中量（T. E.）的单位T. E.：是Trip End的缩写。本书T. E. 即发生量和吸引量（出发和到达的总数）。人T. E. 表示以人为单位发生量和吸引量，车辆T. E. 表示以车辆为单位发生量和吸引量（车辆数）。

间的连续性，可利用人行道进行整备，但一定要保证行人通行空间。

（1）保障车行道上的自行车路权

1）自行车道：通过设置路缘石、围栏等，在结构上把自行车与汽车分离，保证自行车通行空间。优点：行人、自行车、汽车被构造物完全分离，安全性高，平坦性高，自行车的行驶性好。缺点：在路边停车卸货等变得困难，路面清扫车无法清扫自行车道。

2）普通自行车通行带：只有自行车可以通过的车道，在视觉上把自行车与汽车分离，保证自行车通行空间（图7-46）。优点：行人、自行车、汽车可分离；路面平坦，自行车行驶性好；整备成本相对较低。缺点：路上有车辆停车会造成自行车行驶受阻；在汽车平均速度快的道路上，自行车和汽车混合行驶的危险性很高。

3）车辆混行（自行车导航标志和导航线）：在道路空间上不足以单设自行车道或通行带时，会通过自行车导航标志和导航线，标明自行车通行区域和行驶方向（图7-47）。

4）压缩道路其他设施：当压缩后无法保证机动车车道宽度，但同时又需要保

（a）整备前

（b）整备后

图7-46　整备前后效果

图7-47　自行车导航标志和导航线

证自行车通行空间时，会采用压缩路肩宽度、取消路边停车等方式进行整备。甚至在一些道路交通条件允许的情况下，会通过减少一条机动车道的方式来为自行车"开路"。实施方法如下：

　　①路肩宽度缩窄。在附加车道等局部难以确保自行车通行空间的区间内，根据当地的交通状况和管理措施等，将路肩宽度为500mm的街道缩窄为250mm，确保自行车通行所需的宽度（图7-48）。

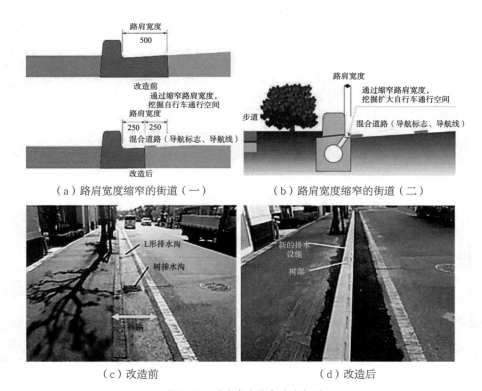

（a）路肩宽度缩窄的街道（一）　　　　（b）路肩宽度缩窄的街道（二）

（c）改造前　　　　　　　　　　（d）改造后

图7-48　路肩宽度缩窄改造案例

②取消路边停车。在考虑交通状况和道路构造基准相关条例等规定的最小宽度的同时，通过对中央带和停车带的宽度进行重新规划，确保自行车通行空间所需的宽度，实现自行车通行空间的整备（图7-49）。

③减少车道。在确保必要的车道宽度且不影响交通通行的情况下，把部分道路从4车道变为2车道。通过调查研究，优先在井之头大道（武藏野市）、船堀街道（江户川区）实施（图7-50）。

图7-49　东八道路改造案例（调布市、三鹰市）

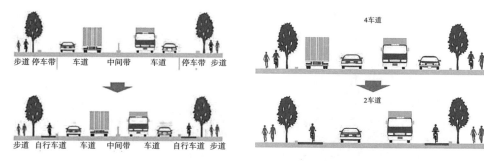

图7-50　道路空间改造效果图

（2）保障人行道上自行车出行路权

1）自行车步行者道（构造上的分离）：通过植被和栅栏等将人行道上的自行车和行人从构造上分离，在保证行人通行部分宽度在2m以上时，设置自行车道（图7-51）。

优点：行人、自行车、汽车被构造物完全分离，安全性高。缺点：行人和自行车移动路线在交叉口和公共巴士车站会重叠。

2）自行车步行者道（视觉上的分离）：用铺装的颜色区分和象形图的标识、路面标识等，从视觉上分离人行道上的自行车和行人，在保证行人通行部分宽度在2m以上，且不能使用构造物分离时，用此方式整备自行车通行空间（图7-52）。

优点：行人、自行车与汽车被构造物分离，安全性高。缺点：行人和自行车之间没有构造物区分，容易拥挤；行人和自行车的移动路线在交叉口和公共巴士车站等处重叠。

图7-51　构造物分离行人与自行车通行空间

图7-52　铺设前后效果

（3）密而多的道路标识指明自行车通行空间

通行区域的指明离不开合理的标识引导。在日本的道路上，通常会根据不同道路情况，组合使用通行指示牌[①]和路面标识等手段，给人明确的指引。

1）100m设置一个通行指示牌。通行指示牌（图7-53）的设置间隔大约为100m，但在路口，不管设置间隔如何，都要求设置通行指示牌。指示牌的一面是

---

① 通行指示牌是保证交通安全和畅通的道路标识（日本《道路交通法》第45条第1项）。

图形，另一面是文字。另外，指示牌的颜色原则上行人通行部分为棕色，自行车通行部分为蓝色。

2）每隔50m设置一个路面标识。行人和自行车通行部分的路面标识是油漆式或粘贴式（图7-54），设置时要考虑安全性和可视性。设置间隔大约为50m，在与狭窄的街道交叉的地方或自行车通行带的起点区域，即使不足50m也要求设置路面标识。另外，在视觉障碍者经常使用的道路上，步行者通行部分要设置视觉障碍者引导物。

图7-53 通行指示牌示意

	步行者通行部分	自行车通行部分
油漆式		
粘贴式		

图7-54 路面标识示意

3）自行车导航标识引导安全行车。设置导航正确引导自行车通行。自行车导航线（图7-55）用蓝色箭头形状，给骑行者指引方向，以减少逆行现象。这样的导航线特别是在交叉口引导骑行者按照路线过马路时发挥了很大作用，保证了安全通行。

图7-55 自行车导航标识

7.4　自行车交通安全保障

在中国往往习惯把自行车作为行人的延伸，而日本法律则把自行车视为机动车的低配，因此在管理规定之间存在着很大的差异。在日本自行车属于车辆，其相关的管理规则都是参照机动车，如自行车要在机动车道行驶，也要上牌。在这种情况下为了保证自行车交通安全，日本政府出台了《自行车安全使用五则》，鼓励企业、学校等主体积极宣传自行车交通安全教育。同时，为了保证自行车本身的安全也制定了生产安全自行车的国家标准及行业标准。另外，在解决自行车被盗问题上，积极推进落实自行车登记上牌制度，加强执法，完善自行车被盗事件处理。

▶▶ 多措并举推进自行车安全使用

1.《自行车安全使用五则》

2007年，经过日本内阁府的中央交通安全对策会议讨论，由交通对策本部公布了《自行车安全使用五则》（图7-56），即为了整顿自行车相关的交通秩序、促进自

图7-56 《自行车安全使用五则》

行车的安全使用，特别提出的五点通行原则：①自行车原则上在车道行驶，在人行道上骑行是特殊情况；②自行车在车道左侧通行；③人行道行人优先，自行车要缓慢骑行；④遵守安全规则，包括禁止酒后驾车、骑车载人、并排骑行，夜间须亮灯，遵守交通信号灯，在交叉路口停车，车辆安全检查；⑤儿童骑行要戴安全帽。

2．多主体推进安全教育

《东京都自行车安全利用推进计划》提出，社会中的各类群体、各行各业应向骑行者宣传交通规则和礼仪，具体内容如下：

（1）监护人不仅要教授孩子交通规则和礼仪，而且要学习、实践正确的交通规则和礼仪，给孩子作榜样。

（2）学校要综合、系统地推进交通安全教育，通过带学生们参加、体验实践型安全课堂等形式（图7-57），身临其境地传授交通规则和礼仪。课堂以多种形式开展，如播放自行车事故现场视频、自行车交通安全宣传社会实践活动、自行车驾驶证考核等。

图7-57　自行车安全教室

（3）企业也要保障骑自行车的员工遵守交通规则和礼仪，可以利用早会、公司的电子公告板等共享自行车的安全利用和交通事故相关的信息。同时，在东京都警视厅设置了自行车安全利用模范企业，鼓励企业积极参与到自行车交通安全的推广中。

（4）町自治会①、PTA②（家长老师联谊会）、老人俱乐部、自行车交通安全志愿者（图7-58）等群体，对团体

图7-58　自行车交通安全志愿者

---

① 町自治会：相当于居民委员会。

② PTA：Parent-Teacher-Student Association，简称PTA，即家长老师联谊会。

内的成员发放交通安全宣传杂志，促进其遵守交通规则和礼仪。

▶▶ 用标准与制度为安全保驾护航

1. 安全自行车标准

2004年，日本自行车协会为保证所有骑行者的安全，将生产安全可靠的自行车作为主要任务，制定了自行车安全标准。对于符合标准的车辆，将贴上合格标志。截至2020年，约有245万辆自行车张贴了此标志。

目前，在日本关于自行车的安全标准，有国家标准JIS、SG和行业标准BAA。行业制定的BAA标准主要在国家标准JIS、SG的基础上，对所生产自行车的安全性进行了更加严格的要求（表7-7）。

各个自行车安全标准的详细说明　　　　　　　　　　　　表7-7

项目	安全标准		
名称	BAA标准	SG标准	JIS标准
合格标志			
团体	自行车协会	产品安全协会	取得JIS认证的业者
法律依据	自行车协会行业标准	消费生活产品安全法	产业标准化法
重点内容	在JIS的标准上，考虑了环境负荷的产品标准；企业有义务加入生产物赔偿责任保险	每个产品的安全标准；除了整车标准以外还有头盔、幼儿座椅、空气泵的SG标准；对于产品缺陷引起的事故附带对人赔偿责任保险（上限1亿日元），从购买日起5年有效期	为了方便工业产品的生产、流通、消费的统一标准；是基础标准；关于自行车零件和测试方法的标准
2020年贴标车辆数	245.43万辆	13万辆（仅限自行车）	少数

2. 自行车年检与保险制度

驾驶不安全的自行车，不仅对骑行者本身来说是危险的，同时也会给行人带来危险。日本《道路交通法》规定，自行车使用者有义务在每次使用自行车时检查自行车的重要零件，如刹车、前照灯等。轮胎、链条等零件容易随着使用产生磨损，因此也须进行检查整备。

当骑行者驾驶不符合标准的自行车上路时，如刹车失灵[①]、没有车尾灯或反射材料[②]不符合标准、车身结构[③]不符合要求等，将被处以5万日元（约2700元人民币）以下的罚款。

1979年，为了推进自行车的安全使用和防止自行车交通事故，并促进自行车的定期检查和维护，日本警察厅制定了TS[④]标志，只有在日本交通管理技术协会登记的自行车店，且有"自行车安全整备员[⑤]"工作的自行车安全整备店[⑥]，才有资格把TS标志粘贴到自行车上，且包含1年的自行车基础保险。截至2021年，日本有12195家自行车安全整备店，其中东京都有1190家。

因为TS标志的有效期仅为1年，因此骑行者须每年到自行车安全整备店对自行车进行一次定期检查（图7-59），检查和整备费也是保险费，价格约在1000～2000日元/次。截至2021年，TS标志（图7-60）发行了145万张，相比2020年下降了32.3%；自行车事故保险赔付440件，与2020年相比下降了20.7%（表7-8）。

图7-59　自行车"年检"部位

---

① 前轮和后轮刹车要求：在干燥平坦的路面上，当初始制动速度为10km/h，自行车必须具有在制动装置开始操作的地方3m范围内平稳停车的能力。

② 反射材料：安装在自行车上，须确保夜间其他车辆从后100m的距离开灯照射时，反射光能起作用。

③ 自行车车身结构：1）自行车车轮必须小于等于4个，无附加边车；2）除驾驶员座椅外，不应配有其他座位（婴儿座椅除外）；3）在行驶过程中易于操作制动装置；4）没有可能对行人造成伤害的尖锐突出物。

④ TS：是交通安全（Traffic Safe）的缩写，只有经过自行车安全整备员检查整备的自行车才能贴上，且包含1年的自行车基础保险。

⑤ 自行车安全整备员：通过日本交通管理技术协会实施的自行车安全整备技能认证的考试，具有专业知识和技能的工程师，负责检查和整备自行车。

⑥ 自行车安全整备店：有自行车安全整备员，且在日本交通管理技术协会注册的自行车店。

图7-60 TS标志

TS标志包含的基础保险内容　　表7-8

TS标志	伤害赔偿	责任赔偿
蓝色	死亡、重度后遗症（1～4级）30万日元；住院15天以上1万日元	死亡、严重后遗症（1～7级）最高限额1000万日元
红色	死亡、重度后遗症（1～4级）100万日元；住院15天以上10万日元	死亡、严重后遗症（1～7级）限额1亿日元

在日本TS标志属于自行车的基础保险，也有一些其他赔付种类更多的保险（图7-61），如骑车、上下班、上学时发生事故的保险。严重的交通事故最多可赔偿3亿日元。

如果您成为肇事者并承担赔偿责任，则获得赔偿

 1 我骑自行车弄伤了别人。

 2 我骑自行车弄坏了别人的财物。

自己受伤的赔偿

 3 我骑自行车跌倒并受了伤。

 4 我走路时被自行车撞伤了。

图7-61 保险赔付情况

近年来，日本自行车与行人之间发生的事故数以及自行车之间发生的事故数有轻微增加的倾向，尤其是在一些事故中骑行者要赔偿近1亿日元，骑行者很难负担，但是如有自行车保险，就不会有这种情况了。

2015年，日本国土交通省出台了《促进加入自行车责任保险等标准条例》（简称《标准条例》，表7-9），并向各都道府县等发出通知，要求根据条例规定应加入自行车保险等的义务。因此，东京都政府在《促进自行车安全与适当使用条例》中提出自行车使用者有责任对自行车进行检查和维护，并购买自行车保险。

《标准条例》的主要内容 　　　　　　　　　　表7-9

项目	目标受众
有义务购买自行车责任保险等	自行车使用者
	监护人
	企业
	自行车贷款人
确认购买自行车责任保险等	自行车零售商
	企业
	自行车贷款人
提供有关自行车责任保险的信息	都道府县
	学校

3．自行车上牌与防盗

根据东京都警视厅的调查，2019年东京都发生了31937件自行车盗窃事故，平均每天仍有87辆自行车被盗，与2015年相比，减少了约40%（图7-62）。东京都是通过什么方式来减少自行车失窃的发生呢？

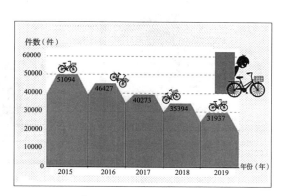

图7-62　自行车盗窃案件发生件数的变化趋势

（1）登记宣传必不可少

1）自行车安全登记制度。为了减少自行车丢失，在日本《自行车法》中明确规定：使用自行车的市民必须进行预防犯罪登记。通过安全登记，明确自行车的所有者，防范盗窃和转售他人自行车，也有助于减少放置自行车。

同时《自行车安全登记规则》（1994年《国家公共安全委员会条例》第12号）规定，为防止自行车被盗和有利于追回并归还被盗自行车，需要对自行车进行预防犯罪登记。都道府县公安委员会须指定专门的部门或者人员负责预防犯罪登记工作。在东京都设立了专门的自行车预防犯罪登记协会，骑行者到协会领到自行车安全号码后，贴在自行车上，以便日常巡逻的警察随时查验。

2）多种方式宣传自行车防盗。为让骑行者提高安全意识，减少自行车失窃事件，政府通过多种方式宣传自行车防盗。在东京都警视厅官方网站上，开设自行车防盗对策专栏，宣传自行车防盗方式；制定并发放自行车防盗宣传单（图7-63）；在公共场所张贴海报等。

（2）日常勤执法

在生活中警察会在管辖区内进行日常巡逻，自行车随时有被抽查的可能，若发现可疑的车辆，警察会上前询问自行车的安全登记号码，并与警察局收录的失窃自行车信息进行比对，如果发现骑行者的自行车是被盗车辆，会立即实施逮捕。

（3）完善的失窃处理流程

对于已经失窃的车辆，东京都也有完善的处理流程。需要被盗者及时联系警方，提交失窃报告书，将自行车被盗信息记录到警察局失窃物品网，具体流程如图7-64所示。

图7-63　自行车防盗宣传单

图7-64　自行车失窃处理流程

第8章
"中等生"道路网

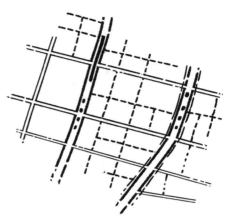

　　从20世纪50年代起至今，东京都市圈的道路网大致经历了道路雏形构建、高速道路起步发展、道路网建设与整备、推进高速道路网发展以及持续更新完善5个阶段，如今已经拥有了主要由都道府县道与市町村道组成的、发展相对完善的道路网络。其特点是"环状+放射状"的路网形态，"窄马路、密路网"的道路构成，以及非常稳定的道路服务水平。东京都市圈的道路网发展和服务水平整体滞后于机动化进程，特别是高速道路网仍在建设完善中，与轨道交通这种高度发达的"优等生"相比，可能只能算得上是"中等生"，但由于其具有良好的通达性，同样在城市运行中发挥着不可替代的作用，并在一定程度上助推了包括轨道交通和慢行交通在内的其他交通方式的发展。如今，基于未来城市整体的发展规划与趋势，东京都市圈适时调整对于道路网络管理的侧重点，致力于打造以人为本的道路空间，并着力推进数字化交通社会的建设。

　　本章将主要从基本情况、发展历程以及管理与未来趋势等方面对东京都市圈的道路网进行系统介绍，为读者们梳理清晰的发展脉络，描绘未来的发展方向。

8.1 道路网情况概览

▶▶ 道路网概况

1．路，有多少种？

按照道路的建设和管理者的不同，以最为宽泛的方式来划分，日本的道路可以分为公道和私道两大类。公道由国家或地方政府（如都道府县、市町村等）建设和管理，私道则由个人或组织（如公司）建设和管理。

在宽泛的分类之外，根据国土交通省给出的道路种类，日本的道路按照类型可以具体细分为私道、里道、农道、林道、公园道路/园路以及《道路法》《港湾法》和《道路运输法》中所规定的道路（图8-1）。

本书主要采用日本《道路法》中的定义，根据道路管理主体的不同，将道路分为高速国道、一般国道、都道府县道以及市町村道。相应地，其相关费用也由不同的主体来负担（表8-1）。

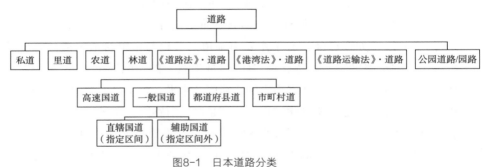

图8-1 日本道路分类

日本《道路法》定义的道路类型及相关信息　　　　　　　　　表8-1

道路类型		定义	道路管理者	费用负担
国道	高速国道	构成全国性汽车交通网的枢纽部分，连接在政治、经济、文化上有重要地位以及其他与国家利害关系特别重大的地区的道路（《高速道路法》第4条）	国土交通大臣	高速道路会社国家都道府县（政令市）
	一般国道 直辖国道（指定区间）	与高速国道一起构成全国主干道路网并符合一定法定要求的道路（《道路法》第5条）	国土交通大臣	国家都道府县（政令市）
	一般国道 辅助国道（指定区间外）		都府县（政令市）	国家都道府县（政令市）

道路类型	定义	道路管理者	费用负担
都道府县道	构成当地主干道网络并满足某些法定要求的道路（《道路法》第7条）	都道府县（政令市）	都道府县（政令市）
市町村道	市町村区域内的道路（《道路法》第8条）	市町村	市町村

注　1. 日本高速道路的建设和管理由高速道路机构和高速道路株式会社负责，其建设和管理资金主要来源于通行费的收取。
　　2. 对于辅助国道、都道府县道、主要地方道[①]和市町村道，国家可在必要时向道路管理者提供帮助。

2．路，有多长？如何构成？

根据日本国土交通省《道路统计年报2022》，截至2021年3月，日本道路的总长度[②]为1283725.6km。各类道路的总长度分别为：高速国道9286.2km，一般国道（包括直辖国道和辅助国道）66416.1km，都道府县道142942.2km，市町村道1065081.1km。

东京都市圈（以"一都三县"为范围，即东京都、埼玉县、千叶县以及神奈川县）各类道路的总长度合计为123657.2km，只占到日本全国道路总长度的9.6%。而东京都市圈汇集了将近3700万人口，约占日本总人口的30%，可见其居民出行对于道路的依赖程度相对较低，更多由其发达的轨道交通所分担。在东京都范围内，根据东京都建设局数据，截至2022年3月东京都道路总长度约为24741.9km，道路总面积约190.31km^2。

道路率[③]作为城市中道路面积与行政区域之比，决定了在一定面积土地上的人口、车辆交通容量，是反映一个城市内道路拥有量的重要经济技术指标，也是影响城市交通运输效率的重要因素之一。根据日本各主要城市的道路率对比（图8-2），21个城市的平均道路率为8.2%，东京都8.7%的数值处于平均水平附近，虽然远高于静冈市、京都市等，但相较于名古屋市、大阪市仍有将近1倍的差距。但根据东京都各区域道路面积及道路率数据（表8-2），东京都内路网分布不均匀，多摩地区和岛屿地区拉低了东京都的整体道路率。在人口最多、最为繁华、交通需求最大的东京都区部，道路率可以达到16.6%，与道路率水平最高的名古屋市、大阪市相近，可以承载更多行人与车辆通行。

---

① 主要地方道：根据日本《道路交通法》第56条，由日本国土交通大臣所指定的主要都道府县道以及政令指定都市道路，被赋予主要干线道路的地位，与高速国道与一般国道共同负担区域交通，并由国家补助其维护及管理的部分费用。都道府县道路在原则上需要经过2个以上的市町村才能被指定为主要地方道。

② 根据《道路统计年报2022》，道路的总长度是指根据《道路交通法》规定计算的道路长度总和，包括重用长度、未供用长度、渡船长度以及实际长度。

③ 东京都建设局将道路率定义为道路面积占行政面积的比例，即：道路率=道路面积/行政面积。

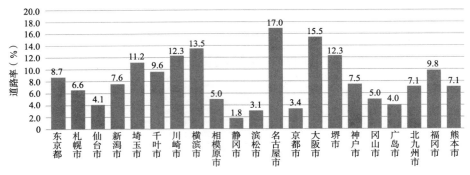

图8-2　日本21个主要城市道路率对比（2019年3月）

2022年东京都各区域道路面积及道路率 　　　　　表8-2

区域	行政面积（km²）	道路长度（km）	道路面积（km²）	道路率（%）
东京都区部	627.53	12004	104.39	16.6
多摩地区	1159.81	11248	78.65	6.8
岛屿地区	406.71	1489	7.26	1.8
东京都合计	2194.05	24741	190.30	8.7

　　在道路结构上，市町村道是日本道路长度中最主要的构成部分，其次为都道府县道，承担了居民日常生活出行时产生的大部分交通量（图8-3）。而高规格干线道路[①]总长度较短，整体交通量负担明显低于欧美发达国家（图8-4），且其中有相当一部分是对大型货车物流运输交通量进行的分担。

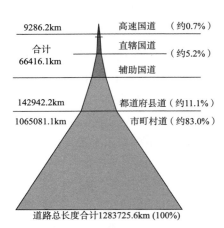

图8-3　日本道路结构（2022年）

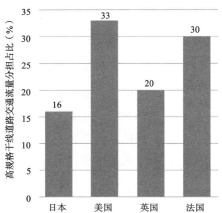

图8-4　2016年高规格干线道路交通流量分担占比

---

① 根据日本国土交通省的定义，高规格干线道路是指高速国道以及一般国道中的机动车专用道。这个概念在1987年6月的日本内阁会议时被确定，并提出要在全日本构建一个14000km长的高规格干线道路网络。

东京都市圈的道路网结构与日本整体趋同，各个区域的道路都主要由市町村道组成，占比90%左右（表8-3）。

东京都市圈各类道路长度及其占比[①]　　　表8-3

区域	道路总长度（km）	高速国道		一般国道		都道府县道		市町村道	
		长度（km）	占比（%）	长度（km）	占比（%）	长度（km）	占比（%）	长度（km）	占比（%）
东京都	25434.4	60.0	0.24	355.7	1.40	2473.6	9.73	22545.1	88.64
埼玉县	45275.3	140.9	0.31	841.6	1.86	2578.2	5.69	41714.6	92.14
千叶县	38850.0	139.6	0.36	1333.1	3.43	2838.7	7.31	34538.6	88.90
神奈川县	14097.6	86.2	0.61	447.2	3.17	973.0	6.90	12591.2	89.31
合计	123657.3	426.7	0.35	2977.6	2.41	8863.5	7.17	111389.5	90.08

▶▶ **路，有什么特征？**

1."环状+放射状"的路网形态

东京都市圈由"三环九放射"的高速道路网构成了整个城市的基本道路交通骨架，意在减少通过都心的车辆，提高道路网的容错性，改善都市圈内的交通状况（图8-5）。区别于名古屋或大阪（图8-6）等相对垂直分布的棋盘状路网，东京都区

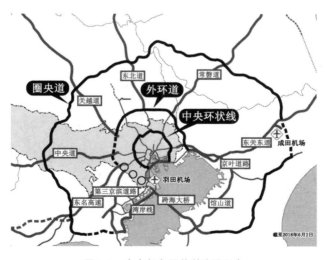

图8-5　东京都市圈的道路网形态

[①] 日本国土交通省与东京都建设局对于道路长度的统计口径与计算方式不完全相同，因此本表与表8-2中的东京都道路长度略有出入。

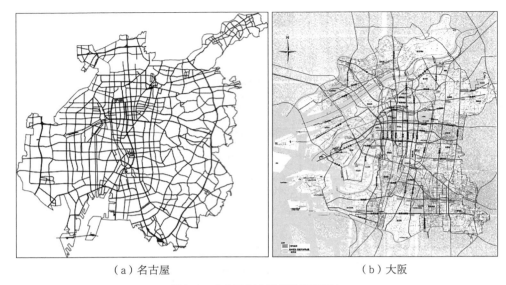

（a）名古屋　　　　　　　　　　　　　　　（b）大阪

图8-6　名古屋和大阪的道路网形态

部的道路网整体也呈现为非常典型的"环状+放射状"结合状态，与都市圈整体的路网形态相契合。而多摩地区的道路网呈东西、南北方向网格状布局，其主干道与东京都区部的环线仍有尚未连接的路段，在一定程度上影响了通行效率，是目前改善的重点方向（图8-7）。

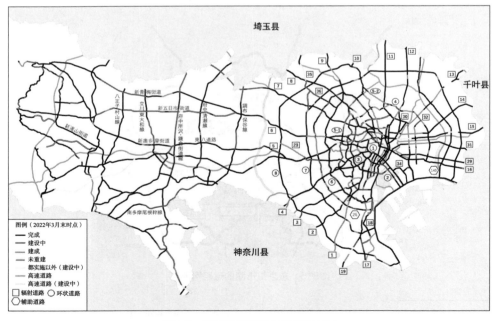

图8-7　东京都道路网（2022年3月）

2."窄马路，密路网"的道路构成

道路宽度及不同宽度的道路在道路网中所占的比例，也是了解城市道路网的重要角度。

日本道路的整体特征为"道路窄，窄路多"。道路窄是指日本各类道路都相对较窄，日本全国道路车道与人行道合计的平均宽度为6m，其中车道为4.2m。包括人行道在内的道路宽度，国道为13.0~15.8m、都道府县道为8.7~10.6m、市町村道为5.2m；不包括人行道的道路宽度，则国道为6.9~8.0m、都道府县道为5.7~6.7m、市町村道则只有3.8m。而窄路多是指在道路结构上，市町村道占比达到83%（图8-3）。

东京都道路的特点和日本整体趋同。《东京都统计年鉴》将东京都区域内的符合日本《道路结构条例》（1970年10月29日第320号内阁令）标准的道路基于宽度分为四个基本类别[①]：19.5m及以上，13（含）~19.5m，5.5（含）~13m，以及5.5m以下。表8-4为截至2023年3月东京都及东京都区部、多摩地区和岛屿地区不同宽度道路的长度数据。可以明显看出，东京都的路网主要由宽度小于13m的道路构成，其中5.5m以下的道路占59%，5.5~13m的道路占34%，即宽度13m以下的道路合计占到东京都路网的93%。此外，由于未改良（不符合上述标准）道路多为宽度在5.5m以下的道路，因此东京都宽度在13m以下道路的占比实际应高于93%。东京都区部的13m以下的道路占90%，道路宽度构成与东京都整体相似，主要由相对狭窄的道路负担起整个核心区域庞大的交通流量（图8-8）。

东京都及其不同区域道路长度（以宽度划分，km）　　表8-4

道路宽度（m）	≥19.5m	13（含）~19.5m	5.5（含）~13m	<5.5m	合计
东京都（km）	317.592	1027.459	6319.631	11073.248	18737.930
东京都区部（km）	292.008	764.228	3901.679	5358.190	10316.105
多摩地区（km）	25.181	261.229	2137.032	5318.327	7741.769
岛屿地区（km）	0.403	2.002	280.920	396.731	680.056

这样的道路构成为东京都道路的高道路（面积）率和高道路密度奠定了基

---

① 由于未改良道路的宽度划分（5.5m以上，3.5~5.5m，3.5m以下，其他）与上述四个类别不符，难以计入，因此不计算在内。

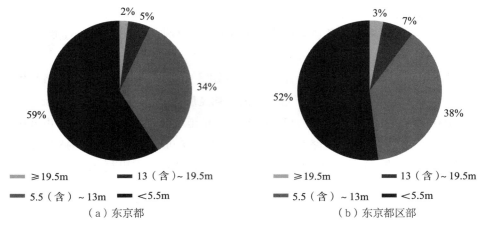

图8-8　东京都和东京都区部道路结构（以宽度划分）

础。根据2010年东京都市圈范围道路密度分布图（图8-9），可以很明显看出高密度区域集中在东京都区部区域。2023年东京都区部的道路率达到16.6%，东京都整体的平均道路密度为11.27km/km²，而东京都区部道路密度则达到19.13km/km²（表8-5）。高道路率及高道路密度意味着东京都在非常有限的土地空间中"塞"下

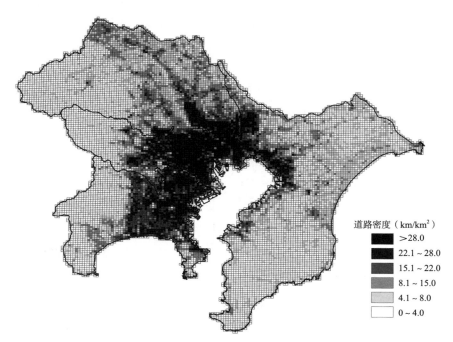

图8-9　东京都市圈范围道路密度分布示意（2010年）

了大量狭长而密集的道路，使得路网呈现"窄马路，密路网"的特征，让城市的通达性更好、交通效率更高，从而产生更高的社会效益和经济效益。

东京都道路密度   表8-5

区域	区域面积（km²）	道路长度（km）	道路密度（km/km²）
东京都区部	627.53	12004	19.13
多摩地区	1159.81	11248	9.70
岛屿地区	406.71	1489	3.66
合计	2194.05	24741	11.27

3．稳定的道路服务水平

根据日本国土交通省公布的2021年秋季的道路交通调查数据，结合关东地方整备局、东京国道事务所2022年8月关于东京都区域最新交通状况的分析，东京都范围内呈现区部交通量大、平均行驶速度相对低的特征。

从日平均交通量[①]和道路饱和度[②]看，截至2021年秋季，东京都全域各类道路类别的出行需求都较高，日平均交通量达21627pcu，其中东京都区部的日平均交通量为31207pcu，交通量更集中于东京都区部，是日本全国平均水平（7348pcu）的4倍，与日本其他经济较为发达、人口相对聚集的城市的交通量相当（图8-10）。东京都

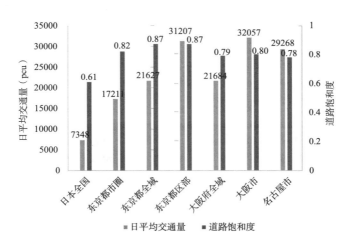

图8-10 各区域日平均交通量和道路饱和度对比

[①] 日平均交通量：指测定或推定的，在一天24h内通过某一道路断面的车辆数量。为统一量化不同大小车型对交通的影响，一般以小客（货）车为标准，将各尺寸车辆交通量乘以折算系数，转化为标准车当量数（pcu）。

[②] 道路饱和度：为道路实际交通量与道路饱和通行能力的比值，也称V/C。饱和度最大值为1，越接近1表示道路容量趋于饱和，道路服务水平越差。

区部、东京都全域及东京都市圈道路饱和度分别为0.87、0.87和0.82，明显高于全国平均水平0.61。

从平均行驶速度（工作日白天7:00—19:00）上看，2011—2021年东京都全域稳定在20.5～21.8km/h的区间内（图8-11），低于日本全国平均速度33.8km/h，大阪府全域27.3km/h的平均车速略快于东京都。对比日本其他主要城市，名古屋市（26.7km/h）和大阪市（24.9km/h）略优于东京都区部的平均通行速度（23.5km/h）（图8-12）[①]。

对比高峰时段（7:00—9:00，17:00—19:00）的平均行驶速度，东京都区部的平均行驶速度为15.0km/h，与名古屋市（17.7km/h）和大阪市（16.1km/h）水平相近（图8-12）。

图8-11 工作日白天7:00—19:00东京都全域平均行驶速度的变化

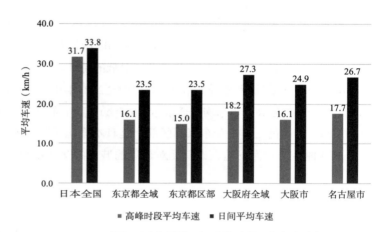

图8-12 各区域日间/高峰时段平均车速对比

从地域角度看，根据2021年东京都内各地区平均行驶速度（工作日7:00—19:00）数据，八王子市以西的区域平均行驶速度较高，大部分都在30km/h以上，东京都区部范围内的平均行驶速度相对较低，20～30km/h和低于20km/h的区域分布较为平均。

总体上看，无论在都市圈、东京都还是东京都区部范围，道路通行状况在过去的10年中都相对平稳。对比世界其他特大城市与区域，东京都在出行时间、高峰时间平均速度上的服务能力尚可。虽然仍有提升空间，但在社会经济不断发展的趋势下，总体道路服务水平保持着非常稳定的水平。

---

① 工作日白天7:00—19:00。

8.2　道路网的"成长"之路

　　1923年的日本关东大地震给东京带来了毁灭性的打击。在震后的恢复与重建中，日本政府积极推进帝都复兴事业，东京都道路网的雏形正是在这个时期奠定的。1955年左右伴随着日本经济的发展，人口迅速增加，汽车也随之普及。特别是在东京都区部，为了应对机动化的快速发展，高速道路应运而生，并在此后不断完善道路网建设。20世纪70年代后，道路建设的重点转移到都市圈层面，开始投入到"三环九放射"道路网建设中，但"三环"建设缓慢，至今还有部分路段未通车。如今，东京都有许多道路建设已久，同时政府也关注以人为本的道路交通建设，因此，道路更新修缮工作不是仅限于简单的道路维护，而是站在人的角度整备道路，如日本桥重见"天空"、打造东京空中花园长廊等。

▶▶ 1955年前：雏形初现

　　1923年日本关东大地震是东京城市发展中的一个重要转折点，地震对城市造成了毁灭性的打击，由此日本政府设置了帝都复兴院（1924年更名为内务省复兴局）专门负责制定震后的《帝都复兴计划》，这个时期重点是在东京15区范围内开展道路整备等帝都复兴事业。到了1927年8月，东京特别都市计划委员会[①]将规划范围扩大至东京35区（相当于现在的东京都区部），制定了该范围内的道路网规划（图8-13）。该道路网包括市内段和郊区段。

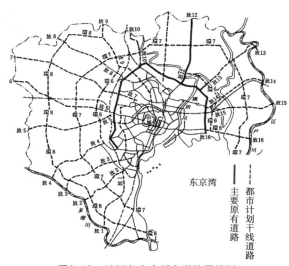

图8-13　1927年东京都市道路网规划

---

① 东京特别都市计划委员会根据1919年《都市计划法》中的"都市计划委员会官制"成立，对都市计划进行了指导调查审议。1949年，更名为东京都市计划地方审议会。

（1）市内段（东京市，原15区）。3条宽度为22～25m的环状干线道路（环状6号线、环状7号线、环状8号线）；16条宽度为18～36m的放射状干线道路（现为白山大道、春日大道、甲州街道、中原街道等），将放射状干线道路与都心连接起来；107条宽度为12～22m的辅助干线道路。

（2）郊区段（15区以外）。20条放射干线和环状干线道路，总长246km；107条辅助干线道路，总长385km。

这是东京都区部范围的第一个系统性道路网规划，也是今天东京都道路网络的雏形。

▶▶ 1955—1965年：高速道路起步

1．1955年左右，交通拥堵加剧，高速道路应运而生

1955年后，日本经济进入快速增长期，人口的快速聚集和汽车数量激增造成了交通拥堵，特别是都心的交通拥堵问题日益严重，几乎所有的主要十字路口都达到了饱和状态（图8-14）。

为了适应汽车交通发展，缓解道路交通拥堵，提高汽车通行的效率和速度，在1953年4月，日本首都建设委员会[1]提出了《首都高速道路[2]计划》，该计划要求修建5条总长约49km的都市内的高速道路，它是与平面道路分离、不与其他交通路线相交、路面平坦的机动车专用道。

后经过反复修订讨论，在1958年7月日本首都圈整备委员会[3]制定的《首都圈整备计划》中，针对都市圈层面提出了"既成市街地内都市高速道路整备计划"，其中包括8条路线，总长91km（包括横滨和川崎的部分路线）（图8-15）。

图8-14　1960年道路交通情况

---

① 1951年根据1950年的《首都建设法》设立首都建设委员会，负责首都建设规划的制定和实施。1956年其事务被首都圈整备委员会接管。

② 首都高速道路是指以东京都23区为中心，可以到达周边都市包括横滨市、川崎市、埼玉市等，总长327.2km（截至2022年3月）的都市内的高速道路网。

③ 首都圈整备委员会是根据1956年的《首都圈整备法》成立的，接管首都建设委员会的事务。

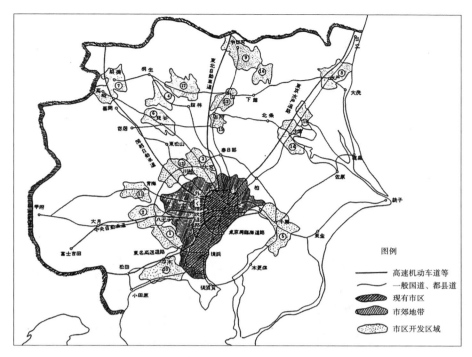

图8-15 1958年日本《首都圈整备计划》

1959年8月，建设省大臣提出要在东京都范围建设"8条路线、总长71.03km、出入口92处"的都市内的高速道路网，这成为首都高速道路的建设基础（图8-16）。其中的5条路线（约32km）在之后被选为奥运会相关高速道路。

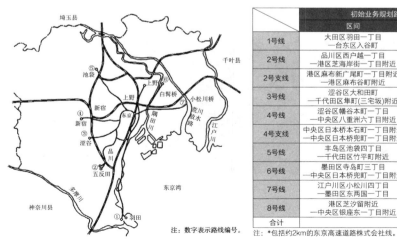

	初始业务规划路线	
	区间	延长（km）
1号线	大田区羽田一丁目—台东区入谷町	20.27
2号线	品川区西户越一丁目—港区芝海岸街一丁目附近	8.22
2号支线	港区麻布新广尾町一丁目附近—港区麻布谷町附近	1.39
3号线	涩谷区大和田町—千代田区隼町（三宅坂）附近	6.30
4号线	涩谷区幡谷本町一丁目—中央区八重洲六丁目附近	11.07
4号支线	中央区日本桥本石町一丁目附近—中央区日本桥兜町一丁目附近	1.20
5号线	丰岛区池袋四丁目—千代田区竹平町附近	7.81
6号线	墨田区寺岛町三丁目—中央区日本桥兜町一丁目附近	6.24
7号线	江户川区小松川四丁目—墨田区东两国一丁目	5.97
8号线	港区芝汐留附近—中央区银座东一丁目附近	2.56*
合计		71.03

注：数字表示路线编号。

注：*包括约2km的东京高速道路株式会社线。

图8-16 8条路线、总长71.03km的高速道路网

1959年6月，由东京高速道路株式会社[1]建设的东京高速道路（也称会社线、KK线）银座—新桥部分通车（图8-17）。这是日本第一条都市内的高速道路。

KK线的银座—新桥段是根据空中走廊概念，把银座周围的外护城河、汐留川和京桥川填平，修建一条高架道路。

同时，在高架道路下面修建了办公楼、店铺等，通过收取租金来收回建设和运营成本（图8-18）。

图8-17　1959年东京高速道路（KK线）部分路段开通（土桥入口方向）

图8-18　道路结构图

---

① 东京高速道路株式会社于1951年12月13日成立，其主要业务是负责运营普通高速道路和道路下的房地产租赁等业务。

1959年8月KK线被纳入首都高速道路网（道路编号为D8，属于1959年《东京都市计划》中8号线的一部分），1966年全长2km的东京高速道路竣工并与首都高速道路连接，组成了都心环状线C1（图8-19）。1967年7月都心环状线全线开通，长约14.8km，是环绕东京都都心地带的环状线。

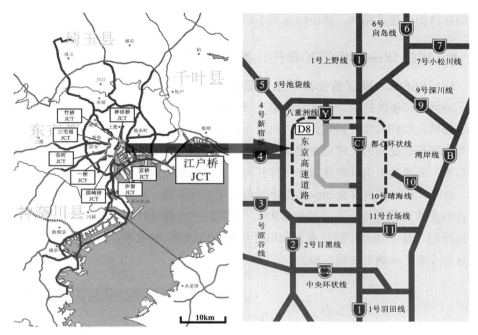

图8-19　都心环状线C1

2．1965年前，以奥运为契机的首都高速道路建设

1959年，在确定了东京将举办下一届奥运会时，整个日本都沉浸在筹备奥运会的氛围中，日本借此要打造出一个不辜负"发达国家"名号的东京都。因此，奥运会的筹备工作不仅限于奥运会场馆和运动员村的设施建设和维护，还涉及城市发展的多个领域，包括道路、地铁、东京港、公园、供水设施、下水道系统等。其中在道路方面提出：①以放射4号线（国道246号线）和环状7号线为骨干的22条路线，全长54.6km的道路整备；②交叉路口原则上采用立体结构整备，与轨道之间要整备18个立体交叉路口，与主要干线道路之间要整备26个立体交叉路口。

东京都政府为了在短时间内完成大量工程，设立了4个专门负责与奥运相关的道路建设办公室。另外，为了高效推进与奥运会相关高速道路的建设，并管理收取道路通行费的高速道路，东京都于1959年6月成立了首都高速道路公团（现首都高速道路株式会社）来负责都市高速道路的建设和管理。

随后，东京都政府及首都高速道路公团紧锣密鼓地投入与奥运相关的道路整备中，为了连通奥运相关设施和羽田机场，政府在计划的首都高速道路中选择了5条（约32km）道路优先进行整备。

截至1965年，东京都市圈已经建成了包括东京高速道路和奥运相关的首都高速道路在内的高速道路网，这也标志着东京开始进入高速道路时代。

▶▶ 1965年—20世纪70年代：都市圈内道路网的延伸及整备

1. 1966年，确定首都高速道路延伸计划

20世纪60年代初期，日本开始着手规划和建设东名高速道路等其他都市间的高速道路网，如1957年开始建设中央机动车道、1962年启动建设东名高速等。由于这些都市间长途交通的起终点主要集中在东京都区部周围，为了道路交通运行更加顺畅高效，需要都市内的高速道路延伸并与都市间的高速道路网衔接。

由此，东京都政府在1964年提出了包括中央环状线、内环状线等其他线路在内的首都高速道路延伸方案。1965年9月，又提出了外侧环状线以及3号线、4号线的延伸计划，且于1966年获得东京都市计划地方审议会[①]的批准，自此首都高速道路的延伸方案正式确定（图8-20）。

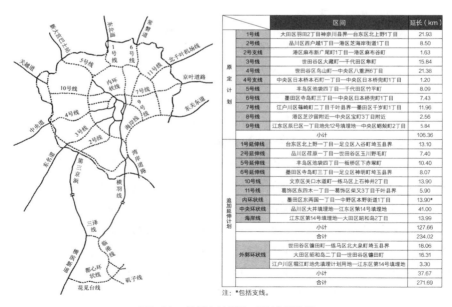

		区间	延长（km）
原定计划	1号线	大田区羽田2丁目神奈川县界—台东区北上野1丁目	21.93
	2号线	品川区西户越1丁目—港区芝海岸街道1丁目	8.50
	2号支线	港区麻布新广尾町1丁目—港区麻布谷町	1.63
	3号线	世田谷区大藏町—千代田区龟町	15.84
	4号线	世田谷区岛山町—中央区八重洲6丁目	21.38
	4号支线	中央区日本桥本石町一丁目—中央区日本桥兜町1丁目	1.20
	5号线	丰岛区池袋四丁目—千代田区竹平町	8.09
	6号线	墨田区寺岛町三丁目—中央区日本桥兜町1丁目	7.43
	7号线	江户川区篠崎町二丁目千叶县界—墨田区千岁町1丁目	11.96
	8号线	港区芝汐留附近—中央区宝町3丁目附近	2.56
	9号线	江东区辰巳区已区一丁目地先12号填埋地—中央区蛎壳町2丁目	5.84
	小计		106.36
追加延伸计划	1号延伸线	台东区北上野—丁目—足立区入谷町埼玉县界	13.10
	2号延伸线	品川区荏原一丁目—世田谷区玉川野毛町	7.40
	5号延伸线	丰岛区池袋四丁目—板桥区下赤塚町	10.40
	6号延伸线	墨田区寺岛町三丁目—足立区神明町埼玉县界	8.07
	10号线	文京区关口水道町—练马区上石神井2丁目	13.90
	11号线	葛饰区东四木一丁目—葛饰区柴又3丁目千叶县界	5.90
	内环状线	墨田区两国二丁目—中野区本乡新街道1丁目	13.90*
	中央环状线	品川区大井填埋地—江东区第14号填埋地	41.00
	海岸线	江东区第14号填埋地—大田区昭和岛2丁目	13.99
	小计		127.66
	合计		234.02
外郭环状线		世田谷区镰田町—练马区北大泉町埼玉县界	18.06
		大田区昭和岛二丁目—世田谷区镰田町	16.31
		江户川区堀江町地先填埋计划用地—江东区第14号填埋地	3.30
	小计		37.67
	合计		271.69

注：*包括支线。

图8-20　首都高速道路延伸计划路线

[①] 东京都市计划地方审议会是根据《都市计划法》设立的，负责研究和审议与都市计划有关的事项，原为东京特别都市计划委员会。

1962—1970年，高速道路整备的重点是都市内的都心环状线和放射性道路。在确定了首都高速道路的延伸方案后，在1971—1988年主要完成了与都市间衔接的高速道路的整备。

2．1970年，人车分离的道路交通整备

20世纪70年代，日本进入了经济高速增长期，随着汽车的不断普及，交通拥堵、噪声、废气污染等问题日益严重，逐渐成为了严峻的社会问题。而且，由于道路整备的延迟，依然有很多道路没有人行道。过往车辆驶入居住区的街道，导致居住环境恶化、交通事故频发（图8-21）。此外，日益增长的交通需求远大于道路整备的速度，道路交通系统面临全面危机。

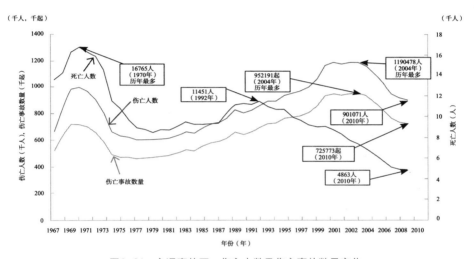

图8-21 交通事故死、伤亡人数及伤亡事故数量变化

在这一时期，由于机非混行、人行道不足等因素导致东京都交通事故死亡人数达到历史最高值，1970年日本因交通事故死亡16765人。东京都政府提出要尽快建设人行道，并实施交叉路口改造、隔离带设置等道路整备措施，有效分离人与机动车，让道路通行更加安全。1981年4月，政府针对东京都区部发布了《第一次事业化计划》[①]，重点对道路进行整备，其中确定了87个地点、74条路线整备计划，总长约98km，这些路线作为都市计划道路项目要求须在1990年之前完成。

---

① 事业化计划约每10年发布一次，目的是有计划、有效率地推进都市道路整备，形成东京道路网络。

▶▶ 20世纪70年代—2000年：都市圈层面高速道路网建设

都市圈层面"三环九放射"交通网络的起源

　　20世纪60年代，都市圈经历了经济高速增长期，随着机动化进程的推进，人口和工业高度密集导致交通集中，都市圈的道路交通状况持续恶化，基础设施建设滞后。在此背景下，1963年，日本首都圈基本问题咨询委员会公布了《都市间高速道路发展构想》，规划了"三环九放射"的道路交通网络，并作为首都圈道路交通的骨干网（图8-22）。

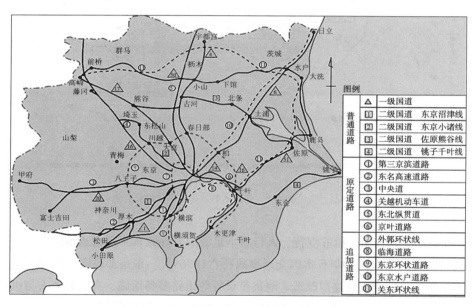

图8-22　都市间道路整备构想（1963年）

　　此后，日本《首都圈整备计划》经历了几次修订，确定了如今的"三环九放射"都市圈层面道路网。三环为：中央环状线C2、外侧环状道路C3、圈央道C4。九放射为：东北道、常磐道、东关东道、馆山道、湾岸道路、第三京滨道路、东名高速道路、中央道、关越道。

1. 1970年后，放射状道路建设为主

1968年，日本《首都圈整备计划》提出"推进都市内的高速道路建设，缓解城市拥堵，提高城市及周边道路交通效率，并建设与之相适应的都市间的高速道路、干线道路、汽车客运站等"。因此，20世纪70—80年代的道路建设重点在都市圈层面，建设和连接了与东京都区部相邻的都市间的高速道路网，相继建成了"三环九放射"中的"九放射"道路，如1967年中央高速道路通车、1969年东名高速道路全线开通、1971年东关东机动车道通车、1972年东北机动车道通车（1987年全线开通）、1981年常磐机动车道通车、1985年关越机动车道全线开通（表8-6）。

20世纪60—80年代高速道路开通情况　　　　　　　　　　　表8-6

年代	高速道路开通情况	
20世纪60年代	1960年京叶道路开始修建 1962年东名高速道路、中央机动车道开始修建 1962年首都高速道路1号线开通	
20世纪70年代	1967年中央机动车道（调布—八王子）开通 1969年东名高速全面开通 1971年东关东机动车道（宫野木—富里）开通 1972年东北机动车道（岩槻—宇都宫）开通	
20世纪80年代	1981年常磐机动车道（柏—谷田部）开通 1985年关越机动车道全线开通 1987年东北机动车道全线开通 1987年首都高速葛饰川口线、葛饰江户川线开通	

另外，据上述首都高速道路的延伸方案，在这一时期完成了都市内与都市间的"九放射"中部分道路的连接（图8-23）。如：首都高速道路分别在1971年与京叶道路、东名高速道路连接，1976年与中央道连接，1985年与常磐道连接，1987年与东北道连接。

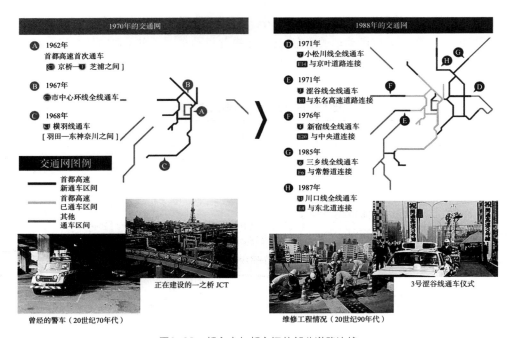

图8-23　都市内与都市间的部分道路连接

2．1990年后，以"三环"道路建设为主

20世纪80年代，由于各地与东京都都心的高速道路已连成一片，车辆通行量明显增加，新的道路堵塞问题又越来越严重，且环状方向的路线整备明显不足。每天通行在都心环状线上的车辆约46万辆，其中27万辆的通行目的仅仅是为了过境，这是造成道路堵塞的一大原因。

为解决这个问题，这一时期重点推进"三环九放射"中"三环"的发展，包括中央环状线C2、外侧环状道路C3、圈央道C4，以缓解都心环状线上车辆过于集中的情况（图8-24、图8-25）。

（1）中央环状线C2，全长约47km。这条距离都心半径约8km的环状道路，直接连接新宿、涩谷、池袋等副都心和羽田机场、东京港等国际旅客和物流设施。1982年，千住新桥出入口—堀切JCT间首次通车，于2015年全线开通。

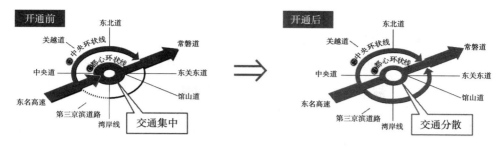

图8-24　中央环状线分散都心环状线的过境交通

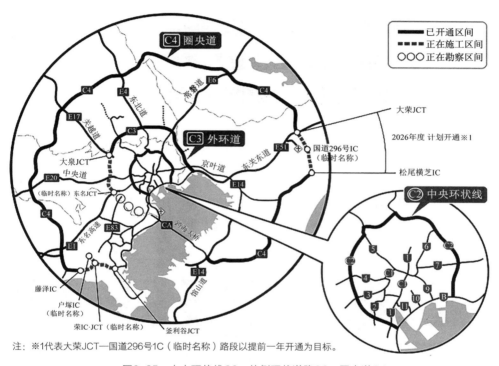

注：※1代表大荣JCT—国道296号1C（临时名称）路段以提前一年开通为目标。

图8-25　中央环状线C2、外侧环状道路C3、圈央道C4

（2）外侧环状道路C3，全长约85km。这条距离都心半径约15km的环状道路，连接着东京都心·副都心区域的周边城市（大田区、世田谷区、练马区、川口市、市川市等）和京滨·京叶工业地带等。1992年外侧环状道路三乡南IC—高谷JCT千叶县路段首次开通，截至2023年7月其中约50km已经开通。

（3）圈央道C4，全长约300km。它是三环状道路的最外侧，距离都心半径约40～60km的环状道路，连接横滨、厚木、八王子、川越、筑波、成田、木更津等城市。圈央道的建设非常缓慢，在1995年圈央道首段青梅IC—鹤岛JCT首段开通后，直到2013年圈央道才又开通了位于东京都的日出IC—青梅IC路段，此后圈央道其他路段陆陆续续开通，截至2023年7月其中约270km已经开通。

▶▶ 2000年后：高速道路更新修缮

1．首都高速道路的更新修缮

日本从战后重建时期到经济高速发展时期所建设的包括首都高速道路在内的各种基础设施，很多都损坏或老化严重，面临着更新改造。以首都高速道路为例，其作为支撑东京都经济活动的核心基础设施，由于建成已久，面临老化严重的问题，道路亟须更新。据统计，在2023年，已经开通50年的道路占比为30%，预计10年后将上升到46%，20年后将上升到67%（图8-26）。

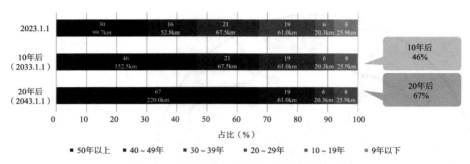

图8-26　首都高速道路线路的使用年限构成

以已经使用了半个多世纪的都心环状线为例，其每天承担着约10万辆车通行，道路已经有了裂纹、破裂等重大损伤（图8-27）。

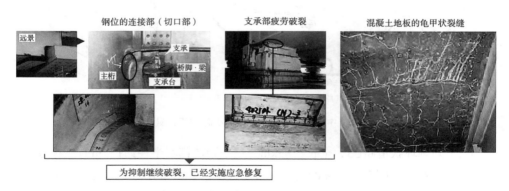

图8-27　道路老化示意

所以，首都高速道路株式会社提出要有计划地对首都高速道路进行大规模更新和修缮①，在全长327.2km的首都高速道路中确定了约9km的更新路段及55km的修缮路段。

---

① 大规模更新是指对已经发生损伤的道路和桥梁进行修复或改造；大规模修缮是指日常对桥梁进行整体维护维修，减少新损坏的发生，提高桥梁的长期耐久性和可维护性。

2. 改造恢复都市景观：以日本桥重见"天空"为例

日本以举办东京奥运会为契机，推动其交通基础设施迅速发展，由于当时征地十分困难，但道路建设又迫在眉睫，因此主要选择借助河流上方的空间建设高架道路，由此，日本桥被首都高速道路都心环状线覆盖。

进入21世纪，相关各方就日本桥地区的高架道路地下化问题展开了讨论，推动日本桥复兴的势头日益增强，日本政府也开始重新思考基础设施在城市中的定位。2006年日本首相组织专家开始研究"日本桥恢复天空"对策。

2014年，首都高速道路株式会社发布的《首都高速道路大规模更新计划》提出日本桥路段的高速道路地下化项目。到2016年，日本桥周边被定位为国家战略特区的都市再生项目。东京都政府抓住这个机遇，提出要改善日本桥周边的景观和环境，推动其改造成一个新的日本桥"城镇"，并于2017年正式启动日本桥路段地下化工程研究，2020年首都高速道路株式会社正式开始着手更新修缮工作。

未来，历史悠久的日本桥上方将没有建筑物覆盖天空，日本桥的景观将得到更新。同时，将推动新的城市发展，进一步增强该地区的吸引力（图8-28）。

图8-28　改造前后效果图

3. 更新改造服务于人：以KK线再生为行人空间为例

1959年，东京高速道路（KK线）作为日本第一条都市内的高速道路通车，至今已有60多年的历史。2020年11月一项名为《打造东京空中花园长廊》的提案编制完成，该提案提出KK线以现有设施为基础，向"行人友好"和"行人友好+出行"

的用途转化，将KK线改造为以行人为中心的步行空间，为东京都创造新的价值和吸引力（图8-29）。项目期望在空中打造一个与周围环境不同的世界，带来一种空中漫步的特别感受。

欣赏城市美景
这将是一个全新的城市观景点

感受绿色和湿润
您可以在休息和放松的空间中度过美好时光

复兴KK线的目的是通过引进种植技术、设计观景点、宣传日本文化以及有乐町、银座和新桥等沿线地区的不同特色，使其成为吸引世界各地目光的旅游枢纽

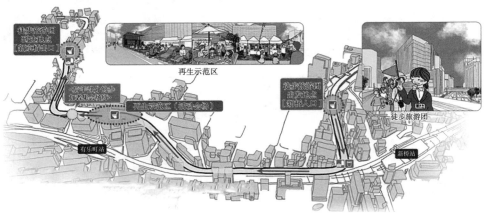

在徒步旅游团中，您可以和导游一起步行在全长约2km的东京高速道上（KK线）

图8-29　未来变为行人步道的KK线

8.3 路网未来"何去何从"

▶▶ 以人为本的道路空间构建

随着经济的持续发展，日本面临着都市圈竞争愈发激烈、城市人口减少、老龄化与少子化现象严重、居民生活水平提高、工作与生活方式日趋多元等新的社会发展趋势。在这样的背景下，以机动车出行为主、以畅通和安全出行为主要目的的道路空间利用需求已经发生转变。人们的出行方式和理念不断变化，由此带来了对道路空间期望的不断提升，舒适、美观、热闹等成为人们对于道路的新需求。以人为中心的、高品质的道路空间打造已经成为未来道路管理的重要方向。

为了提高城市的吸引力，激发街道活力，让每个人都能够安全、舒心地出行，日本从国家层面出台了多项政策推动构建"舒适、让人想走路"的道路空间，在制度上进行调整并作为支撑，致力于通过以人为本的、精细化的道路空间管理，更好地满足居民出行的多样化需求。

1. 国家层面的政策与制度支撑

日本自2011年起就开始致力于将街道构建成富有生机和活力的空间，但原有道路相关法律法规对于道路空间建设的框定，已经逐渐无法与人们对于道路的需求与期望相匹配。因此在2011年的《都市再生整备计划》、2014年的《城市中心振兴计划》以及《国家战略特区区域计划》、2019年的《步行者便利增进道路》中，多次涉及推进城市道路空间活化、道路特殊占用等内容。日本通过持续完善相关法律法规、出台匹配制度、完善相关方案，以支撑以人为本的道路建设。

（1）修订法律法规，保障道路空间合理合法使用

日本《道路构造令》对于人行道的定义为"道路上专供行人通行的部分"，而没有"以繁华为目的的通行空间"的相关定位，且日本《道路法实施令》对于道路空间的占用合法性及其期限也有限制，因此道路空间的活用在使用主体、使用许可以及使用期限等诸多问题上模糊不清，与相关机构的协调也存在障碍。同时，地方政府也反映由于道路空间重新分配与利用的相关制度、标准不充分，在街道空间建设时存在落实难题（图8-30）。

因此，2019年日本通过对《道路法》的修订（2019年5月27日颁布，同年11月25日起施行），创设了在指定道路打造繁华道路空间的道路特殊占用制度，即"步行者便利增进道路"（图8-31）。在这种指定道路上可以通过缩减车道和拓宽人行道等方式，在人行道区域中建立可供步行者安全、舒适地停留和活动的空间，并与通

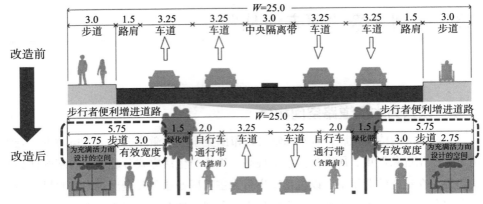

图8-30 道路空间改造前后对比（图中数字单位：m）

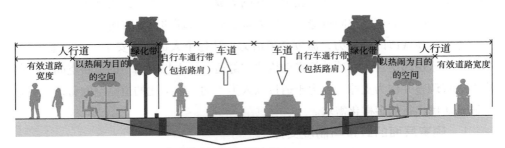

图8-31 步行者便利增进道路示意

行路段区分开来，旨在打造以行人为中心、功能丰富、活力充足的道路空间。

此外，还配合创设了"特别占用制度"（图8-32）和"公募占用制度"，意在保障丰富指定街道的功能时不受到相关用地与空间标准的束缚，让咖啡馆、长椅等其他会占用道路空间的设施在设置时更加方便；并通过公开招募，实现对道路占用主体的优中选优，以鼓励更多优秀的、富有创造力的民间事业者参与到街道空间建设中，同时赋予最多20年的占用许可（非特殊制度下最多为5年），意在利用更长的占用周期鼓励初期更高的资金投入与更详尽的方案筹备，以更有效地实现道路空间的构建。制度实施的流程也同步出台，以明晰责任主

图8-32 特别占用制度示意

体与协商步骤，最大限度减少落地实施时的困难和问题。

（2）制定减税制度，鼓励私人参与道路空间活用

2019年，由日本工业界、学术界和政府界的社区发展人士组成的城市多样性和创新委员会在数轮研讨后计划创建"让人们想要步行的舒适街区"，提出了未来城市发展所需的10个要素以及政府应采取的10项措施。该报告为国会采纳，为此，日本国土交通省出台了"城镇步行推广计划"，在法律、税收以及预算等方面予以相应支持。

在税收上，在以"让人们想要步行的舒适街区"为目标的区域内，民间事业者等（土地所有者等）可以在市政当局建设道路、公园等公共设施的同时配合将私人土地改造为开放空间或进行底层空间的开放化，并获得固定资产税和城市规划税的减免。

在开放私人土地作为公共空间的情况下，如果在开放空间（如广场、通道等）设置长凳、草坪等设施，固定资产税和城市规划税的缴纳额可在5年内减免一半；在开放建筑物的低层，如将低层打造为咖啡厅、休息区等供人休憩和停留的空间，固定资产税和城市规划税的缴纳额可在5年内减免一半。

以神奈川县川崎市的小杉核心公园为例。川崎市与东急电铁签订了武藏小杉站周边城市公园整修协议制度，通过给予税收减免鼓励私人空间的让出与活化打造，消除城市公园和车站设施的划分，对空间进行整合再开发，设置了植物、可供休息的长凳以及餐饮休憩设施，打造休闲的日常生活空间（图8-33）。

图8-33　小杉核心公园重建前后对比

（3）出台参考指南，手把手指导地方落实提升

基于日本《2040年，道路风景发生变化：通往幸福的道路》中提出的对于道路建设的中长期愿景，以及陆续开始推进的《步行者便利增进道路》、"城镇步行

推广计划"等，都预示着未来的城市道路需要增加供人们停留、交往以及消费的繁华空间功能，并持续以"以人为本"的思想，利用道路空间来满足人们的各种需求。

虽然日本地方政府在构建富有活力的道路空间的过程中不乏成功案例，但不是所有的地方政府都具有丰富经验，且日本《道路交通法》修订后民间事业者也开始作为道路管理者参与到道路空间的构建中，因此亟须相关的指南或手册用于各方面的答疑解惑。为此，日本国土交通省道路局成立了专门的小组来研究如何构建"满足多样化需求的道路空间"，通过对日本全国的成功案例进行研究梳理、总结要点，并汇编成了《满足多样化需求的道路指南》（简称《指南》，2022年3月发布）以及配套的《案例集》（2023年6月发布）。

《指南》不仅为负责道路建设和改造的管理者和顾问提供了应对各种情况及需求下的解决方案、流程及具体措施，还对现有指导方针中未记载的措施进行了补充，并总结了其优点和相关注意事项，可看作是道路空间构建以及活化的方法论和工具书（图8-34）；而《案例集》则将全国各地具有代表性的成功案例进行了整理汇编，其中每个案例的内容不仅包括改造实施的背景、方案研究过程、实施主体及其责任分配等，还总结了相关困难与阻碍、前后效果对比，以及利益相关方对改造的反馈等，旨在为地方政府及民间事业者因时制宜地、成功地构建繁华的道路空间提供事无巨细的参考和帮助（图8-35）。

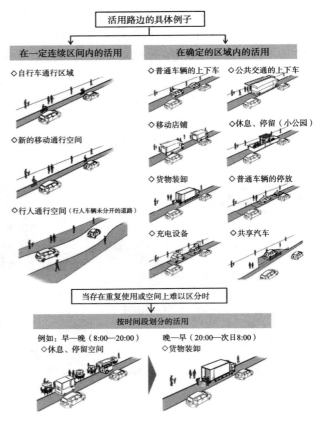

图8-34 《指南》中活用路边空间的示例

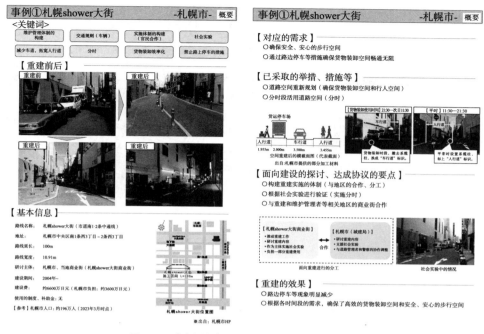

图8-35 《案例集》中札幌市案例（概要）示意

2．东京都层面的贯彻与落实

在人本主义、老龄化等新时代的发展背景下，以及日本国家层面《步行者便利增进道路》、"让人们想要步行的舒适街区""城镇步行推广计划"的指导下，东京都市圈作为日本人口最密集、交通流量最大、路权矛盾最突出的区域，早已开始推进落实"以人为本"的道路空间构建。目前，东京都以2021年11月发布的《以行人为中心的道路空间利用手册》（以下简称《手册》）为引领，通过一系列措施持续进行道路空间的改造提升，以满足人们对于道路空间日益多元的需求。

《手册》与国家层面的《指南》相似，为城市整体以及区市町村各级应如何根据各地不同特点推进以步行者为中心的道路空间建设，提供了包括做什么、怎么做、谁负责等一系列从基础调查到做法实施的解决方案，同时也提供了足够多的参考课题与先进案例以供参考。

根据道路的实际情况，因地制宜确保步行者有足够的通行空间并进行空间活用，同时从通用设计的角度考虑通行的顺畅度，确保所有人群都能够无障碍通行。实施的具体措施主要分为5类：

（1）活用宽幅员人行道

在保障步行者通行宽度、不影响交通功能的情况下，尽可能丰富道路的功能与内容。

（2）分时段交通管制

考虑到道路空间的用途，通过分时间段管制的手段来临时或定期创造步行空间。如日本桥室町（区道19号线的一部分）为了确保步行者通行安全并创造繁华的街道空间，在8:00—23:00的时间段内作为步行道使用，机动车禁止驶入，自行车需减速（图8-36）。

图8-36　日本桥室町交通管制地点

专栏
"步行者天堂"

在日本经济高速增长时期，小汽车数量急剧增加，但车道与人行道的分离对策却相对滞后，因此交通事故的数量也飞速增长。出于对行人安全以及城市环境问题的考虑，日本开始设立"步行者天堂"，即将整条道路用作步行者专用道路，可以有效避免因为人车混行对步行者带来的干扰，有效助推附近商业区的发展，减少汽车带来的尾气和噪声，同时带来开放的道路街区形象。

"步行者天堂"在各地的大规模试行开始于20世纪70年代，东京都的银座、新宿、池袋和浅草地区最繁华的街道也在其中。但2000年前后，由于大量行人的持续性集中，且有如街头艺人等在内的各种表演和活动，引发了包括噪声污染、垃圾成堆、犯罪率升高以及绕行车辆造成周边街道严重拥堵等问题，因此大量的"步行者天堂"被暂停或废止。例如东京都原宿、上野和御徒町的"步行者天堂"就因周边道路的车辆违章停车过多和交通拥堵而被居民建议取消，从1998年开始暂停使用，并于2001年正式废止。

目前，东京都选择性地保留了秋叶原、银座和新宿三个"步行者天堂"，作为特定区域的步行者专用区间进行人车分离，并根据区域特点，对其进行分路段、分时段、分季节的动态管理。在步行者专用的时间区间内，机动车、电动自行车、轻型车辆禁止通行，自行车骑行者需要下车后推车通过。

由表8-7可见，三个区域的"步行者天堂"在开放日期、开放时间段上各有不同，路段的长度和覆盖面也有较大差异，且有淡旺季的区分。例如，秋叶原区域的"步行者天堂"仅在每周日开放，且路段较短，仅有570m；而人流量相对庞大的银座地区则采用了周六日和节假日均在固定时段开放的方式，且路段较长，达1100m；在作为交通枢纽和繁华商圈的新宿区域，则采用了部分区域+分支路段+中央街道同时进行步行专用的方式。

东京都"步行者天堂"这种根据不同区域特性进行季节、日期、时间、区域上的差异化、动态化的管理，既有效避免了"一刀切"（即直接把一条街道永久划成步行街的方式）可能造成的如周边地区交通拥堵、行人长时间大量聚集带来混乱等问题，又有效保障了步行者在"热门"出行时段内的安全和权益、商圈的发展以及其他出行方式在其他时段的正常通行，可谓是通过道路空间的动态高效管理，实现了利益的多方共赢。

东京都"步行者天堂"   表8-7

名称	实施日期与时间	实施地点
秋叶原"步行者天堂"	周日 4—9月：13:00—18:00 10—次年3月：13:00—17:00 （注：步行者专用区间可能会因为任何原因而被紧急暂停使用）	•地点： 秋叶原地区中央大街 •具体路段： 外神田五丁目十字路口和万世桥十字路口之间的中央大街（约570m） •地图示意 

名称	实施日期与时间	实施地点
银座 "步行者 天堂"	周六、周日和节假日 4—9月：12:00—18:00 10—次年3月：12:00— 17:00 （注：步行者专用区间 可能会因为任何原因而 被紧急暂停使用）	•地点： 银座地区中央大街 •具体路段： 从银座大街十字路口到银座八丁目十字路口之间的中央大街 （约1100m） •地图示意 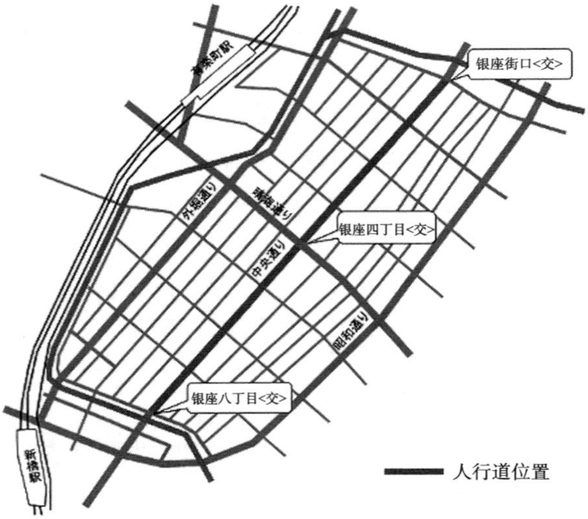
新宿 "步行者 天堂"	周日、节假日 4—9月：12:00—18:00 10—次年3月：12:00— 17:00 （注：步行者专用区间 可能会因为任何原因而 被紧急暂停使用）	•地点： 新宿地区 •具体路段： 新宿三丁目的部分区域和路段 •地图示意 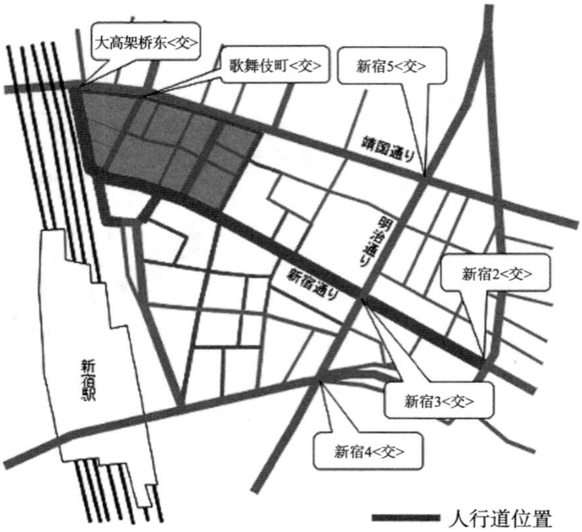

（3）无电线杆化①归还步行空间

通过拆除电线杆或将其埋入地下的方式实现被占用步行空间的归还，并同时进行街道景观的改善，提升步行空间的吸引力（图8-37）。

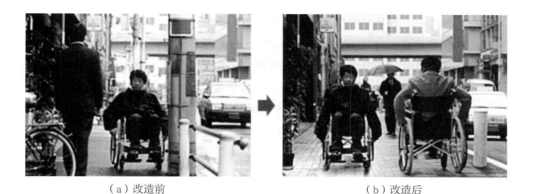

（a）改造前   （b）改造后

图8-37　无电线杆化改造前后对比

（4）道路空间重新分配

必要时可以通过重新分配道路空间的方式来创造行人空间。在确保车道宽度符合法律法规要求的情况下，通过划定行人专用道路等方式，实现道路空间的紧凑利用，以保障步行者路权（图8-38）。

（a）重新分配前   （b）重新分配后

图8-38　道路空间重新分配前后对比（透视）

---

① 无电线杆化：通过在地下埋设电线等方式，限制电线杆或电线在道路上的安装，并拆除道路上的电线杆或电线。

　　自2020年起，东京都政府启动"东京公园街道"活动，与地方政府及相关机构合作进行宣传推广，推动道路空间的综合利用，打造热闹繁华、让人们享受步行的东京都街道。目前，这项活动还在持续实施中，每年都会有大量街道参与其中并积极举办活动，其效果和反响都会呈现在"东京公园街道"的专属网站上。

　　如2022年10月24—30日，大手町街道会将道路铺上草坪并放置可供休憩、娱乐、交往的设施，并在周末加设供儿童玩耍的游乐设施（图8-39）；2022年，大森站东口站前广场每个月左右会举办一次活动，站前广场将设置草坪，在提供餐饮休憩等常规设施之外，还会与当地各类团体如图书馆等合作，举办如二手书市集等活动（图8-40）。

图8-39　Baton Park（大手町街道）

图8-40　大森站东口站前广场

（5）公共空间、建筑与道路空间相结合的规划设计及管理运营

为了创造更舒适、更优质的步行空间，需要对步行空间周边包括公共开放空间、公园绿地、路边空间以及沿路建筑外立面等区域进行整体考虑，构建在各个方面具有统一感的空间（图8-41）。需要具体考虑以下方面：①统一设计，并确保人行道及路边建筑物外立面的设施质量；②对路面上的户外广告及其设计进行监管；③保障路边建筑物、场地等出入口与道路的连通性；④路边进行植物种植以提供树荫，路边建筑物适当设置屋檐、遮阳棚等。

人行道　　　城市公园　　　开放空地

图8-41　步行空间与公共空间融合的空间
活用示例

专栏
整备案例——丸之内街道公园

整备前，丸之内街道为商务办公区域，通行者大多是附近的公司职员，工作日15:00后和周末街道两侧的店铺多为闭门休息的状态，街道整体缺乏活力。

借助路侧老化建筑更新的契机，丸之内街道进行了道路空间的改造与活化，通过缩减车道宽度和两侧私人用地的方式进行了步行空间的拓宽；通过街道两侧建筑物低层的商业化，以及道路铺装设计和草坪化等措施进行了道路空间的重塑；延长了此前的交通管制时间，为步行者留出充足的活动时间。最终打造出"露天办公""舒适绿心""城市露台"三个公共街区，并辅以无线网络、遮阳挡雨处、电源、餐饮摊位、活动空间等配套设施，让街道成为具有魅力和引人驻留的空间（图8-42、图8-43）。

实施整备后，相关管理机构对街道的改造进行了调查走访。对比整备前1个月，设置了户外摊位的店铺，顾客人数和营业额都有明显增加；而对行人的问卷调查显示，约90%的受访者希望丸之内街道成为全天限制一般车辆通行的公共广场，作为丸之内街道的未来发展方向。

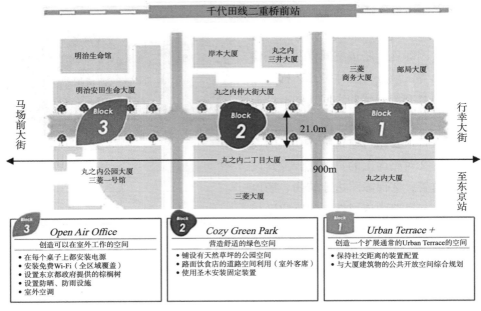

図8-42 丸之内道路空间活用示意

图8-43 丸之内街道整备后效果

▶▶ 道路的立体化建设

1. 什么是立体道路制度？

20世纪80年代后半期，各大都市地区道路拥堵加剧，改善道路的需求变得迫切，但由于用地费用上涨、道路用地难以取得，道路的整备工作进展缓慢。因此，为了促进土地合理利用、推动道路及周边地区的一体化综合整备，立体道路制度在1989年确立了起来。

立体道路制度确立前，道路上下空间的区域内是不允许建造建筑物的，否则违反了日本《道路交通法》及《建筑基准法》的相关规定。立体道路制度则突破了上述限制，道路的上下空间能够自由地用于建筑物建设等，实现了道路与建筑物等的一体化规划与开发。

具体而言，立体道路制度是通过日本《道路交通法》《都市计划法》和《建筑基准法》建立的（图8-44）。《道路交通法》提出以立体视角界定道路区域；《道路法》第47-6条规定，政府道路管理部门在新建或改建道路时，可变更通常"道路区域"的定义（覆盖道路上下空间的整个区域），合理界定"道路的立体区域"。《都市计划法》进一步基于特定道路的立体区域，允许细分出建筑物用地的区域，实现道路和建筑物

图8-44 立体道路制度的法律框架

的一体化规划；《都市计划法》第12-11条规定，可将道路和建筑物进行一体化规划，并规定道路立体区域中作为建筑物用地的区域（称为"重复利用区域"）；但这里的道路限定为机动车道或特定高架桥。《建筑基准法》则放宽了对上述在道路立体区域内修建建筑物的限制（第44条），有效支撑道路立体空间的开发与建设（图8-45）。

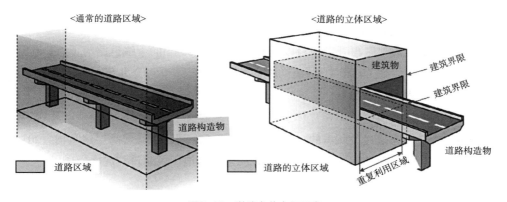

图8-45 道路立体空间示意

2. 港区环状2号线的立体整备

东京环状2号线是一条全长14km的城市道路，从江东区的有明，途经港区新桥、虎之门至千代田区的神田佐久间町（图8-46）。其中，新桥至虎之门1.4km的路段位于市中心，由于高昂的土地成本且许多居民希望留在此地，土地权属问题难以解决，该路段一直未进行商业化开发。

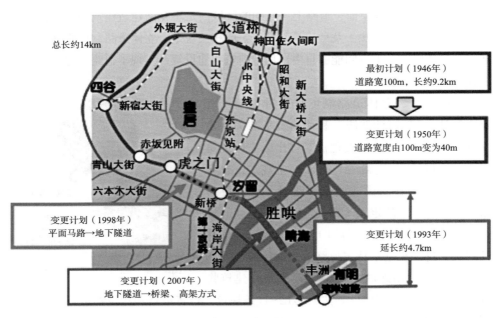

图8-46　东京环状2号线示意

1989年立体道路制度的建立使在道路上下空间内建设建筑物成为可能。1996年，环状2号线（新桥—虎之门）地区城市规划协议会成立，着力制定新桥—虎之门地区道路与建筑物的一体化再开发计划，并于2014年3月，实现环状2号线新桥—虎之门区间的开通。

新桥—虎之门地区再开发项目以宽40m、长约1.35km的干线道路为重点，在修建道路的同时对沿线的3个主要街区进行综合开发，建设集合办公、住宅、商业、酒店和会议等多种功能的复合建筑物（图8-47）。

其中，虎之门街区是应用立体道路制度开发的典型项目。在合理确定环状2号线新桥—虎之门路段建设所需的空间后，其余上下空间用于修建高层建筑物。2014年5月，在占地面积1.7hm²的区域建设完成50余层的地标式建筑"虎之门Hill"——坐落于城市主干道上方的摩天大楼（图8-48）。

图8-47　新桥—虎之门地区道路和建筑物一体化整备实景

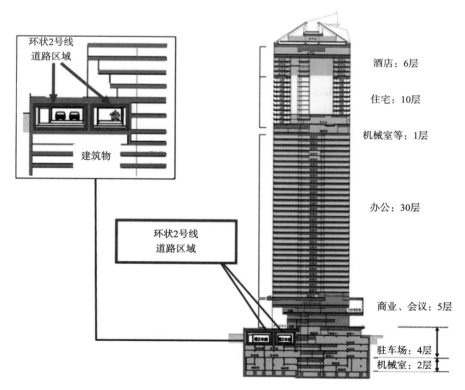

图8-48　虎之门Hill与环状2号线的立体建设

▶▶ 道路安全的高度重视

1．生活道路安全

为保障生活道路的出行安全，日本国家公安委员会管理的警察厅于2011年制定"30限速区"措施，将划定区域内最高行驶速度限制在30km/h。后于2021年8月，日本国土交通省与警察厅联合推行"30+限速区"，进一步加强地方交通管理部门与警察局的合作，通过制定交通管制措施、安装物理隔离设施的方式，限制划定区域内机动车行驶速度，以提升生活道路交通安全水平。截至2023年3月底，东京都市圈已有17个区域制定了"30+限速区"整备计划。

（1）划定机动车限速区以提升生活道路的出行安全水平

近年来，生活道路的出行安全开始受到关注，交通事故是原罪。虽然日本全国交通事故数整体大幅下降，但生活道路（指车道宽度不足5.5m的道路）的交通事故数降幅较小（图8-49）。

数据显示，2022年车道宽度不足5.5m道路上的行人、骑行者伤亡人数占比约是车道宽度在5.5m及以上道路的1.8倍（图8-50）。同时，机动车行驶速度超过30km/h时，对步行安全的威胁显著增加。

日本国家公安委员会管理的警察厅于2011年制定"30限速区"措施以提升生活

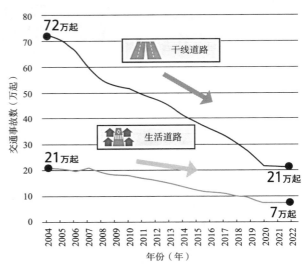

图8-49 不同道路类别的交通事故数

图8-50 2022年不同交通方式的伤亡人数占比

道路的出行安全水平，将划定区域内最高行驶速度限制在30km/h。2021年3月出台《第11次交通安全基本计划》后，同年8月，日本国土交通省道路局和警察厅交通局联合出台《与生活道路交通安全相关的新协作措施》，推行"30+限速区"以保障生活道路上步行、骑行的安全通行空间，并建立全周期组织管理机制，实现地方交通管理部门与警察局从研究阶段到效果评价阶段的密切合作。

（2）交通管制措施与物理隔离设施相结合

"30+限速区"通常综合运用交通管制措施和物理隔离设施。交通管制措施是指规定机动车在限速区域内的行驶速度不得超过30km/h。物理隔离设施（表8-8）的主要作用是禁止机动车驶入或降低车速，如在道路上安装升降路桩阻止机动车进入特定路段，通过设置隆起减速带迫使驾驶员减速慢行等。

物理隔离设施类型及示例　　　　　　　　表8-8

分类	物理设施	具体作用	示例
限制驶入	升降路桩	阻止机动车进入特定路段	
降低车速	隆起减速带	通过设置不同高度的驼峰，让车辆驶过高出路面的部分时放慢车速	
	连续的人行横道	将隆起减速带与人行横道相结合，保障行人优先通行，车辆减速让路	

分类	物理设施	具体作用	示例
降低车速	缩窄路段	收窄车道的部分路段以降低汽车通行速度	
	曲柄型双急转弯	通过线形的直线变化使车道曲折，增加车辆通行时左右摆动的宽度，从而降低通行速度	
	障碍滑雪型双急转弯	用曲线变化使车道成蛇形，增加车辆通行时左右摆动的宽度，从而降低通行速度	

交通管制措施与物理隔离设施多措并举，有效保障"30+限速区"内步行、骑行的通行安全（图8-51）。在"30+限速区"入口增设30km/h限速的标志标线，并根据实际交通运行和道路基础设施建设情况等，合理采用升降路桩、隆起减速带等物理设施对机动车的通行路段和速度进行限制。

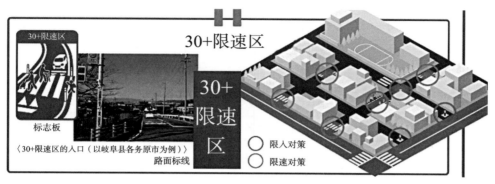

图8-51 "30+限速区"的组合施策

（3）建立全周期组织管理机制，加强政府部门密切合作

《与生活道路交通安全相关的新协作措施》规定了一套"30+限速区"从选取、设立到实施推进、效果评估的全周期组织管理机制。当地警察局和政府交通管理部门（或两方牵头组成相关协议会）是组织实施主体，须在综合考量交通事故发生状况、其他相关部门和当地居民意见诉求的基础上，共同制定"30+限速区"整备计划。

在组织实施方面，警察局和当地交通管理部门分工协作，前者主要负责实施交通管制措施，后者主导物理隔离设施的安装与改造。而后，会使用大数据等手段对实施效果进行评价，进而完善"30+限速区"整备计划或提出新的"30+限速区"备选区域。

2．通学道路安心

2012年，日本京都府龟冈市发生小学生伤亡事故，文部科学省、国土交通省和警察厅三省厅联合要求对通学道路进行紧急联合检查，并采取有针对性的改善措施。2013年12月，三省厅发布《关于稳步有效推进通学道路交通安全举措》的通知，要求地方制定通学道路交通安全项目的基本方针，持续开展定期联合检查、改善措施对策。

通学道路交通安全项目的实施主体是由地方政府、警察局、教育委员会以及学校等多方组成的地区协议会，主要职责是制定并实施基本方针。

以千叶县的千叶市为例，千叶市于2014年制定了千叶市通学道路交通安全项目，并于2023年进行了更新。为促进多方协作，成立了由相关学校、政府道路管理部门、交通管理部门及交通安全普及部门组成的通学道路安全推进组（表8-9）。

千叶市通学道路安全推进组的构成 表8-9

分类	相关方	角色和作用
相关学校	千叶市教育委员会学校教育部（学事处、保健体育处）	与各方协调联络； 划定通学路线、交通安全教育
道路管理者	千叶市建设局土木部（土木保全处）	管辖道路的安全设施整备
	国土交通省关东地方整备局（千叶国道事务所）	
交通管理者	千叶县警察本部（交通规制处）	管辖道路的交通管制措施
	千叶县警察本部（千叶市警察部总务处）	
交通安全 普及者	千叶市市民局市民自治推进部（地域安全处）	交通安全思想的普及； 推动地区交通安全

千叶市通学道路安全推进组对学校周边的危险场所进行识别、联合检查和对策研究，在对策实施的基础上进行效果评估，进一步完善对策。安全对策措施包括软、硬件两个方面。软件方面的措施主要包括改变通学路线、对儿童及其监护人进行交通安全教育、深入开展监护人和安全观察员等的通学守护活动（图8-52）等。硬件方面的措施包括设置防护栅栏、添加标志标线（图8-53）、路肩彩色化（图8-54）、增设人行道（图8-55）、消除台阶等。

图8-52　安全观察员通学守护活动

图8-53　路面标志标线

图8-54　彩色路肩

图8-55　人行道整备

▶▶ 数字化交通社会的推进

1．什么是日本的ITS?

ITS，全称为Intelligent Transport Systems，意为智能交通系统。它旨在通过使用新型的信息和通信技术，将人、道路和车辆的信息联系起来，以优化道路交通，减少交通事故和拥堵，实现安全可靠、无缝连接、环保的交通社会（图8-56）。

在日本发展ITS的初期，由5个相关部委在1996年首先制定了推广智能交通系统的总体构想，确定了9个开发领域（图8-57）和21项使用服务。此构想制定了开发、实际应用和推广的路线图，将ITS作为国家项目，与企业、政府、科研及民间机构合作推广。

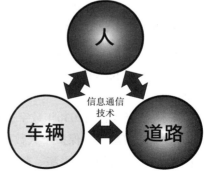

图8-56　日本智能交通系统ITS

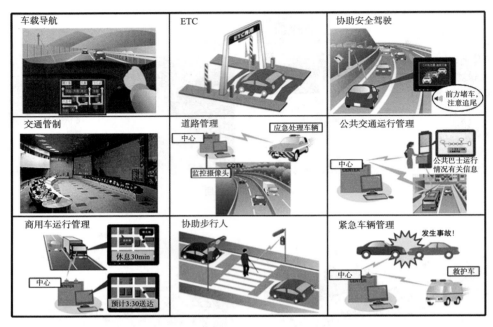

图8-57　日本ITS的9个开发领域

此后的10余年间，各类ITS相关服务稳步发展，并作为重要的社会基础设施得到广泛应用，包括汽车导航系统、VICS车辆信息与通信系统和ETC自动收费系统，提升了道路的安全性和效率。

2．建成世界领先的数字化交通社会

随着移动互联网、5G等信息通信技术持续进步，ITS的发展逐渐由"点"转向"面"，可以将各类基础设施整合，打造未来数字化交通社会服务。在2013年召开的东京ITS世界大会上，日本提出"创建世界最先进智慧交通国家"的宣言。自2014年来，日本政府每年会修订《公私ITS构想和路线图》，作为实现ITS和自动驾驶相关举措的流程图。意在通过打通政府、科研机构、企业间的壁垒，从法律政策、技术研发、基础设施发展等多方面合力发展日本的ITS事业。

在由政府、民间共同讨论制定的《公私ITS构想和路线图》中，日本政府对于2030年的社会愿景是：在ITS发展下实现一个世界领先的安全、便捷的数字化交通社会，能够支持人民的丰富生活。这也持续践行了"以人为本"的道路发展理念（图8-58）。

日本政府构想的2030年数字交通社会体现在五个方面：①安全、安心（减少交通事故、防灾减灾、保护个人数据和隐私）；②自由地出行（随时随地、轻松愉快地出行）；③便捷性（平稳、舒适、充分利用旅行时间）；④客货运的数字化转型（效率、产业竞争力）；⑤环境保护（低碳、能源效率）。

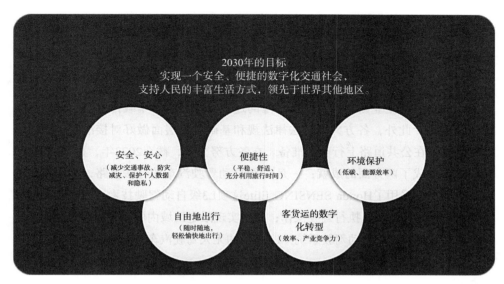

图8-58　日本ITS 2030年愿景

　　建成后的数字化交通社会将实现不同部门、领域、软硬件之间的数字化通信，为实现"超智能化、以人为中心"的社会愿景提供基础，能够为农村地区、主要靠机动车出行的城市地区和公共交通发达的城市地区提供相适应的数字化交通服务（图8-59）。

图8-59　通过数字空间实现交通社会

3．公私通力合作，助力目标达成

为了实现2030年的数字化交通社会愿景，日本按照《公私ITS构想和路线图》计划，通过各部门合作，实现了部分构想。合作中，政府和民间利用各自优势负责各领域技术开发，政府方面负责进行高精度3D地图、网络安全技术、安全评价技术等研发；民间企业则负责开发小风险的过渡阶段技术、车载传感器、通信基础设施建设等。此外，各方共同对法律法规和基础设施层面做好对接准备，做好自动驾驶车辆在公共道路上行驶的准备。在各方努力下，截至2023年，日本ITS实际应用主要达成了两方面的成就：一是L3级自动驾驶汽车的合法上路，本田汽车的LEGEND车型采用了Honda SENSING Elite这项L3级自动驾驶技术，可以在高速道路拥堵时，代替驾驶员执行驾驶操作；二是实现限定区域内的无人自动驾驶服务运营，使用了搭载远程自动驾驶系统（L3级）的无人驾驶汽车。

专栏
东京都ITS的自动驾驶实践

2016年前后，东京开始推进自动驾驶相关技术的落地。在2016年东京都城市规划委员会发布的报告《2040年东京都城市愿景及实现路径》中，讨论了在城市中引进自动驾驶后带来的影响。在2016年发布的《2020年行动计划》和2017年发布的《城市发展宏伟设计——东京2040》（简称《东京2040》）中，研究了全面引入该系统的政策问题。《东京2040》提出，自动驾驶是提升客运、货运系统服务的一项重要举措。

在自动驾驶的研究中，东京都政府通过引入补贴和补助金等激励方式，邀请企业进行验证实验，鼓励社会化应用自动驾驶技术。2017年9月，东京自动驾驶一站式中心由东京都政府和日本政府成立，为私营公司在公共道路上的自动驾驶验证实验提供一站式服务。服务内容包括从实验构思阶段到具体实施的相关法律法规咨询、与相关组织的事先沟通审批、进行社区宣传等。2018年，东京都政府启动了"利用自动驾驶技术构建商业模式"项目，以支持自动驾驶技术相关的商业模式项目。

自动驾驶商业模式项目开发新进展

2022年，在西新宿地区和临海副都心地区进行了自动驾驶商业模式的验证。

在西新宿地区，由京王电铁巴士主导的"西新宿地区5G自动驾驶出行服务"项目进行试点。该项目致力于改进自动驾驶功能，如通过信号协调实现车辆自动停车、启动和左右转弯，验证了二维码的预付费和乘车系统、5G的远程车载监控、车载机器人远程服务、智能巴士站远程上车引导、自动化确认用户上车意图等功能。此项目对西新宿地区公共巴士线路的自动商业运营和可持续服务模式进行了技术和运营验证。

WILLER公司和BOLDLY公司的自动驾驶项目在临海副都心进行验证。通过假定真实环境，验证自动驾驶车辆在繁华街区的整体运营效果。2023年1月起，该项目在东京湾象征长廊公园举办了多样的自动驾驶体验活动，包括乘坐无方向盘的自动驾驶汽车和打卡集邮活动等，吸引民众参与。

东京都将成为自动驾驶示范基地

随着修订后的日本《道路交通法》于2023年4月实施，L4级自动驾驶技术落地在未来成为可能。依托此法律，私营企业的自动驾驶项目推进速度将大大加快。作为大城市的代表，东京都有望成为日本"城市自动驾驶"的示范基地，并率先开展落地应用。

东京都考虑设置自动驾驶车道

2019年，东京都成立了着眼于自动驾驶社会的城市发展研究小组，根据东京都的区域特征，研究城市发展方案，以实现未来的自动驾驶社会。这些自动驾驶相关措施将体现在东京都各自治体制定的城市交通规划中。

在2021年该研究小组发布的《面向自动化社会的城市发展》报告中，提出了东京都2040年城市内部交通的未来愿景。其中主要希望利用自动驾驶技术提高公共交通出行便利性和物流效率，以及借助自动驾驶汽车空间占用少的特性，重新分配道路空间，减少车道数和车道宽度，为自行车和行人创造更多的道路空间（图8-60）。

根据自动驾驶技术的特点，研究减少车道宽度、基础设施建设和路面标线施划。首先在引入自动驾驶的地区，将多车道道路中的一条车道定位为自动驾驶车道，并根据道路基础设施方面的必要措施，研究该车道的发展。在停车场方面，随着自动驾驶汽车的普及，将推动自动代客泊车系统研究。

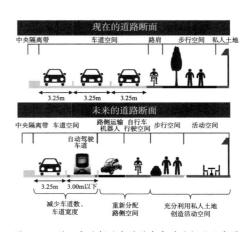

图8-60 引入自动驾驶车道的未来道路断面示意图

4．未来ITS愿景的实现路径

2021年9月，日本政府正式成立数字厅，其目标是成为日本政府构建数字化社会的"司令部"，为民众提供满意的智能化服务。

2023年日本数字厅提出了ITS愿景的实现方案。在接下来的ITS发展中，日本政府希望从各地"点"状的示范实验项目，过渡到跨度更大的、接近实际使用场景的"线"状的实施型项目，最终形成从管理机构、服务和基础设施一应俱全的ITS区域，配备连续的ITS服务，形成"面"状范围内的智能交通服务。"点—线—面"分阶段落地实施ITS支持下的数字化交通社会。

具体到实施计划中，除了车辆技术外，ITS发展还将以日常生活场景为假设，综合考虑人们生活中的痛点，检验ITS在社会中的实践。针对不同地区客货运需求和其他特点，自由地将自动驾驶汽车、机器人和无人机组合，将各类ITS服务视为一个整体，并针对交通需求定制新的交通政策。

除了具体的技术路径外，ITS项目从示范实验发展到实际落地还需要进一步评估，比如对社会的影响、满足的新需求、需要的投资和必要的关键绩效指标（KPI）评估。此外，建立一个适合各地条件的运营管理和业务系统十分必要，该系统可以实现共享空间信息，在不同运营商提供的车辆、机器人和无人机之间实施协调控制。

随着数字化交通社会建设的推进，此前的ITS在下一步发展中还应当涵盖必要的硬件和制度准备，全面支持出行数字化的实现。

第 9 章
遥遥领先的无障碍交通

　　无障碍建设是一个城市包容性构建的重要基础。其概念从20世纪上半叶出现发展至今，囊括的领域不断扩大、关注的群体不断扩充，如今已经向着服务于全领域、全群体的"通用设计"概念"进化"。交通与人们日常生活息息相关，正是无障碍与通用设计概念应用最广泛的领域之一，也是最需要进行无障碍相关提升与完善的领域之一。

　　日本是最早面临老龄化难题的国家之一，且包括出生率、残障率在内的人口形势都十分严峻，因此无障碍环境的建设在日本很早就受到广泛的关注和重视。在交通的无障碍化、通用化的推进上，日本一直都走在世界的前列，东京都市圈更是其中的"排头兵"，其完善的顶层设计、良好的基础设施建设、落到实处的公众参与以及区域无障碍环境打造的发展方向，值得各个城市学习和借鉴。本章将系统介绍日本整体以及东京都的无障碍与通用设计环境建设之路。

9.1 从无障碍到通用设计，日本的"一路狂飙"

▶ 日本，无障碍和通用设计的"排头兵"

无障碍环境的建设在日本很早就开始受到广泛的关注和重视，发展至今，无论是无障碍概念的传播、无障碍设计的发展还是无障碍环境的建设都已经十分成熟、完善，并始终走在世界前列。由无障碍向通用设计的过渡也非常迅速、顺利，通用设计的概念一经出现便在日本广泛传播，影响力度惊人。20世纪初的民意调查显示，有72%的日本公民表示他们熟悉"通用设计"这个词，而在通用设计概念的发源地美国，其公民对这个概念的熟知程度则非常低。

日本《残疾人基本计划》对于无障碍和通用设计都有着明确的定义：无障碍一词最初为住宅建筑用语，通常指消除台阶等存在高低差的物理障碍，但如今其范围非常广泛，包括消除使残障群体难以参与、融入社会的所有社会性、制度性和心理性障碍；而通用设计则是通过预先设计城市和生活环境，让不分残障、年龄、性别、种族等的所有人都可以轻松使用的理念。

此外，日本对于障碍以及有障群体有着清晰、细致的分类和认知。根据内阁府调查，社会中普遍存在的障碍主要分为物理障碍、制度壁垒、文化和信息壁垒、意识障碍4类；有障群体主要分为视力障碍、听力有损、肢体残障、身体内部残疾、智力障碍、发育障碍6类。

日本正是以无障碍相关的、完善的法律法规与标准体系为基石，以优先推动重点区域进行无障碍环境建设为实施手段，以严谨细致的监督和激励机制为保障，同时努力提升国民无障碍与通用设计意识，在无障碍环境建设的各方面都取得了令人瞩目的成就，走在了世界前列。

▶ 无障碍与通用设计，日本为什么这么积极？

无障碍和通用设计从发源到现在仅仅过去了几十年，许多国家刚刚开始无障碍建设，也有一些国家还没有意识到其重要性。但在东京都街头，因为其完善的无障碍设施建设，有障群体的生活半径与方式已经能够和正常人相媲美。日本的无障碍与通用设计建设之所以能如此超前，是由其社会发展背景为契机而推动的。

1. 不可逆转的老龄化困境

日本是最早面临老龄化问题的国家之一，自20世纪70年代起进入老龄化社会①，20世纪90年代进入老龄社会，在21世纪初时就已经成为超老龄化社会。据联合国的预测，日本人口的老龄化程度远超世界均值，预计到2050年和2100年时，60岁以上人口将合计占日本总人口的近60%（表9-1）。

日本总务省对老龄化趋势的预估和联合国的预测保持一致（图9-1）。2021年，日本65岁以上老年人口占比已经达到29.1%，为全球最高，且75岁以上的老年人口占比高达15%。

主要发达国家人口年龄分布 表9-1

国家	不同年龄人口占比（%）											
	2015年				2050年预期				2100年预期			
	0~14岁	15~59岁	60岁以上	80岁以上	0~14岁	15~59岁	60岁以上	80岁以上	0~14岁	15~59岁	60岁以上	80岁以上
全世界	26.0	61.7	12.3	1.7	21.3	57.2	21.5	4.5	17.7	54.0	28.3	8.4
日本	12.9	54.1	33.1	7.8	12.4	45.1	42.5	15.1	13.4	45.6	40.9	18.5
德国	12.9	59.5	27.6	5.7	12.4	48.3	39.3	14.4	13.4	46.9	39.7	16.2
法国	18.5	56.3	25.2	6.1	16.8	51.4	31.8	11.1	15.5	48.6	35.9	14.7
意大利	13.7	57.7	28.6	6.8	14.0	46.3	40.7	15.6	13.7	46.4	39.9	17.9
韩国	14.0	67.5	18.5	2.8	11.4	47.1	41.5	13.9	13.3	45.0	41.6	17.7
瑞典	17.3	57.2	25.5	5.1	17.4	53.0	29.6	9.5	16.0	50.4	33.6	13.0
英国	17.8	59.2	23.0	4.7	16.6	52.7	30.7	9.7	15.2	49.7	35.1	13.7
美国	19.0	60.4	20.7	3.8	17.5	54.7	27.9	8.3	16.3	51.1	32.6	11.5

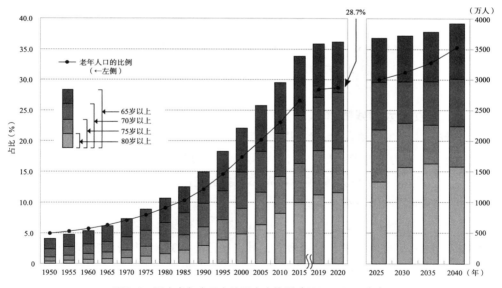

图9-1 日本老年人口占比及未来推测（1950—2040年）

---

① 根据国际通行划分标准，社会老龄化率通常按照65岁老年人占人口比率计算，当一个国家或地区65岁及以上老年人口数量占总人口比例为7%~14%时，意味着进入老龄化社会；14%~20%时，意味着进入老龄社会；超过20%时，意味着已经是超老龄化社会。

东京都市圈作为整个日本年轻人相对聚集的区域，其老龄化态势仍然十分严峻。数据显示，65岁以上的老年人口占比自1990年的10.4%起持续上升，在2020年达到23.4%，虽然远低于日本全国水平，但依旧进入了超老龄化社会。另外，60～65岁相对低龄的老年人数量整体呈下降趋势，65岁以上的老年人所占比重越来越大（图9-2）。东京都的人口出生率也同样不容乐观，至今仍处在较低水平。这说明东京已经进入高龄化现象越来越严重的阶段。

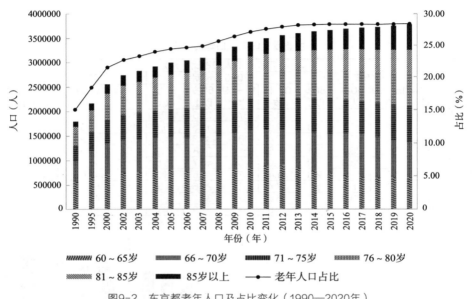

图9-2　东京都老年人口及占比变化（1990—2020年）

2. 愈发庞大的残障群体

根据日本厚生劳动省的一系列国民情况调查，截至2016年，日本约有身体残障者436万人，智力障碍者108.2万人，精神障碍者419.3万人。每千人中身体残障者有34人，智力障碍者有9人，精神障碍者33人。从整体残障群体占总人口的比例看，大约有7.6%的日本国民都有某些障碍[①]。

根据年龄段统计可以看出，1970—2016年，患有身体残障的人数不断上升，且65岁以上的老年身体残障者显著增多，其占比已经从31.4%上升到72.6%（图9-3）。不仅是身体残障者，65岁以上老年人患有精神障碍的人数截至2017年也占到了将近40%的比重。由此可见，人口老龄化的趋势和残障群体的发展趋势有一致性，其人群也有相当大的重合，他们对于无障碍环境建设的需求也越来越大。

---

① 考虑到同时有多种障碍的人，因此该调查数据无法进行单纯合计，为大致计算。

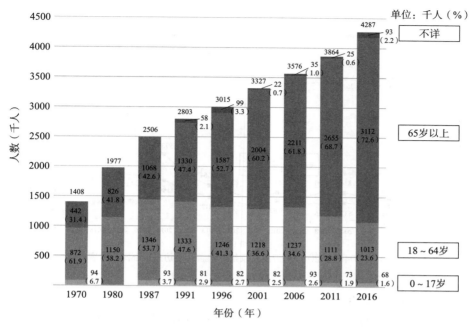

图9-3　不同年龄段身体残障群体的人数变化（1970—2016年）

3．旅游大国的野心

进入21世纪后，日本面临着经济的长期低迷、日益严重的低生育率和严峻的人口老龄化现象，日本政府开始尝试通过对外开放旅游市场等方式来缓解财政压力。而无障碍和通用设计环境的建设，也是外来游客能够便捷出行、获取信息、正常游玩的重要保障。

2002年初，日本首次提出借助观光振兴日本经济，并将"观光立国"上升到国家战略高度，2003年成为观光立国元年。随后还制定了《观光立国基本法》《观光立国基本计划》等，"观光立国"的地位和重要性不断提升，2008年日本国土交通省下正式成立观光厅，至此，观光立国战略的法律保证和制度保证先后成形，成为经济增长战略的支柱之一。

东京都作为日本的首都，是在各方面都具有强大吸引力的世界级大都市，也是国际旅游、国际会议、国际商务等的热门目的地。据统计（图9-4），2004—2019年访问东京都的外国人数量整体呈上升趋势，尤其是在2011年后，人数明显增多，最高达到1517.6万人。此外，访问东京都的外国游客数量始终占访日外国游客总数的50%左右，可见东京都为外国游客访日的最主要目的地之一，因此对于城市无障碍与通用设计环境建设的要求较高。

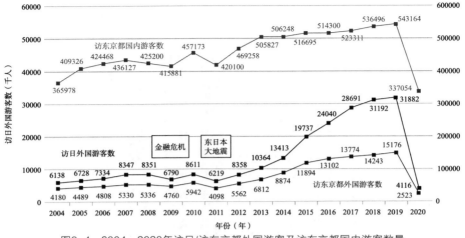

访东京都国内游客数（千人）

图9-4　2004—2020年访日/访东京都外国游客及访东京都国内游客数量

4．奥运盛事的催化

东京奥运会和残奥会作为国际盛事，是展示国家各方面实力和风貌的绝佳舞台，是振奋国民、提振经济的大好机会，同时也是提升主办城市基础设施水准，尤其是无障碍环境建设的良好契机。对于东京都来说，东京奥运会既是推进无障碍与通用设计环境建设与相关社会意识转变的契机，也为其留下了极其丰厚的奥运遗产。

1964年东京残奥会举办前，日本无障碍环境建设尚未起步，社会整体对于残障群体的态度是怜悯甚至漠视的，缺乏残障群体能够参与体育运动所需的设施、设备或立法。但举办残奥会的压力迫使日本开始着手投入资金改善残障群体的运动和生活环境，同时也改变了东京都甚至日本公众对于残障群体的眼光与看法，残奥会的氛围、外国参赛者的风貌和心态更加成为了日本残障群体的信心之源，使得他们能够重拾生活信心并积极融入社会。

不同于1964年的"赶鸭子上架"，2020年东京奥运会选择主动将公共行政的重点放在无障碍相关的遗产建立上，将盲道、轮椅、婴儿车通道等无障碍和通用设计环境的建设打造成为东京都的新名片、新标志，以此为契机，加快打造真正的无障碍社会。同时，在东京都未来的发展规划中，以备战奥运为契机，同时立足于城市长远的发展，提出要将东京都建设为生态、环保、为所有人宜居的城市的发展方向，而无障碍城市的建设则是重要的衡量指标之一。

▶▶ 日本无障碍环境建设之路

日本无障碍环境建设历程与欧美国家相似，始于残障群体人数大幅增长的战后时期，主要表现为针对各类残障群体的相关法律法规、政策和各类方针指南的制定与出台。伴随着老龄化进程的加快，其关注的领域逐渐细化，老年人也进入了关注视野。之后，随着无障碍设计理念的进一步发展和东京奥运会的助推，无障碍的概念逐渐向通用设计转变，其面向人群也逐渐扩大至所有人。在过去的数十年中，日本相继出台了各种政策与方针、制定了多项法律法规，无障碍法制建设不断深化，至今已经逐渐形成了较为完善的纵向法律法规体系，并成为指导日本交通无障碍环境建设的主要依据和重要基础。

日本主要的无障碍与通用设计法律法规、政策和标准体系的建设历程如表9-2所示。其中大部分都涉及交通领域，可见交通出行是无障碍环境建设中不可或缺的重要领域。

日本主要的无障碍与通用设计法律法规、政策与标准体系的建设历程　　表9-2

时间（年）	法律法规与标准	内容简介
1949	《身体残疾人福利法》	以残疾人自身努力重建为前提，将身体残疾者收容到相关设施，对其进行康复训练，使之能够重返社会
1950	《精神卫生法》	旨在加强对精神障碍者的保护与治疗，帮助他们更好地回归社会
1960	《智力障碍者福利法》	对从儿童到成人的智力障碍者的援助措施进行完善
1963	《老年人福利法》	确立特别养老院、老人院、低价老人院等的设施体系建设
1973	《身体残疾人福利城市》	为改造社会环境，提高残疾人的社会参与度，建议20万人口以上的城市实施无障碍改造，本年被称为日本福利工程元年
1979	《残障人士福利城市》	1973年政策的推进，将面向人群从身体残疾人群扩大至残疾人群，同时扩大城市范围，建议10万人口以上的城市实施无障碍改造
1982	《无障碍化建筑设计标准》	制定了公共设施的设计指导原则
1983	《公共交通终点站残疾人设施整备指南》	为公共交通提供便利服务的无障碍维护指南；自1983年起至2021年3月，持续进行包括客运设施、车辆等在内的多方面的更新
1986	《长寿社会对策大纲》	明确了政府应对老龄化社会的措施；在老年人生活环境方面，提出"社区老年人住宅计划"
1986	《残障人士城镇建设》	1979年政策的推进，再次扩大城市范围，建议5万人口以上城市实施无障碍改造
1991	《舒适生活的福利城镇建设》	为1986年政策的推进，再次扩大城市范围，建议3万人口以上的城市实施无障碍改造，同时将高龄人群纳入
1993	《残疾人基本法》	规定国家、地方团体及相关部门应采取的公共设施无障碍化措施

时间（年）	法律法规与标准	内容简介
1994	《创建福利生活大纲》	总结了21世纪福利基础设施建设应有的理念、目标、生活愿景、中长期措施的方向、整备目标等
	《关于促进老年人、残疾人等使用建筑无障碍化的有关规定》	确保无障碍环境设施的时效性，规定了公共建筑的无障碍设计要求
1995	《与长寿社会相适应的住宅设计标准》	完善了老龄化住宅与环境设施规划制度，旨在设计房屋之初就考虑到对于老年人的便利性，让他们能够尽可能长时间实现日常独立生活
2000	《交通无障碍法》	正式名称为《关于促进老年人、残疾人等利用公共交通工具出行无障碍化的法律》，目的是通过客运设施和公共交通工具的改善，提高老年人使用交通工具的便利性和安全性
2004	《人行步道建设基本标准》	在《交通无障碍法》背景下，需要对人行步道进行无障碍化改造，制定修订相关标准以便改造
2006	《关于促进老年人、残疾人等的移动无障碍化的法律》（简称《无障碍新法》）	为《交通无障碍法》与《爱心建筑法》合并后制定，《交通无障碍法》随之废止。《无障碍新法》后于2018年和2020年进行了两次修订
2013	《残障人士歧视消除法》	于2016年4月实施，旨在制定措施，推动消除对于残障人士的歧视，实现相互尊重、相互共存的社会
2017	《通用设计2020行动计划》	努力推进打造不分男女老少、残疾与否，每个人都能获得人权和尊严的共生社会；并以2020年残奥会为契机，推进日本向公正社会迈出一大步
	《东京2020无障碍环境导则》	概述了公平、尊严和功能性的基本原理，旨在关注到能够从无障碍环境中受益的所有群体，不仅包括残障人士，还有老年人、受伤人士、孕妇、携带婴幼儿出行的人，以及外籍访客等
2021	《考虑到老年人、残疾人等能够顺利移动的建筑设计标准》	以《无障碍新法》的修订与东京奥运会为契机，推进建筑领域的进一步无障碍化，让建筑能够适合每个人使用

1．初步关注，推进建设

1949年的日本《身体残疾人福利法》旨在通过提供福利服务、设立辅助设施等多项举措，鼓励身体上有残疾的人能够具备独立生活的能力，积极回归并参与到社会中。在随后的10余年中，日本较早对精神障碍者、智力障碍者以及老年人等其他有障群体有了进一步的关注，相继制定了《精神卫生法》《智力障碍者福利法》《老年人福利法》等相关法律。

20世纪70年代起，日本无障碍环境建设开始提上日程，主要面向人群为残障人士，主要表现为通过系列无障碍相关政策、标准和项目的实施，逐步推进建设更适合残障人士居住的城镇环境，不仅涉及福利服务和建筑领域，同时在交通出行上也采取了系列措施。

1973—1991年日本厚生省开启的"福利城市"项目建设是这个时期主要采取的

无障碍相关措施，通过四个阶段逐步扩大人群与城市的覆盖范围，旨在从福利服务到城市环境上采取多种措施，逐步打造越来越多适宜各类有障人群居住的城镇。在交通出行方面，"福利城市"项目主要在道路和公共交通工具等方面进行提升，主要包括人行道、信号装置和地面引导块的无障碍化完善，对公共汽车和出租车的无障碍化改造进行补助等。此外，还提供了如移动沐浴车①等福利服务。

2．关注老人，交通为核

此外，随着日本步入老龄化社会，大量老年人面临生活不便、出行困难的问题，因此老年人群体逐渐被纳为残疾人之外的无障碍环境建设目标群体。1986年日本《长寿社会对策大纲》提出了面对未来长寿社会的方针对策，其中强调老年人也是社会的重要组成成员，需要为其打造安全舒适的居住环境。1994年日本《爱心建筑法》则通过税收减负、贷款利息上的激励和补助等方式，鼓励各地在医院、剧院、百货公司等公共建筑中进行走廊、楼梯、电梯及卫生间等的标准化、无障碍化设计，同时考虑到残疾人和老年人的使用需求。

进入21世纪后，日本的无障碍环境建设进程进一步推进，其涉及的领域更加广泛、规定更加细化，且面向的群体也进一步扩大，而交通则开始成为无障碍环境建设中最重要的领域之一。2000年日本《交通无障碍法》首先使得交通无障碍环境建设进入了全新的阶段，逐渐从其他法律法规和政策中的条目以及指导性的指南成为了独立的法律条目，是汇聚了过去数10年交通领域无障碍相关措施的结晶。该法律旨在通过客运设施和公共交通工具的改善，提高老年人和残障群体使用交通工具的便利性和安全性，其具体设施提升涉及客运设施、车辆、道路、车站广场等，涉及的方面更加细致全面。

3．统筹发展，奥运催化

2006年，日本国土交通省将《爱心建筑法》与《交通无障碍法》合并修订为《关于促进老年人、残疾人等的移动无障碍化的法律》（简称《无障碍新法》），成为与无障碍相关的主要法律，并于2018年和2020年进行了两次修订。在此基础上47个都道府县则依据自身情况进行标准的细化、建设要求的提高和相关范围的扩大，因地制宜制定更加细致具体的要求。

随后，为了迎接第32届夏季奥运会和第16届夏季残奥会的到来，以及迎合从无障碍设计向通用设计发展的趋势，日本在2017年制定了《通用设计2020行动计划》和《东京2020无障碍环境导则》，代表了东京乃至整个日本最新的无障碍与通用设计理念及其未来的发展方向。日本致力于借助夏季奥运会的契机，进行通用设计的

---

① 移动沐浴车：简单来说，是一辆备有水箱、热水器以及浴槽的专用车辆，能够直接开到使用者的住宅，并由专业人员提供全身式的沐浴服务，多用于服务不便独立沐浴的老年人与残障人士。

公共设施和交通基础设施建设，同时进一步推进社会意识方面的"心灵无障碍"[①]，并且在奥运会后，将无障碍与通用设计的成果打造成奥运遗产，进行进一步深化，助力实现共生社会。

▶▶ 日本无障碍环境建设的独到之处

日本交通无障碍与通用设计建设主要具有以下特点：

（1）体系完备。日本作为较早开始无障碍建设的国家之一，国家层面的法律法规与标准等进行了数十年的发展完善，如今已经形成了条文详尽、实用性强、针对精准的体系。交通无障碍建设也从指导层面上升至了法律层面，并且涵盖范围和面向人群不断扩大，为交通运输无障碍环境的实际建设提供了坚实的基础。

（2）自下而上。日本的无障碍环境建设，尤其是交通领域的无障碍建设，最初都发源于许多小城镇。如"福利城市"项目的雏形最初就来源于町田市、郡山、西宫等地区的无障碍运动，它们在道路、建筑、公共交通和各种服务层面做出改善和努力，致力于为残障群体、老年人提供更便利的住房和交通（图9-5）。由于这些举

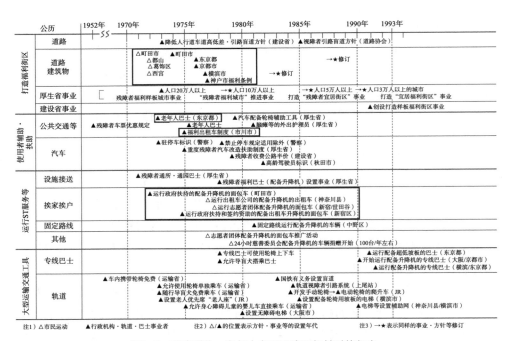

图9-5　残障群体、老年人交通无障碍相关对策年表

---

① 心灵无障碍，是指所有具有各种身心特征和思维方式的人能够相互交流和支持，以加深相互理解。主要表现为三点：一是理解残障群体的社会模式；二是彻底避免对于残障群体及其家人的歧视；三是培养人们与自身条件不同的各种人交流的能力，以及对每个人所面临的困难和痛苦进行共情的能力。

措很多都发源于极小的城镇，因此很多都停留于区域层面，但仍然推动了全国层面"福利城市"项目的发展，也在一定程度上助推了后续综合化、细致化的全国层面交通无障碍环境建设的发展。

（3）公众参与。从政府角度，日本在2000年《交通无障碍法》制定时，政府先后成立了数个研究小组，随后草案在政府网站上公布，从国家层面公开征求意见，且当地方政府制定基本概念时，"听取各方意见"的表述已经变成了"参与"。这样的立法施策过程可以使得无障碍法律法规的制定过程更加透明及人性化，为无障碍环境建设真正满足实际需求提供顶层保障。在之后的日本《无障碍新法》制定时，更是在设施构思设计之初就邀请有障群体参与协商制定方案，并创立居民提案制度。从群众角度，日本的老年人、残疾人对于参与法律、政策与标准制定都非常积极，会通过官方渠道进行意见反馈，并会自发进行研究。自1971年起，一些老年人和残障群体就已经开始自发组织并参与到关于无障碍设计的研讨会等活动中。通过每月召开的会议，收集多方关于现有无障碍设施的使用感受和意见，并反馈给设计者。

（4）持续发展。从身体残障人士到各种类型的残障人士、高龄人士，再到患病人士和孕妇、婴幼儿，最后到考虑全体民众的使用与体验，日本的交通无障碍环境建设面向的群体是不断发展扩大的。从公共建筑、住宅、道路、公共交通到区域内系统化、连通化的无障碍建设，日本交通无障碍环境建设是不断向细致化、一体化的方向发展的。如今，面向全体民众努力打造以通用设计为基础的共生社会是日本的发展方向。

（5）科研支撑。研究机构与社会组织是支撑日本无障碍环境建设发展不可或缺的力量。如日本东京大学先端科学技术研究所等机构，对无障碍设施设备进行实验改进，形成高质量的研究成果；再如日本福利无障碍和通用设计学会，集中考虑人居、环境、交通、生活等各方面，并整合了法律、社会福利、工学等其他领域，进行各种各样无障碍和通用设计的研究与开发。这些力量用于支撑、指导无障碍立法，使得法律法规的制定有据可依。

▶▶ 日本无障碍与通用设计建设的顶层设计

1. 日本《无障碍新法》：现行主要无障碍法律

《无障碍新法》是日本现行的主要无障碍相关法律，意在全面、系统地推进无障碍的一体化运营，提高老年人、有障群体、孕妇和伤病者的交通和设施使用的安全性和便利性。自颁布以来，根据社会无障碍状况的发展不断进行修订。

总体来讲，2020年最新修订的《无障碍新法》主要着力推进公共交通、建筑和公共设施领域的无障碍建设，要求各地方在以车站为中心的区域和老年人、有障群体使用设施集中的区域优先实现区域无障碍环境的打造。此外，还要着力推进无障碍建设的"软环境"，即加强居民参与；提高"软服务"，即加强服务能力。同时还要实现无障碍信息的提供以及国民无障碍意识的提高。《无障碍新法》最新内容概要如表9-3所示。

《无障碍新法》最新内容概要　　　　　　　　　　　　　　表9-3

要点	具体内容概要
基本方针	促进顺利移动的意义和目标； 基本概念指南； 完善提供无障碍信息的措施； 设施安装管理者应采取的措施； 提升国民无障碍意识
公共交通设施和建筑物的无障碍化	新建和改造的无障碍设施都必须符合标准； 新建和改造的无障碍设施都需要在基本政策中设定整备目标并推进整备； 需要通过无障碍的宣传活动向各无障碍设施管理者提供相关信息，以推进优先座位、无障碍停车设施的合理利用。 对于公共交通经营者，有义务做到： ①制定无障碍服务的标准； ②对服务人员进行无障碍培训； ③制定无障碍设施与服务相关的实施计划、提供报告、公布措施实施情况（限一定规模以上的经营者） 【需要符合无障碍标准的公共交通设施和建筑物】 旅客设施及车辆等　　路上驻车场/道路范围外驻车场　城市公园　建筑物（新增公立中小学） 符合标准的公共交通设施和建筑物
推进地区重点化、一体化无障碍建设	根据各市町村制定的无障碍基本计划和构想，在重点区域内推进一体化的无障碍建设； 推进市町村无障碍设施维护和"心灵无障碍"启蒙传播项目的实施； 履行定期评估和审查的义务
使用者评价	设置由老年人、有障群体等相关人员构成的会议，定期掌握移动无障碍化的推进情况和评估结果

2.《通用设计2020行动计划》：最新发展理念与方向

《通用设计2020行动计划》（以下简称《行动计划》）是日本基于东京奥运会和残奥会的契机推进通用设计以打造共生社会的计划，在发布后也在持续进行更新，代表了东京乃至整个日本最新的无障碍与通用设计理念及其未来的发展方向。

《行动计划》主要包括"心灵无障碍"和通用设计城市计划两部分内容，"心灵无障碍"主要强调通过教育、宣传和科普等推进社会全年龄层国民对于无障碍与通用设计的理解；通用设计城市计划主要包括城市交通、公共设施和公共服务等的提升措施。《行动计划》在政策实施保障和通用设计的教育普及上的力度都十分突出。

在政策实施保障上，通过细致的管理体制、评估体制与鼓励措施确保《行动计划》的实用性、实施质量和可持续发展。首先，通过内阁设置了通用设计2020相关阁僚会议①（以下简称阁僚会议），通过约一年一次的会议推进《行动计划》的实施与改进。同时，还以阁僚会议为上级，以"心灵无障碍"小组委员会和城市发展小组委员会为母体，设立了向政府提供建议的通用设计2020评估委员会，以残障群体或其支援团体占据半数以上成员为条件，其他成员由其他有学识和经验的专家等组成。每年，《行动计划》各项措施都将在日本全国范围内、在外部组织和残障群体组织的参与下进行评估，其实施结果及下一年度的时间表将被汇编成报告，并在每个财政年度结束前提交到阁僚会议，阁僚会议将确认内容并根据需要对每项措施提出建议。同时，优秀的通用设计措施也将会被提交给阁僚会议，经认证后会作为"通用设计2020范例"通过内阁主页等渠道进行广泛宣传与鼓励。

在教育普及方面，《行动计划》提出要在过往"心灵无障碍"教育的基础上，在日本全国范围内，开展从幼儿到高等教育的无缝"心灵无障碍"教育。致力于通过引导与培养，以及和残障人士进行互动等实践活动提升孩子们的无障碍意识，与此同时，通过对孩子们的教育来改变成年人的意识。

在交通领域，《行动计划》强调在东京都范围内要面向东京奥运会、残奥会重点推进无障碍建设，而在日本全国范围内，要对标《东京2020无障碍环境导则》等进行高水平的通用设计建设，不仅要对地方的无障碍标准、指南和基本构想与计划进行进一步修订，还要加快落实到区域无障碍建设、公共交通的无障碍化、交通信息与服务的无障碍化等。以东京奥运会、残奥会为契机，东京都标准为标杆，为日本全国各地树立交通领域无障碍与通用设计环境建设的模板。

---

① 通用设计2020相关阁僚会议（ユニバーサルデザイン2020関係閣僚会議），由东京奥运会/残奥会负责大臣担任议长，内阁官房长官担任副议长，内阁府防灾特命大臣、内阁府残疾人政策特命大臣、国家公安委员会委员长、总务大臣、法务大臣、文部科学大臣、厚生劳动大臣、农林水产大臣、经济产业大臣、国土交通大臣作为会议成员，根据需要召开干事会。

9.2 东京都：无障碍交通规划管理的"课代表"

▶▶ 东京都市圈——无障碍与通用设计建设的"尖子生"

日本现行的无障碍法律法规体系是由国家层面的法律法规与地方条例组成的。在《无障碍新法》以及一系列国家相关条例与标准的基础上，日本的47个都道府县都根据地方的实际情况制定了适合自身发展的区域性福利条例。

与国家层面相比，地方条例往往更贴合自身的发展需求，大多具备以下两个特点：

（1）标准细化。国家层面的法律法规和标准等往往较为全面、宏观，而地方条例则会对未曾详细规定的部分做出补充，以应对城市实际的发展需求，同时更好地落地、应用到实际的城市建设中。

例如，国家层面仅对营业面积大于等于2000m²的商业设施提出无障碍设施建设的要求和相关标准，而东京都在推进相关建设时，补充了对1000m²、500m²甚至更小面积的商业设施的无障碍设施标准。再例如，对于盲道的铺装，国家层面对砖的种类、材质和铺设组合方式等做出了详细规定，而东京都则对于在十字路口、公共巴士车站、建筑物入口，面临障碍物或施工有困难时等各种场景下应如何进行盲道铺装进一步做出了更详尽的规定和示例。地方条例的细化不仅止步于此，东京都下辖的23区还制定了更低一级的区级别的标准，提供了更加适宜地方的、事无巨细的要求和标准。

（2）要求提高。国家层面的法律法规和标准是面向国家整体范围内的所有地区的，需要考虑到各个地区发展情况有所不同，因此在很多方面都不能定制过高的标准。而东京都作为在各方面的发展都走在最前列，且面临着奥运会残奥会举办的城市，则在很多方面选择了提高标准和扩大范围，为居民和来自世界各地的到访者提供更领先的城市无障碍建设水平的同时，在全国范围内起到领先和示范作用。

例如，国家对于建筑物出入口宽度的规定为"800mm（基本）-850mm（较高）-900mm（理想）"，但东京都则将标准提高为"850mm（基本）-900mm（较高）"。再例如，东京都对于需要提供无障碍设施的建筑类型范围也比国家标准的范围要广，包括公寓楼、事务所等在内的建筑都需要进行无障碍化建设。

▶▶ 东京都无障碍与通用设计建设的顶层设计

现今，东京都主要的无障碍相关条例为《东京都福利城市建设条例》及其相关细化条例与措施，以及东京都为迎接奥运会、残奥会的举办而提出的《东京2020无障碍环境导则》。

1.《东京都福利城市建设条例》：以通用设计为基础的现行地方条例

东京都于1995年3月制定了《东京都福利城市建设条例》（以下简称《条例》），旨在让所有居住在东京都的人都能获得在人权上的尊重，能够自由行动，以及参与到社会中。在此愿景下，对包括城市建筑、道路、公园、公共交通设施、停车场等在内的各方面硬软件提出了无障碍化的要求，对无障碍设施建设过程中的责任分工以及监督、审查、评估等流程进行了明确规定，以保障质量。

在2009年的修订条例中，将相关理念从无障碍转变为通用设计，计划实现让包括有障群体和其他所有人在内都可以安全、安心、舒适地生活的城市建设目标。为了使得《条例》能够顺利推进落实，《条例》还配套推出了《东京都福利城市建设条例设施整备手册》，分类别地、详细地通过图文并茂的方式阐述了《条例》的目的和整备标准与措施。

同时，自2009年起，以5年为期，实施了东京都福利城镇建设推进计划，涉及福利、教育、住房、建设、交通、安全保障、旅游等各个领域，旨在使得《条例》有规划地、系统地、全面地综合推进。

2.《东京2020无障碍环境导则》：拥有最高标准的国家标杆

东京都于2013年获得了2020年夏季奥运会的主办权，成为世界上首个两次在同一城市内同时举办奥运会和残奥会的城市，所有的残奥比赛项目都会与奥运比赛项目在同一个场馆展开，无障碍环境的建设至关重要。

2013年，国际残奥委会公布了对举办奥运会与残奥会的城市提出要求的导则（IPC Accessibility Guide，简称IPC导则），即所有的比赛场、选手村等都要符合IPC导则的要求。虽然日本的无障碍与通用设计环境的建设在国际上处于领先地位，也被国际社会所认可，但相对最新的IPC导则来说，还是存在许多没有达到要求的问题。因此，东京奥组委重新制定了《东京2020无障碍环境导则》（以下简称《环境导则》），其中将来自于IPC导则、日本国家层面法律法规与东京都的无障碍相关条例的最高水平标准，设置为东京无障碍环境的各项技术标准的"建议准则"；其次将国家层面的无障碍设计标准、IPC导则的遵守标准，以及东京都条例标准内较高的标准设置为"标准准则"。2017年3月，《环境导则》得到了IPC的承认并开始全面发挥其效用。

《环境导则》明确制定了关于建筑和各种设施、交通运输、住宿设施、运动员村、旅游、宣传、移动交通、社区支持和接待与培训等各方面与无障碍相关的指导方针。

其中交通运输领域对于道路、轨道、航空和海上运输（包括港口、码头等）都进行了详细规定（表9-4），这代表了东京都乃至全日本最高的标准，作为奥运遗产将东京都的城市无障碍与通用设计环境建设水平推向新高度，为日本全国各地区树立了未来发展的标杆。

《东京2020无障碍环境导则》交通运输·道路/轨道标准简述　　　　表9-4

	分类	标准内容简述
道路	汽车/出租车	为了方便所有人乘坐，车辆本身应达到的通道、座椅、高度等标准，以及所需道路路缘石、照明等基础设施及其标准
	大巴（机场大巴）	装载坡道、用于行李箱的内部液压升降机以及轮椅位等安装要求
	公共巴士	底盘高度、车门宽度、坡道设置、轮椅位以及所需的路缘坡道、灯光及站点休息座位等基础设施及其标准
	无障碍车辆技术规格	车门高度，内部空间高度，装载平台最小长度、载重量以及加载时间等技术指标
	载货区和公共巴士站	照明、遮阳/遮蔽物、带侧臂和靠背的休息座椅、装卸区、道路路缘高度；各设施的设置位置（应避免带来障碍）；所提供的语音、文字信息以及提供的人工服务等所有的标准和要求
	停车场区域要求	无障碍车位的出入口、升降机和坡道、无障碍厕所等设置安装要求和标准
	无障碍停车标志	标志的设置标准（包括语言、标志大小、设置位置、材质等）
轨道	无障碍车站	车站在出入口、检票口、月台、通道等无障碍设施、信息与服务等方面的要求与标准
	无障碍车厢	车厢设施的布置、轮椅空间的提供、相关的文字和语音引导、无障碍卫生间的设施与设置，以及相关服务等的要求与标准
	轻轨和电车	基本要求和标准等同于轨道（无障碍厕所和食品饮料提供方式不同）
	其他	提供完善的基于互联网的交通信息、在线预订与出行解决方案等，同时需提供符合标准的服务

9.3　无障碍交通，东京都的"高分答卷"

当今社会虽然经济飞速发展，但无障碍建设进程却整体相对滞后，世界上还有相当多国家的残障群体无法走出家门、老年人无法顺利出行、孕妇等其他有障人士出门备受困扰。但在东京都，同样的人群不仅经常出现在街头上、建筑中、交通设施中，甚至不需要人陪同，可以独立、顺畅地出行。

这些都得益于日本一直致力于打造让所有人都能够平等生活的、多元的、开放的、包容的社会。日本无障碍与通用设计概念发展至今，已经形成了较为完善的无障碍基础设施建设、人性化的无障碍服务体系、全面化标准化的无障碍信息体系，以及循序渐进的区域无障碍建设推进方式。而东京都作为日本的首都和多次奥运会、残奥会举办地，可谓是无障碍与通用设计环境建设水平的"优等生"。

▶▶ 绝对过硬的基础设施建设

1．轨道：完备的无障碍设施体系

东京都有着非常庞杂的轨道系统，主要为JR、主要服务于市区交通的东京地铁和都营地铁，以及多服务于郊区的私铁。这些轨道虽然都分属不同的主体运营，但都为各类有障人士提供了全面的无障碍设施，且仍在进行持续的整备提升，致力于让所有人都可以安心通过轨道出行。东京都轨道系统的无障碍设施主要包括以下几类：

（1）电梯与扶梯

东京都的各类轨道主要提供了三种类型的电梯以代替台阶通行，分别为直梯、自动扶梯和无障碍自动扶梯。其中直梯和自动扶梯都很常见，无障碍自动扶梯较为特殊，是轮椅使用者也可以乘坐的扶梯类型，常用于没有安装或没有条件安装直梯的站点。与常规自动扶梯的区别在于，有3节扶梯台阶会保持在同一水平线，成为适合放置轮椅的空间，同时，最前和最后一级扶梯台阶还会设置凸起作为轮挡，保护轮椅的安全（图9-6）。

（2）台阶消除

楼梯升降机经常作为电梯的替代品在车站进行安装，一般为一个可以放置轮椅的空间，通过驱动装置辅助轮椅使用者上下楼梯（图9-7）。

在楼梯升降机之外，站台内还通过以斜坡代替台阶的方式使得有障群体能够顺利通过（图9-8）。

（3）多功能/全人群厕所

所有车站都配备了多功能厕所或全人群厕所，通过提供宽敞的厕所空间、扶手、婴儿座椅、造口清洗设备[①]、护理床（仅限都营地铁）等设施与环境（图9-9），为患病乘客、孕妇、带婴幼儿出行的乘客等各类有障群体都提供了方便、全面的无障碍环境。

图9-6　无障碍自动扶梯示例

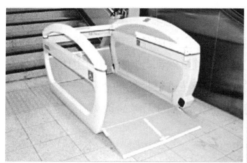

图9-7　楼梯升降机示意

图9-8　站内斜坡　　　　　　　　　　　　图9-9　全人群厕所

---

① 造口即消化系统或泌尿系统疾病引起的，需要通过外科手术治疗对肠管进行分离，将肠管的一端引出到体表（肛门或尿道移至腹壁）形成一个开口。其清理需要有易于处理造口系统（袋）中排泄物以及易于清洗造口系统的水龙头。

（4）无障碍售票检票设施

对于乘坐轮椅出行或是身材较为矮小的乘客来说，如果自动售票机只考虑到正常人的需求，则会出现有障群体难以触摸到按键、屏幕的情况。因此，车站内设置了倾斜式自动售票机，在操作面板倾斜之外，还配有低现金槽，同时配备了语音指导和数字键盘的售票机（含英文版），以便视障人士和外国游客使用（图9-10）。

另外，车站也设置了宽阔的检票口，让轮椅使用者和携带大件行李的乘客也可以轻松通过（图9-11）。

图9-10　倾斜式自动售票机

图9-11　不同宽度的检票口

（5）触觉铺装

触觉铺装即盲道，东京都的所有车站都安装了黄色触觉块，以方便视障乘客在车站内安全地行走，其中虚线块用于警告，线性块用于引导（图9-12）。

根据东京都福利保健局公布的无障碍相关改造统计，截至2019年末，东京都包括JR、东京地铁、都营地铁以及私铁在内的

图9-12　车站内的触觉铺装

所有车站都在持续推进无障碍化，其中电梯加装和台阶消除、无障碍厕所和触觉铺装的整备率均已高于95%，几乎所有车站都已经装备了盲道。月台门和可移动式站台台阶的整备状况虽然不足50%，但也在持续推进（表9-5）。截至2019年12月末，东京地铁银座线18站、丸之内线28站、东西线7站、千代田线18站、有乐町线24站、半藏门线7站、南北线19站、副都心线11站都已经安装完毕。

整备方面	总站数（个）	已整备站数（个）	整备率（%）
电梯加装和台阶消除整备状况	757	726	95.9
无障碍厕所整备状况（不包括路面电车站）	717	694	96.8
视力障碍者引导块整备状况	757	756	99.9
月台门、可移动式站台台阶整备状况	757	346	45.7

2．地面公共巴士：消除所有台阶和高差

都营巴士从1999年开始新增的所有车辆都是无台阶巴士，无台阶巴士是指地板高度约为30cm、没有台阶，任何人都可以轻松上下车的巴士。到2012年底，都营巴士已经全部为无台阶巴士。这些巴士提供了可供轮椅顺利上下车的坡板，预留了轮椅空间（图9-13），并配置了书写工具作为与发声有障碍乘客的沟通工具（图9-14）。

图9-13　东京都都营无台阶巴士　　　　　　　图9-14　书写工具

根据2019年东京都福利保健局公布的无障碍相关改造统计，都营巴士已经实现100%为无障碍车辆，私营巴士也有90%以上的车辆为无障碍巴士（表9-6）。

东京都无障碍巴士普及率　　　　　　　　　　表9-6

巴士种类	车辆总数（辆）	整备车辆数（辆）	整备率（%）
私营巴士	4316	3986	92.4
都营巴士	1513	1513	100
合计	5829	5499	94.3

都营巴士还在进行进一步的无障碍巴士更新。根据东京都交通局的数据，截至2020年4月，在无台阶巴士之外，都营巴士还引进了可以调节车高的巴士，可为有

障人士提供更加舒适的乘坐体验（表9-7）。

都营巴士无障碍巴士更新现状　　　表9-7

巴士种类	功能	引进车辆数（辆）
无台阶巴士	任何人都可以轻松上下车的巴士，入口处没有台阶	1513
车高可调节巴士	可以通过空气悬架（空气弹簧）放气，降低车辆高度，方便乘客上下车	1513

3．道路：为行人消除一切障碍

为了应对快速老龄化趋势以及东京奥运会与残奥会的举办，东京都建设局在2016年制定了《东京都道路无障碍推进计划》（以下简称《计划》）以推进道路的无障碍通行，助力《东京都长期愿景》的实现。该计划旨在为包括老年人和残障群体在内的所有人建设能够安全、放心、舒适地使用的道路空间，并为此制定了未来10年的整备目标、路径和具体措施。

《计划》提出了短期和长期的整备路径，短期以东京奥运会和残奥会为界限，要将比赛会场周边、观光设施周边道路以及避难道路的长度延长90km；长期以2024年为节点，要将交通站点和生活、文化设施等之间的无障碍道路的长度延长90km，主要整备内容为在人行步道安装视力障碍者引导块，优化坡度，以及消除路口人行步道和行车道的高差（标准为2cm），图9-15为道路无障碍化示例。

图9-15　道路无障碍化示例

道路无障碍整备主要有5项具体措施：

（1）高差消除

对于老年人、轮椅使用者和婴儿车使用者等来说，应尽可能减少人行道的台阶；同时，为保障视障人士安全顺畅通行，需要明确标示人行道边界。因此，考虑到两者的通行，在人行道和车道的边界上，为了让轮椅使用者顺畅地通行，并且视觉障碍者可以通过拐杖和脚容易地识别人行道的边界，设定以高2cm的坡道为标准（图9-16）。

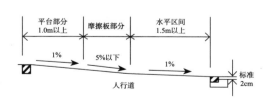

图9-16　人行道的无障碍化示意

（2）坡度改善

对于老年人、轮椅使用者、婴儿车的使用者等来说，垂直坡度（行进方向的坡度）越陡，上坡、下坡就越困难、危险。另外，横坡（横穿人行道方向的斜度）会导致轮椅行进时出现方向偏差，这是给平稳前进带来阻碍的主要原因。因此，原则上，出于无障碍化的考虑，垂直坡度应保持在5%以下，横坡应维持在1%左右，同时应该提供至少1m的平坦部分作为停留空间，以确保可以安全停车（图9-17）。

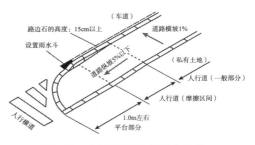

图9-17　人行道坡度无障碍化示意

（3）视力障碍者引导块

视力障碍者引导块即常见的盲道，用于准确引导视力障碍者的行走位置和行走方向，是保证其行走安全的重要设施。《计划》详细规定了引导块在各种情况下的安装标准（图9-18）。

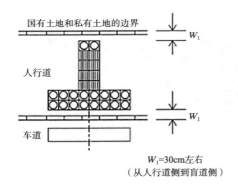

W_1=30cm左右
（从人行道侧到盲道侧）

人行横道前的安装示例

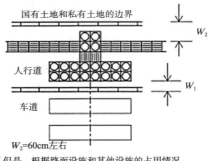

W_2=60cm左右

（但是，根据路面设施和其他设施的占用情况，如此数值不适用，则不受此限）

连续引导的安装示例

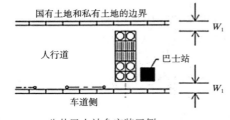

公共巴士站台安装示例

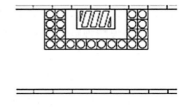

避免危险区域时的安装示例

图9-18　视力障碍者引导块的安装示例

（4）人行道的连续化

为了确保连续且平坦的步行空间，在修建支路路口时原则上应保持人行道的连续，但如果存在支路较宽或车流量较大等情况，可以抬高路口的人行道路面，通过减小人行道与车道的高差来实现人行道的连续（图9-19）。

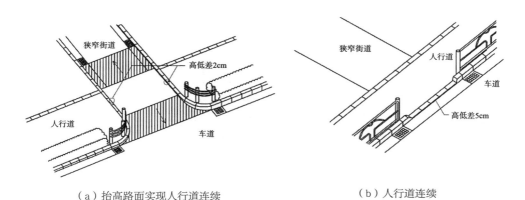

（a）抬高路面实现人行道连续　　　　　　（b）人行道连续

图9-19　人行道连续化示例

（5）人行道的平坦度

考虑到路面排水、行人过街安全等问题，十字路口人行道的平坦度也是无障碍化要考虑的重要部分。《计划》规定在十字路口处双向有人行横道的情况下，在不妨碍出入沿途房屋的地方，无论人行道宽度如何，都要在交叉路口进行人行道的平坦化改造（图9-20）。

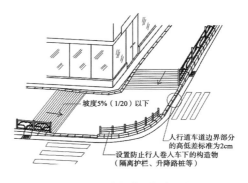

图9-20　人行道平坦度示例

根据东京都福利保健局公布的无障碍相关改造统计，在《计划》制定后，每年东京都都在推进道路的无障碍化整备（表9-8）。至2019年末，东京都无障碍道路已经累计整备了119km，基于总共180km的目标，整备率约为66%。行人感应式信号灯和视障人士专用信号灯的无障碍化改造也在不断推进（表9-9）。

东京都道路无障碍化整备每年进展　　　　　　　　　　　表9-8

年份	2017年	2018年	2019年
整备进度	21km	30km	39km

无障碍信号灯及护送区整备进展（单位：个）　　　　表9-9

项目	2017年末	2018年末	2019年末
行人感应式信号灯 （包括老年人等感应式信号灯）	679	669	672
视障人士专用信号灯	2419	2467	2575
护送区	615	653	695

此外，护送区的数量也在持续增加。护送区是一种不需要视障人士离开盲道就可以横穿马路的铺设，即在常规人行横道的中央部分进行盲道的铺设，可以使得视障者轻松穿越马路，也进一步实现了盲道的连续和区域内系统性的无障碍环境建设（表9-9、图9-21）。

图9-21　护送区示例

4．出租车：所有人都可以无障碍乘坐

通用设计出租车是任何人都可以轻松使用的出租车的总称，无论是轮椅使用者、使用婴儿车的家庭、老年人和孕妇都可以乘坐，和普通出租车一样可以通过招手或预约使用，票价也和普通出租车相同。

日本的通用设计出租车主要有3个特点：①提供了宽敞的空间，确保可以停放轮椅；②有专用坡道，让轮椅上下车更加顺畅；③配备扶手，方便视障人士、儿童等上下车。

通用设计出租车（图9-22）于2017年10月推出，根据东京都福利保健局的统计，截至2019年东京都已有5688辆。自推出以来，通用设计出租车因其高环保性能和舒适度得到了众多用户的高度评价，同时，通用设计出租车的制造商丰田汽车公司以及东京出租车协会还通过收集各方意见和要求不断对车辆进行改进。同时，在东京都政府的支持下，东京都部分医院、体育设施、酒店等都提供了专用斜坡以方便出租车的使用。

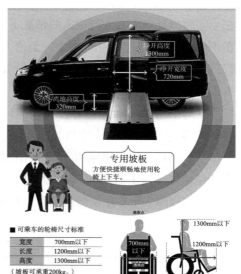

图9-22　通用设计出租车

▶▶ 训练有素的无障碍服务

交通出行是影响有障人士社会生活的重要因素，日本《无障碍新法》在2018年和2020年的两次修订中均强调了交通无障碍的"软服务"，意味着交通运输公司在硬件规划之外，同时也必须对包含人力服务在内的软件进行规划并公布，其内容涵盖员工教育、无障碍信息的提供以及无障碍推广体制等。因此，交通领域的无障碍服务是各交通运营商都十分重视的领域。

东京都在《福利城市条例设施整备指南》中明确强调公共交通的运营者需要定期接受一定时长的无障碍相关培训，学习在面对有障乘客时应如何提供适当的服务。

东京都在交通服务无障碍上做出的努力主要分为两种类型。一种是在职员的培训和学习课程中加入无障碍相关的内容。如2021年，东京都交通局职员培训和课题研修中，在常规的技术培训之外，还加入了有障群体应对和歧视消除的相关课程，致力于提高员工的无障碍服务水平（图9-23）。

图9-23　2021年东京都交通局职员培训和课题研修系统图

另一种是通过与相关有障团体进行合作，对公共交通从业职员进行培训，以实践来提升职员的无障碍服务水平。例如，JR东日本的工作人员会前往日本盲人福利中心，了解视障人士的相关出行难点，通过遮住眼睛走盲道等活动切身体验视障人士的出行方式，并通过与盲人福利中心的相关人士进行交流沟通，了解视障人士在出行中所面临的困难与问题，以便之后更好地为视障人士提供无障碍服务（图9-24）。

图9-24　JR东日本员工体验视障人士出行

▶▶ 细致清晰的交通信息指引

在视力上存在障碍的残障群体和老年人，可能会出现无法通过文字与资料获取信息的情况，需要通过听觉和触觉来获取信息；在听力上存在障碍的人士，也需要通过在各个关键地点设置盲文来根据触觉获取信息。因此，东京都各种类型的交通方式在听觉和触觉上都进行了无障碍环境建设的推进。

1. 交通信息"听得见"

轨道站台对于列车的目的地、类型、何时到达等信息，除站牌和显示屏指示外，还会提供语音指引，方便通过声音向乘客传递信息。

语音指引通常设置在检票口、厕所、楼梯、车站的出入口、自动扶梯以及直梯处，以方便视障人士使用（图9-25）。

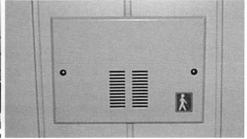

图9-25 车站声音指引

都营地铁在常规语音播报之外，还在车站入口、检票口、扶梯、厕所等处额外设置了不同的语音提示来引导出行，人们在不同位置可以听到不同声音，视障人士可以在这些声音的辅助下，配合脚下的盲道等来确定自己的所在位置。官方网站提供了可供在线播放试听的语音提示音，方便视障人士进行提前了解，方便之后的出行。

2. 交通信息"摸得着"

东京都的轨道站台通过提供触觉图导板、盲文价目表、车站公共空间盲文以及车内盲文指示来辅助视障人士出行。

触觉图导板为站内平面内部地图，提供有关站内空间和主要设施位置的盲文信息（图9-26）；每个轨道站点都提供盲文价目表，供视障人士了解站点对应的价格信息（图9-27）；所有车站的楼梯和通道的栏杆上都贴有盲文贴纸；车厢内的盲文指示在车门内侧以盲文显示车号和门号，方便视障乘客查看自己在车内的位置。

　　　　　　　　　　　　　　　　　　　　　　　　揭秘大都市交通　东京篇

图9-26　东京地铁触觉图导板

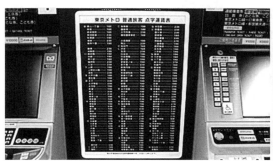
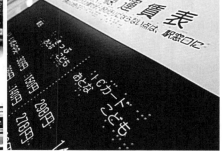

图9-27　盲文价目表

3．交通信息获取"不迷路"

东京都的各种交通方式不但提供了完备的无障碍硬件设施，对于相关信息的展示和传递也做到了细致和无障碍，让有障群体和陪同其出行的人都能够非常轻松地获取详细的无障碍设施相关信息。

（1）信息呈现细致化、时效化

东京地铁、都营地铁和JR东日本都在官方网站上设立了无障碍信息相关的独立板块，详细罗列了每个车站提供的无障碍设施及其位置、检修停运时间表等信息。

东京地铁和JR东日本都针对不同类型的有障群体提供了更加细节化的出行指引，有障群体可以根据自身的情况获得对应的一系列指南，无需再进行单独搜寻。东京地铁还会每日更新电梯停运的相关信息，会具体到电梯所在的线路、车站、停止楼层以及所在位置，最大程度避免给乘客带来使用上的困扰。

（2）及时进行信息整合发布

东京地铁和都营地铁还联合推出了《无障碍便利簿》，整合了所有站点包括电梯、无障碍扶梯、楼梯升降机安全位置等在内的无障碍出行相关最新信息，纸质版在车站办公室处张贴，并在车站内分发，同时在官网上提供电子版，方便所有人进行信息查阅。

（3）提供"手把手"教学信息

都营巴士除提供无障碍设备信息外，还在官方网站提供图文兼备的无障碍设施使用方法（图9-28），方便有障群体提前进行了解与学习，减少出行中可能会遇到的困难和障碍。

例如，对于推婴儿车的乘客应如何使用车内设施，都营巴士对单人婴儿车和双人婴儿车应如何上车、固定车辆、保证行驶中的安全以及下车都分别做了详细的说明。

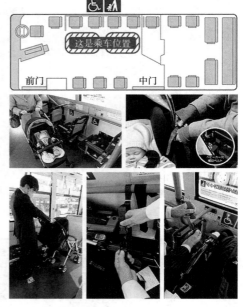

图9-28　单人/双人婴儿车使用方法示意

4．交通信息"标准化"

信息在传递和设置上的一致性、标准化程度是影响人们能否顺利、准确获取信息的重要因素。如果信息的表述不完善，或是同一信息有差异化的表达，非但不能起到正确的指引作用，还会给人们的出行带来困扰。

东京都为了让所有人能够安心地享受出行的乐趣，早在2008年就制定了《面向国内外旅客的通俗易懂的标识牌标准化指南》（以下简称《标准化指南》），致力于统一引导标志并将其推广。随后，面临游客数量的不断增长以及奥运会和残奥会的举办，在2015年对《标准化指南》进行了修订和完善，标准涉及的领域以交通为主，另外还涉及观光、餐饮和住宿等方面，具体分为"行人版""轨道版"和"旅游设施/住宿设施/餐厅版"，旨在传达标准化的信息，让所有人在出行时都能够无障碍、无困扰。

《标准化指南》有两个基本原则：一是其目的是让所有到访东京都的人都能够安心地利用交通工具，毫不犹豫地在街道上走一走，因此要推进易于理解的信息与标志的开发，并辅以包括纸媒、电子方式如网页、应用程序等各种工具，提供必要的信息；二是考虑到外籍到访者，要提供多语言的、清晰的信息。

三个版本的《标准化指南》分别就道路及相关设施（如路牌、地图等）的标识、火车和地铁站的各类标识，以及旅游住宿和餐饮地点的相关标识，在各个方面都进行了细化规定，包括路牌的尺寸、车站指示牌的配色、应使用的字体，以及在各种情况下应使用几种语言进行标识，并给出了相关案例进行说明。

以指示牌的安装为例（图9-29），"行人版"《标准化指南》中规定了指示牌的高度应同时适合站立者和轮椅使用者的视野；考虑到视障人士和轮椅使用者容易靠近指示牌的边缘，所以也应避免尖锐的、突出的、可能带来危险的边缘，支架应安装在指示牌的两侧；要确保标志内容的连续性和一致性；要通过定期的检查和维护来保证信息的清晰可见性等。

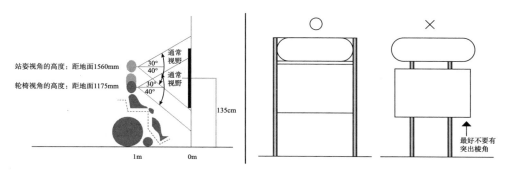

图9-29　指示牌的高度和边缘安装示例

"轨道版"《标准化指南》对包括月台、检票口、车站大厅、车站入口等位置在内的标识应如何设置进行了详尽的规定。例如，强调在车站大厅和公共空间等结构复杂、有多条路线的区域，应通过连续的路线标志和颜色将乘客顺利指引到目的地。

"旅游设施/住宿设施/餐厅版"《标准化指南》对与旅游相关的地点的信息应该使用几种语言、如何标注等进行了规定和示例。例如，为外国游客提供的多语言菜单应以日英双语为基础，根据情况提供中文和韩语信息，且应提供信息让游客了解这是"什么样的餐厅""可以吃什么和吃多少"，对于使用食材的展示可以通过图标等更易于理解的方式进行表示（图9-30）。

图9-30　东京都餐厅的多语言菜单和食材示例

三个版本的《标准化指南》中都进行了标识配色和字体的规定，字体方面强调要考虑到可见性，应使用易于识别的字体；颜色方面对如何选择颜色、如何组合颜色以及如何给字母上色也进行了详细规定。

此外，东京都还发布了《东京都版翻译表》，将使用频率最高的，与地名、公共交通、观光和住宿等相关的词汇进行了日语、英语、中文简体、中文繁体、韩语的对照翻译（表9-10），避免了因翻译不统一可能为游客带来的困扰。

观光景点翻译对照表 表9-10

序号	日语	英语	中文简体	中文繁体	韩语
1	新宿	Shinjuku	新宿	新宿	신주쿠
2	大久保	Okubo	大久保	大久保	오오쿠보
3	東京都庁	Tokyo Metropolitan Government	东京都厅	東京都廳	도쿄도청
4	モード学園コクーンタワー	Mode Gakuen Cocoon Tower	Mode学园虫茧大厦	Mode學園蠶繭大廈	모드학원 코쿤타워
5	思い出横丁	Omoide Yokocho	思出横町	回憶橫丁	오모이데 요코초
6	新宿パークタワー	Shinjuku Park Tower	新宿公园塔	新宿公園塔	신주쿠 파크타워
7	東京オペラシティ	Tokyo Opera City (Cultural Complex)	东京歌剧城（复合型文化设施）	東京歌劇城（複合型文化設施）	도쿄 오페라시티 (복합 문화시설)
8	歌舞伎町	Kabukicho	歌舞伎町	歌舞伎町	가부키초
9	新宿ゴールデン街	Shinjuku Golden Gai	新宿黄金街	新宿黄金街	신주쿠 골든가
10	花園神社	Hanazono-jinja Shrine	花园神社	花園神社	하나조노진자 신사
11	コリアンタウン	Koreatown	韩国城	韓國街	코리안타운

▶▶ 以交通站点为核的区域无障碍打造

1. 推进区域无障碍，日本怎么做？

由日本的无障碍与通用设计建设历程可以看出，其发展过程是从关注特殊群体到惠及全体人群，从注重单独领域、设施本身到系统性建设的。日本在经过几十年的摸索和实践之后逐渐意识到，只进行建筑、交通等单独领域的无障碍建设，或只进行单体的无障碍设施、无障碍建筑的建设并不能真正地形成无障碍环境，只有打造连续的无障碍通路才能真正方便有障群体，也才能真正构成无障碍环境。

日本区域无障碍环境建设的推进，是在国家层面法律法规指导下，向地方和重点区域层层递推的发展方式。

首先，国家法律法规和政策层面相关思路明确。向区域无障碍为工作重点方向的转变，一是体现在2006年日本《无障碍新法》的实施，二是体现在后续修订的思路和方向上。《无障碍新法》为此前《爱心建筑法》与《交通无障碍法》的合并制定，意味着无障碍环境的建设不再在不同的领域内各自为政，而是开始进行统筹规划和考虑；在后续修订的思路和方向上，《无障碍新法》在2006年实施之初就非常关注区域无障碍化，提出全面推行区域性的"无障碍基础规划"。2018年修订该法时，考虑到该规划的推进较为缓慢，区域无障碍化发展仍显迟滞，因此进一步提出建立"城镇无障碍总体规划制度"，通过划定重点区域进行优先发展的方法，加快推进区域内的无障碍发展。所谓重点区域，即指市政当局组织无障碍相关专家、当地居民、有障群体相关团体、老年人群体等，通过听取意见，选取对日常生活和游客出行影响最大的区域，通常是以公共交通枢纽或重要的建筑、设施为圆心的区域。修订方案强调在这些重点区域内应实现站点、建筑和道路等的无障碍通路，从而打造区域性、系统性的无障碍环境（图9-31）。

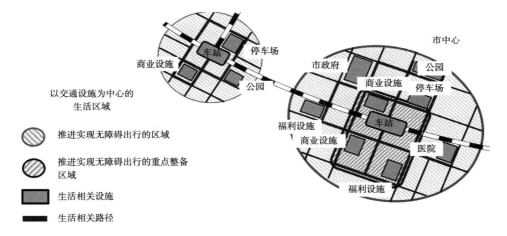

图9-31　推动重点区域无障碍化的基本构想示意

其次，日本区域无障碍环境建设的推进体现在详细规划和实施上。为了响应国家层面法律法规与政策要求、应对少子化和老龄化等问题，以及积极申请并成功主办东京奥运会和残奥会，东京都区部在本区域的总体规划和发展基本概念中都强调了要打造让全体居民都能够安心、便捷出行的城市，在此之外，还额外制定了各个区域内的无障碍建设规划，对于重点整备区域、整备措施等进行了明确与细化（图9-32）。

2. 推进区域无障碍，不是说说而已——东京都实例

（1）大田区：行政区域整体+以交通站点为核心的重点区域——"以点带面"的区域无障碍推进

大田区位于东京都的东南部，在东京都区部中占地面积最大，被东京湾和多摩川环绕，在临海侧有日本空中门户之称的羽田机场。

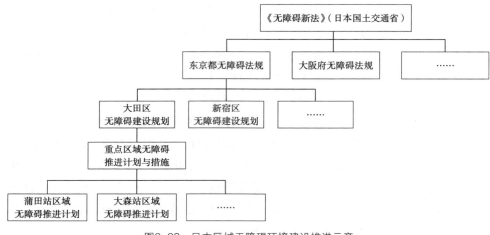

图9-32　日本区域无障碍环境建设推进示意

　　大田区对于区域无障碍环境建设的推进是建立在从城市层级到重点区域的详尽规划上的，即对于行政区域整体有着无障碍的总体推进计划，同时又以交通站点为核心选取重点区域优先进行小范围无障碍环境的提升，再逐步扩大范围，可以说是"以点带面"，是极具代表性的区域无障碍推进实例。

　　早在2011年时为了响应日本《无障碍新法》，大田区就已经随着城市区域总体规划同步推出了《通用设计城镇建设基本方针》和《大田区行动便利化推进方针》（以下简称《推进方针》），针对性地以蒲田站和大森站为中心，推进了周边区域的无障碍环境建设，并在2020年又对推进方针进行了更新，对更大范围内的无障碍环境建设做出了详细规划。

　　总体规划内提出要打造温柔的、充满安全感的城市，从整体层面强调老年人和有障群体是规划城市发展时应考虑的重要因素，未来应以通用设计的视角打造让每个人都能够安心、平和地生活和便捷地出行的城市环境。在交通整备方面，提出要在交通出行集中的轨道站点附近区域进行改造，确保车站广场等周边区域交通环境畅通无障碍。

　　《通用设计城镇建设基本方针》中则明确了大田区以通用设计城镇为未来愿景下，其现状问题、未来发展的方向与理念及推进方法。虽然没有直接提及特定区域和具体措施，但从宏观层面以图文并茂的生动方式明确了无障碍环境建设应考虑的群体、应采取的决策方式，以及应考虑的方面等，为此后重点区域无障碍建设提供了详尽的指引。

　　2011年开始的《推进方针》以大田区行动便利化推进协议会为中心，整合大田区居民和企业的建议后进行了一系列决议和推进（图9-33）。其中，为响应日本《无障碍新法》的要求，决定选取重要交通站点蒲田站和大森站及其周边区域作为基于国家和东京都层面无障碍法律政策指导下的重点区域，进行优先无障碍化，其短期目标年为2015年，长期目标年为2020年。

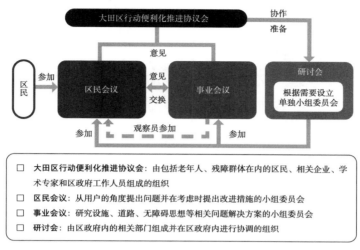

图9-33 《推进方针》决议机制

以蒲田站周边区域的无障碍化为例。推进计划中明确了区域的范围、确认了需要进行无障碍化的建筑（包括车站、区政府、邮局、银行、医院、酒店等）、设施以及道路（图9-34），并给出了具体的无障碍化方案（表9-11）。

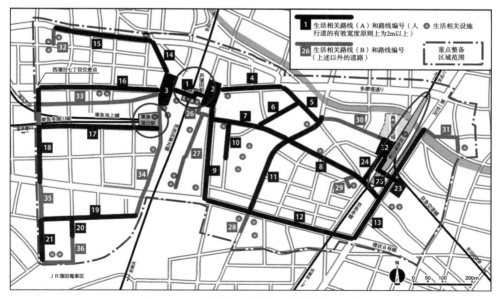

图9-34 大田区蒲田站重点无障碍化推进区域

无障碍化推进领域	具体对象	具体措施举例	
公共交通	轨道站点、巴士站点	JR蒲田站	提升无障碍厕所相关指示
		东急蒲田站	设置触知导览图； 无障碍厕所改善提升； 设置无障碍售票机
		京急蒲田站	车站设施无障碍化提升
建筑物	政府与商业设施、医院	区政府大楼	台阶消除
		蒲田地区政府大楼	楼梯栏杆上显示盲文
		蒲田东馆·西馆	提高楼梯上下端和连接通道前端的可视度改善
		奥运相关区域	改善电梯指引； 改进厕所置物架
		蒲田部分商店	整理商品以确保通道宽度； 厕所改善提升
道路	国道、都道、区道	消除高差； 改善道路结构，如改善坡度； 盲道铺装	
交通安全	红绿灯、人行横道等	安装声音提示式信号灯； 设置护送区	
其他	其他事业	针对违规停放自行车的处理对策； 解决广告牌、商品等因突出而占据道路的问题	

（2）涩谷站：整备再开发与区域无障碍建设"两手抓"

涩谷区是东京都的特别区之一，其名称源自位于该区中央、以涩谷站为中心的涩谷地区。与新宿站、池袋站等相同，涩谷站也是因为位处交通枢纽而发展出了商业区，作为东急集团的大本营，因处于山手线重要转运站的地位而逐步发展成今日的盛况。涩谷站有多个运营商的10条轨道线路经过，其周边区域商业云集，人气兴旺，是受东京都年轻消费群体喜爱的购物圣地，也是各种流行风尚的发源地。涩谷站附近以井之头通为代表的街道与路口行人流量巨大，因此还是许多游客参观以及摄影师拍照的圣地。

交通枢纽与商圈核心带来的巨大人流量让涩谷区格外重视涩谷站及其周边区域的无障碍环境建设。如今，涩谷站周边地区依旧在进行大规模的整备和再开发，以此为契机，以日本《无障碍新法》为基础，涩谷区于2018年制定了《涩谷站周边地区无障碍基本构想》（以下简称《构想》），并于2023年3月进行了进一步修订，以推进公共交通枢纽、周围建筑物、道路等的区域无障碍环境打造（图9-35）。

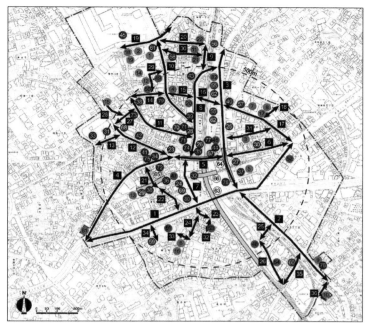

图9-35　涩谷站周边地区生活相关设施、路线及整备区域范围

涩谷区与大田区相似，成立了专门的协议会负责《构想》的制定以及区域无障碍环境建设的推进。其协议会成员包括区政府官员、交通及各相关领域负责人员、各类区民群体等在内的所有利益相关群体，协议会各小组对会议时间、内容及参与者在内的会议情况都进行书面记录，并进行各类问题的讨论商定。

《构想》中对于涩谷站及周边地区需要进行无障碍提升的部分进行了详细的分类说明。主要类别包括公共交通、道路设施、建筑物、城市公园、路边停车场以及其他交通安全设施（如信号灯等）。以公共交通为例，每个类别都明确了整备对象、具体整备内容、事业主体以及整备状态（表9-12）。其中短期整备任务截至2020年已全部完成，长期整备任务周期截至2027年。

在常规的整备对象之外，涩谷区还格外关注到了涩谷站周边区域小规模店铺的无障碍环境改善，致力于让有障群体的活动半径不止局限于大型、常见的建筑与公共设施，而是能够和其他人一样安心感受街边小店的魅力，努力实现涩谷站及周边地区无死角的区域无障碍。涩谷区通过提供改造补贴的方式鼓励这些店铺进行无障碍化改造，有意向申请补助的店铺可以在政府网站上找到有关申请条件、申请流程以及补助金额的详细介绍。

同时，涩谷区还与区域内的学校联合组织了"涩谷×青年学生漫步"的学生探店活动，由学生选择无障碍环境打造较为成熟的店铺进行探访，通过图文介绍的方式发布在涩谷区官方网站上，对店铺内部及其周边的无障碍通路进行介绍。这样的活动可以称得上是一举三得：一是加强了公众，尤其是年轻一代对于无障碍概念的理解和教育；二是为无障碍环境较好的店铺起到了宣传作用，同时也鼓励更多店铺加入无障碍化的行列中；三是为有障人士提供有效信息，帮助他们了解并走进这些友好的小店，鼓励他们深度回归社会，感受更加多彩的生活。

《构想》中的公共交通整备内容 表9-12

整备对象	具体整备内容	事业主体	整备状态	
			短期	长期
JR山手线·埼京线涩谷站	①改良符合移动顺畅标准的车站设施	东日本旅客铁道株式会社	继续实施	
JR山手线涩谷站	②设置可移动月台护栏		—	○
京王井之头线涩谷站	①设置可移动月台护栏	京王电铁株式会社	已实施	
东京地铁副都心线·东急东横线·涩谷站、东京地铁半藏门线·田园都市线涩谷站	①改善卫生间内的设备介绍标识	东京地铁株式会社、东京急行电铁株式会社	已实施	
	②设置无障碍电梯		已实施	
	③设置可移动月台护栏		已实施	
东京地铁银座线涩谷站	①改良符合移动顺畅标准的车站设施	东京地铁株式会社	已实施	
	②设置可移动月台护栏		已实施	

注：改良符合移动顺畅标准的车站设施是指，设置方便旅客的无障碍电梯、视障者引路盲道、无障碍卫生间的整修、月台防跌落对策等。
"○"代表长期整备项目。

（3）新宿高速巴士总站：区域无障碍环境建设的日本样本

新宿高速巴士总站，正式名称为新宿南口交通总站，又称Busta新宿，是东京都涩谷区新宿站南口的大众运输转运设施，主要为集中新宿站周围的高速巴士（长途客运）、出租车搭乘站点而建造。早在2016年正式开通使用时，就已经有118家巴士运营商在此投入线路，每天最多有1600余个巴士班次出发和到达，拥有15个站点，将新宿站与39个都道府县的300个城市连接起来，至今为止仍是日本最大的高速巴士总站、东京西部最重要的交通枢纽，是机场（成田机场、羽田机场）巴士中转站以及新宿站5家运营公司14条轨道线路的中转站，日均客流超过400万人，是东京都最繁忙的交通系统中枢之一（图9-36）。

但这片区域也不是一直如此井然有序，此前也曾面临拥堵、混乱等枢纽车站常常面临的问题，造成这样的问题主要有三个原因：一是基础设施建设不完备。原先这里没有站前广场，新宿站南口和20号国道直接相连，轨道乘客下车后需要在附近道路搭乘出租车，频繁进行上下车，直接妨碍了国道上车辆的通行，造成了交通堵塞的同时也威胁到了过街行人的安全。二是站点分散。在Busta新宿建成之前，新宿站周边的高速巴士站由于运营公司不同，以新宿站西口为中心，有19个地面的巴

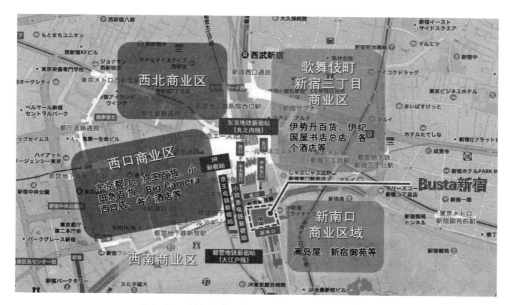

图9-36　新宿站主要出口、线路及周边商区示意

士站点分布在不同位置，可以说是"散作满天星"，非常不利于转乘，容易混淆，在这样的情况下，乘客经常无法顺利找到车站，给乘车带来了极大不便，同时，迷茫的乘客会在道路上穿梭，进一步产生安全隐患。三是交通基础设施的老化。新宿立交桥是1925年架设完成的，面临严重的老化问题，考虑到日本是一个地震频发的国家，老化桥梁的安全状况非常令人担忧。

　　因此，高速巴士站的整备工作，就作为新宿交通枢纽工程委托给了JR东日本公司。公司决定在新宿站南出口区域寻找新的建设空间，将分散的巴士站集中起来的同时，实现巴士站与轨道系统更好地结合，让新宿站不同交通工具之间的换乘更加便利、无障碍。新型交通枢纽以建设包含轨道交通、巴士站和出租车站点的跨轨地区为整体目标，但由于新宿站区域土地资源极为贫乏，几乎没有可供建设的空间，因此JR东日本选择在新宿站南边的轨道上方进行建设。

　　自2006年起，在JR东日本线路上方打造车站设施、行人广场、出租车与一般车辆的停靠处、高速巴士相关设施等，于2016年完工并正式启用，Busta新宿位于JR新宿站新南检票口、甲州街道检票口和玛丽娜大厦（Miraina Tower）的楼上，与玛丽娜大厦完全融为一体，并通过天桥、电梯等设施与新宿站直接连通，也与周边的商业设施高度融合，非常便利。

　　Busta新宿作为东京都与周边地区联结的交通枢纽，同时也是东京备战奥运会和残奥会的重点工程之一，不仅实现了建筑内部的无障碍通路与设施无障碍化，同时也实现了与周围环境的无障碍连通。这种区域无障碍化可以使独自出行的有障人士完全能够自主出入建筑，并顺利完成购票、乘车任务。

该区域的无障碍化主要通过两方面来实现：一是高差消除，不仅建筑内部的各个功能区、服务区之间实现高差的消除，建筑与其他交通空间以及临近街道的转换路径也通过消除台阶或缓坡改造实现了真正的无障碍；二是清晰的导向系统，不仅建筑内，建筑与外部环境相联结的地方都提供了各种类型（包括图形、文字、颜色、盲文等）的导向信息，同时导向的逻辑合理，信息清晰，可以满足包括残障人士、外国人等在内的所有群体的需求，使得所有人都能够自主地、流畅地从周边地区走进Busta新宿，且顺利搭乘高速巴士。

图9-37简要展示了Busta新宿与周边环境以及建筑内部进行的无障碍环境打造。Busta新宿与外部的甲州街道消除了高差，所有人都可以顺利进出，且出入口设置了包含各种高度和语言的标志牌以提供指引，乘客可以乘坐电梯至3层乘坐巴士或出租车，也可通过连续的扶梯或直梯到4层乘坐巴士。对于来自JR新宿站的乘客，则有2层至4层的直通电梯，可以实现从JR到高速巴士的无缝换乘。在主楼层4层，候车室虽小但"五脏俱全"，通过优先席、多功能厕所、地面色彩铺装指示、触觉铺装、高低指示牌设置等，构成了无障碍环境建设的闭环，让所有人都能够畅行无阻。

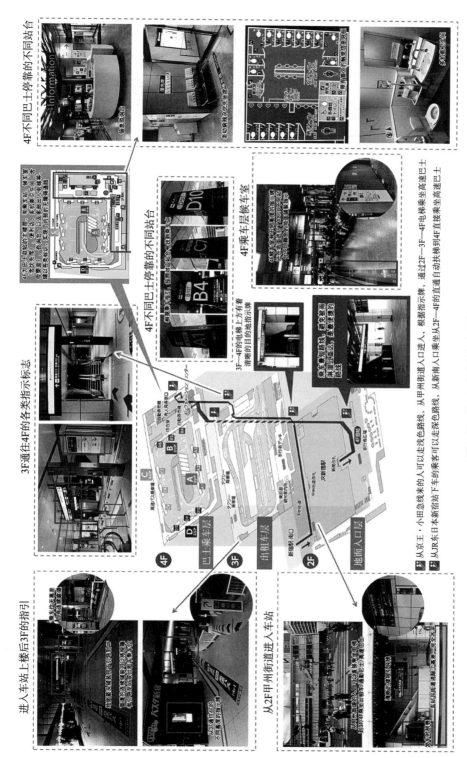

图9-37 Busta新宿站乘车示意

第 10 章
畅想未来交通

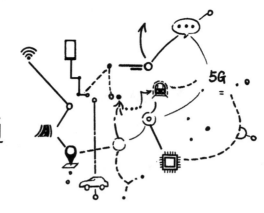

　　未来，东京都将会变成什么样子呢？考虑到未来东京都将日趋严峻的少子化、高龄化、人口减少等问题，东京都政府于2017年9月制定了最新一版城市总体规划：《城市发展宏伟设计——东京2040》（简称《东京2040》），对未来东京都城市风貌进行了整体描绘，明确提出了应当立足对长远期发展的思考，牢牢把握住技术革新和全球化趋势为城市发展带来的机遇，推进"新东京"建设，致力于为每一位市民打造一个宜居宜业的东京都，开启一个充满希望的未来城市。

　　本章将基于《东京2040》，带领读者了解未来东京都将面临的社会发展形势，随后详细解读交通将如何从枢纽集成、道路改造、物流完善、科技应用、国际交往等方面支撑未来东京都的发展与进步。

10.1 2040年东京都社会发展与交通愿景

▶▶ 少子高龄的人口形势

1. 2025年人口总数将达顶峰

目前，日本全国的人口总数已经开始减少。虽然东京都的人口总数有增加的倾向，但预计将在2025年达到顶峰，约1398万人，然后开始下降，到2040年人口总数约为1346万人（图10-1）。

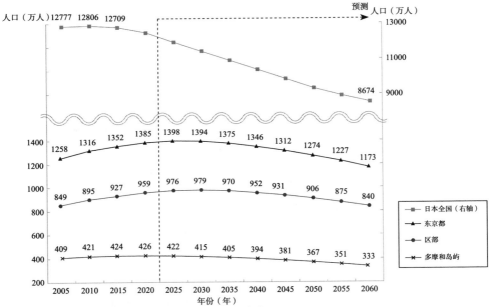

注：东京都2020年及以后的人口由东京都政策计划局推算。

图10-1　日本全国与东京都人口变化

2. 2045年65岁以上老年人将超30%

2015年，东京都65岁以上老年人口占总人口的比例（即高龄化率）为22.7%，虽然低于日本平均值（26.6%），但未来，东京都也将像日本全国一样加快老龄化进程。到2045年，东京都65岁以上的老年人将达到412万人，高龄化率将达到31.3%（比2015年同比增加约110万人，增长约8.6%），届时东京都约有1/3的市民是老年人（图10-2）。

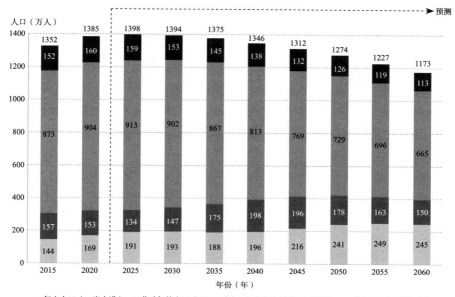

注：2020年以后由东京都政策计划局推算。

图10-2　2015—2060年东京都不同年龄段的人口变化

▶▶ 未来社会、技术、城市发展预测

到2040年，随着技术的不断革新和国际交流的进一步活跃，世界各地的隔阂将越来越少，城市活动也将比以前更加多样化。东京都的城市建设要应对新形势、新挑战，创造出一个充满活力的美好未来。

1．未来社会情况预测

为了更方便市民认识与理解东京都未来的社会场景，《东京2040》进行了以下六方面描述。

（1）世界各地的人们会更加活跃地交流交往。

（2）高龄人群和育儿人群能有机会选择更加多样灵活的工作和生活方式，社会整体氛围会更加活跃。

（3）人们更重视"舒适"和"品质"的生活方式，将实现生活与工作的平衡。

（4）文化艺术活动逐渐融入到人们日常生活中，让生活更加丰富多彩，同时产生一些经济价值。

（5）完善应对地震、气候等自然灾害和恐怖袭击、网络攻击等新危机的对策。

（6）东京都至大阪之间的磁悬浮中央新干线、三环路等区域交通基础设施更加完善。

2．未来技术的革新

未来技术革新将使人们的日常生活发生翻天覆地的变化，主要包括以下四方面。

（1）自动驾驶技术。完全自动驾驶系统的应用，将全面提升人、车、路、环境的信息交互：①交通安全和效率将得到飞跃性提高，如减少交通事故、缓解交通拥堵等；②出行和运输效率提高，如老年人和小孩能自由出行、缩短运输时间；③汽车的拥有和使用方式变得多样，如道路和停车场空间用于慢行系统和绿色空间建设，打造以人为中心的城市。

（2）能源环境技术。高效利用能源等相关技术创新和生产环保产品，进一步推进低碳化，实现社会可持续发展：①城市运行使用太阳能、氢能等可再生能源；②清洁电动汽车（EV）、燃料电池汽车（FCV）、住宅中燃料电池等普及；③多样发电设施的开发，促进能源事业发展。

此外，为实现完全循环型社会，废弃物处理、再利用、污水处理、节能、热岛措施等优良环保技术取得飞跃性进展，高效利用资源和能源降低环境负荷，综合改善大气、水、热等城市环境。

（3）人工智能（AI）技术。人工智能技术飞跃性地发展，在缓解交通拥堵、公共交通自动驾驶、精细化医疗、护理等各行各业得到广泛应用。未来，具有认知和判断功能的机器人将作为新的劳动力在各领域发挥作用，如提高工业生产力、为老年人和残障人士的生活提供辅助与支持等。

（4）信息和通信技术（ICT）。随着ICT[①]（Information and Communication Technology）的发展，以信息通信领域为首的诸多新技术已经融入工业和日常生活，提高了安全性、便捷性和效率，丰富了人们生活：①通过物联网技术，实时掌握并控制物品的位置、动作、状况等，如实现商品定制化、提高生产品质、有效利用能源、减少废弃物等；②公共和私营部门持有的数据向全社会共享，任何人都可以自由获取、处理、分析，利用数据提供满足个人需求的新服务，简化业务运营，诞生新产业，如通过位置信息、客户数据、社交媒体数据等大数据的运用，提供个性化服务；③信息安全性方面，通过生物测定和信息管理技术的进步使信息安全水平提高，应对犯罪、网络攻击、恐怖活动等各种威胁的能力增强。

3．畅想未来城市生活

那么未来人们的生活到底是什么样子呢？日本政府在社会经济状况和技术革新的基础上，对2040年东京都居民的生活情况进行了整体描述，主要包括以下五个方面：

---

① ICT：信息和通信技术（information and communication technology）是电信服务、信息服务、IT服务及应用的有机结合，这种表述更能全面准确地反映支撑信息社会发展的通信方式，同时也反映了电信在信息时代自身职能和使命的演进。

（1）活跃在世界舞台上。东京都在商务、创新、文化、饮食等领域在全球发挥积极作用。建设国内外世界顶尖企业的业务据点，企业、大学、科研院所等不断创新研发先进技术，饮食等传统文化吸引全世界。

（2）任何人都积极地进行交流。未来，随着科技进步增加了人们生活的自由度，使年轻人、老年人、残障人士、外国人等都能积极自由地交流和安心地生活，创造一个所有人都能够活跃交流的区域。如完善住宅、医院、学校、育儿支援等设施建设；使用护理或陪护机器人；在社区举办祭典等传统项目和建设特色街道。

（3）选择多彩的生活方式。人们可以根据需求选择舒适的生活和工作方式，过自由宽裕的生活。如自由选择休闲与工作的时间和地点、能兼顾生活和工作的职场环境、开展丰富多彩的艺术和文化活动。

（4）亲近自然。能在都市生活中切身感受青山绿水，享受舒适生活。如丰富的滨水区域、绿意盎然的公园、带院子或带菜园的住宅、东京都的生态旅游。

（5）安心地长期居住。在安全、安心的环境中，包容各种各样的文化，在生活中感受东京都的活力。如以社区为主体举办文化活动，促进传统文化和国外文化并存。

▶▶ 2040"新东京"是怎样的？

在社会经济状况和技术革新的基础上，2040年东京都计划成为高度成熟、可持续发展的城市，任何人都可以在此健康生活、发挥能力、活跃交往，并提出了要打造安全城市、多彩城市、智慧城市的愿景。

1. 高度成熟、可持续发展的城市

2040年东京都社会将以前所未有的速度发展，当然也面临着一些严峻的挑战。如少子高龄、人口减少问题；全球化发展、大型地震威胁、紧缺的能源等严峻形势；将东京都打造为全球城市的发展诉求。

未来将充分应用人工智能（AI）和自动驾驶等多种尖端技术（图10-3）。同时考虑以ESG（环境Environment、社会Social、城市管理Governance）的角度推进城市建设。以建设零排放东京都为目标，谋求与生态平衡协调发展，将东京打造成高度成熟、可持续发展的城市——"新东京"。

2. 城市发展愿景：安全、多彩、活力

为更加准确地认识未来社会形势对城市发展的影响，《东京2040》中归纳总结了城市的发展愿景，即安全城市、多彩城市、活力城市（图10-4）。

未来东京都将建设世界领先的国际商业基地、提高三环路和轨道等基础设施利用率、加快防灾城市建设、打造滨水城市空间、建设任何人都能健康生活的场所等。

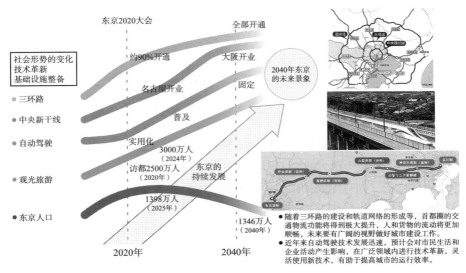

图10-3　未来社会变化和基础设施建设预测

安全城市	让大家生活安全和安心！
英语中的"Safe"是"安全、安心"的意思。 安全城市是一个保护市民日常生活，保护生命和财产免于灾害，创造一个充满活力和热闹的城市。	

多彩城市	创造一个谁都能生活的城市！
英语中的"Diversity（多样性）"和"City（城市）" 这两个词合在一起构成"多彩城市"。 多彩城市是一个谁都能生活的、活跃的城市。	

活力城市	生活在一个充满活力的城市！
英语中的"Smart"是"活泼、光鲜"的意思。 活力城市是一个不断成长、充满活力、向世界开放、环境友好的国际金融城市。	

图10-4　3个城市愿景

3．城市发展七大战略

东京都以2040年为节点，制定了跨越领域的七大战略。同时，为了将七大战略落实到位，在实际中发挥出效用，每个战略都制定了具体的政策方针（表10-1）。其中战略2"实现人、物、信息的自由交流"，重点提出了交通对于城市发展的重要作用，涵盖了航空、海河、公路、道路、轨道、物流、智慧等多个领域。

序号	战略	主要内容	政策方针
1	实现可持续增长，形成充满活力的据点	即使在社会经济形势发生更大变化的情况下，东京都也将在降低环境负荷、实现人人都能活跃的社会的同时，动态开展国际性的商务活动，并推进创新多样化，引领日本的活力	持续打造全球领先的国际商务交流城市；在多摩地区建立创新产业据点；创造具有突出个性的多元化区域
2	实现人、物、信息的自由交流	根据地域的特性，将多种交通模式和最先进的技术相结合，构筑世界上最方便使用的综合性道路交通网络，实现人、物、信息的自由流动和活跃交流	加强机场功能，保障国内外人员和货物的交往；解决道路拥堵，使人和物顺畅流动；重组（改造）道路空间，创造空间和活力；消除轨道拥挤，让每个人都舒适出行；以轨道为基础建设城市，让任何人都能轻松出行；形成高度协同的高效物流网络；利用前沿技术打造信息城市空间
3	建设应对灾害风险和环境问题的城市	从长远的角度来看，通过制定灾害对策和实现无CO₂社会的城市建设，目标是成为一个将安全和安保与东京都独特的良好城市景观相结合的智慧城市	打造抗灾城市；打造没有电线杆的安全美丽城市；即使在发生灾害的情况下，也能继续城市活动和东京都市民的生活；未来继续用好城市基础设施；减少整个城市的能源负荷；实现可持续的环保物质循环社会
4	为每一个人提供舒适安心的生活场所	目标是为所有人（包括老年人、育儿一代、残障人士等）提供舒适的生活场所，他们可以根据生活方式和价值观的多样化，选择生活、工作和休闲的场所	提供符合各种生活方式的居住场所；老年人和残障人士能融入社会，儿童有可以健康成长的环境；长期使用优质房屋；将多摩新城改造为充满丰富生活和活力的城市
5	实现便利性高的生活和创造多元化的社区	将在相互支持日常生活的社区基础上推进密集型区域建设，即使在出生率下降、人口老龄化和人口减少的环境中，也能在提高城市管理成本效率的同时实现活跃城市	形成活跃市区；创造新的活力，支持多样化的生活方式；在创建社区的城市中创造多样化的空间
6	构建四季绿水相融的城市	将最大限度利用东京都丰富的绿水、历史文化沉淀的庭院等资源，创造人们可以放松和享受四季之美的城市	打造处处绿意盎然的城市；培育在产业中发挥作用、创造活力的都市农业；打造可以享受水边的城市空间
7	通过艺术、文化、体育创造出新的魅力	艺术和文化的力量将在成熟的社会中发挥更重要的作用，而体育不仅可以成为健康的主要因素，还能成为繁华和观光的重要因素，它们将被运用到城市建设中，提高东京都的魅力	以城市历史为支撑的传统文化创造新魅力；打造旅游城市；打造体育融入生活的城市；多角度利用2020年东京奥运会的比赛设施

4．城市发展八大目标

东京都对于未来城市发展充满了信心，提出八大城市发展目标（图10-5）：力争要打造成为世界城市排名榜第一名；消除高峰时段道路和轨道的拥挤；木结构住宅密集地区为零；消除东京都内的电线杆；东京都市民生活满意度达70%以上；消除公共交通空白区域；保持绿色空间；市民运动率达70%以上。

世界城市排行榜 ▶ 第一名

（现状）世界城市综合力排行榜第3位（2016年）/一般财团法人森记纪念财团

东京的交通在城市建设中，如交通和环境融合发展等方面，仍然存在与世界接轨的领域。

如今，人们常说"城市的发展带动了国家的发展"，未来将扩大东京所拥有的优势，在各个领域实现世界领先的城市目标。

高峰时段道路和轨道拥挤 ▶ 消除

（现状）轨道混杂率180%以上11个区间（2016年）/国土交通省资料

道路拥挤时的平均出行速度为18km/h（2015年）/全国道路·街道交通形势调查（国土交通省）

在轨道的一部分区间，混杂率超过了180%，依然很混乱，道路拥挤时的平均出行速度比跑步者慢，东京都内的交通需要进一步改善。

综合交通体系的构筑和道路网络的形成，自动驾驶技术的普及和运用，推进错时上班和线上工作等，实现交通顺畅舒适。

木结构住宅密集地区13000hm² ▶ 火势蔓延为零

（现状）以木结构住宅密集地区为中心的整备地区（约6900hm²）的不燃区域率为62%（2016年）/防灾城市建设推进计划（东京都）

以木结构住宅密集地区为中心，将地震时受灾严重的地区指定为整备地区，正在进行改善。

在东京都内的全部木结构住宅密集地区（约13000hm²）进行进一步的改善，实现火情不蔓延的城市。

东京都内的电线杆 ▶ 消除

（现状）电线杆数量约75万根（2014年）/东京都无电线杆化推进计划（东京都）

东京都内道路的无电线杆化率约为5%，与伦敦、巴黎的100%相比差距很大。

在无电线杆化技术革新进展的同时，东京都、区市町村、相关事业者等联合推进城市防灾能力提高，实现安心安全、步行友好的美丽城市。

东京都市民生活满意度 ▶ 70%以上

（现状）都民生活满意度54%（2016年）/关于都民生活的舆论调查（东京都）

东京都的人们对生活满意度在1970年代约为70%，但此后有下降趋势。

未来的目标是实现人人都能对生活满意、有活力的城市。

公共交通空白区域 ▶ 消除

（现状）公共交通空白地区的人口约40万人（2010年）/东京都

在公共交通空白地区，需要解决老年人和残疾人等交通弱者的出行问题。

通过引进接驳交通、需求响应式交通、活用自动驾驶技术等来改善地区公共交通，并将其重组成集约型的区域结构，实现城市舒适生活。

绿化总量 ▶ 保持

（现状）绿化率50.5%（2013年）/东京都

目前虽然东京的公园和绿地在增加，但东京的绿化总体上呈现下降的趋势。

在保护现有绿地和农地的同时，抓住城市建设的机会，创造出新的绿地，让人们在城市的任何地方都能享受到绿色空间。

市民运动率 ▶ 70%以上

（现状）市民的运动率56.3%（2016年）/关于都民的体育活动·残奥会的舆论调查（东京都）

将持续增进健康生活，希望将体育产业的力量运用到城市发展中，鼓励人们开展体育活动。

通过建立一个能近距离享受体育运动的城市，增加热爱体育运动的人，打造一个有活力的城市，提高城市的魅力。

图10-5　未来城市发展挑战及城市发展八大目标

10.2 交通将如何支撑未来城市发展？

▶ 交通与城市发展息息相关

东京都作为拥有超过3600万人的世界最大的都市圈的中心，存在大规模且活跃度极高的市场，同时也高度集成了政治、经济、文化等各种功能，诞生了多种多样的服务和产业。这样高度成熟的城市当然离不开交通的重要支撑，从过去来看，交通一直支撑、引领着其城市发展；而在未来，提出要打造"交流、合作、挑战"型城市结构，依然是围绕交通站点布局来提出城市的建设思路。

在这个城市结构中，不仅要进一步强化和活用环状大都市结构中重要的道路网络，同时也要充实和活用东京都高密度轨道网络，在整个东京都市圈内要确保人、物、信息的自由流动和交流。同时，进一步强化机场、港口功能，促进建设"交流、合作、挑战"型城市结构（图10-6）。

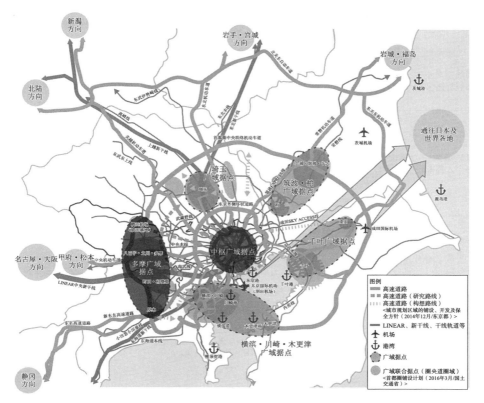

图10-6 "交流、合作、挑战"型城市结构

同时，交通在城市建设方面起着非常重要的作用。在《东京2040》中七大战略的30项政策方针中交通以各种形式贯穿其中，且交通在七大战略中均有体现。其中，战略二重点突出了交通方面的未来发展战略（表10-2），提出要根据地域的特性，将多种交通模式和最先进的技术相结合，构筑世界上最方便使用的综合性交通网络，实现人、物、信息的自由流动和活跃交流（图10-7、图10-8）。

战略二有关交通的内容　　　　　　　　　　　　　　表10-2

项目	主要内容
加强机场功能，支持国内外人员出行和货物运输	1．支持国内外不断增加的航空需求：加强羽田机场功能，完善到羽田机场的交通系统。 2．提高首都西部地区的航空便利性。 3．支持岛民生活的稳定和独立发展
消除道路拥堵，使人们和货物能够顺畅移动	4．完善道路网络，增加路线选择的自由度。 5．多措并举畅通道路交通：消除轨道道口*造成的堵塞和区域分割，改造路口让车辆畅通无阻，运用大数据和自动驾驶技术减少交通事故
改造道路空间，创造更多的空间和生机	6．发挥路网建设效应，重组道路空间。 7．将区内道路改造为市民放松、活跃的场所：将终点站周边建设为以行人为中心的空间；促进道路空间、车站和城镇融为一体
消除满员电车，让所有人都能舒适出行	8．通过各种手段缓解轨道拥挤状况：高密度轨道交通网络建设更加完善，避免市民集中使用轨道出行。 9．创造安心舒适地使用轨道交通的环境
以轨道为中心建设城市，每个人都能轻松出行	10．以轨道站为中心打造城市风貌：在轨道站周边引入多种功能，打造便利与热闹的空间；让密集的轨道网络更加人性化和便捷；打造连接轨道和城市的无障碍空间。 11．打造城市中心人人便利的交通节点：逐步建设站前空间，使之成为地区交通枢纽；车站周边空间引入区域所需城市功能。 12．多种交通模式实现自由出行：接驳交通的引入使生活更加便利；新技术将支持山区和岛屿地区人民的出行
形成高度协同的高效物流网络	13．网络基础设施支持广域物流。 14．结合城市建设完善物流网络。 15．确保交通不便地区的物流功能
利用前沿科技创造信息城市空间	16．为每个人提供个性化信息服务：城市空间成为前沿信息平台；根据个人喜好和需求提供信息服务；随时完善最先进的技术实验场所。 17．利用ICT进行交通引导、灾害对策研究、基础设施管理

注：*轨道道口：是指道路与轨道平面交叉，而没有高架桥或隧道。早期的轨道道口有人值守，当火车将通过时，看守挥动红旗或红灯示意所有车辆和行人停止，并使车辆和行人离开轨道。

将燃料电池巴士
作为接驳工具

可共享的小型
交通工具

没有检票口
的地铁站

车站附近
设有自行
车停放处

可以带自行
车一起乘坐
的BRT

图10-7　热闹的地铁站周边

结合自动驾
驶技术的燃
料电池客车

交通出行便利，
人人都能骑自行
车或使用小型交
通工具出行

取消电线杆，
设置安全且易
于行走的道路

图10-8　活跃的道路空间

▶▶ 以车站为中心建设城市

未来面对少子化、高龄化和人口减少的形势，通过技术革新成果和人们的智慧，将提高人均劳动生产率、维持和更新高效的公共基础设施等，进而提高城市整体运行效率，并打造每个人都可以轻松工作和舒适生活的环境。那么交通在其中是什么定位呢？在《东京2040》城市规划中，明确提出要以车站为中心建设城市，重组和整合各种城市功能，保证即使在人口减少的社会中也能支撑人们的生活需求，构建符合区域特点的密集型区域结构，创造让人们能够活跃互动的、多样化的社区。具体包括以下三个方面。

1. 以车站为中心打造集约型区域结构

在主要的车站周边整合日常生活所需的基本功能，引导建设步行可达的城市，目标是把车站周边打造为"集约型区域结构"；同时要充分考虑各地区的多样性和功能定位，利用东京都高密度的轨道网，以及城市的水和绿地，建设充满活力和魅力的城市，实现可持续发展。

在主要的车站、商场、住宅区、公共巴士终点站等周边区域，进行商业、医疗、福利、教育、文化、行政服务等各种城市功能的整合，打造功能性区域服务模式。引导鼓励建设不同生活方式的住宅区，并在距离车站步行范围内培养充满活力的社区，重建一个市民可以步行居住的城市。

促进交通网络化，确保日常交通便利，实现一个人人都可以轻松通勤的城市。从长远角度来看，在远离车站的地区，要遏制新增居住用地，建设成公园、绿地、农用地等绿色环境用地（图10-9）。

2. 以轨道交通为基础建设城市

（1）以地铁站为中心打造城市风貌。

1）在地铁站周边引入多种功能，打造便利与热闹的空间。在开发周边地区时，利用与都市再生和发展有关的各种制度，加强轨道设施建设，更加方便乘客使用，并开发有设计性的广场、下沉式花园、步行者平台等与车站相连接的设施。在车站周边汇集各种功能，如育儿支持、防灾和生活保障等。

2）以枢纽站为中心提供多元的商业、文化、教育等服务。利用各种城市发展建设制度，以枢纽站为中心，依照周边区域的发展定位，引导商业设施、文化和交流设施的选址，促进公共设施的重组和整合，并提高交通枢纽功能。同时，与多家私营企业合作，在枢纽站附近开发创造充满活力的空间，促进地区吸引力的提高（图10-10）。在能源需求大的主要车站周围，引导城市功能集聚的同时，利用城市建设系统，促进能源的广泛使用。在枢纽站和商业街附近，积极利用区域规划和城市重建制度确保区域安全，引入日常生活所需功能，如老年人和育儿家庭的休息场所。

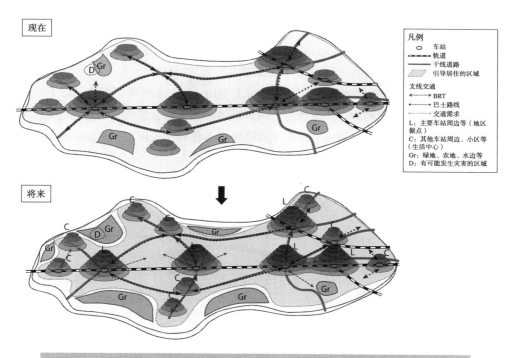

凡例	
○	车站
⇢	轨道
—	干线道路
⬚	引导居住的区域

支线交通
◀┈▶	BRT
◀┈┈▶	巴士路线
←→	交通需求

L：主要车站周边等（地区据点）
C：其他车站周边、小区等（生活中心）
Gr：绿地、农地、水边等
D：有可能发生灾害的区域

未来人口大幅减少，人口密度下降的地区，人们将以车站为中心生活	未来人口减少，但仍具有一定人口密度的地区，公共汽车将成为人们日常的主要交通工具	未来人口减少并不是那么大的地区，轨道网络是人们日常的主要交通工具
● 以车站为中心，建设商业设施和生活设施等，促进公共设施集约、提高交通枢纽功能、建设步行空间 ● 在其他车站和主要巴士路线沿线，整合商业设施、诊疗所、中央设施等生活所必需的功能布局，促进住宅区集约建设 ● 市街地的周边，打造宽裕的生活空间，部分住宅区转换为农田和绿地	● 以车站为中心，相继建成大规模商业设施、文化交流设施、办公大楼等设施，促进公共设施集约、提高交通枢纽功能、建设步行空间 ● 以其他车站和主要巴士路线为中心，建设商业和福利设施，更新房屋和住宅区 ● 以高速道路出入口周边和干线道路沿线为中心，活用大规模公园和绿地等作为悠闲热闹的空间	● 以车站为中心，相继建成大规模商业设施、文化交流设施、办公大楼等设施，促进公共设施集约、提高交通枢纽功能、建设步行空间 ● 在住宅区，根据人口的规模和构成配置城市功能，保护绿地和农地，提高商业街的活跃性和地域的防灾性 ● 公园、河川等公共空间作为提高地区价值的空间 ● 构建能源网络，提高经济活力，减轻环境负荷

图10-9　集约型区域结构示意

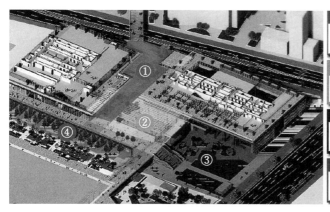

①格兰街
一边感受店铺的热闹，一边享受漫步的街道。

②大都广场
该项目配备标志性的大屋顶和室外舞台。

③栅极广场
与雅马哈品牌传输基地配套使用的开放式户外广场。

④国王广场
一个充满绿色植物的舒适空间，员工可以轻松进入并休息一下。

图10-10　创造充满活力的空间：港美拉线新高岛站周边

3）推进地铁网络优化提升，使之更加人性化和便捷。对于线路复杂或换乘不便的车站，改善车站设施，如新建通道和扩大车站空间；加强公共巴士和自行车等短途交通工具与地铁网络之间的联合发展。

4）打造连接地铁和城市的无障碍空间（图10-11）。加强道路管理者、轨道运营商、开发运营商等的合作，促进与车站和城镇一体的无台阶地下通道的建设。利用各种城市发展制度，促进地上地下无障碍通道等便利行人网络的发展。在主要车站周边，进行高水平的无障碍建设，建设人们可以安全、放心出行的城市区域。

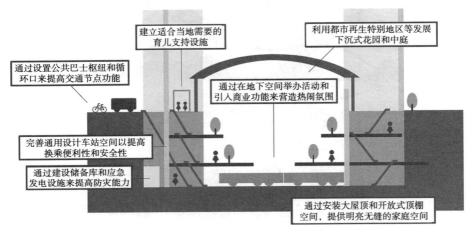

图10-11　地铁站建设示意

5）车站基础设施与城市融合。在重新规划车站、站前广场和地下空间时，推进周边街区重组和功能更新，创造有吸引力的据点。由多个私营企业运营商合作建设车站和车站空间，建立可提高城市吸引力和国际竞争力的据点。

（2）打造城市中心人人便利的交通节点。

1）加强无障碍建设，让人人便利出行。随着居民生活方式的变化，以传统邻里为中心进行城镇建设，完善城市功能布局，将生活功能聚集在车站和道路周围。同时，为了使老年人、残障人士等能够安心安全出行，改善城市的交通情况，消除地形的高度差，充分考虑通用设计。

2）逐步建设站前空间，使之成为地区交通枢纽。抓住以连续立体交叉项目（图10-12）为契机的沿线城市发展、车站改良、站前再开发等各种机会，有计划地促进站前空间建设，强化交通枢纽功能。

3）车站周边空间引入区域所需城市功能。利用高架桥桥下空间，引入育儿支持、防灾和生活保障等各种功能。将公共空间和建筑进行一体化设计，并形成多层次的行人网络，推动创造繁荣的城镇。同时，促进车站区域管理，轨道运营商和车站周围的设施管理人员形成合力以解决与车站有关的问题，提高车站空间的质量，使其与城镇融为一体，打造对所有乘客友好的车站区域。

（a）改造前　　　　　　　　　　　　　（b）改造后

图10-12　轨道道口改造为立体交叉

（3）多种交通模式实现自由出行。

1）利用最先进技术改善交通基础设施以支持日常生活。根据区市町村的选址计划等推进措施，引导人们居住在步行可到达轨道或公共巴士站距离内的区域，创建可乘坐公共交通享受舒适生活的城镇。支持鼓励区市町村为改善当地交通所采取的措施，包括加强轨道、公共巴士和出租车之间的联系，引入自动驾驶技术，发展住宅区域交通等。

2）引入接驳交通使出行更加便利（图10-13）。最大限度利用轨道网络，完善车站周围的交通环境，将公共巴士、出租车和自行车等交通工具与最先进的技术相结合，形成MaaS（出行即服务）体系，使每个人的出行更加方便。

在区中心区域，发展高度便利的交通枢纽，将现有的高密度轨道网络与新的交通模式相结合，提高出行的便利性。引入适合短距离出行的小型交通工具，如电动滑板、平衡车等。

在区域周边和多摩地区，促进车站前广场建设，

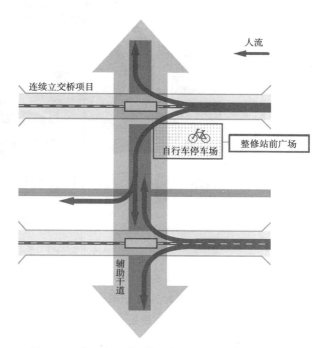

图10-13　接驳交通（公共巴士和自行车等）的人流示意

加强车站之间及车站与主要设施之间的交通联系。在交通枢纽附近的公共空地上设置自行车道，满足乘客出行需求，通过建设自行车通行空间和自行车停车场、规范行车礼仪等方式来改善自行车使用，从而减少环境负荷和促进健康。

3）新技术将支持山区和岛屿地区人民的出行。在交通不便的地区，将采用自动驾驶等最新技术交通工具，保障人们的日常出行。

专栏
自行车租赁促进MaaS发展

在社会实践中，国际城市正在实施能让多种交通工具无缝衔接使用的"MaaS"交通体系（图10-14），日本在这方面也取得了一些成果。

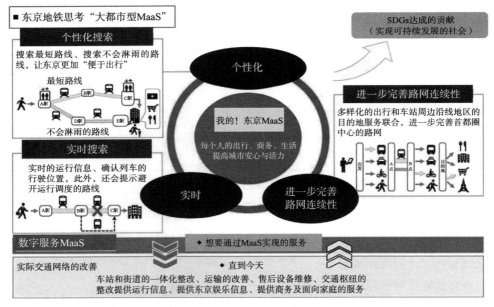

图10-14 大都市型MaaS（东京地铁）

随着自行车的租赁越来越普及，其停放点设置更加全面且合理，因此在研究如何实现MaaS交通出行时，自行车逐渐成为主要的交通工具之一。在路线规划时，会把租赁自行车考虑进去，规划出最佳出行方案。

3．让每位乘客舒适地乘坐轨道交通

（1）多种手段缓解轨道交通拥挤。

1）高密度轨道交通网络建设更加完善。深入研究交通政策审议会报告"东京都市圈未来城市轨道的理想状态"中指出的路线，加强轨道网络建设，并根据每条轨道线的情况，增加车辆编组，改善车站拥挤状况。建成安全、易用、完善的轨道网络，让每个人都能舒适自由地出行。

2）避免市民集中使用轨道出行。如通过推进非高峰通勤、远程办公、拥挤可视化、引导分散乘车等方式缓解轨道拥挤。

（2）创造能安心舒适使用轨道交通的环境。

1）让车站变得更加安全舒适。不仅要提高轨道设施的安全性，还要促进车站空间的发展，提高乘客乘车舒适性。如创造宽敞的行人空间和消除不同设施之间的台阶等；在客流量大、有多个出口的车站，推广采用多部电梯等；推进所有车站引进多功能厕所、电梯、站台门等设备，提高包括老年人、残障人士等在内的所有人的出行舒适性。

据统计，在2014年有92.2%的车站通过配套电梯消除了楼梯带来的不便；99.3%的车站完成视觉障碍者引导区域施划；95.2%的车站配备了任何人都能使用的卫生间；32.2%的车站在站台安装了防护门（图10-15）。

"通过电梯等消除台阶"的整备状况

 92.2%
696/755
（整备站台数/站台总数）

"视觉障碍者引导区域"的整备情况

 99.3%
750/755
（整备站台数/站台总数）

"谁都可以上厕所"的整备状况（除有轨电车的车站外）

95.2%
681/715
（整备站台数/站台总数）

"月台门、可动式站台栅栏"的整备状况

 32.2%
243/755
（整备站台数/站台总数）

图10-15　都内轨道（JR·私铁·地铁）无障碍情况（2014年）

2）能从容应对灾难，保证乘客安全。在轨道方面，落实预防大规模淹水的措施，提高在暴雨等极端情况下的安全性；在预计有大量受灾人员难以回家的地区，运营商必须采取充分的措施，如在轨道车站联合周边区域，并配备饮用水和毯子等应急物资。

▶▶ 打造活跃的道路空间

未来东京都致力于实现活跃的道路空间，不仅要使以步行、自行车为代表的慢行系统蓬勃发展，也要从改造（重组）道路空间、解决道路拥堵、消除电线杆等方面发力，重塑街道活力。

1．改造（重组）道路空间，创造更多空间和生机

道路改造不是一蹴而就的，东京都提出在未来改造过程中，要充分地利用三环路建设的契机，并根据交通量的变化对道路空间进行改造（重组），从而创造出新的附加价值。具体如下：

（1）发挥路网建设效应，重组道路空间。

1）首都高速道路更新（图10-16）。东京都借助首都高速道路城市环线更新改造的契机，让城市焕发活力，并研究有关应对高速道路老化的措施。

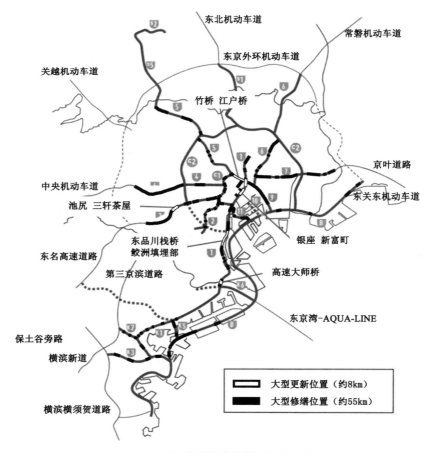

图10-16　2015年首都高速道路的更新计划

2）全面发挥道路网作用。在建设道路网络时，要进一步为骑行者和行人考虑，提供舒适的慢行通行空间（图10-17），满足宜居城市的发展需要。同时，通过种植行道树等方式建设城市中的"绿轴"（图10-18），打造绿色网络。

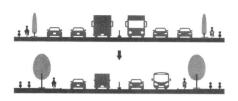

图10-17　道路空间重组示意

把适合城市景观的小型树木，种植在该地区周边狭窄的道路上。

通过适当的修剪管理使路边树木保持健康状态。

不符合法律法规的狭窄人行道上，为了确保安全，移除林荫树木。

该地区周边狭窄的道路

地区内道路上的行道树

宽阔道路

在作为绿色城市轴线的宽阔道路上，形成了一个绿色网络。

在各有风格的城市道路上形成象征性的行道树，提高城市魅力。

路边的树木与鲜花创造出充满魅力的街道，城市的吸引力更大。

区域内道路变为绿树成荫的景象。

图10-18　城市中的"绿轴"

（2）将区内道路改造为市民放松、活跃的场所。

1）将终点站周边建设为以行人为中心的空间。在大型终点站周围，通过合理的道路建设布局减少过往车流，将道路空间改造为行人空间（图10-19），使人们能够自由散步，并建设区域轴，使车站和热闹场所能相互联系。同时，引导停车场规划布局，如根据区域特点和需求整合停车设施，抑制车辆驶入车站周边；采取禁止路边停车等措施，保证自行车道的连续性，实现通行空间的安全舒适。

2）促进道路空间、车站和城镇融为一体（图10-20）。一是推广无电线杆化和行人空中连廊来创造舒适的行人空间；二是促进区域管理，利用道路空间举办活动，营造热闹活跃的氛围；三是关注绿色空间建设，创造步行愉快、景色宜人的城市空间。

图10-19　车站前的道路将是行人专用区　　　　图10-20　枢纽站周边的道路空间重组示意

（3）推进滨水城市建设，改造道路空间。

1）打造滨水轴，提升城市吸引力（图10-21）。有效利用各项城市开发制度，推进建设与滨水区相互融合的城市，如设计乘船旅行的路线等；优先整治有河流的城市区域，鼓励和引导民间主体积极参与，如以区市町村为中心，规划建设面向滨水区的建筑布局，推进与滨水区相连的区域绿化，从而综合提高滨水区的湿润度和绿化程度。

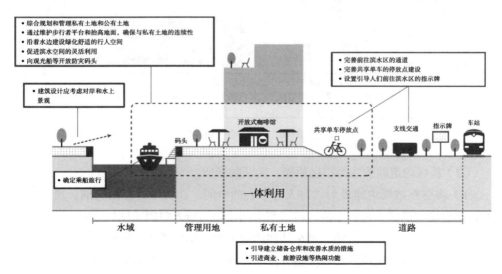

图10-21　面向滨水区的城市建设示意

2）将河流沿岸打造为繁华的休闲空间。抓住发展机遇，让滨水区拥有开放的空间和连续的绿地，并建设一些娱乐设施，打造为具有高移动性和回游性的亲水区域。利用首都高速道路的大规模更新和日本桥周边区域重建的契机，通过首都高速道路的地下化、结合建设滨水繁荣城市等措施，打造出一个符合国际金融都市标准的城市景观，并还原日本桥本来的面貌。

（4）完善路网规模，助力多摩新城建设。

1）多摩新城与周边地区的交流越来越活跃。促进南多摩尾根干线的发展，作为广域道路网的轴心，与相模原市合作，将南多摩尾根干线与神奈川县一侧的城市规划道路连接起来，加强相模原市内首都圈中央联络机动车道和磁悬浮中央新干线神奈川县站的交通联系。以完善单轨轨道、首都圈中央联络机动车道和磁悬浮中央新干线等广阔的道路和交通网络为契机，加强与多摩地区基地和相模原市等基地的交流，从而创造新的商业机会。

2）建设新城内各类个性化基地（图10-22）。通过最大限度利用完善的道路和交通网络，建立所有人都可以使用的交通系统，优化商业设施的选址，并提高居民的生活便利性。在多摩中心站设置集商业、商务、文化和娱乐等主要功能于一体的城市中心，并在主要车站附近设置与城市中心互补的区域中心，通过道路和交通网络相互连接来提高整个区域的可达性。

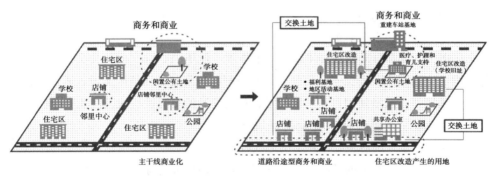

图10-22 利用交换用地和闲置公有土地重新布局城市功能

2．缓解道路拥堵，使人和物能顺畅流动

（1）道路网络建设增加了路线选择的自由度

完善的道路网支撑人和物顺畅流动（图10-23）。推进高速道路、骨架干线道路及辅助干线道路的建设，建设路线选择自由度高的道路网络，让更多的人在毫无堵车压力的同时自由和舒适地出行。

在促进三环路建设的同时，打通断头路，促进广域交流和合作。建设骨架干线道路，推进东京都内和邻近县的广域联络道路网络的形成。建设支撑地区的辅助干

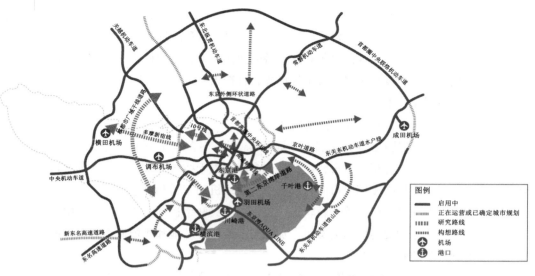

图10-23　东京都高速道路网示意（截至2017年5月）

线道路，形成连接骨架干线道路和轨道车站的道路网。

（2）多措并举使道路更加畅通

消除轨道道口造成的堵塞和区域分割。根据城市发展和周围环境，综合推进轨道道口改善措施，将立体交叉建设和拓宽轨道道口相结合。

改造路口让车辆畅通无阻。以多摩地区为中心，在道路宽度较窄的单车道交叉路口设置右转车道以缓解拥堵。

运用大数据和自动驾驶技术减少交通事故。使用ETC2.0，向驾驶员提供实时信息，避免交通堵塞，确保安全驾驶；鼓励根据收费公路的拥挤情况设置通行费，以缓解交通堵塞；鼓励使用自动驾驶技术，提高交通的准时性、快速性和安全性。

3．创造没有电线杆的安全美丽城市

（1）拆除东京都内主要道路上的电线杆

为了建设更加安全的道路，主要在以下的路段优先拆除电线杆：优先推进紧急运输道路改建，保证地震等灾害紧急救援、物资运输和地区重建工作顺利进行；加快在核心基地、区域基地等人流量大、城市主要道路上的工作开展，促进形成良好景观，提高回游性，实现无障碍通行；重点在商务、商业等东京中枢性城市功能的区域，即中枢广域据点区域内推进；根据《东京都无电线杆化推进条例》制定东京都无电线杆化计划，与区市町村合作，如向区市町村提供财政支持和技术支持等。

（2）创造没有电线杆的道路空间

推行各种措施，大幅度、规模性拆除电线杆。完善制度，促进在私人土地上安装地面设备，建设可行走的道路空间；利用街道引导区域规划，在适宜区域安装地面设备；为了促进狭窄的区市町村等道路取消电线杆，推进技术开发，对区市町村的项目提供财政支援和技术支持；与电力公司和电信公司合作，通过审查现有电缆共用管道材料和设计等规定，促进降低成本的研究，如电线浅埋和小型化等措施。

▶▶ 高度协同的高效物流网络

现在人们逐渐习惯了线上购物，对于快递的需求也是日益增长，未来将实现公路、轨道、港口和机场高度协同，形成高效的物流网络，确保各个地区之间快速和准时的货物运输。

1．网络基础设施支持广域物流

随着物流据点的发展，交通更加便利。在圈央道C4等周边地区，促进广域物流据点发展，据点应具有在灾害发生时方便救援活动等综合功能。修建通往东京港和其他物流中心的道路，促进物流设施之间联络（图10-24）。利用ICT技术和自动驾驶技术，以应对电子商务交易增加和劳动力短缺等环境变化。

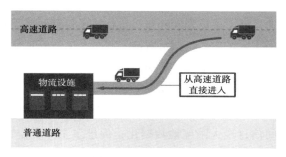

图10-24　可直接从高速道路进入的物流设施示意

港口功能不断增强。建设一座高规格集装箱码头并利用物联网管理货物位置的物流系统来加强东京港的功能，以应对更大的船舶和日益增长的货物。

老旧物流设施一体化功能更新。在沿海地区和其他有许多老化物流设施的地区，促进系统和综合功能的更新，以满足更复杂和更大规模的物流功能需要。

2．结合城市建设完善物流功能

地区物流与城市建设相结合，效率提高（图10-25）。提高区域物流的效率，如研究、评估和引导确保区域共享的货物装卸空间的机制，以及研究适合区域特点和需要的货物装卸及停车设施的适当数量和布局。为实现区域振兴和良好的城镇发展，采取行动提高区域物流效率，

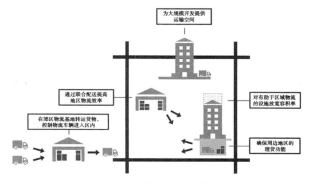

图10-25　地区物流效率提高示意

包括设立货物运输空间和实施联合配送。

3．确保交通不便地区的物流功能

可持续物流网络支撑社区生活。促进客货混合运输（图10-26），实施同方向车辆的载客运输与货物运输统筹安排，推进公共交通客货混载，确保交通不便地区的物流功能。

图10-26　货运和客运混合服务示意

▶▶ 新技术在交通中的应用

近年来，人工智能（AI）、自动驾驶、环境技术等各种技术的开发和实用化急速发展，预计到2040年，这些技术将得到普及和渗透并助推社会发展。新技术给人们带来了便利性和丰富性，同时有可能给日常出行带来极大的改变。因此，在城市建设中要积极且灵活地使用这些技术。

1．完善出行服务信息化水平

1）打造数据化出行信息环境。利用基础设施收集整合信息数据，促进公共空间信息最大限度地数据化；促进多主体合作，创建互联互通的信息环境，建设信息技术驱动的基础设施；推进多部门合作，在羽田机场周边地区设置自动驾驶的实验区。

2）搭建面向出行服务的智慧交通。为定制化需求提供出行信息，完善换乘向导和车站周边信息，向驾驶员提供避免拥堵和安全驾驶的线路，向外国游客提供多语言向导，展示城市魅力。

3）构建面向设施管理的智慧交通。采用信号控制与探测器等技术缓解拥堵；采用ETC2.0技术改善公路收费，采取拥堵差异化收费模式；采用自动驾驶技术，提高交通的速达性与安全性；采用货源远程传感技术提升物流基础设施管理效率。

4）构建面向灾害应对的智慧交通。采取先进技术应对地震多发情况，分析灾害预警与需求响应，探索发生大规模灾害时的紧急运输路线。

2．利用前沿技术打造信息城市空间

利用不断发展的物联网（IOT）[①]和信息通信（ICT）等技术，公开各种数据，实现信息城市空间构建，使城市活动的便利性和安全性大幅提高。

（1）为每个人提供信息服务。

城市空间成为前沿信息平台。在商业和旅游景点安装电子标签和标记物，与

[①] IOT：物联网（Internet Of Things，IOT）指的是将各种信息传感设备，如射频识别装置、红外感应器、全球定位系统、激光扫描器等种种装置与互联网结合起来而形成的一个巨大网络。其目的是让所有的物品都与网络连接在一起，方便识别和管理。

各类实体合作并建立连接创造出一个全面的通信环境，建立物联网（IOT）社会基础。机器可读的形式最大限度将东京都拥有的公共空间等信息转换为开放数据，充分利用公共和私人数据提供各种服务。

根据个人喜好和需求提供信息服务（图10-27）。与各个实体合作，通过使用智能手机和数字标牌，提供符合个人属性的行人移动支持信息。如为盲人提供语音信息，为轮椅和婴儿车使用者提供无障碍路线，为旅游景点和车站周围的旅游信息设施提供支持，以及利用ICT提供多语言向导等，向外国游客传达东京的魅力。

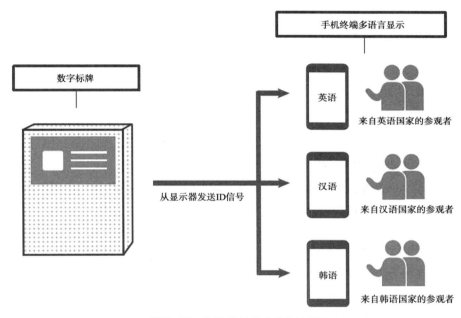

图10-27　使用ICT支持多语言的示意

随时完善最先进的技术实验场所。通过开放数据应用程序竞赛等，为优秀的创意提供奖励和评估的机会，为个人、团体和公司的创意想法创造环境。与相关部门合作，利用国家战略特别区域制度等，为羽田机场周边地区提供社会实验场所，实现自动驾驶系统的实际应用和推广。

（2）利用ICT进行交通引导、灾害对策研究、基础设施管理。

1）一切日常交通都畅通无阻。除改善道路设施外，将采用ITS技术，如更复杂的信号控制和使用探测信息，以缓解交通堵塞。通过各种软件措施，包括使用ICT提供换乘指南和周边信息，减少换乘的负担，并完善环境，以方便使用各种交通方式。

2）使用最先进的技术准确管理城市基础设施和应对灾害（图10-28）。通过使用遥感技术，建立起使各种实体能够相互协作、有效地管理基础设施的机制。根据汽车导航系统等信息，利用大数据应对灾害，如分析灾害事件和需求，以及搜索紧急运输路线。

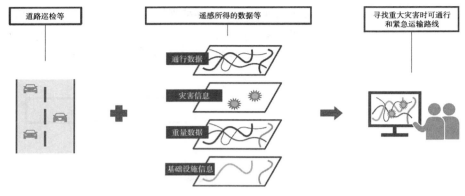

图10-28　利用ICT应对灾害示意

3．引进清洁能源车辆，利用可再生资源

在城市功能高度集中的地区，最大限度减少CO_2排放和能源消耗，利用先进技术和可再生能源，以提高能源独立性，实现东京都的零排放。

1）普及氢能源和零排放车辆（ZEV）。为促进交通零排放，减少CO_2和节约能源，将加快电动汽车（EV）和燃料电池汽车（FCV）的普及。推广对环境影响较小的燃料电池汽车和燃料电池巴士，建设加氢站。

2）可再生能源的利用（图10-29）。可再生能源首先要应用在城市基础设施上，但为了进一步扩大其有效利用，将在城市各种场所中加强太阳能等可再生资源的利用，如充分利用建筑物屋顶、停车场上方空间等设置相关设施。

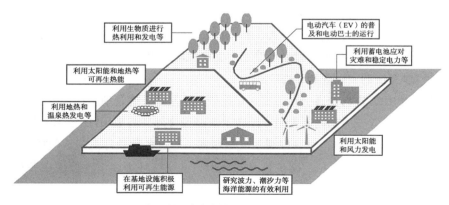

图10-29　充分利用自产自销型能源实现零排放岛（ZEI）

▶▶ 保障国内外人和物的交流交往

众所周知，机场是非常重要的国际交通枢纽，起到与国际社会联系的关键衔接作用，为适应未来发展，将进一步加强羽田机场的国内外交流交往功能，具体如下。

（1）羽田机场功能进一步加强。充分发挥羽田机场靠近市中心的优势，在兼顾安全和环保的同时，进一步加强机场的功能，为满足2020年后不断增长的航空需求，重新评估路线，国家继续促进设施建设，提高机场的容量。关于羽田机场的旧址，与政府和当地社区合作，利用其毗邻机场的优势，开发成一座具有工业和交流功能、信息传播功能和住宿功能的城镇。

（2）到羽田机场的交通进一步完善。灵活运用所有交通模式，确保有多种通往机场的交通方式，如船运、夜间巴士等，提高羽田机场的便利性；多方研讨规划新建一条羽田机场通道线（图10-30），用于连接羽田机场和国际交通竞争力强的据点；修建国道357号多摩川隧道等与机场相连的广域主干道；对于羽田、成田机场乘客多的航站楼，通过建设无障碍设施等措施，保证所有乘客都能够顺利乘坐飞机。

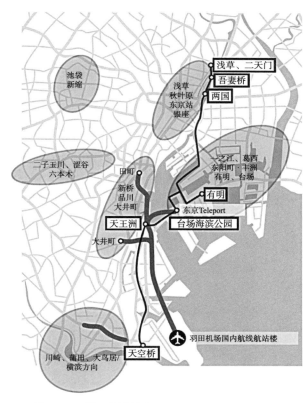

图10-30　羽田机场通道

附　录

本书涉及的相关法律[①]

[1]《首都圏整備法》，1956年。

[2]《首都圏整備法施行令》，1957年。

[3]《多極分散型国土形成促進法》，1988年。

[4]《郡区町村編制法》，1878年。

[5]《地方自治法》，1947年。

[6]《鉄道国有法》，1906年。

[7]《軽便鉄道法》，1910年。

[8]《軽便鉄道補助法》，1911年。

[9]《東京市区改正条例》，1888年。

[10]《市街地建築物法》，1919年。

[11]《首都圏市街地開発区域整備法》，1958年。

[12]《首都圏の既成市街地における工業等の制限に関する法律》，1959年。

[13]《新住宅市街地開発法》，1963年。

[14]《都市計画法》，1968年。

[15]《都市再開発法》，1969年。

[16]《建築基準法》，1950年。

[17]《都市再生特別措置法》，2002年。

[18]《大深度地下の公共的使用に関する特別措置法》，2000年。

[19]《大都市地域における宅地開発及び鉄道整備の一体的推進に関する特別措置法》，
　　　1989年。

[20]《道路交通法》，1960年。

---

① 此处出现的相关法律均为日文原文。

［21］《道路運送車両法》，1951年。

［22］《地域公共交通の活性化及び再生に関する法律》，2007年。

［23］《道路運送法》，1951年。

［24］《自動車の保管場所の確保等に関する法律》，1962年。

［25］《駐車場法》，1957年。

［26］《都市の低炭素化の促進に関する法律》，2012年。

［27］《自転車活用推進法》，2016年。

［28］《自転車の安全利用の促進及び自転車等の駐車対策の総合的推進に関する法律》，
　　　1980年。

［29］《道路法》，1952年。

［30］《道路法施行令》，1952年。

［31］《道路構造令》，1970年。

［32］《土地改良法》，1949年。

［33］《身体障害者福祉法》，1949年。

［34］《精神衛生法》，1950年。

［35］《精神薄弱者福祉法》，1960年。

［36］《老人福祉法》，1963年。

［37］《障害者基本法》，1970年。

［38］《ハートビル法》，1994年。

［39］《交通バリアフリー法》，2000年。

［40］《バリアフリー新法》，2006年。

［41］《障害者差別解消法》，2013年。

参 考 文 献

［1］ 日本国会．首都圏整備法：昭和三十一年法律第八十三号［EB/OL］．（2015-08-01）
　　　［2023-05-30］．https://elaws.e-gov.go.jp/document?lawid=331AC0000000083.

［2］ 日本国会．首都圏整備法施行令：昭和三十二年政令第三百三十三号［EB/OL］．
　　　（2015-08-01）［2023-05-30］．https://elaws.e-gov.go.jp/document?lawid= 332CO0000
　　　000333.

［3］ 国土交通省．首都圏整備に関する年次報告：令和4年度［EB/OL］．（2022-06-01）
　　　［2023-05-30］．https://www.mlit.go.jp/kokudoseisaku/content/001614266.pdf.

［4］ 日本国会．多極分散型国土形成促進法：昭和六十三年法律第八十三号［EB/OL］．
　　　（2021-09-01）［2023-05-30］．https://elaws.e-gov.go.jp/document?lawid=
　　　363AC0000000083.

［5］ 東京都都市整備局．東京の行政区画の変遷［EB/OL］．（2019-06-14）［2023-09-01］.
　　　https://www.toshiseibi.metro.tokyo.lg.jp/keikaku_chousa_singikai/pdf/tokyotoshizukuri/
　　　toukyounogyouseikukaku.pdf.

［6］ 内閣府．県民経済計算［EB/OL］．（2023-09-29）［2023-09-01］．https://www.esri.cao.
　　　go.jp/jp/sna/sonota/kenmin/kenmin_top.html.

［7］ 東京都の統計．都民経済計算［EB/OL］．（2023-04-27）［2023-09-01］．https://www.
　　　toukei.metro.tokyo.lg.jp/keizaik/kk-index.htm.

［8］ 総務省統計局．令和3年経済センサス- 活動調査［EB/OL］．（2023-06-27）［2023-09-01］.
　　　https://www.stat.go.jp/data/e-census/2021/kekka/index.html.

［9］ 総務省統計局．令和2年国勢調査［EB/OL］．（2021-11-30）［2023-09-30］．https://www.
　　　stat.go.jp/data/kokusei/2020/kekka.html.

［10］ 総務省統計局．住民基本台賬人口移動報告2022年（令和4年）結果［EB/OL］.
　　　（2023-01-30）［2023-09-30］．https://www.stat.go.jp/data/idou/2022np/jissu/youyaku/
　　　index.html.

［11］国土交通省. 土地所有・利用概況調査［EB/OL］.（2023-03-01）［2023-10-09］. https://www.mlit.go.jp/totikensangyo/totikensangyo_tk2_000063.html.

［12］東京都都市整備局. 東京の土地利用令和3年東京都区部［EB/OL］.（2023-03-30）［2023-10-09］. https://www.toshiseibi.metro.tokyo.lg.jp/seisaku/tochi_c/tochi_kekka_r3.html.

［13］東京都都市整備局. 東京の土地利用 平成29年多摩・島しょ地域［EB/OL］.（2019-05-20）［2023-10-09］. https://www.toshiseibi.metro.tokyo.lg.jp/seisaku/tochi_c/tochi_6.html.

［14］神奈川県. 令和4年度土地統計資料集［EB/OL］.（2023-04-25）［2023-10-09］. https://www.pref.kanagawa.jp/docs/h4k/tochi_toukei/tt_04.html.

［15］埼玉県. 埼玉の土地［EB/OL］.（2023-02-07）［2023-10-09］. https://www.pref.saitama.lg.jp/a0108/saitama-tochi.html#R4.

［16］千葉県. 土地利用の現況と推移、動向について［EB/OL］.（2023-03-23）［2023-10-09］. https://www.pref.chiba.lg.jp/seisaku/toukeidata/koyou/tochiriyou-1.html.

［17］国土交通省. 国土数値情報土地利用3次メッシュデータ［EB/OL］.（2021-01-01）［2023-10-09］. https://nlftp.mlit.go.jp/ksj/gml/datalist/KsjTmplt-L03-a-v3_1.html.

［18］东京都. 日本的地方自治制度［EB/OL］.（2016-01-01）［2023-12-01］. https://www.metro.tokyo.lg.jp/chinese/about/structure/structure01.html.

［19］东京都. 地方政府（地方公共团体）的财政结构［EB/OL］.（2016-01-01）［2023-12-01］. https://www.metro.tokyo.lg.jp/chinese/about/financial/financial01.html.

［20］東京都都市整備局. 東京の都市づくりのあゆみ［EB/OL］.（2019-06-14）［2023-06-30］. https://www.toshiseibi.metro.tokyo.lg.jp/keikaku_chousa_singikai/ayumi.html.

［21］公益財団法人, 東京都都市づくり公社. 東京の都市づくり通史［EB/OL］.（2019-06-01）［2023-06-30］. https://tokyo-urbandesignhistory.jp/history/.

［22］財団法人ハイライフ研究所.「東京圏都市研究プロジェクト」調査レポート［R/OL］.（2005-01-01）［2023-06-30］. https://www.hilife.or.jp.

［23］東京都交通局. 東京都交通局100年史［M］. 東京：東京都交通局，2012.

［24］矢島隆，家田仁. 轨道创造的世界都市：东京［M］. 北京：中国建筑工业出版社，2016.

［25］中村英夫，家田仁. 東京のインフラストラクチャー：巨大都市を支える［M］. 東京：技報堂出版，2004.

［26］刘龙胜，杜建华，张道海，等. 轨道上的世界：东京都市圈城市和交通研究［M］. 陆化普，译. 北京：人民交通出版社，2013.

［27］安德烈. 索伦森. 城市日本的形成：从江户时代到二十一世纪的城市与规划［M］. 韩昊英，译. 北京：中国建筑工业出版社，2023.

［28］日建设计. 城市活动 日建设计：城市空间营造的反思［M］. 大连：大连理工大学出版社，2019.

［29］森記念財団都市戦略研究所. 東京圏の拡大発展の推移に関する調査研究［EB/OL］.（2020-01-01）［2023-09-04］. https://mori-m-foundation.or.jp/ius/tokyo_history/index.shtml.

［30］国土交通省. 国土数値情報DID人口集中地区（ポリゴン）［EB/OL］.（2021-01-01）［2023-10-09］. https://nlftp.mlit.go.jp/ksj/gml/datalist/KsjTmplt-A16-v2_3.html.

［31］国土交通省. 首都圏基本計画の経緯［EB/OL］.（2001-03-01）［2023-09-30］. https://www.mlit.go.jp/common/001116833.pdf.

［32］東京都都市整備局. 首都圏メガロポリス構想［EB/OL］.（2001-04-01）［2023-09-30］. https://www.toshiseibi.metro.tokyo.lg.jp/kanko/mpk/index.html.

［33］国土交通省. 企業等の東京一極集中の現状［EB/OL］.（2019-12-06）［2023-10-30］. https://www.mlit.go.jp/kokudoseisaku/content/001319708.pdf.

［34］国土交通省. 首都圏広域地方計画～対流がもたらす活力社会の再構築～［EB/OL］.（2016-03-01）［2023-09-30］. https://www.mlit.go.jp/common/001124883.pdf.

［35］国土交通省. 都心回帰現象の検証とその要因［EB/OL］.（2001-02-16）［2023-11-22］. https://www.mlit.go.jp/toukeijouhou/toukei01/geturei/04/geturei01_045.pdf.

［36］国土交通省. 都市再生について［EB/OL］.（2001-01-01）［2023-11-30］. https://www.mlit.go.jp/toshi/crd_machi_tk_000002.html.

［37］国土交通省. 都市再生制度の概要［EB/OL］.（2020-02-01）［2023-11-30］. https://www.mlit.go.jp/toshi/crd_machi_tk_000007.html.

［38］交通政策審議会. 東京圏における今後の都市鉄道のあり方について（答申）［EB/OL］.（2016-04-20）［2023-12-01］. https://www.mlit.go.jp/common/001138591.pdf.

［39］世界銀行. GDP增长率（年百分比）：日本［EB/OL］.（2022-01-01）［2023-12-01］. https://data.worldbank.org.cn/.

［40］東京都市圏交通計画協議会. 新たなライフスタイルを実現する人中心のモビリティネットワークと生活圏［R］. 東京：東京都市圏交通計画協議会，2021.

［41］東京都市圏交通計画協議会. 人の動きから見た東京都市圏—調査結果の概要について［R］. 東京：東京都市圏交通計画協議会，2020.

［42］石神孝裕，森尾淳，杉田浩，等. 東京都市圏PT調査50年の軌跡：調査・分析・政策［R/OL］.（2018-06-30）［2023-03-15］. https://www.ibs.or.jp/wp-content/uploads/2018/06/s2018-2-1.pdf.

［43］東京都市圏交通計画協議会. 基礎集計項目：第3回（昭和63年）パーソントリップ調査データ［DB/OL］.［2023-03-25］. https://www.tokyo-pt.jp/data/S63.

［44］東京都市圏交通計画協議会. 基礎集計項目：第4回（平成10年）パーソントリップ調査データ［DB/OL］.［2023-03-25］. https://www.tokyo-pt.jp/data/H10.

［45］東京都市圏交通計画協議会. 基礎集計項目：第5回（平成20年）パーソントリップ

調査データ［DB/OL］.［2023-03-25］. https://www.tokyo-pt.jp/data/H20.

［46］東京都市圏交通計画協議会. 基礎集計項目：第6回（平成30年）パーソントリップ調査データ［DB/OL］.［2023-03-25］. https://www.tokyo-pt.jp/data/H30.

［47］東京都市圏交通計画協議会. 東京都市圏の望ましい総合都市交通体系のあり方：第4回東京都市圏パーソントリップ調査［R］. 東京：東京都市圏交通計画協議会，2001.

［48］東京都市圏交通計画協議会. 第5回東京都市圏パーソントリップ調査（交通実態調査）の集計結果について［R］. 東京：東京都市圏交通計画協議会，2010.

［49］建設省都市局. 都市圏パーソントリップ調査データ集［R］. 東京：建設省都市局，1995.

［50］国土交通省. PT調査の実施状況・結果概要［EB/OL］.（2007-12-19）［2023-09-30］. https://www.mlit.go.jp/crd/tosiko/pt/kotsujittai.html.

［51］松原宏. 東京における産業構造の変化［J］. 地学雑誌，2014，123（2）：285-297.

［52］国土交通省鉄道局. 三大都市圏の主要区間の平均混雑率の推移［R］. 東京：国土交通省鉄道局，2022.

［53］東京都環境局. TDM東京行動プラン［R］. 東京：東京都環境局，2018.

［54］森記念財団都市戦略研究所. 東京圏の拡大発展の推移に関する調査研究［EB/OL］.［2023-9-30］. https://mori-m-foundation.or.jp/ius/tokyo_history/index.shtml.

［55］矢部努. 道路ネットワークの現状［J］. 交通政策研究，2022：42-43.

［56］明石達生. 通勤ラッシュの緩和をめぐる東京大都市圏の都市構造の変化［J］. 都市計画論文集，2013，48（3）：525-530.

［57］東京都警視庁. 警視庁の統計：令和4年［R］. 東京：東京都警視庁，2023.

［58］国土交通省. 平成28年度第12回大都市交通センサス調査報告書［R］. 東京：国土交通省，2017.

［59］蔦沼慶正. 国鉄の通勤輸送力増強投資の事後評価：東京圏の五方面作戦について［J］. 運輸政策研究，1998，1（2）：25-32.

［60］東日本旅客鉄道株式会社. JR東日本会社要覧2019—2020［R/OL］.（2019-04-01）［2023-10-20］. https://www.jreast.co.jp/youran/pdf/2019-2020/jre_youran_all.pdf.

［61］国土交通省. 鉄道ヒストリー［EB/OL］.（2012-10-01）［2023-10-20］. https://www.mlit.go.jp/tetudo/tetudo_fr1_000037.html.

［62］近藤太郎. 通勤五方面作戦の総決算について［J］. 運輸と経済，1983，43（3）：55-67.

［63］国土交通省. 第12回大都市交通センサス調査＜調査結果の詳細分析＞［R/OL］.（2018-03-31）［2023-10-20］. https://www.mlit.go.jp/common/001229335.pdf.

［64］東京都都市整備局. 地域公共交通の改善［R/OL］.（2015-04-01）［2023-10-25］. https://www.toshiseibi.metro.tokyo.lg.jp/kiban/suishin_kaigi/pdf/wg_douro_14.pdf.

［65］国土交通省. 東京圏における都市鉄道の現状と課題について［R/OL］.（2015-04-01）

［2023-10-25］. https://www.mlit.go.jp/common/001039141.pdf.

［66］国土交通省. 東京圏における今後の都市鉄道のあり方について［EB/OL］.（2016-04-20）［2023-10-25］. https://www.mlit.go.jp/policy/shingikai/tetsudo01_sg_000261.html.

［67］日本民営鉄道協会. 大手民鉄データブック［EB/OL］.（2023-10-31）［2023-11-10］. https://www.mintetsu.or.jp/activity/databook/index.html.

［68］鉄道建設・運輸施設整備支援機構. 鉄道助成ガイドブック令和2年度［R］. 横浜：鉄道建設・運輸施設整備支援機構, 2020.

［69］鉄道建設・運輸施設整備支援機構. 鉄道助成ガイドブック令和3年度［R］. 横浜：鉄道建設・運輸施設整備支援機構, 2021.

［70］鉄道建設・運輸施設整備支援機構. 鉄道助成ガイドブック令和4年度［R］. 横浜：鉄道建設・運輸施設整備支援機構, 2022.

［71］東京都渋谷区. 渋谷駅周辺まちづくりビジョン~協奏するまちづくりを目指して~［EB/OL］.（2016-03-01）［2023-9-07］. https://files.city.shibuya.tokyo.jp/assets/12995aba8b194961be709ba879857f70/9467557e80644f5da9f1b1a6f9a80dce/assets_detail_files_kurashi_machi_pdf_shibuya_vision2.pdf.

［72］東京都渋谷区. 渋谷駅周辺まちづくり基本理念［EB/OL］.（2020-04-01）［2023-9-07］. https://files.city.shibuya.tokyo.jp/assets/12995aba8b194961be709ba879857f70/7f4d615d67f44d699430bf18745e2b55/assets_kankyo_000049574.pdf.

［73］東京都渋谷区. 渋谷駅中心地区基盤整備方針［EB］.（2014-10-01）［2023-9-07］.

［74］東京都渋谷区. 渋谷駅周辺でのまちづくりについて［EB/OL］.（2018-10-30）［2023-09-07］. https://www.mlit.go.jp/common/001272687.pdf.

［75］地方創生. 渋谷駅周辺地域［EB/OL］.（2018-10-30）［2023-09-07］. https://www.chisou.go.jp/tiiki/toshisaisei/jireisyu/pdf/shibuyaekisyuuhen_jirei.pdf.

［76］東京都渋谷区. 渋谷駅周辺まちづくり基本理念［EB/OL］.［2023-09-07］. https://www.city.shibuya.tokyo.jp/kankyo/shuhen-machizukuri/eki-kanremplan/shibuyaeki_kettei.html.

［77］東京ステーションシティ運営協議会について.東京駅の歴史［EB/OL］.［2024-01-19］. http://www.tokyostationcity.com/learning/.

［78］JR東日本. 各駅の乗車人員2022年度［EB/OL］.［2024-01-19］. https://www.jreast.co.jp/passenger/index.html.

［79］東京メトロ.各駅の乗降人員ランキング［EB/OL］.［2024-01-19］. https://www.tokyometro.jp/corporate/enterprise/passenger_rail/transportation/passengers/index.html.

［80］統計情報リサーチ.JR東海の駅別乗降客数ランキング［EB/OL］.［2024-01-19］. https://statresearch.jp/traffic/train/passengers_company_ranking_127.html.

［81］JR東日本. 東京駅南部東西自由通路の本体工事着手について［EB/OL］.［2024-01-19］.

https://www.jreast.co.jp/press/2021/20220310_ho01.pdf.

［82］統計情報リサーチ.新宿駅（JR東日本）の乗降客数の統計［EB/OL］.［2024-01-19］. https://statresearch.jp/traffic/train/stations/passengers_station_133_486.html.

［83］新宿ターミナル協議会.東西自由通路の新設に伴う案内サインの整備の考え方（案）［EB/OL］.（2019-03）［2024-01-19］. https://www.toshiseibi.metro.tokyo.lg.jp/ kiban/shinjuku_terminal/pdf/shinjuku_terminal_1_138.pdf.

［84］新宿区都市計画部.新宿区の土地利用2018［EB/OL］.（2021-09-01）［2024-01-19］. https://www.city.shinjuku.lg.jp/kusei/toshikei01_012171_00001.html.

［85］新宿区新宿駅周辺整備担当部.新宿駅周辺地域のまちづくり［EB/OL］.（2023-04-26）［2024-01-19］. https://www.city.shinjuku.lg.jp/kusei/toshikei01_002148.html.

［86］京王グループ.1日の駅別乗降人員［EB/OL］.［2023-01-19］. https://www.keio.co.jp/ group/traffic/railroading/passengers/index.html.

［87］小田急グループ.1日平均駅別乗降人員［EB/OL］.［2024-01-19］. https://www.odakyu. jp/company/railroad/users/.

［88］東京都交通局.各駅乗降人員一覧［EB/OL］.［2024-01-19］. https://www.kotsu.metro. tokyo.jp/subway/kanren/passengers.html#d.

［89］駅探.新宿駅 出口情報［EB/OL］.［2024-01-19］. https://ekitan.com/sta-info/ station/2334/exit.

［90］新宿区新宿駅周辺整備担当部.第5回 新宿の拠点再整備検討委員会［R］.東京都庁第二庁舎31階特別会議室27：新宿区新宿駅周辺整備担当部，2018.

［91］東京メトロ.乗車券|PASMO・定期・乗車券|東京メトロ［EB/OL］.［2023-11-17］. https://www.tokyometro.jp/ticket/types/index.html.

［92］東京都交通局.定期券｜東京都交通局［EB/OL］.［2023-11-17］. https://www.kotsu. metro.tokyo.jp/subway/fare/pass.html.

［93］京王グループ.どっちーも｜定期券｜運賃・乗車券｜電車・駅のご案内｜京王グループ［EB/OL］.［2023-11-17］. https://www.keio.co.jp/train/ticket/commuter_pass/docchi-mo/index.html.

［94］東武鉄道公式サイト.団体乗車券｜東武鉄道公式サイト［EB/OL］.［2023-11-17］. https://www.tobu.co.jp/railway/ticket/group_ticket/.

［95］東京メトロ.旅行者のお客様へ|PASMO・定期・乗車券|東京メトロ［EB/OL］.［2023-11-17］. https://www.tokyometro.jp/ticket/value/travel/index.html.

［96］日本バス協会.2020年度版（令和2年度）日本のバス事業［R］.東京：日本バス協会，2021.

［97］日本バス協会.2021年度版（令和3年度）日本のバス事業［R］.東京：日本バス協

会，2022.

［98］ 国土交通省. 令和3年版交通政策白書［M］. 東京：勝美印刷株式会社，2021.

［99］ 東京都都市整備局. 東京の都市づくりのあゆみ［R］. 東京：東京都都市整備局，
2019.

［100］ 一橋大学鉄道研究会. 地域公共交通を考える［J］. 一橋祭研究，2012.

［101］ 国土交通省. 自動車関係統計データ［DB/OL］.（2020-07-31）［2023-11-15］.
https://www.mlit.go.jp/statistics/details/jidosha_list.html.

［102］ e-Stat政府統計の総合窓口. 自動車輸送統計年報［DB/OL］.（2023-09-29）［2023-
10-20］. https://www.e-stat.go.jp/stat-search/files?page=1&layout=datalist&toukei=00600
330&kikan=00600&tstat=000001078083&cycle=8&cycle_facet=cycle&tclass1val=0.

［103］ 東京都交通局. 令和3年度運輸統計年報［R］. 東京：東京都交通局，2021.

［104］ 東京都交通局. 令和4年度運輸統計年報［R］. 東京：東京都交通局，2022.

［105］ 国土交通省. 平成29年度大都市交通センサス分析調査報告書［R］. 東京：国土交
通省，2018.

［106］ 国土交通省. 令和元年度乗合バス事業の収支状況について［EB/OL］.（2020-11-17）
［2023-09-10］. https://www.mlit.go.jp/report/press/jidosha03_hh_000326.html.

［107］ 田中健作. 日本におけるバス事業と不採算バス補助政策の動向［J］. 広島大学大
学院文学研究科論集，2012,72:181-195.

［108］ 青木亮. 乗合バスにおける生活路線の維持と協議会の果たす役割［J］. IATSS
review，2012，3（1）.

［109］ 高橋愛典. バス事業規制緩和後の10年―需給調整廃止政策の評価に向けて―［J］.
商経学叢，2011，57（3）：385-405.

［110］ 国土交通省. 乗合バス事業について［EB/OL］.（2022-12-31）［2023-09-10］. https://
www.mlit.go.jp/jidosha/jidosha_tk3_000014.html.

［111］ 国土交通省. 国土数値情報バスルートデータ［DB/OL］.（2022-08-31）［2023-10-20］.
https://nlftp.mlit.go.jp/ksj/gml/datalist/KsjTmplt-N07-v2_0.html.

［112］ 国土交通省. 国土数値情報鉄道データ［DB/OL］.（2022-12-31）［2023-11-10］.
https://nlftp.mlit.go.jp/ksj/gml/datalist/KsjTmplt-N02-v3_1.html.

［113］ 国土交通省. バス事業について［EB/OL］.（2020-12-31）［2023-09-10］. https://
www.mlit.go.jp/jidosha/jidosha_tk3_000011.html.

［114］ 国土交通省. 地域公共交通の活性化及び再生に関する法律について［EB/OL］.（2023-
06-30）［2023-09-10］. https://www.mlit.go.jp/sogoseisaku/transport/sosei_transport_
tk_000055.html.

［115］ 東京都都市整備局. 地域公共交通ネットワークの形成の促進［EB/OL］.（2023-12-

21）［2023-12-25］. https://www.toshiseibi.metro.tokyo.lg.jp/bunyabetsu/kotsu_butsuryu/ chiiki_koutsu.html.

［116］ 国土交通省. 令和3年版交通政策白書［R］. 東京：国土交通省，2021.

［117］ 国土交通省. 令和4年版交通政策白書［R］. 東京：国土交通省，2022.

［118］ 国土交通省. 令和元年度交通政策審議会交通体系分科会地域公共交通部会配布資料［EB/OL］.（2019-09-09）［2023-09-20］. https://www.mlit.go.jp/policy/shingikai/ sogo12_sg_000096.html.

［119］ 国土交通省. 地域公共交通（BRT）等の導入に関するガイドラインを策定［EB/ OL］.（2022-09-07）［2023-09-20］. https://www.mlit.go.jp/report/press/road01_ hh_001585.html.

［120］ 沈悦，李伟，孙海瑞. 日本是如何根治乱停车的：日本有位购车制度的立法背景和实施过程［J］. 北京规划建设，2018（1）：48-53.

［121］ 全日本駐車協会，立体駐車場工業会，日本自走式駐車場工業会，等. 2019年版駐車場便覧［R］. 東京：駐車場便覧編集委員会，2019.

［122］ 全日本駐車協会，立体駐車場工業会，日本自走式駐車場工業会，等. 2020年版駐車場便覧［R］. 東京：駐車場便覧編集委員会，2020.

［123］ 東京都都市整備局. 総合駐車対策マニュアル ―総合的な駐車対策の推進―［EB/OL］.（2007-01-31）［2023-09-10］. https://www.toshiseibi.metro.tokyo.lg.jp/kiban/honbun/.

［124］ 東京都道路整備保全公社. 都市の環境改善に資する調査・研究［EB/OL］.（2023-05-31）［2023-11-10］. https://www.tmpc.or.jp/03_business/park/index_01.html#time.

［125］ 警察庁交通局. 駐車対策の現状［R/OL］.（2023-11-31）［2023-12-10］. https://www. npa.go.jp/bureau/traffic/seibi2/kisei/tyuusya/202311parking.pdf.

［126］ 国土交通省. 自動車駐車場年報令和2年度版［R］. 東京：国土交通省，2020.

［127］ 国土交通省. 自動車駐車場年報令和3年度版［R］. 東京：国土交通省，2021.

［128］ 国土交通省. 自動車駐車場年報令和4年度版［R］. 東京：国土交通省，2022.

［129］ 東京都の統計. 東京都統計年鑑［DB/OL］.（2023-04-24）［2023-09-10］. https:// www.toukei.metro.tokyo.lg.jp/tnenkan/tn-index.htm.

［130］ 東京都都市整備局. 駐車施設の附置義務［EB/OL］.（2021-11-26）［2023-09-10］. https://www.toshiseibi.metro.tokyo.lg.jp/kenchiku/parking/index.html.

［131］ 自動車検査登録情報協会. 自動車保有台数［DB/OL］.（2023-01-31）［2023-03-15］. https://www.airia.or.jp/publish/statistics/number.html.

［132］ 国土交通省都市局. 都市の低炭素化の促進に関する法律に基づく駐車施設の集約化に関する手引き［R/OL］.（2014-07-31）［2023-09-10］. https://www.mlit.go.jp/ common/001051055.pdf.

［133］ 国土交通省.「機械式立体駐車場の安全対策に関するガイドライン」の手引き［R/OL］.（2016-12-31）［2023-05-20］. https://www.mlit.go.jp/common/001145272.pdf.

［134］ 国土交通省都市局. 駐車対策の現状［R/OL］.（2022-03-04）［2023-05-20］. https://www.mlit.go.jp/toshi/content/001494239.pdf.

［135］ 国土交通省. 第33回全国駐車場政策担当者会議［EB/OL］.（2020-01-27）［2023-10-20］. https://www.mlit.go.jp/toshi/toshi_gairo_fr_000053.html.

［136］ 国土交通省. 第34回全国駐車場政策担当者会議［EB/OL］.（2021-02-10）［2023-10-20］. https://www.mlit.go.jp/toshi/toshi_gairo_fr_000070.html.

［137］ 国土交通省. 第35回全国駐車場政策担当者会議［EB/OL］.（2022-03-04）［2023-10-20］. https://www.mlit.go.jp/toshi/toshi_gairo_fr_000079.html.

［138］ 国土交通省. 標準自転車駐車場附置義務条例について［EB/OL］.（1981-11-28）［2023-4-07］. https://www.mlit.go.jp/notice/noticedata/pdf/201611/00006352.pdf.

［139］ 国土交通省都市局街路交通施設課. 自転車等駐車場の整備のあり方に関するガイドライン［EB/OL］.（2016-09-01）［2023-4-07］. https://www.mlit.go.jp/toshi/content/001611856.pdf.

［140］ 東京都港区. 自転車等駐車場の設置義務［EB/OL］.［2023-4-01］. https://www.city.minato.tokyo.jp/koutsuuanzen/kankyo-machi/kotsu/jitensha/secchigimu.html.

［141］ 日本国会. 自転車活用推進法［EB/OL］.（2017-05-01）［2023-03-04］. https://elaws.egov.go.jp/document?lawid=428AC1000000113#.

［142］ 山内閑子. 視点 明治初期錦絵に見る乗物と車いす［J］. 日本生活支援工学会誌, 2006, 6（1）: 46-53.

［143］ 全日本デリバリー業安全運転協議会. 交通安全ちょっと昔の物語［EB/OL］.（1986-05-01）［2023-04-01］. https://sda1.sakura.ne.jp/31kaigi/9gatufushi3.pdf.

［144］ 国土交通省. 自転車の活用の推進に関する現状の取り組みについて［EB/OL］.（2017-08-08）［2023-03-04］. https://www.mlit.go.jp/road/ir/ir-council/bicycle-up/01pdf/05.pdf.

［145］ 国土交通省. 自転車事故の損害賠償に係る現状について［EB/OL］.（2019-01-11）［2023-03-04］. https://www.mlit.go.jp/road/ir/ir-council/bicycle-dgs/pdf01/04.pdf.

［146］ 国土交通省警察庁. 安全で快適な自転車利用環境創出ガイドライン［R］. 東京: 国土交通省警察庁, 2016.

［147］ 自転車活用推進本部. 自転車活用推進計画［R］. 東京: 国土交通省, 2021.

［148］ 国土交通省. 主な自転車活用推進の状況: 令和4年度［EB/OL］.（2023-03-18）［2023-03-18］. https://www.mlit.go.jp/road/ir/ir-council/bicycle-up/13pdf/01.pdf.

［149］ 国土交通省, 自転車活用推進本部. 地方版自転車活用推進計画策定の手引き（案）［R］.

东京：国土交通省，2018.

［150］ 国土交通省．自転車利用環境の整備［EB/OL］．2020［2023-03-04］．https://www.mlit.go.jp/road/road/bicycle/.

［151］ 国土交通省．太平洋岸自転車道［EB/OL］．2021［2023-03-04］．https://www.mlit.go.jp/road/bicycleuse/good-cycle-japan/national_cycle_route/pacific.html.

［152］ 国土交通省，自転車活用推進本部．自転車損害賠償責任保険等への加入促進に関する標準条例［R］．東京：国土交通省，2019.

［153］ 自転車活用推進官民連携協議会．条例による自転車損害賠償責任保険等への加入促進の動き［EB/OL］．（2021-10-01）［2023-03-04］．https://www.jitensha-kyogikai.jp/project/#section3.

［154］ 谷田貝一男．戦前日本の自転車事故防止対策から学べること［EB/OL］．［2023-03-04］．https://cycle-info.bpaj.or.jp/file_upload/100147/_main/100147_01.pdf.

［155］ 自転車文化センター．調査研究［EB/OL］．［2023-03-04］．https://cycle-info.bpaj.or.jp/research/.

［156］ 日本警察庁．自転車は車のなかま～自転車はルールを守って安全運転～［EB/OL］．［2023-03-04］．https://www.npa.go.jp/bureau/traffic/bicycle/info.html.

［157］ 国土交通省．自転車交通［EB/OL］．（2015-03-01）［2023-03-04］．https://www.mlit.go.jp/common/001085121.pdf.

［158］ 国土交通省．道路：道の相談室：歩行者自転車、バリアフリー［EB/OL］．［2023-03-04］．https://www.mlit.go.jp/road/soudan/soudan_05b_01.html.

［159］ 東京都警視庁．自転車の交通ルール［EB/OL］．［2023-03-04］．https://www.keishicho.metro.tokyo.lg.jp/kotsu/jikoboshi/bicycle/menu/rule.html.

［160］ 国土交通省総合政策局総務課交通安全対策室駅．周辺における放置自転車等の実態調査の集計結果［EB/OL］．（2022-03-01）［2023-03-18］．https://www.mlit.go.jp/sogoseisaku/koutu/content/001476308.pdf.

［161］ 岸田真．日本の自転車交通の現状と改善への取り組み．第20回日韓建設技術セミナー開催報告［R/OL］．（2009-01-01）［2023-03-04］．http://www.jice.or.jp/international/nikkan/pdf/nikkan2009_05.pdf.

［162］ 駅前放置自転車クリーンキャンペーン推進委員会．第39回駅前放置自転車クリーンキャンペーン報告書［EB/OL］．（2022-10-01）［2023-03-18］．https://www.seikatubunka.metro.tokyo.lg.jp/tomin_anzen/kotsu/jitensha/houchi/files/0000001973/04_houkokusyo01.pdf.

［163］ 東京都生活文化スポーツ局．自転車安全利用の促進［EB/OL］．［2023-03-04］．https://www.seikatubunka.metro.tokyo.lg.jp/tomin_anzen/kotsu/jitensha/anzennriyou-sokushin/.

［164］ 国土交通省．道路行政の簡単解説［EB/OL］．［2024-01-19］．https://www.mlit.go.jp/

road/sisaku/dorogyousei/index.html.

［165］浅井建爾. 日本の道路がわかる辞典［M］. 初版. 東京：日本実業出版社，2015.

［166］小学館. 日本大百科全書［M］. 初版. 東京：小学館，1984.

［167］窪田陽一. 道路が一番わかる［M］. 初版. 東京：技術評論社，2009.

［168］農村振興局整備部地域整備課. 農道整備事業実施要綱［EB/OL］.［2024-01-19］. https://www.maff.go.jp/j/kokuji_tuti/tuti/t0000283.html.

［169］国土交通省. 歩行者利便増進道路（ほこみち）制度の詳細説明［EB/OL］.［2024-01-19］. https://www.mlit.go.jp/road/hokomichi/pdf/detail.pdf.

［170］国土交通省.「居心地が良く歩きたくなる」まちなかづくり支援制度（法律・税制・予算等）の概要［EB/OL］.［2024-01-19］. https://www.mlit.go.jp/toshi/content/001715996.pdf.

［171］国土交通省. 道路統計年報2022　道路の現況［EB/OL］.［2024-01-19］. https://www.mlit.go.jp/road/ir/ir-data/tokei-nen/2022/nenpo02.html.

［172］東京都建設局. 道路の建設［EB/OL］.［2024-01-19］. https://www.kensetsu.metro.tokyo.lg.jp/jigyo/road/kensetsu/index2.html.

［173］東京都建設局. 道路の管理［EB/OL］.［2024-01-19］. https://www.kensetsu.metro.tokyo.lg.jp/jigyo/road/kanri/index.html.

［174］国土交通省，関東地方備局. 関東の道路 歴史と役割［EB/OL］.［2024-01-19］. https://www.ktr.mlit.go.jp/ktr_content/content/000654129.pdf.

［175］東京都総務局統計部. 東京都統計年鑑：令和 3 年［EB/OL］.［2024-01-19］. https://www.toukei.metro.tokyo.lg.jp/tnenkan/2021/tn21q3i004.htm.

［176］国土交通省. 道路密度・道路延長メッシュ 第3.0版［EB/OL］.［2024-01-19］. https://nlftp.mlit.go.jp/ksj/gml/datalist/KsjTmplt-N04.html.

［177］関東地方整備局，東京国道事務所. 令和 4 年度 第1回 東京都移動性向上委員会［EB/OL］.［2024-01-19］. https://www.ktr.mlit.go.jp/ktr_content/content/000838557.pdf.

［178］東京都都市整備局，東京高速道路（KK線）再生方針Tokyo Sky Corridor の実現に向けて を策定しました［EB/OL］.［2024-01-19］. https://www.metro.tokyo.lg.jp/tosei/hodohappyo/press/2021/03/31/05.html.

［179］東京都都市整備局. PARK STREET TOKYO［EB/OL］.［2024-01-19］. https://www.toshiseibi.metro.tokyo.lg.jp/kiban/dorokukan_rikatsuyo/index.html.

［180］国土交通省. 高規格幹線道路等の現状［EB/OL］.［2024-01-19］. https://www.mlit.go.jp/road/ir/kihon/25/3.pdf.

［181］国土交通省. 国土交通白書［EB/OL］.［2024-01-19］. https://www.mlit.go.jp/hakusyo/mlit/h21/hakusho/h22/index.html.

［182］国土交通省，道路局，警察庁，等. 安全で快適な自転車利用環境創出ガイドライ

ン［EB/OL］.（2016-07）［2024-01-19］. https://www.mlit.go.jp/road/road/bicycle/pdf/guideline.pdf.

［183］国土交通省. 歩行者利便増進道路（ほこみち）の普及展開に向けて［EB/OL］.［2024-01-19］. https://www.mlit.go.jp/road/hokomichi/pdf/s01.pdf.

［184］東京都建設局. 東京都の自転車通行空間整備［EB/OL］.［2024-01-19］. https://www.kensetsu.metro.tokyo.lg.jp/jigyo/road/kanri/gaiyo/jitensya/jitensya.html.

［185］東京都都市整備局. 道路空間活用ワーキンググループ［EB/OL］.［2024-01-19］. https://www.toshiseibi.metro.tokyo.lg.jp/kiban/suishin_kaigi/wg_douro.html.

［186］東京都都市整備局. 自動運転社会を見据えた都市づくりの在り方［EB/OL］.［2024-01-19］. https://www.toshiseibi.metro.tokyo.lg.jp/bunyabetsu/kotsu_butsuryu/jido_unten.html.

［187］警視庁. 特定禁止区域・区間の歩行者用道路［EB/OL］.［2024-01-19］. https://www.keishicho.metro.tokyo.lg.jp/kotsu/doro/hoko.html#cmsmanse.

［188］東京都都市整備局. 歩行者中心の道路空間の活用マニュアル：令和3年11月［EB/OL］.［2024-01-19］. https://www.toshiseibi.metro.tokyo.lg.jp/bunyabetsu/kotsu_butsuryu/hokousya.html.

［189］国土交通省. 国土の利用区分別面積［EB/OL］.［2024-01-19］. https://www.mlit.go.jp/kokudoseisaku/kokudoseisaku_fr3_000033.html.

［190］東京都都市整備局. 目指すべき将来像等：第2回検討会資料の修正［EB/OL］.［2024-01-19］. https://www.toshiseibi.metro.tokyo.lg.jp/kiban/kotsu_seisaku/pdf/03-shiryo3.pdf?1503.

［191］国土交通省. 東京都地域の主要渋滞箇所：一般道［EB/OL］.［2024-01-19］. https://www.ktr.mlit.go.jp/ktr_content/content/000071906.pdf.

［192］国土交通省. 令和3年度 全国道路・街路交通情勢調査［EB/OL］.［2024-01-19］. https://www.mlit.go.jp/road/census/r3/index.html.

［193］総務省. 令和2年 情報通信白書のポイント［EB/OL］.［2024-01-19］. https://www.soumu.go.jp/johotsusintokei/whitepaper/ja/r02/html/nd121120.html.

［194］東京高速道路株式会社. 有楽町京橋銀座新橋の速道路を歩こう［EB/OL］.（2023-03-07）［2023-10-07］. https://www.metro.tokyo.lg.jp/tosei/hodohappyo/press/2023/03/17/documents/17a.pdf.

［195］国土交通省関東地方整備局. 首都圏中央連絡自動車道圏央道［EB］.（2017-03-31）［2023-10-31］.

［196］首都高速道路株式会社. 首都高環境ビジョン［EB/OL］.（2011-06-01）［2023-10-20］. https://www.shutoko.co.jp/efforts/environment/~/media/1F75109683434E97AD0C284D04

C8B357.pdf.

［197］首都高速道路株式会社．首都高開通50周年を迎えて［EB/OL］．（2012-12-01）
　　　〔2023-10-20〕．https://www.hido.or.jp/14gyousei_backnumber/2012data/1212/1212shutoko_
　　　50th.pdf.

［198］首都高速道路株式会社．首都高速道路の更新計画（概略）について［EB/OL］．（2022-
　　　12-21）〔2023-10-20〕．https://www.shutoko.co.jp/-/media/pdf/responsive/corporate/
　　　company/press/2022/12/21_gairyaku_2.pdf.

［199］建設コンサルタンツ協会．東京オリンピック1964に向けた首都高速道路の整備
　　　［EB/OL］．（2022-12-21）〔2023-10-20〕．https://www.jcca.or.jp/infra70n/files/PJNO_21.pdf.

［200］小澤広直，佐々木葉．首都高速道路の路線網計画および構造物設計の思想と手法
　　　に関する通史的考察［J］．土木史研究講演集，2019,39:69-80.

［201］篠原修．首都高速道路の計画と設計思想［J］．土木計画学研究論文集，1985，2：37-44.

［202］佐々木葉，小澤広直．戦後土木施設としての首都高速道路の特質に関する一考察
　　　［J］．土木史研究講演集，2018，38：209-214.

［203］神村崇宏，岡田昌彰，仲間浩一．首都高速道路のイメージ変遷に関する研究［J］．
　　　環境システム研究，1996，24：186-193.

［204］KOZAWA H.首都高速道路の計画・設計の思想と手法に関する史的研究［J］．

［205］石原成幸，河村明，高崎忠勝，等．日本橋川における首都高速道路の縦断占用に
　　　至る計画検討経緯の研究［J］．土木学会論文集G（環境），2018，74（5）：333-339.

［206］毛利雄一，森尾淳．東京都市圏50年の変遷と展望~ データが語る都市の変遷と未
　　　来~［J/OL］．IBS Annual Report研究活動報告特集論文，2014：5-18．https://www.
　　　ibs.or.jp/wp-content/uploads/2014/10/s2014-2.pdf.

［207］山下保博．東京都区部における都市計画変更に表れた道路の政策決定変遷に関す
　　　る実証的考察［J］．都市計画論文集，2002，37：169-174.

［208］堀江興．東京の戦災復興街路計画の史的研究［J］．土木学会論文集，1989（407）：
　　　47-56.

［209］清水哲夫．東京都市圏の交通計画―その過去現在近未来―［J］．地学雑誌，
　　　2014,123（4）:542-555.

［210］堀江興．東京の戦災復興計画と幻の百メートル道路［J］．国際交通安全学会誌，
　　　1998，23（4）：222-231.

［211］堀江興．東京の高速道路計画の成立経緯［J］．土木計画学研究論文集，1996，13：
　　　1-22.

［212］国土交通省道路局．ITS全体構想［R］．東京：国土交通省，1996.

［213］国総研高度道路交通システム研究室．ITS とは［EB/OL］．〔2023-8-30〕．https://

www.nilim.go.jp/lab/qcg/about/index.html.

［214］ 高度情報通信ネットワーク社会推進戦略本部. 官民ITS構想・ロードマップ［R］. 東京：首相官邸，2021.

［215］ 東京都都市整備局. 自動運転社会を見据えた都市づくりの在り方［R］. 東京：東京都都市整備局，2022.

［216］ 国土交通省. 生活道路の交通安全に係る連携施策「ゾーン30プラス」の取組状況について［R/OL］.（2023-05-10）［2023-10-20］. https://www.mlit.go.jp/report/press/content/001609071.pdf.

［217］ 国土交通省. 生活道路の交通安全対策ポータル［EB/OL］.（2023-05-10）［2023-10-20］. https://www.mlit.go.jp/road/road/traffic/sesaku/anzen.html.

［218］ 国土交通省. 通学路等の交通安全対策［EB/OL］.（2021-12-31）［2023-11-21］. https://www.mlit.go.jp/road/road/traffic/sesaku/tsugakuro.html.

［219］ 警察庁交通局. 生活道路におけるゾーン対策「ゾーン30」「ゾーン30プラス」の概要［R/OL］.（2023-05-31）［2023-10-20］. https://www.npa.go.jp/bureau/traffic/seibi2/kisei/zone30/pdf/230726_zone30gaiyou.pdf.

［220］ 国土交通省. 千葉市通学路交通安全プログラム［EB/OL］.（2023-11-01）［2023-11-21］. https://www.city.chiba.jp/kyoiku/gakkokyoiku/gakuji/tsuugakuroprogram.html.

［221］ 日本みち研究所. 立体道路制度Q&A［EB/OL］.（2020-11-31）［2023-11-25］. http://www.rirs.or.jp/business/biz-solid-qa.php.

［222］ 国土交通省. 立体道路制度について［R/OL］.（2019-03-31）［2023-11-25］. https://www.mlit.go.jp/road/sisaku/utilization/pdf/3d-road.pdf.

［223］ 道路新産業開発機構. 立体道路制度を活用した環状第2号線の整備［R/OL］.（2014-08-31）［2023-11-25］. https://www.hido.or.jp/14gyousei_backnumber/2014data/1408/1408kanjyou%E2%85%A1_rittaidouro.pdf.

［224］ 郑功成. 中国无障碍环境建设发展报告［M］. 沈阳：辽宁人民出版社，2019.

［225］ National Society for Crippled Children and Adults President's Committee on Employment of the Physically Handicapped. American Standard Specifications for Making Buildings and Facilities Accessible to, and Usable by, the Physically Handicapped: ANSI-A117.1［S］. New York,1961.

［226］ 厉才茂. 无障碍概念辨析［J］. 残疾人研究，2019，（4）：64-72.

［227］ 李京擘. 从无障碍设计到通用设计［J/OL］. 艺术评论，2014（9）：143-146. DOI: 10.3969/j.issn.1672-6243.2014.09.035.

［228］ Mace R. Universal design: Barrier free environments for everyone［J］. Designers West, 1985, 33（1）：147-152.

［229］ 汪晓春，焉琛，陈睿博. 无障碍设计、通用设计与包容性设计的比较研究［C/OL］//
同济大学，湖南科技大学，国家社科重大项目《中华工匠文化体系及其传承创新研
究》课题组. 中国设计理论与技术创新学术研讨会：第四届中国设计理论暨第四届
全国"中国工匠"培育高端论坛论文集. 北京邮电大学数字媒体与设计艺术学院，
2020:9.DOI:10.26914/c.cnkihy.2020.039112

［230］ 韩笑宓，聂婷婷，姜彩良，等. 发达国家交通无障碍环境建设经验及对我国的启示
［J/OL］. 交通运输研究，2021,7（3）：45-53.DOI:10.16503/j.cnki.2095-9931.2021.03.006.

［231］ 内阁府. 障害者基本計画［EB/OL］.［2024-01-19］. https://www8.cao.go.jp/shougai/
suishin/kihonkeikaku.html.

［232］ 政府広報オンライン.知っていますか? 街の中のバリアフリーと「心のバリアフリー」
［EB/OL］.［2024-01-19］. https://www.gov-online.go.jp/useful/article/201812/1.html.

［233］ 総務省統計局. 統計からみた我が国の高齢者［EB/OL］.［2024-01-19］. https://
www.stat.go.jp/data/topics/pdf/topics126.pdf.

［234］ 総務省統計局. 第七十三回日本統計年鑑：令和6年［EB/OL］.［2024-01-19］.
https://www.stat.go.jp/data/nenkan/index1.html.

［235］ 内閣府. 令和3年版 障害者白書［EB/OL］.［2024-01-19］. https://www8.cao.go.jp/
shougai/whitepaper/r03hakusho/zenbun/index-pdf.html.

［236］ JTB総合研究所. インバウンド訪日外国人動向［EB/OL］.［2024-01-19］. https://
www.tourism.jp/tourism-database/stats/inbound/.

［237］ 日本政府観光局. 訪日外客統計［EB/OL］.［2024-01-19］. https://www.jnto.go.jp/
statistics/data/visitors-statistics/.

［238］ 東京都産業労働局. 令和2年東京都観光客数等実態調査［EB/OL］.［2024-01-19］.
https://www.sangyo-rodo.metro.tokyo.lg.jp/toukei/tourism/jittai/cat5889/index.html.

［239］ 東京都オリンピック・パラリンピック準備局. 東京2020大会開催時における人流
対策の考え方［EB/OL］.［2024-01-19］. https://www.2020games.metro.tokyo.lg.jp/
special/1-3_1.pdf.

［240］ 贾巍杨，王小荣. 中美日无障碍设计法规发展比较研究［J］. 现代城市研究，2014
（4）：116-120.

［241］ 秋山哲男，中村実男. 福祉のまちづくりと交通［J］. 総合都市研究，1992（45）:21-28.

［242］ 野村歓. 福祉のまちづくり概論［J］. リハビリテーション研究（財）日本障害者
リハビリテーション協会第，1994（80）:2-10.

［243］ 尾上浩二. 解説 交通バリアフリー法［EB/OL］.［2024-01-19］. https://www.dinf.
ne.jp/doc/japanese/prdl/jsrd/norma/n232/n232_01-01.html.

［244］ 内閣府. ユニバーサルデザイン2020行動計画：主要項目［EB/OL］.（2017-02-20）

［2024-01-19］. https://www.pref.shiga.lg.jp/file/attachment/4018411.pdf.

［245］ 東京メトロ. バリアフリー［EB/OL］.［2024-01-19］. https://www.tokyometro.jp/safety/barrierfree/index.html#anc03.

［246］ 東京都交通局. バリアフリー情報［EB/OL］.［2024-01-19］. https://www.kotsu.metro.tokyo.jp/bus/kanren/barrierfree.html.

［247］ 東京ハイヤー・タクシー協会. UD タクシーをより快適にご利用いただける施設のご案内［EB/OL］.［2024-01-19］. http://info-taxi-tokyo.or.jp/wp-content/uploads/2019/04/e9002f7d66146de862bee7fa2f0f7597-2.pdf.

［248］ 東京都産業労働局. 国内外旅行者のためのわかりやすい案内サイン標準化指針［EB/OL］.［2024-01-19］. https://www.sangyo-rodo.metro.tokyo.lg.jp/tourism/signs/.

［249］ 東京都産業労働局. 国内外旅行者のためのわかりやすい案内サイン標準化指針東京都版対訳表［EB/OL］.［2024-01-19］. https://www.sangyo-rodo.metro.tokyo.lg.jp/tourism/755cb16a0906e4adb171e24f54471811.pdf.

［250］ 社会福祉法人，日本視覚障害者団体連合. 日盲連でＪＲ東日本職員が研修［EB/OL］.［2024-01-19］. http://nichimou.org/all/news/secretariat-news/180904-jim/.

［251］ 宫晓东，高桥仪平. 日本无障碍环境建设理念及推进机制分析［J/OL］. 北京理工大学学报（社会科学版），2018，20（2）：168-172.DOI:10.15918/j.jbitss1009-3370.2018.1321.

［252］ 高桥仪平，潘奕. 日本的无障碍设计发展沿革与面向东京2020奥运会·残奥会的通用设计展望［J/OL］. 世界建筑，2019（10）：15-19，124. DOI:10.16414/j.wa.2019.10.003.

［253］ 大田区. 大田区ユニバーサルデザインのまちづくり基本方針［EB/OL］.［2024-01-19］. https://www.city.ota.tokyo.jp/kuseijoho/ota_plan/kobetsu_plan/fukushi/udkihonhoushin_sakutei/ud_houshin/pdfban.html.

［254］ 大田区. 大田区移動等円滑化推進方針（おおた街なか"すいすい"ビジョン）［EB/OL］.［2024-01-19］. https://www.city.ota.tokyo.jp/kuseijoho/ota_plan/kobetsu_plan/sumai_machinami/idouenkatsu_suishin/ota_vision_pdf.html.

［255］ 東京都福祉保健局. 東京都福祉のまちづくり条例施設整備マニュアル：平成31年3月改訂版［EB/OL］.［2024-01-19］. https://www.fukushi.metro.tokyo.lg.jp/kiban/machizukuri/manual.html.

［256］ 東京都福祉保健局. 東京都福祉のまちづくり条例［EB/OL］.［2024-01-19］. https://www.fukushi.metro.tokyo.lg.jp/kiban/machizukuri/jourei_kisoku/index.html.

［257］ 杨思佳. 论无障碍设计与通用设计的关系［J］. 中国民族博览，2018（5）：178-179.

［258］ 渋谷区. 渋谷駅周辺地区バリアフリー基本構想：改定版［EB/OL］.（2023-03）［2024-01-19］. https://files.city.shibuya.tokyo.jp/assets/12995aba8b194961be709ba879857f70/0a375f38f26b4a8baa0537a2f55ee45d/barrier_free_koso2.pdf.

［259］東京都政策企画局．未来の東京戦略ビジョン［EB/OL］．（2019-12-27）［2023-03-04］．
https://www.metro.tokyo.lg.jp/tosei/hodohappyo/press/2019/12/27/07.html.

［260］東京都政策企画局．「未来の東京」戦略 l 都の基本計画 l［EB/OL］．［2023-05-04］．
https://www.seisakukikaku.metro.tokyo.lg.jp/basic-plan/choki-plan.

［261］東京都都市整備局．都市づくりのクランドデザイン［EB/OL］．（2022-06-22）
［2023-03-04］．https://www.toshiseibi.metro.tokyo.lg.jp/keikaku_chousa_singikai/grand_
design.html.

［262］東京都都市整備局．2040年代の東京の都市像とその実現に向けた道筋について答
申［EB/OL］．（2016-09-02）［2023-03-04］．https://www.toshiseibi.metro.tokyo.lg.jp/
keikaku/shingikai/toushin.htm.

［263］東京都都市整備局．多摩ニュータウン地域再生ガイドライン［EB/OL］．（2019-12-13）
［2023-03-04］．https://www.toshiseibi.metro.tokyo.lg.jp/bosai/tama/saisei/guidelines.html.

［264］東京都都市整備局．多摩ニュータウン地域再生ガイドラインの概要［EB/OL］．［2023-
03-04］．https://www.toshiseibi.metro.tokyo.lg.jp/bosai/tama/saisei/pdf/guidelines_01.pdf.

［265］東京都総務局．都民ファーストでつくる「新しい東京」~2020年に向けた実行
プラン~［EB/OL］．（2016-12-01）［2023-03-04］．https://www.soumu.metro.tokyo.
lg.jp/05gyousei/tokukyougikai/290202_shiryouhonbun.pdf.

［266］デジタル社会推進会議幹事会決定．デジタルを活用した交通社会の未来
2022（案）［EB/OL］．（2022-01-01）［2023-03-04］．https://www.digital.go.jp/
assets/contents/node/basic_page/field_ref_resources/88452c38-0133-4ad2-b3c1-
88f4686bd02d/1bf5732f/20220801_meeting_executive_01.pdf.

［267］DATA INSIGHT NTT データ.自動運転社会の実現へ、今起きている「3つの変
革の波」を解説［EB/OL］．［2023-03-04］．https://www.nttdata.com/jp/ja/data-
insight/2023/1228/.

［268］奥野卓司，岸則政，横井茂樹，等．人工知能と自動運転によるモビリティの変容
と課題-AI時代の「移動の社会学」に向かって［Z］．関西学院大学先端社会研究所
紀要14，2017：37-54.

［269］東京メトロ.銀座線虎ノ門駅が便利になります!［EB/OL］．（2020-06-30）［2023-03-04］．
https://www.tokyometro.jp/news/images_h/metroNews20200630_49.pdf.

［270］国土交通省．首都圏をめぐる最近の動向［EB/OL］．［2023-03-04］．https://www.
mlit.go.jp/common/001092928.pdf.